Lexikon christlicher Symbole

Lexikon
christlicher Symbole

Edouard Urech

Christliche
Verlagsanstalt
Konstanz

Bibel · Kirche · Gemeinde, Band 9

Die französische Originalausgabe erschien unter dem Titel
DICTIONNAIRE DES SYMBOLES CHRETIENS.
© by Delachaux & Niestlé S.A., Neuchâtel (Switzerland),
1972.
Aus dem Französischen übersetzt von Annick Pichon.

Umschlagbild: Der Adlerschrei. Apokalypse von St. Sever.
Nach spanischer Vorlage. Mitte des elften Jahrhunderts.
Paris, Bibliothèque Nationale.

5. Auflage 1985
Deutsches © by Christliche Verlagsanstalt GmbH, Konstanz
Umschlagentwurf: Werner G. Krüger
Satz: Herder Druck, Freiburg
Druck: Jacob Druck GmbH, Konstanz
Bindearbeiten: Christliche Verlagsanstalt, Konstanz
Printed in Germany
ISBN 3 7673 7609 1

VORWORT

Von jeher hat das Bild dazu gedient, einen Gedanken zu veranschaulichen. Immer mehr dringt es auch heute in unser Alltagsleben ein. Auf der Straße verbietet das Bild als Verbotsschild bestimmte Handlungen, es erteilt Befehle oder gibt Auskunft. In der Schule gehört es zum modernen Unterricht. Die Werbung wird um so wirksamer, wenn sie sich des Bildes bedient. Kurz, das Bild wird zu einem Ausdrucksmittel, das parallel zur Sprache verläuft. Wie sie, besitzt es seine Geschichte und seine Gesetze.

Wer sich für christliche Bilder interessiert, ihren Sinn und Vergangenheit erforscht, dringt in den immer etwas geheimnisvollen Garten des Glaubens ein; er versteht den lebendigen Glauben. Er merkt auch, daß die Veränderungen der Bilder die des Christentums selbst zeigen und den Christen helfen können, einander besser zu verstehen. Zugleich regen die Bilder von neuem diejenigen an, die versuchen, ihren Glauben künstlerisch und in wahrhaftiger Weise auszudrücken.

Die Zeichen, durch welche die Christen ihren Glauben verbildlicht haben, heißen Symbole. Was aber ist ein Symbol?

Es ist ein Zeichen im weitesten Sinne des Worts. Es ist zunächst die einfache Wiedergabe von historischen oder legendären Geschehnissen; es ist außerdem ein Kennzeichen, ein Sinnbild, ein Merkmal. Es kann das vereinfachte Bild von gewissen Erinnerungen oder Gedanken auf ein einziges Element beschränken, das alle anderen zusammenfassen soll; es ist ein Urbild. Von daher ging man zu einem Vergleich, zu einem Gleichnis über, das man dann in eine Lehrfabel, in einen Mythos umschrieb, es sei denn, man habe es im Gegenteil auf eine Figur, ein stilisiertes Bild, ein Schema begrenzt. Aber immer bleibt das Symbol ein konkreter Gegenstand (Figur oder Bild), der danach strebt, eine geistige Realität deutlich zu machen.

Der Sinn des Symbols ist nicht immer eindeutig. Er hat manchmal eine zwei- oder gar mehrfache Bedeutung. Er verändert sich verblüffend schnell, weil Künstler verschiedener Denkart miteinander an ihm arbeiten; dies sind im allgemeinen Menschen mit starker Persönlichkeit, die eine innerliche, ihrem eigenen Wesen entsprechende Auffassung der Dinge besitzen, welche ihr Werk notwendigerweise kennzeichnet. Die verschiedenen theologischen Momente, unter denen ein bestimmtes christliches Symbol entsteht, verleihen diesem auch eine neue Tragweite oder entziehen ihm einen früheren Sinn.

Man kann das Symbol mit einer Musiknote vergleichen; sie ist keine Musik an und für sich, sie ist lediglich „eine Note", die man genau benennt. Das Symbol ist ein Vermerk, eine verkürzte Form, die viel mehr heraufbeschwört, als das, was sie ausdrückt, allerdings in ihren eigenen Grenzen.

Man kann es auch mit den Worten vergleichen, die man gebraucht, um seine Gedanken mitzuteilen. Man weiß, daß die Worte leben; sie entwickeln sich fort, und auch wenn das Lexikon ihnen eine offizielle, vereinbarte und begrenzte Bedeutung verleiht, so gehen sie doch oft über diese Vereinbarung hinaus. Wenn ich einem beliebigen Wort eine bestimmte Sinneserweiterung gebe, bin ich nicht sicher, daß mein Leser mit ihm in gleicher Weise verfahren wird. In der Alltagssprache bleiben immer am Rand jedes Wortes Zonen der Unbestimmtheit. Wenn Theater und Kino den Menschen mehr zusagen als Bücher, dann deshalb, weil sie den Worten das verleihen, was ihnen fehlt: Ton, Klang, Bild, Farbe und Bewegung. Man kann sogar einen Schritt weitergehen und sagen, daß das Denken selbst für die meisten Menschen ein Symbol bedeutet, das an Gewohnheiten und an Anschauungen gebunden ist, die identisch sind mit der Kultur, aus der sie entstanden sind. So markieren das Sprechen und sogar das Denken immer so etwas wie eine Grenze das Leben; dies gilt vor allem für das religiöse Leben. Dasselbe trifft auf das Symbol zu – aber in anderer Weise; durch seine Hilfe kann man sich eine weitergehende Auffassung des Daseins erwerben. In unserem Leben gibt es immer Realitäten, die das, was wir schreiben, sagen und denken, noch überschreiten und darüber hinausgreifen. Die Symbole ermöglichen, daß wir diese übergreifenden Realitäten erkennen und davon Zeugnis ablegen.

Das Symbol ist außerdem mit der Kunst verwandt. Ursprünglich war es eine Schrift. Folglich und trotz tiefer Veränderungen bleibt es immer noch eine Art Sprache; wie diese besitzt es Eigenschaften und Grenzen. Dennoch ermöglicht uns die Kunst, besser noch als die Sprache, das Unaussprechbare auszusprechen, weil sie nicht zu den Schemata des Denkens, des Sprechens und des Schreibens gehört. Darum vermag kein literarischer Text, das Rätselhafte an einem großen Kunstwerk wiederzugeben; entweder geht er darüber hinaus, oder er bleibt daneben ... aber der bescheidene, vielleicht wenig gebildete Besucher wird, wenn er künstlerisches Einfühlungsvermögen besitzt, durch dieses Rätselhafte die innerliche Leuchtkraft des Künstlers begreifen. Auf ähnliche Weise gehört das religiöse Symbol, das allein schon durch seine Beschaffenheit nach Schönheit strebt, zu jener Mitteilung des Unaussprechbaren.

Trotz seiner Grenzen und seiner Schwierigkeiten ist also das Symbol ein für den Gläubigen sehr wertvolles Mittel der Erkenntnis. Es ist richtig, daß diejenigen, die ihre Religion nur durch ihr Denken erleben, diese Bedeutung des Symbols verkennen müssen. Ihrer Meinung nach fehlt es ihm an Genauigkeit. Sie halten es für eine kindische, wenn nicht illusorische Form der Religion. Sie werden sich auf die Menschen der Urgeschichte berufen, die anscheinend keine Spur in der Geschichte hinterlassen haben, weil ihre Gesellschaft von Symbolen regiert wurde, die zu ungenau waren, als daß sie ein dauerhaftes und ausbaufähiges Sozialleben hätten schaffen können. Aber auch wenn die Symbolik einen dem Denken parallelen Weg verfolgt, erreicht sie dennoch das gleiche Ziel; sie kann sogar in gewisser Hinsicht weitergehen und auch den Teil des religiösen Lebens greifbar machen, den man durch das Denken allein nicht mitteilen kann.

Die Etymologie des Wortes kann diese Ansichten nur bekräftigen. Das Wort „Symbol" stammt vom griechischen Verb „symballein", das ursprünglich „zusammenstellen", dann „vergleichen", dann „interpretieren" bedeutet. Das Hauptwort (symbolon), das von diesem Verb abgeleitet ist, bedeutet zunächst „Kennzeichen", dann „Sinnbild", „Fahne", „Vereinbarung". Während die Wissenschaften ihre Kenntnisse im Rahmen ihres eigenen Bereichs ausdrücken, versucht das Symbol, die verschiedenen Bestandteile des religiösen Lebens zu vereinigen und sie knapp auszudrücken. So kann es zum Merkmal der Zugehörigkeit zu dieser oder jener Gruppe werden. Es ist zweifellos ein förmliches Zeichen; es gibt dem Eingeweihten nicht nur die Möglichkeit, sich an eine Tatsache oder an eine Idee zu erinnern, sondern auch, sich in einer Handlung unterstützt zu fühlen. Mit der Schrift, der Sprache und dem Denken verglichen, scheint das Symbol weniger wichtig, weniger klar, weniger deutlich zu sein; für den Eingeweihten aber ruft es viel mehr hervor als viele Worte.

Man hat Symbol und Realität (?) unterscheiden wollen, wobei das erste die religiösen und die zweite die sozialen Realitäten als Erkennungszeichen ausdrücken sollten. Es ist aber auch eine Tatsache, daß den Symbolen eine soziale Tragweite anhaftet, und umgekehrt fehlt es ihnen nicht an mystischem und religiösem Sinn; die religiösen und sozialen Bereiche gehen ineinander über, und es gibt keine wirklich religiöse Handlung ohne soziale Folgen.

II. Heute genügt es nicht mehr, den Sinn dieses oder jenes Symbols kurz anzugeben. Man muß erklären, warum es diesen Sinn hat und wie es ihn bekommen hat; man muß ferner seine Veränderung, seine Abweichungen, vielleicht und selbstverständlich seine jetzige Bedeutung beschreiben. In einer Kultur, die sich neu schafft, müssen die Christen mit Genauigkeit über ihre Symbole sprechen. Dieses Sprechen muß seinen Grund haben in der absoluten Treue zum wahrhaftigen christlichen Glauben, dem Glauben der sich auf die Bibel beruft. Nur so wird man unterscheiden können, was christlich ist und was den Sagen, der Dichtung oder anderen Religionen zugehört.

Wenn das Symbol das ist, was ich behauptet habe, wenn es diesen Wert und diese Grenzen besitzt, werden wir ferner die Epoche seiner Entstehung und vor allem die Kenntnisse und die vorherrschenden Gedanken derjenigen bestimmen müssen, die es geschaffen und benutzt haben. Viele Symbole haben mit jeder neuen Epoche einen neuen Sinn bekommen. Um sie zu interpretieren, ist es also notwendig, sie zeitlich festzulegen, dann den seelischen oder mystischen Hintergrund zu erforschen, aus welchem sie entstanden sind. Wenn man dies außer acht läßt und wenn man in den sehr reichen Sammlungen der Kunst- und Religionsgeschichte irgendein Zeichen auswählt, das dem zu erforschenden gleicht, und wenn man dann behauptet, es bestehe ein Zusammenhang zwischen ihnen, bedeutet das ein Abgleiten in den Bereich des Okkultismus oder gar der reinen Phantasie. Solange man die Umwelt der Dinge nicht festgelegt hat, kennt man sie nicht.

Die Symbole existieren nicht an und für sich. Um sie richtig zu verstehen, muß man ihnen den Hintergrund zurückgeben, an welchen sie gebunden sind. So hat der Kreis um das konstantinische Christusmonogramm nichts mit den Sonnensymbolen zu tun, wie man es behauptet hat; es stammt aus den technischen Notwendigkeiten seiner ursprünglichen Benutzung als Heeresschild des ersten christlichen Kaisers.

Ein christliches Symbol kann nur in bezug auf den christlichen Glauben verstanden werden. Die Reinheit wird sowohl von den alten Griechen als auch von den Christen durch ein Lamm dargestellt; es ist aber nicht die gleiche Reinheit. Es muß also auf Vergleiche verzichtet werden, die auf äußeren, linearen Ähnlichkeiten fußen. Ein Symbol von seiner eigenen Umwelt zu trennen heißt, eine Versteinerung, ein Insekt oder eine Pflanze ohne „Ursprungszeugnis" deuten zu wollen, daß heißt, ohne Ort, Datum und Umstände der Entdeckung – oder aber einen großen Teil seines Wertes abzustreichen. Der Hauptgedanke desjenigen, der sich mit den christlichen Symbolen befaßt, heißt also: das zu erforschende Symbol festlegen, den Ort und den historischen Augenblick seiner Schöpfung oder seines Gebrauchs bestimmen, auf seinen Platz in der Entwicklung der Kirche achten. So wird er bei seinen Fragen selbst bereichert werden.

Die ersten christlichen Symbole sind aus dem Bedürfnis der ersten Jünger Christi entstanden, sich untereinander zu erkennen und einander Kraft zu geben. Da ihre Religion verfolgt wurde, brauchte sie Zeichen ihrer Zusammengehörigkeit, welche nur den Eingeweihten bekannt waren. So konnten sie keine Täfelchen oder Platten aus Holz, Elfenbein oder Metall verwenden, die mit einigen Wörtern oder besonderen Zeichen graviert waren; die römische Polizei hätte sie schnell erkannt. Sie benutzten also ein zweideutiges Wort, das man ins Gespräch fallenließ oder ein Zeichen, das man wie zufällig auf den Boden schrieb. Später wurde dieses Zeichen oder dieses Erkennungswort auf den Grabmälern gemalt oder eingeätzt. Es waren die ersten gemalten Glaubensbekenntnisse.

Als sich die Lage der Kirche anfangs des vierten Jahrhunderts änderte, gestalteten sich Wert und Bedeutung der dem Christentum eigenen Zeichen völlig um. Mit der neuen Zeit eines endlich rechtmäßig gewordenen Christentums brauchte man Schilder, die man vorführen konnte und mußte. Man benutzte selbstverständlich die alten Zeichnungen, man verlieh ihnen aber zwangsläufig einen neuen Inhalt, und zwar um so mehr, als die christliche Philosophie sich sehr schnell entwickelte. Diese Veränderung geschah nicht stufenweise, wie in einem natürlichen Aufblühen, sondern sprungweise. Man schwenkte von äußerst exakter Knappheit zu einer jetzt extremen Großzügigkeit der Darstellung über.

Später haftete das Wesentliche der christlichen Lehre bald diesem, bald jenem Begriff an. Der Grund dafür ist, daß die Entwicklung der Kultur und der Politik von den Christen auf immer neue Fragen neue Antworten forderte. Die Zeichen, die den christlichen Glauben darstellen sollten, folgten selbstverständlich dieser Bewegung – allerdings viel später. Deshalb haben viele Symbole durch eine neue Umwelt auch einen neuen Sinn erhalten. Viele von ihnen erstarrten in der Tradition und gerieten schließlich in Vergessenheit.

Indem die Kirche sich allmählich der antiken Philosophie, der arabischen Kultur und später den verschiedenen neuentdeckten Zivilisationen öffnete, entnahm sie ihnen die Symbolik, ohne zu beachten, daß sie damit manchmal heidnische oder atheistische Begriffe einführte. Es gab brutale Reaktionen in diesem Bereich. Man wollte alles Frühere zerschlagen und durch Neues ersetzen. Bei den Symbolen ging es dabei wie bei der Entwicklung neuer Kunstrichtungen folgendermaßen vor sich: Wenn die Kunst sich neu schafft, verwendet sie immer die einfachen und schlichten Formen, Viereck und Dreieck. Auch das Symbol machte diese Entwicklung, was seine Form anbelangt, durch: Es nahm die früheren Zeichen wieder auf, indem es sie vereinfachte, auch wenn es ihnen einen neuen Inhalt verlieh.

Das alles erklärt, warum heute die Menschen, die ihr geistiges und soziales Leben in Frage stellen, weithin von innerer Unruhe und Unsicherheit getrieben sind und häufig äußere und innere Positionen wechseln, jeden Tag mit Symbolen konfrontiert werden, die sie weithin nicht mehr verstehen. Ist es nicht an der Zeit, in „diesem riesigen Gemisch von Symbolen, aus dem die moderne Kultur besteht", ein wenig Ordnung zu schaffen?

Außerdem fragen sich manchmal die Christen unserer Zeit, durch welche Symbole sie ihren neuen (obwohl alten) Glauben ausdrücken sollen, ohne auf die Irrwege anderer Religionen oder gar des Atheismus zu geraten.

Dieses Lexikon christlicher Symbolik ist geschrieben worden, um gerade diese zwei Fragen zu beantworten. Es wendet sich nicht an die Spezialisten der Archäologie oder der Religionsgeschichte. Es soll allen nützlich sein, die sich zugleich für christliche Religion und Kunst interessieren; es soll ihnen helfen, beide besser zu verstehen; und es soll ihnen ein Nachschlagewerk zur Hand geben, das Auskünfte über die Symbolik bietet, die die Christen verwendet haben und heute noch als Ausdrucksmittel benutzen. Obwohl dieses Lexikon sich einer für jeden verständlichen Sprache bedient, ist es doch streng wissenschaftlich erarbeitet und berücksichtigt viele und gründliche Forschungen; hier werden keine Behauptungen aufgestellt, die nicht anhand der besten Quellen nachgeprüft wurden. Sein Zweck ist es, eine sichere und klare Darstellung der Vergangenheit und Gegenwart christlicher Symbole zu geben.

Es muß jedoch betont werden, daß dieses Werk vor allem eine Einladung zu einem Spaziergang sein soll, zu dem wunderbaren Spaziergang unter den Zeichen, die von Christus gesprochen haben. Im Gegensatz zur allgemeinen Meinung ist die Geschichte der Bildung und der Entwicklung dieser Symbole weder ein Spiel des Geistes noch ein beim Vorübergehen in den Schaukasten eines Museums geworfener Blick. Das sehr natürliche, manchmal starke Aufblühen einiger Symbole enthält eine so außerordentliche Intensität, daß es in dem Betrachter fortwirkt, der versucht, sie zu verstehen; das gleiche empfindet etwa ein Mensch, der, einmal ins Wasser geworfen, plötzlich erkennt, daß das Wasser ihn beim Schwimmen trägt.

Dieses Werk wurde aus einem einfachen Grund in der Form eines Lexikons geschrieben: Die alphabetische Ordnung stellt lediglich einen Leitfaden dar und hilft, den Weg zu finden oder, genauer gesagt, die Stellen wiederzufinden, die man zu lieben gelernt hat; vor allem aber hilft es, trotz der vielen Windungen, die dieses Labyrinth mit seinen Querverbindungen aufweist, und trotz aller Mängel und Verformungen der christlichen Symbole, das herauszufinden, was aus ihrer Vielzahl eine einzigartige Sprache werden läßt, mit deren Hilfe wir ewige Wahrheiten erkennen und weitergeben können.

Wenn das Zeichen * im Text dazu einlädt, den diesem Wort gewidmeten Artikel zu lesen, so lohnt es sich, dieser Einladung zu folgen; dasselbe gilt für die Hinweise auf Bibelstellen. Wenn man sich dieser Mühe unterzieht, bringt das hilfreiche Ergänzungen und vervollständigt den jeweiligen Text.

A

AARON

Moses Bruder. Sein Kennzeichen ist der Ast eines Mandelbaums, in Erinnerung an ein Geschehnis, von dem im 4. Buch Mose (17, 16–26) erzählt wird und auf welches der Brief an die Hebräer (Hebr 9, 4) anspielt; jeder Stamm Israels hatte seinen Befehlsstab vor die Bundeslade gestellt; als man sie zurückholte, sproßten aus dem Stab von Aaron (Stamm Levi) Knospen, er trug Blüten und sogar Mandeln. Dieses Wunder hatte zur Folge, daß der Stamm Levi zum Priesterstamm wurde.

ABEL

Man erkennt ihn an einem Lamm, das neben ihm steht (1 Mose 4, 4). Es ist das geopferte Lamm; Gott nahm dieses Opfer an, das aber Kain eifersüchtig machte.

ABENDMAHL

Es ist eins der beiden Sakramente, die ursprünglich von der christlichen Kirche anerkannt wurden. In den ersten Jahrhunderten unserer Zeit war die Beteiligung an dieser Zeremonie gefährlich, weil sie die Zugehörigkeit zum Christentum verriet. Die Heiden brachten andererseits gegen das Abendmahl schändliche Anklagen vor (die der Unzucht und des Kannibalismus). Dies erklärt, warum es selten stattfand, weshalb man wenig davon sprach und weswegen es vor dem konstantinischen Zeitalter sehr wenig dargestellt wurde.

Einige Mosaikarbeiten aus dem 4. und 5. Jahrhundert zeigen Christus von elf, manchmal zwölf Jüngern, mehr oder weniger eng umgeben. Es ist eine historische Schilderung der Einführung des Heiligen Abendmahls durch Jesus; sie wollte zugleich eine Einladung sein, daran teilzunehmen; man muß nämlich daran erinnern, daß die christliche Lehre nicht nur anerkannt, sondern soeben auch zur offiziellen Staatsreligion geworden war und daß die neuen Christen, die sich gern an den offiziellen Zeremonien beteiligten, sich zurückhaltend und sogar scheu verhielten, wenn sie das Brot und den Wein des Abendmahls zu sich nehmen sollten.

Es gibt keine spezifische Gebärde beim Heiligen Abendmahl für den Einzelnen oder für die Gemeinde. Es dient ursprünglich als Symbol eines Mahls, das Jesus als Ausdruck dafür benutzte, wie er über seine Bestimmung dachte: Wie dieses gebrochene Brot sollte auch sein Leben gebrochen werden; wie dieses Brot aber den Leib ernährt, so auch wird es die Seele seiner Jünger nach seiner Auferstehung nähren; wie diese Nahrung Blut gibt, so wird Christus allen, die an diesem Mahl teilhaben, ein gleiches Blut geben; sie werden Brüder und Schwestern sein, da das Blut einer einzigen Familie sie durchströmt. In der Abfassung der Evangelien wandelte die Theologie, die Mystik, die Philosophie und die Moral dieses Gleichnis in eine Handlung um und schufen daraus einen festen Brauch: die Eucharistie; wie Christus durch ein Wunder das Brot und den Wein in Teile seines Leibes und Tropfen seines Bluts umgewandelt hatte, so habe die Kirche von ihm den Auftrag erhalten, dieses Wunder zu wiederholen.

Fast alle großen Künstler, Maler und Bildhauer, haben das Heilige Abendmahl dargestellt. Sie wählten in den Evangelien, die vom Abend des Gründonnerstags berichten, die nach ihrer Meinung sinnreichsten Augenblicke: die Fußwaschung, die Entlarvung des

Verräters, das Singen der Psalmen, das Gebet, die Teilung des Brots, das Segnen des Kelchs. Diese Wahl allein kennzeichnet das Denken und die Andacht des Künstlers, die ihn besonders prägten.

Um dieses Sakrament zu symbolisieren, hat man selbstverständlich das Brot und den Wein zur Gestalt benutzt, entweder in Form eines Brots* und eines Kelchs* oder durch eine oder mehrere Ähren* und Weintrauben oder einen Rebstock* oder eine Rebe. Nachdem die Kirche im Abendmahl der Gemeinde den Wein und sogar das Brot abgeschafft hatte, die von einer Hostie ersetzt wurden, wurde diese zum Symbol des Sakraments: Sie ist weiß, rund und im allgemeinen mit einem griechischen Kreuz* geschmückt. In der katholischen Kirche stellt eine Monstranz das Abendmahl dar.

Matthias tötet einen Israeliten, der einem Götzen ein Opfer bringt. Miniatur. 1285.

Auch Tiere haben den Sinn des Heiligen Abendmahls ausgedrückt. Es ist vor allem das Lamm*, aber auch der Fisch* und viel seltener der Pelikan*; in der antiken und heidnischen Legende erzählte man sich nämlich, er nähre seine Jungen mit seinem eigenen Fleisch.

Die Farben des Heiligen Abendmahls sind: das Weiß der Reinheit, das Blau, die Farbe des Himmels, und das Rot des Blutes Christi.

ABGÖTTEREI

Den Israeliten war die Abgötterei verhaßt, und ihre schlechtesten historischen Erinnerungen beziehen sich auf die Geschichte des goldenen Stierbilds (2 Mose 32). Die Christen folgten ihrem Beispiel und betrachteten sie als die Hauptsünde (1 Kor 10, 14). Unechte (Jes 44, 9–11.19) oder dämonische (1 Kor 10, 19–21) Gottheiten anbeten bedeutete, Gott die ihm gebührenden Ehre zu stehlen.

Wenn wir also christlichen Darstellungen von Abgöttern oder Götzenanbetung begegnen, dann als Tadel. Das goldene Kalb, ein ironisches Wort der Propheten, die wohl wußten, daß es sich

um die Darstellung eines Stiers, des Symbols der Macht, handelte, der aber aus Mangel an Edelmetall winzige Ausmaße hatte, ist oft mit einem Dämon* gekrönt. Ein Opfer, das man einer kleinen Statue in einer Nische bringt, ist die typische Bewegung der Abgötterei, die man im 2. Jahrhundert vor Christus von

Mose links; Aaron rechts und das goldene Kalb in der Mitte.
Kapitelle der Kathedrale von Vezelay.
12. Jahrhundert.

den Israeliten verlangte und die den Aufstand der Makkabäer verursachte. In illustrierten Bibeln (soweit sie die apokryphen Bücher enthalten, die von dieser Geschichte erzählen) wird diese Gebärde oft dargestellt. Ein einfaches Beil, das man benutzte, um die den falschen Göttern dargebrachten Opfer zu töten, genügt manchmal, einen Götzendiener zu bezeichnen. Münzsäcke, Geldbörsen, auf denen eine Schlange* kriecht, veranschaulichen den Geiz*, der, um mit Paulus zu sprechen, Abgötterei ist (Kol 3, 5).

ABRAHAM

Mit Abraham beginnt die Geschichte Israels, des Volkes, das Gott von Generation zu Generation so lenkte, daß es eines Tages Christus empfangen könnte. Abraham ist der erste Vertreter eines neuen Menschengeschlechts: Er ist der Mensch des Glaubens. Als solcher ist er zunächst dargestellt worden. Deswegen wird die geheimnisvolle Szene, in der er an die Botschaft von drei Besuchern glaubt, die ihm im Namen Gottes die Geburt Isaaks verkündigen, oft mit Szenen der Schöpfung verglichen. Als zweites wird das Opfer von Isaak dargestellt, ein Opfer, dessen Umstände an die Passion Christi erinnern: Der Vater willigt in das Opfer ein und der Sohn leistet keinen Widerstand; der Sohn trägt selbst das Holz für das Opfer; beide Handlungen spielen sich auf einem Hügel ab usw.

Obwohl der Bericht von der Opferung Isaaks* nie so beliebt war, wie die Geschichte von Jonas oder die Speisung der Zehntausend, wurde er doch sehr oft Gegenstand der Darstellung, besonders in den Zeiten, in denen die Theologie alttestamentarische Vorboten Christi suchte. Mehrere Momente dieses Berichts haben den Künstlern Stoff geboten, aber die Szene des Opfers selbst wurde am meisten gemalt, besonders der Augenblick, in dem Gott erscheint, um Abraham daran zu hindern, seinen Sohn zu töten. Das göttliche Auftreten wird durch eine Hand, die aus den Wolken hervorkommt, oder durch einen Engel veranschaulicht, der entweder das Schwert oder den Arm von Abraham ergreift. Dieser Engel ist manchmal von einer Taube* begleitet. Abraham ist häufig barhäuptig dargestellt, trägt aber manchmal auch eine jüdische Kopfbedeckung; fast immer ist er von einem „pallium" umhüllt, dem breiten griechischen Mantel, der in der Antike sehr beliebt war. Isaak kniet auf einem oder auf beiden Knien, mit manchmal festgebundenen, öfters aber freien und gefalteten Händen; nur selten kniet er auf dem blanken Boden, meist auf einem Holzbündel oder auf einem Altar*, der aus drei Stufen besteht.

Diese Szene wurde als Wandmalerei, als Mosaik oder als Bildwerk auf Sarkophagen dargestellt. Sie wurde auf Goldwaren, Medaillen und Vasen ziseliert und in Kirchenportale geschnitzt; sie wurde auf Decken und Kirchenfenstern gemalt und auf Kapitellen herausgemeißelt.

Da dieser Patriarch in dem Gleichnis vom reichen Mann und dem armen Lazarus erwähnt ist, haben die Künstler diesen „auf Abrahams Schoß" (Luk 16, 22) dargestellt: Abraham, ein Greis mit langem Bart und würdiger Haltung, trägt in einem vor ihm gebreiteten Tuch entweder Lazarus allein, oder eine große Zahl von Säuglingen, oder gar nur kleinen Menschenköpfen, die die Seelen symbolisieren sollen.

Um Abraham leicht zu erkennen, hat man ihm oft den Widder als Kennzeichen gegeben, der anstatt seines Sohns geopfert wurde, oder das Messer, das zum Opfer diente, oder auch eine Eiche, in Erinnerung an den Baum von Mamre, wo er seinem Gott einen Altar gebaut hatte (1 Mose 13, 18; 14, 13; 18, 1).

ADAM UND EVA

Die Darstellung des ersten menschlichen Ehepaares kommt in den ersten christlichen Jahrhunderten ziemlich häufig vor. Sie geschah als Reaktion gegen den Gnostizismus, der den menschlichen Körper verachtete, indem er Geist und Materie, das heißt Gutes und Böses, einander entgegenstellte. Die strenggläubigen Christen behaupteten das Gegenteil und entnahmen dem Bericht der Schöpfung die Gewißheit, daß Gott „ein schönes und gutes Werk" (1 Mose 1, 31) getan hatte, als er den Menschen geschaffen hatte. Daraus zogen sie den Schluß, daß Gott die Menschen zwangsläufig mit Leib und Seele retten würde, was zur Lehre der Auferstehung des Leibes führte. Als Beweis dafür stellten sie Adam und Eva auf den Grabmälern dar und stellten damit ihren Glauben dar, daß der Leib des Toten selbst auferstehen würde.

Als Ausdruck einer bestimmten Lehre trifft man sie auch links und rechts des Kreuzes Christi, kniend; dort finden sie, wie alle Menschen, die ihnen gefolgt sind, die Vergebung Gottes.

Vor allem jedoch werden sie in der Szene von der Versuchung im Paradies dargestellt, da der Sündenfall den Ursprung des erlösenden Werkes Gottes bildet. Man muß noch hinzufügen, daß die Versuchung durch die Schlange, das Essen der verbotenen Frucht und das erste Auftreten von Scham oft auf einem einzigen Gemälde zu sehen sind. – Im ausgehenden Mittelalter veranschaulichte man öfters die Erlösung, der Adam und Eva durch die Auferstehung Christi teilhaftig wurden; es ist die Szene der Höllenfahrt* Jesu Christi. – Seit der Renaissance wurden die Berichte des Sündenfalls aber häufig als Vorwand für die damals verbotenen Aktdarstellungen benutzt.

Die verbotene Frucht ist in der Normandie ein Apfel, in Burgund sind es Trauben, anderswo Kirschen usw. Die Heilige Schrift sagt nicht, um welche Frucht es sich handelte.

Sehr früh wurden den biblischen Szenen verschiedene symbolische Kennzeichen hinzugemalt. Ein Lamm* zu Evas Füßen erinnert daran, daß einer von ihren Nachkommen „den Kopf der Schlange zertreten wird" (1 Mose 3, 15). Dieses Lamm stellt Christus dar, der durch seine Leiden und seinen Tod Satan besiegt hat. – Ein Schaf, Ähren und Bauernwerkzeuge erinnern daran, daß die Menschen – aus dem Paradies gewiesen – arbeiten müssen, um ihr Brot (Ähren) zu verdienen, die Frau beim Weben der Wolle, der Mann beim Bebauen des Feldes.

ADLER

In der klassischen Antike war der Adler das Zeichen von Jupiter. Er war auch auf den Schilden der römischen Legion abgebildet. Diese Symbolik taucht in der christlichen Welt als Versinnbildlichung der allmächtigen Kraft Gottes oder dessen Gerechtigkeit wieder auf. Andererseits steht er aber auch gelegentlich als Zeichen für Hochmut.

Die Christen hatten schon sehr früh die symbolische Bedeutung des Adlers übernommen, jedoch im Zusammenhang mit der Legende (die man mit der

Adler des Evangelisten Johannes. Kapitell. Kloster vom Heiligen Trophime. Arles. 12. Jahrhundert.

des Phönix verwechselte), in der es heißt, der König der Vögel werfe sich ins Feuer, wenn er spüre, daß er alt werde, um daraus eine neue Jugend zu schöpfen. Er wurde zum Sinnbild des Neugetauften, der durch die Taufe ein neues Leben bekommt (Ps 102, 5).

Der Adler wurde später zum Symbol des Glaubens und der Theologie, weil er nach dem Himmel strebt. Aus demselben Grund begleitet er manchmal Christus bei seiner Himmelfahrt.

Die Verbindung Adler–Löwe* stellt den Menschen dar, der aus Geist und Fleisch besteht. Sie wurde sehr oft auf Kapitellen der romanischen Kathedralen ausgehauen.

Ein zweiköpfiger Adler ist das Zeichen von Elisa*, weil dieser Prophet Elia bat „daß ihm zwei Anteile von seinem Geiste zufallen" sollen (2 Kön 2, 9).

Der Adler ist aber vor allem zum Symbol des Evangelisten Johannes* geworden. Siehe Evangelistensymbol*.

ADRIAN

Die „Goldene Legende", eine Sammlung von Heiligengeschichten, erzählt, daß ein gewisser Adrian, Centurio des Kaisers Maximilian (Marc Aurel), im Jahre 290 zum christlichen Glauben bekehrt wurde, nachdem er den Mut und die Treue der Märtyrer gesehen hatte. Er selbst wurde dann festgenommen und verurteilt: Ihm wurden zuerst eine Hand, dann ein Arm und schließlich beide Beine abgehauen. Einige Zeit nach seinem Tod erschien er seiner Frau, die mit einem Schiff auf der Flucht war, und rettete sie.

Die Zeichen dieses Märtyrers sind das Schwert und das Rad, die zu seinem Martyrium dienten, seine Hand, sein Arm und seine Beine, die ihm abgeschlagen wurden.

AGATHE (Heilige)

Eine sehr alte Legende erzählt, daß diese junge Sizilianerin – die in der Mitte des zweiten Jahrhunderts starb – abscheulich gemartert worden sei. Sie sei auf glühenden Kohlen gerollt, durch ein Wunder aber geschützt worden; dann habe ihr der Henker die Brüste abgerissen oder abgeschnitten. Bei ihrer Beerdigung hätten hundert junge Männer in weißen Gewändern einen Grabstein vom Himmel heruntergebracht, worauf geschrieben stand: *Mentem sanctam spontaneam, honorem Deo, et patriae liberationem* („Ihre heilige Gesinnung entsprang eigenem Antrieb; sie diente Gott zu Ehre und dem Vaterland zur Befreiung"). Ein Jahr später, so heißt es in der Legende weiter, bedrohte ein Lavastrom die Stadt, in der sich ihr Grab befand. Die Einwohner kamen auf den Gedanken, den Schleier zu nehmen, der das Grab bedeckte und ihn vor dem Feuerstrom auszubreiten: Da kam der Lavastrom plötzlich zum Stehen!

Diese Wunder erklären, warum die Erinnerung an die Heilige Agathe im Mittelalter so nachhaltig und lebhaft war und warum sie zur Beschützerin gegen das Feuer gewählt wurde. Die Inschrift ihres Grabes wurde auf Glocken eingraviert; man bildete sich ein, die Glocken würden, beim Auslösen des Alarms, auch den vom Feuer Bedrohten den Schutz der Heiligen Agathe bringen. In Erinnerung an ihr Martyrium wird sie oft mit einem Tablett dargestellt, auf welchem ihre Brüste liegen, oder mit dem Messer oder der Schere ihrer Peiniger in der Hand.

AGNES (Heilige)

Die „Goldene Legende" berichtet von einer jungen Christin namens Agnes, die um 309 den Sohn eines römischen Statthalters abwies. Als sie erklärte, sie sei Christin und als solche mit Christus verlobt, wurde sie festgenommen und ausgezogen; ihr langes Haar aber bedeckte ihre Blöße. Sie wurde mit Prostituierten eingesperrt und enthauptet. Als ihre Eltern viel später vor ihrem Grab beteten, erschien ihnen die Tochter, von einem glanzumflossenen, schneeweißen Lamm begleitet.

Daher kommen die Zeichen der Heiligen Agnes: der Kranz der Märtyrer, das Haar, das sie bedeckte, das Schwert ihrer Hinrichtung und das Lamm, das an ihrer Seite erschien. Der Ring, den sie gewöhnlich am Finger trägt, erinnert an ihre geheimnisvolle Vereinigung mit Christus.

Man erzählt, ein Wärter in der Basilika der Heiligen habe später gesehen, wie das Standbild von Agnes sich selbst diesen Ring an den Finger steckte.

ÄGYPTISCHES KREUZ →Kreuz, Ägyptisches Kreuz

ÄHRE

In der griechisch-lateinischen Antike waren die Weizenähren das Symbol des Sommers und begleiteten oft Ceres, die Göttin der Landwirtschaft. Aus diesem Gebrauch entlehnten die ersten Christen die Ähre als Symbol des Ackerbaues, zu dem Adam* nach seiner Vertreibung aus dem Garten Eden gezwungen worden war (1 Mose 3, 23).

In der Geschichte des Christentums aber hat die Ähre vor allem das Brot und hier besonders das Brot des Abendmahls versinnbildlicht. Dieses Symbol wurde allerdings vermutlich deshalb wenig benutzt, weil die Kirche das Brot* des Heiligen Abendmahls durch Hostien ersetzt hatte. Nachdem die christliche Lehre sich durch eine Rückkehr zum Ursprung reformiert hatte, fand das Brot des Abendmahls schon im 16. Jahrhundert wieder seinen Platz auf dem Tisch des Heiligen Abendmahls*. Die Ähre wurde sein sehr verbreitetes Symbol. Heute findet man sie, auch in den modernen katholischen Kultstätten, mit diesem Sinne wieder.

ALOIS (Heiliger) oder **ALOYS**

Alois wurde um 588 in der Nähe von Limoges in einer christlichen Familie geboren. In dieser Stadt erlernte er den Beruf eines Goldschmieds und brachte es darin zu solcher Meisterschaft, daß er den Auftrag erhielt, einen Thron aus Gold für König Clothar II. zu verfertigen. Diesem fiel die absolute Ehrlichkeit dieses Handwerkers im Gebrauch des Goldes auf, das ihm gegeben worden war; er behielt ihn bei sich und machte ihn zu seinem Geheimrat. Er diente den zwei Nachfolgern dieses Königs als Minister: Dagobert und Chlodwig II. 639 wurde er zum Bischof von Noyon und Tournay ernannt und zeigte in dieser Gegend solche Güte und solche missionarische Tätigkeit, daß sie bald schon zur Legende wurden. Er starb im Jahre 659.

So wurde er ganz selbstverständlich zum Schutzpatron der Goldschmiedezunft, worauf sich einige seiner Symbole beziehen: Reliquienschrein*, Stern*, Kreuz*, Amboß oder Hammer. Da man aus ihm auch den Schutzpatron der Schmiede und Hufschmiede machte, wird er oft von einem Pferd begleitet. Wenn man einen Adler neben ihm darstellt, will man seine Überredungskunst als Prediger hervorheben. Ein Bär neben ihm soll an die erinnern, die er dazu gezwungen hat, ihm zu folgen.

ALPHA UND OMEGA (A und Ω)

„Ich bin das A und O, der Anfang und das Ende", sagt Gott in der Offenbarung des Johannes (1, 8; 21, 6). Dasselbe Wort spricht auch Jesus im gleichen Kapitel (22, 13). Die Tatsache, daß beide sich der gleichen Worte bedienen, weist darauf hin, daß ihnen etwas gemeinsam ist. Deshalb hat man diesen Ausdruck benutzt, wenn man Jesus als das Göttliche schlechthin bezeichnen wollte.

Was den Ursprung dieser Formel betrifft, erzählt Hieronymus (Werke XXXV. 26), daß ein alter Gebrauch in den pädagogischen Methoden seiner Zeit darin bestand, „die Buchstaben des griechischen Alphabets in der normalen Reihenfolge abzufragen und dann, als Gedächtnisübung, den ersten, den letzten, den zweiten, den vorletzten Buchstaben aufzusagen: *alpha, omega, beta, psi* usw." Es ist wohl möglich, daß der geschichtliche Ursprung dieses Symbols

Einzelheit aus einem Sarkophag. 2. Jahrhundert.

auf diese Lernmethode der Verbindung von den Buchstaben untereinander zurückzuführen ist.

Dieser Ausdruck bedeutet für einige Philosophen den Inbegriff des Höchsten Wesens.

Für den einfachen Christen ist der Sinn dieses Ausdrucks leicht zu verstehen: Wie der erste und der letzte Buchstabe eines Alphabets alle Buchstaben einschließen und damit auch alle Wörter, und die Bezeichnungen für alles, was existiert, so können jene beiden Buchstaben Den bezeichnen, der über alles herrscht, nämlich den Herrn des Himmels und der Erde, den Herrn des Weltalls.

Zur Zeit der Verfolgungen war diese Bedeutung anders: Der römische Kaiser widerlegte damals nur zu deutlich die Herrschaft Jesu Christi über die Welt. Außerdem konnte man den Glauben an Christi Herrschaft nicht zur Schau tragen, ohne damit den Verfolgern die Anwesenheit von Christen preiszugeben. Deshalb findet man kein A und Ω vor der konstantinischen Zeit. Von da an setzte sich dieses Zeichen aber durch. Die ältesten dieser Zeichen stammen aus dem Anfang des vierten Jahrhunderts.

Man findet zunächst die beiden Buchstaben allein, nicht selten auch von einem Lorbeerkranz als Zeichen der Anbetung, oder von einem Ölzweig als Sinnbild des Friedens eingerahmt. Sehr früh aber wurde dieses Symbol vom Christusmonogramm begleitet. So abgebildet, war es in der zweiten Hälfte des vierten Jahrhunderts sehr beliebt. Der dogmatische Streit dieser Zeit liefert die Erklärung dafür. Die christliche Welt zerfiel damals in zwei Parteien, die sich über das Verhältnis von Gott zu Jesus heftig stritten. Alle glaubten an die Gottheit Christi, aber „der Sohn ist nicht wesensgleich mit dem Vater", sagten die Arianer; „sie sind vollkommen gleich", antworteten die Athanasier. Daher ist es klar, daß das Zeichen A und Ω den Arianern überhaupt nicht passen konnte, da die biblischen Worte, auf die es sich bezieht, gleich von Gott und Jesus Christus in derselben Formulierung gesprochen werden, was auf ihre Wesensgleichheit deutet. Ihre Gegner stellte es um so mehr zufrieden; um ihre athanasiatische Strenggläubigkeit zu beweisen, benutzten die zum Christentum bekehrten römischen Kaiser ständig dieses Sinnbild und ließen es sogar auf ihre Münzen prägen. Dieser Gebrauch trug wahrscheinlich sehr zur Ausbrei-

Münze Kaiser Constantin II. (317–361). SALUS AUG NOSTRIS.

Verschiedene Formen des Omega.

tung dieses Symbols bei. Man findet es nämlich sowohl auf Amphoren, Vasen, Goldwaren als auch auf Grabmälern, Mosaikarbeiten, Sarkophagen, Gemälden, Skulpturen dieser Zeit, ja sogar auf Ziegeln.

Später in der Geschichte mußte das Zeichen A und Ω viele Modeerscheinungen über sich ergehen lassen. Zwischen diese zwei Buchstaben hat man manchmal ein M eingefügt; das Ganze wollte eine bildliche Darstellung des Briefes an die Hebräer (13, 8) sein: „Jesus Christus gestern und heute und derselbe auch in Ewigkeit". A ist der Anfang der Welt, es ist „gestern", M ist die Mitte (*medium*, ΜΕΔΙΟΣ = Mitte), es ist „heute". Ω ist das Ende der Welt, es meint die „Ewigkeit".

Manchmal findet man drei A, die von drei Ω gefolgt sind, was die Bedeutung dieses Symbols bis zum Absoluten führen will. Man hat auch die Reihenfolge der beiden Buchstaben umgekehrt!

Kurz nach der Jahrtausendwende wurden diese zwei Buchstaben neben die beiden Enden des Kreuzes gestellt. Es sollte bedeuten, daß die beiden gekreuzigten Arme Christi die ganze Welt von Anfang bis zum Ende der Zeiten umfassen.

Während die Form des Alpha sich kaum verändert hat, wurde das Omega sehr oft umgestaltet. Manchmal wurde dieser letzte Buchstabe des griechischen Alphabets durch ein lateinisches Z ersetzt.

ALRAUNE

Diese Pflanze aus derselben Familie wie Tabak und Belladonna (Nachtschattengewächse) besitzt eine schwarze, gewöhnlich gespaltene Wurzel, deren Form manchmal an einen Menschen erinnert. Wenn man noch hinzufügt, daß ihr betäubende und narkotische Eigenschaften innewohnen, kann man verstehen, daß die Legende und die Magie sich ihrer bemächtigt und damit ihre Phantastereien und Zauberkünste befriedigt haben. Man behauptet, daß Hannibal Feinde, die mächtiger als sein eigenes Heer waren, betäubt und besiegt habe, indem er sie mit einem Wein berauschte, welchem er Alraunenwurzeln hatte beimischen lassen.

Bei den Christen im Mittelalter wurde sie zu einem Zeichen des Teufels, seiner Dämonen* und aller, die sich der Magie ergaben.

ALTAR

Ursprünglich hielten die Christen den Gottesdienst in Privathäusern ab, und das Brot und der Wein des Abendmahls standen auf dem gewöhnlichen Tisch des Hausmobiliars. In der Mitte des dritten Jahrhunderts begann man in gewissen Kreisen, in denen der Sinn der Messe zu einem Glauben an magische Mächte verkümmerte, den für den Gottesdienst vorbehaltenen Tisch von den anderen Tischen zu unterscheiden. Dagegen erhob sich sofort Widerspruch, und Menschen wie Origenes erinnerten daran, daß es sich um einen Tisch und nicht um einen Altar handelte und daß „jeder seine Seele und seine Gedanken als Altar aufstellt, aus welchen wohlriechende Dufte, daß heißt das Gebet eines reinen Gewissens, emporsteigen".

Als man, ein Jahrhundert später, Tempel errichten durfte, benutzte man zunächst die üblichen Holztische. Der biblische Begriff des Abendmahls aber hatte sich zur Lehre des Meßopfers entwickelt; dieses wurde durch die Transsubstantiationslehre zu einem Opfer, das man für das Heil dieses oder jenes Gläubigen abhielt. Wenn es sich aber um ein Opfer handelt, mußte man ihm doch einen Altar bauen, wie es alle Religionen und vor allem das Judentum des Alten Testaments vorschreiben! So ging man vom Begriff eines Tisches zu dem eines Altars über.

Dieser in der christlichen Lehre neue Begriff bürgerte sich so tief in den Gebräuchen ein, daß man sogar von einem Priester auf der Reise verlangte, er solle einen tragbaren Altar bei sich haben. Schließlich entstand der Gedanke an einen Abschluß des Chorgestühls um den Altar, was symbolisch den Unterschied zwischen den Geistlichen und den Laien ausdrückte.

Die christliche Archäologie weist auf steinerne Altäre hin. Im Jahre 517 untersagte das Konzil zu Epaone, andere als steinerne Altäre zu bauen. In der Mitte des sechsten Jahrhunderts jedoch schenkte Justinian der Basilika von der Heiligen Sophie einen Altar aus Gold. Ursprünglich war der Altar auf eine einzige Säule gestützt, bald aber auf vier, was heute noch in der orthodoxen Kirche Tradition ist. In Westeuropa entwickelte er sich dennoch weiter, und schließlich legte man die Altartafel auf einen Steinblock.

Einige alte Altäre gleichen in erstaunlicher Weise Gräbern. Gregor von Tours († 594) erinnert daran, daß der Altar des Heiligen Kreuzes in Poitiers aus Holz war und nennt ihn eine Truhe. Die Erklärung liegt darin, daß die ersten Christen sich oft um die Gräber der Märtyrer versammelten, und aus Tradition behielt man diese Altarform lange Zeit bei. Von daher rührt auch der Gebrauch, die Reliquien unter den Altar zu legen.

Die Ausschmückung der Altäre spiegelt in der Tat alle Wandlungen der Theologie und des Geschmacks wider. Die ältesten unter ihnen sind mit Kreuzen*, Christusmonogrammen*, Rebstöcken* und Palmen* geschmückt.

Zunächst war es verboten, irgendeinen Gegenstand auf den Altar zu stellen, abgesehen von den Utensilien, die unmittelbar zum Gottesdienst gehörten. Im achten Jahrhundert kam die Gewohnheit auf, Reliquienschreine, dann geweihte Vasen und das Buch der Evangelien darauf zu legen. Bald erscheinen vier Kerzenleuchter an den vier Ecken des Altars, nach dem Muster der Kerzenleuchter des Tempels von Salomo. Sie waren übrigens in den dunklen vorromanischen und romanischen Kirchen sehr notwendig; außerdem symbolisierte ihr Licht, das von dem Altartuch widergespiegelt wurde, den Begriff des auf Erden verwirklichten Gottesreiches, das heißt: einen Abglanz himmlischen Lichtes, das auf die Erde heruntergekommen war.

AMBO →Kanzel*, Lettner*

AMBROSIUS (Heiliger)

Er ist einer der bedeutendsten Kirchenväter. Er lebte von 340 bis 397, in jenem Teil des vierten Jahrhunderts, in dem das zur Zeit Constantin I. besiegte Heidentum wieder lebendig wurde. Obwohl seine orthodoxe Prägung, sowohl in der Theologie als auch in der Kirchenmusik, eine Neuerung brachte (er führte in die Kirche die antiphonen Gesänge ein), ermöglichte ihm sein fester Glaube, in die politischen und militärischen Angelegenheiten seiner Zeit mit Erfolg einzugreifen. Die Legende bemächtigte sich seines Lebens, und seine Zeichen beziehen sich darauf: Bienen, weil sich, als er in der Wiege lag, ein Schwarm auf seinen Kopf gesetzt haben oder sogar in seinen Mund gedrungen sein soll; dieses Wunder kündigte an, daß seine Rednerkunst sanft überzeugend werden sollte; eine Taube, die ihn als Bischof von Mailand vorausbestimmt haben soll; ein Pferd und Peitschen, die an seine Erscheinung und an sein Eingreifen in eine Schlacht erinnern; Soldaten, die er während dieser Schlacht tötete.

AMULETT

Ein Brauch bei den alten orientalischen Völkern verlangte, daß sich die Gläubigen mehrere Juwelen als heilige Amulette an den Arm oder auf die Stirn banden. Mose spielt auf diese Sitte an und empfiehlt den Juden (5 Mose 6, 8): „Die Gebote Gottes... du sollst sie binden zum Zeichen auf deine Hand, und sie sollen dir ein Merkzeichen zwischen deinen Augen sein"; es bedeutete: du sollst sie nicht vergessen, du sollst sie befolgen, alle sollen sehen, daß du sie verehrst... Die Israeliten aber verstanden diese Empfehlung mehr wortwörtlich als im übertragenen Sinn und begannen, Amulette anzufertigen und sie an den linken Arm oder an die Stirn zu binden, zunächst bei gewissen Gebeten, dann überhaupt. Es waren kleine lederne Schachteln, die dünne Pergamentriemen enthielten, auf denen biblische Zeilen (besonders: 2 Mose 13, 1–10. 11–16; 5 Mose 6, 4–9; 11, 13–21) geschrieben waren. Jesus merkt, daß einige Juden seiner Zeit die Größe dieser Amulette aus Prahlerei übertrieben (Matt 23, 5). Seinem Beispiel folgend, haben die christlichen Künstler die betrübte Ironie Jesu in eine richtige Karikatur verwandelt; ihre Amulette werden riesengroß; es sind sehr auffällige Schachteln, die mit dicken Riemen an den Armen oder am Kopf festgebunden sind.

Die Christen nahmen in den 1. Jahrhunderten gelegentlich diesen Brauch wieder auf und glaubten, dadurch ihre Gesundheit oder ihre Habe vor feindlichen Mächten zu schützen. Der Name Jesu oder seine Titel gehörten zur Zusammenstellung solcher Amulette. Dies war aber eine Hinwendung zum Aberglauben, mit der sich verschiedene Konzilien beschäftigten und sich bemühten, diesen Gebrauch zu reformieren oder abzuschaffen (Konzilien zu Laodicäa 343 u. 381, zu Orleans 511, zu Clichy 573, 603 u. 626 u.a.m.

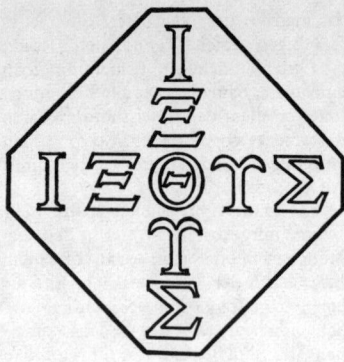

„Christliche" Amulette. 16. Jahrhundert.

ANBETUNG

Die rituelle Haltung der Anbetung, wie sie in der klassischen Antike üblich war, bestand entweder aus einem mehr oder weniger betonten Kniefall oder aus einer Bewegung der Hand, die man zum Mund führt, um einen Kuß zu schicken. Da die Christen Gott allein anbeteten, weigerten sie sich, die Kaiser und deren Abgötter mit einer solchen Gebärde zu würdigen.

Betende Frau. Katakomben. 3. Jahrhundert.

Da das Wesentliche am Gebet die Öffnung des Beters zu Gott ist, nahmen die Christen sehr früh folgende Bewegung des Gebets an: Beide Hände sind weit geöffnet, die Arme ausgebreitet und die Ellenbogen dicht am Körper.

Später bestimmte die Kirche, wann und wie die rituelle Haltung der Anbetung stattfinden sollte: sie reichte vom einfachen Neigen des Kopfes bis zum tiefen Kniefall, mit oder ohne Kreuzzeichen, usw.

ANDACHT

Sie wird als junge Frau dargestellt, deren Charakterzüge jedoch variieren, je nach dem, was man unter religiösem Leben versteht.

Vom Standpunkt der kirchlichen Lehre her betrachtet, ist sie von einem Zirkel und einem Rechteck umgeben, weil sie sich eine himmlische Wohnung baut.

Als Moral aufgefaßt, wird sie von einem Hahn*, dem Symbol der Wachsamkeit, oder von einem Elefanten*, dem Sinnbild der Keuschheit, begleitet.

Auf Gefühle beschränkt, hat sie ein flammendes Herz oder Flügel als Zeichen, die sie zu den hohen Gefilden der Mystik emportragen.

Vom Standpunkt ihrer Wirkung her gesehen, trägt sie ein Füllhorn, oder legt manchmal die Hand auf den Kopf eines Kindes; zu ihren Füßen befinden sich Vasen voller rauchenden Weihrauchs.

In ihren bekanntesten Erscheinungsformen hebt sie in einer Gebärde des Betens die Hände hoch oder liest in der Bibel.

ANDREAS (Heiliger) →Kreuz, Andreaskreuz

ANKER

Bei den Griechen, die allem Wert beimessen, was das Meer anbelangt, wurde der Anker häufig als Symbol des Seelebens benutzt. Er befindet sich auf der Rückseite einiger Münzen als Sinnbild eines Hafens (Alexandria, Antiochus); er stellt den Seemannstand dar, und als solcher findet er sich auf ihren Grabinschriften.

Anker und Delphin. Katakomben. Zweites Jahrhundert.

Die Christen aber haben diesem Zeichen eine religiöse Bedeutung verliehen. Es ist bekannt, daß sie in den ersten Jahrhunderten die baldige Rückkehr Christi auf Erden erwarteten und „in dieser eschatologischen Hoffnung ankerten". Ihre Prediger, die dieses Thema dem Brief an die Hebräer (6, 18–20) entlehnten, benutzten den Anker als Symbol dieser Hoffnung*. Das Reich Gottes, das mit der Wiederkehr Christi verwirklicht werden sollte, war der Hafen,

Graviertes Siegel aus milchigem Edelstein. Anker, Kreuz, Fische, Tauben und Palmen (Brit. Museum).

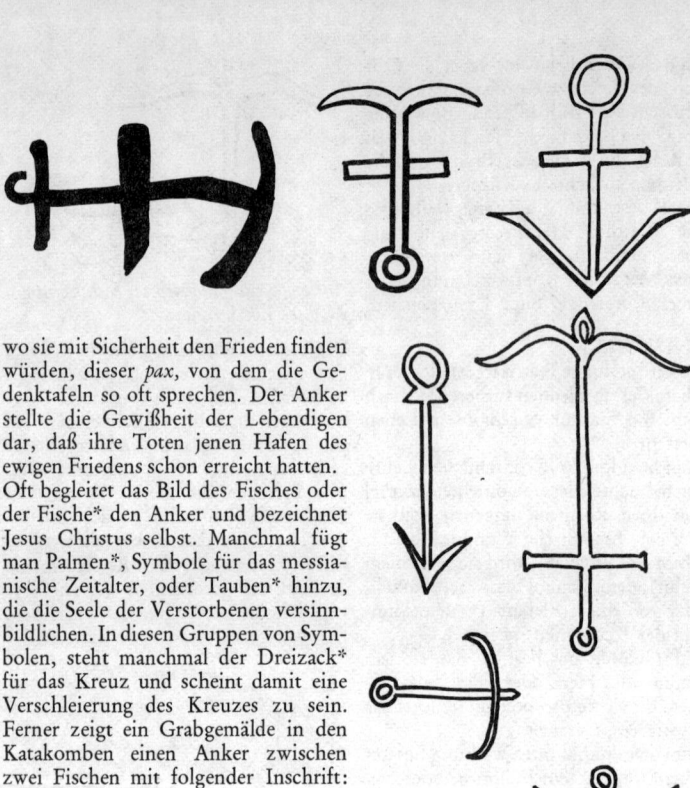

wo sie mit Sicherheit den Frieden finden würden, dieser *pax*, von dem die Gedenktafeln so oft sprechen. Der Anker stellte die Gewißheit der Lebendigen dar, daß ihre Toten jenen Hafen des ewigen Friedens schon erreicht hatten. Oft begleitet das Bild des Fisches oder der Fische* den Anker und bezeichnet Jesus Christus selbst. Manchmal fügt man Palmen*, Symbole für das messianische Zeitalter, oder Tauben* hinzu, die die Seele der Verstorbenen versinnbildlichen. In diesen Gruppen von Symbolen, steht manchmal der Dreizack* für das Kreuz und scheint damit eine Verschleierung des Kreuzes zu sein. Ferner zeigt ein Grabgemälde in den Katakomben einen Anker zwischen zwei Fischen mit folgender Inschrift: IXΘΥΣ ΖΩΝΩΝ = Fisch der Lebendigen; die Anspielung auf Christus und auf das ewige Leben ist vollkommen klar für den Gläubigen, auch wenn sie für den heidnischen Verfolger verborgen bleibt. Das alles zeigt, daß die durch den Anker symbolisierte Hoffnung nicht die abstrakte Tugend ist, an welche wir oft denken, sondern die Gewißheit des ewigen Lebens mit dem Retter; es ist mehr Glaube als Hoffnung.

Die älteste Form des christlichen Ankers gleicht den frühesten Seeankern, die einfach aus einem Stiel und zwei Armen bestanden, manchmal aber auch mit Ringen und Griffen versehen waren, an denen die Seile zum Vertäuen festgeknüpft waren. Sie folgte aber nicht der

Ankerzeichnungen. Römische Epoche.

Entwicklung des von den Seeleuten benutzten Ankers. Das religiöse Denken erstarrt sehr schnell in bestimmten herkömmlich gewordenen Formen, aus welchen es sich nur durch die Entwicklung der Lehre befreit. Als der Anker umgestaltet wurde, wurde er kreuz-

Christlicher Anker. Katakomben. Rom.

oder dreizackförmig. In einer Zeit, in der diese Religion verboten war, war es nicht möglich, das Zeichen des Kreuzes zu benutzen, das zu charakteristisch und zu typisch für die Zugehörigkeit zum Christentum war. Dem einfachen Anker fügte man daher einen zusätzlichen Balken in der Mitte des Stiels hinzu, was ein verschleiertes Symbol des Kreuzes daraus machte.

Während der Anker als erstes Sinnbild des christlichen Glaubens sich sehr oft auf den Gedenktafeln und Grabinschriften in den ersten drei Jahrhunderten befindet, verschwand er mit dem konstantinischen Zeitalter völlig als Symbol. Die eschatologischen Aussichten hatten eine Verschiebung erfahren; sie standen nicht mehr im Zentrum der Verkündigung und der christlichen Lehre; daher wurden sie auch nicht mehr als zentrale Symbole dargestellt. Jedoch glaubte man, unter dem Einfluß des Humanismus in der Renaissance, die Wahrheit wiederzufinden, indem man aus dem antiken Anker das Symbol für die zweite Kardinaltugend machte.

ANMASSUNG

In den Tugenden- und Lasterkatalogen, die manchmal von der Kirche zusammengestellt wurden, wurde die Anmaßung nach den literarischen und plastischen Gewohnheiten der griechisch-la-teinischen Antike symbolisiert. Sie ist durch eine Frau gekennzeichnet, die einen, manchmal mit Pfauenfedern geschmückten Turban trägt und den Kopf steif hochhält; der Turban vermag aber ihre Eselsohren nicht zu verbergen. Die Anmaßung kann auch von einem Truthahn versinnbildlicht werden, dessen Gang und cholerisches Temperament charakteristisch genug sind.

ANTONIUS (Heiliger)

Er ist ein berühmter Einsiedler aus dem vierten Jahrhundert, der vor den Versuchungen eines unkeuschen Lebens floh, auf seinen Reichtum verzichtete und sich in die Wüste zurückzog, wo er den Heiligen Paulus, den ersten Klausner der Thebais traf. Nachdem ein Rabe ihnen ein zweiteiliges Brot gebracht hatte, führten sie ein endloses Gespräch, um zu entscheiden, wer es teilen sollte! Diese Szene wurde oft dargestellt, und es ist leicht zu verstehen, daß das Hauptmerkmal des einen wie des anderen der Rabe ist. Der Heilige Antonius ist oft von Dämonen oder einem Schwein begleitet, die seine Versuchungen symbolisieren, er wird auch mit einem kreuzförmigen Stab, auf den er sich stützt, oder auch mit einem Rosenkranz oder einem Buch abgebildet, die an die Regel der Antonier erinnern, eine Einsiedlergruppe, die sich um ihn geschart hatte und aus welcher einige Klöster hervorgingen.

ANTONIUS VON PADUA

Dieser berühmte franziskanische Missionar, portugiesischer Herkunft, hatte versucht, Nord-Afrika zu bekehren; es war ihm nicht gelungen, und ein Sturm warf ihn an die Küste Italiens. Er war in Bologna, Toulouse, Montpellier und vor allem in Padua tätig, wo er 1231 starb. Seine Rednerkunst war so groß, daß die Legende behauptet, auch die Esel und die Fische hätten ihm zugehört. Die Miniaturen, Wandgemälde und Skulpturen zeigen ihn entweder von einem ihm aufmerksam zuhorchenden

Esel oder von Fischen begleitet, die aus dem Wasser tauchen, um ihn zu hören, oder mit Eichenblättern, die den Ruf seiner Predigten symbolisieren, oder auch mit einer Lilie, die an seine Reinheit erinnert. Er wurde oft mit dem Jesuskind auf dem Arm gemalt oder mit einem Kreuz oder einer Rute in der Hand, was alles seine inbrünstige und strenge Liebe zu Christus ausdrückt.

APOSTEL

Die meisten Apostel haben eines oder mehrere besondere Zeichen, die sich auf dieses oder jenes Ereignis ihres Lebens oder ihre Legende beziehen. Wollten Künstler aber darauf hinweisen, daß eine Person ein Apostel war, dann haben sie allgemeine Symbole benutzt: ein Lamm*, einen Widder* oder einen Ochsen*, die das Opfer der Kreuzigung Jesu Christi darstellen, das die Apostel ankündigen und erläutern sollen. Die Taube des Heiligen Geistes erleuchtete sie; an einem Nimbus, später einem Heiligenschein erkannte man sie. Ein Palmblatt* spricht von der ewigen Belohnung in bezug auf die 144 000 Auserwählten der Offenbarung des Johannes (7, 9). Das Symbol der Apostel ist aber vor allem ein Buch: das Buch der Evangelien.

ARMUT

Christus hatte den Blick seiner Jünger oft auf die Armen gerichtet. Im allgemeinen verbanden schon die Israeliten Armut mit Frömmigkeit, Reichtum mit Gottlosigkeit (wenn sie sie auch nicht gleichstellten). Dennoch kannten weder die Israeliten noch die Christen der ersten Generationen ein Zeichen, ein spezifisches Symbol der Armut. Wenn sie sie darstellen wollten, begnügten sich damit, die Künstler der griechisch-lateinischen Antike nachzuahmen: Sie zeichneten eine alte Frau, die dürftig mit Lumpen bekleidet ist, oder einen alten Krüppel, dessen Kleidung sehr ungepflegt ist und der einen Hut oder eine Holzschale in der Hoffnung auf ein Almosen hinhält.

Im 13. Jahrhundert bildeten sich als Reaktion gegen die Besitzgier des höheren Klerus die Bettelorden. Jetzt wurde die Armut der Bescheidenheit gleichgestellt und durch Figuren (Männer, Frauen oder Kinder) in einfachster Arbeitskleidung dargestellt.

Im Mittelalter benutzte man manchmal den Schlüssel als Symbol der Armut, da sie vor allem für die Bettelorden das Tor zum Himmel öffnet. Ein solches Zeichen erinnerte aber mehr an die Idee eines in einer Truhe versteckten Schatzes als an die der Armut; deshalb verzichtete man bald auf dieses Symbol.

ARZT, ARZNEIKUNST

Das Geheimnis, das die Krankheit umgibt, hat seit eh und je die Menschen dazu geführt, Göttern die Herkunft aller Schmerzen zuzuschreiben. Um das ungünstige Einschreiten dieser Gottheiten zu verhindern, haben sie Hilfe in Zaubersprüchen, Opfern und Mitteln aller Art gesucht, von denen die Priester behaupteten, sie seien göttlichen Ursprungs.

Mit der Entwicklung des Rationalismus und der zunehmenden Weigerung, sich von vornherein der lehrmäßigen Autorität der Kirchen zu unterwerfen, trennte sich die Medizin immer mehr von ihnen, auch wenn es ein schmerzensreicher Weg war, der von Leiden, tragischen Begebenheiten und sogar Martern gezeichnet war.

Die ersten Christen weigerten sich, von heidnischen Ärzten behandelt zu werden, die ihre Gottheiten zu Hilfe zogen. Da sie wußten, daß Jesus und seine Jünger Heilungen bewirkt hatten, wandten sie sich selbstverständlich an kirchliche Autoritäten, um ihre Gesundheit wiederzufinden. Sie ersuchten vor allem die Einsiedler um deren Hilfe, weil sie Gott besonders nah zu sein schienen und daher Heilungen vollbringen konnten. So entstand das religiöse Amt des Teufelaustreibers; später bezog man es auf biblische Texte, in denen steht (Luk 9, 1), daß Jesus den Jüngern (und daraus schloß man: auch der Kirche) Vollmacht gegeben hatte, „über alle bösen Geister, daß sie Krankheiten heilen konnten".

Unglück betrifft nicht nur die Menschen, sondern auch Tiere und Dinge; dies wurde gemäß der wissenschaftlichen Kenntnisse der Zeit interpretiert; man sagte, daß die Dämonen ihre Macht sowohl über die lebendigen als auch über die unbelebten Wesen ausübten. Deshalb bemühten sich die Beschwörer bald, die für die Epidemien des Viehs, die Trockenheit und Erdbeben verantwortlichen Dämonen auszutreiben.

„Unter den Beschwörungen, von denen die Kirche Gebrauch macht, gibt es ordentliche, wie diejenigen, die über das Wasser und das Salz vor ihrer Benutzung bei der Taufe gesprochen werden, und außerordentliche, die man anwendet, um Besessene zu befreien, Gewitter zu vertreiben und schädliche Tiere auszurotten" (Lexikon des kanonischen Rechts).

Schon im 10. Jahrhundert benutzten die kirchlichen Teufelsbeschwörer vor allem Weihwasser. Sie erinnerten sich daran, daß Jesus einen Blinden geheilt hatte, indem er mit Speichel einen Heilschlamm machte (Mark 8, 23), und sie gebrauchten diesen als Heilmittel, da sie fest davon überzeugt waren, daß viel mehr der Speichel Christi als seine Persönlichkeit und sein Glaube eine solche Heilung bewirkt hatte. Sie benutzten Salz (weil es die Lebensmittel rein hält), Wein (dessen Alkohol gewisse Infektionen verhindert) und Absude verschiedener Blätter. Fast immer schlug man das Kreuz*. Oft setzte man auch Amulette ein, die aus mehr oder weniger merkwürdigen und magischen Teilen bestanden.

Als man beschwörende Ärzte darstellen wollte, zeichnete man Priester, die diese verschiedenen in Flaschen oder Kästchen enthaltenen Mittel benutzten, deren geheimnisvolle Formeln offenbar in großen Büchern aufgezeichnet waren. Als schließlich die medizinische Forschung sich von der Kirche trennte, nahm man für ihre Bezeichnung die Symbole der griechisch-lateinischen Antike wieder auf: den Hahn, der früher Äskulap, dem Gott der Arzneikunst, gewidmet war; den Merkurstab, jenen mit zwei kleinen Flügeln versehenen Stab, den Apollo Merkur gegeben hatte; man erzählt, daß dieser Gott ihn benutzt hatte, um zwei Schlangen zu trennen, die gegeneinander kämpften, die sich dann durch ein Wunder um den Stab wickelten und dort treu verbunden haften blieben. Wenn man sich daran erinnert, daß die Schlangen die Dämonen darstellen und daß die Krankheit als ein Kampf von Dämonen im Körper einer einzelnen Person erklärt wurde, wird man verstehen, daß gebändigte Schlangen wohl zum Symbol der Ärzte und später der Apotheker werden konnten.

AUFERSTEHUNG

Die moderne Theologie hat die Bedeutung der Auferstehung für die ersten Christen mit Recht hervorgehoben. In der Praxis aber macht sie daraus einen Begriff, obwohl sie doch eine Anwesenheit ist. Die Feststellung, daß die ersten Jahrhunderte des Christentums kein spezifisches Zeichen der Auferstehung geschaffen haben, ist ja bedeutend. Aus jener Zeit gibt es nicht einmal Darstellungen jener Szenen, die sie hervorgerufen hat und von denen die Bibel zeugt. Für die Christen war die Auferstehung nämlich kein Dogma und auch keine historische, anzuerkennende Tatsache; es war eine reelle Erscheinung, es war Christus selbst, der da war. Später, als man diese Anwesenheit des Auferstandenen hat ausdrücken wollen, hat man einfach dieses oder jenes Zeichen benutzt, das Christus* selbst darstellte. Erst vom 6. Jahrhundert an findet man einige biblische Szenen der Auferstehung, die gemalt oder herausgemeißelt wurden. Sie bestehen hauptsächlich aus dem Bericht der Frauen, die am Ostermorgen das leere Grab betreten und von einem Engel angesprochen werden. Schon im 10. Jahrhundert sieht man solche auf Sarkophagen, wo sie am rechten Platz sind. Dort erscheint auch Christus selbst, besonders in der Episode, in der Thomas seine Zweifel erklärt.

Später, immer in Zeiten, in denen die christliche Andacht das Wunderbare als Mittelpunkt hatte, haben sich die Darstellungen der Erscheinungen von Jesus vervielfacht. Man sieht sie auf Elfenbeinplatten, auf sehr zahlreichen Goldschmiedewerken, auf Miniaturen. Sobald die Technik der Ölmalerei neu entdeckt und angewendet wurde, haben viele Maler diese Szenen dargestellt. Einige unter ihnen (und besonders Rembrandt) haben sich bemüht, den ewig lebenden Christus zu zeigen. Die meisten aber haben dieses Ereignis eher als einen historischen Beweis der Auferstehung veranschaulicht.

Man suchte auch in einer anderen Richtung Symbole, unter den Pflanzen und den Tieren, die die Idee der Auferstehung ausdrücken konnten: In Frankreich fand man das bescheidene Gänseblümchen, dessen Name bedeutet, daß es zu Ostern blüht (das Gänseblümchen heißt auf französisch *paquerette*, worin das Wort *Pâques* [Ostern] enthalten ist); den Phönix* und den Pfau*, von denen man behauptete, sie bekommen neues Leben aus ihrer Asche; den Strauß, dessen in den Sand gelegtes Ei sich unter der Wirkung der Sonne öffnet; schließlich den Frosch, der durch seine sehr offensichtlichen Verwandlungen die Auferstehung der Körper symbolisiert.

AUGE

Die heidnischen Denkmäler, die „den bösen Blick" als Thema behandeln, sind zahlreich. Es handelt sich um einen Glauben, der bei den primitiven Völkern weit verbreitet ist, von dem aber die moderne Gesellschaft nicht ganz loskommen konnte, einen Glauben an die unheilbringende Macht eines bösen Blicks.

Die christlichen Prediger haben sich immer bemüht, solche Ideen zu bekämpfen, die offensichtlich von einem Glauben an eine magische Macht zeugen. Chrysostomus (407) sagte bereits: „Das Auge des Menschen hat eine einzige Funktion: sehen; der böse Blick kommt von einem verdorbenen Menschen."

Die Kirche hat sich jedoch nicht immer von dieser Leichtgläubigkeit zu befreien gewußt. Indem sie Amulette segnete, auf welchen ein schützendes Auge eingraviert war, erkannte sie an, daß dieser Gegenstand eine dem bösen Blick entgegengesetzte (also gleichartige) Wirkung besitzt. Ferner billigte sie die Gebete, durch die ihre Beschwörer diesen bösartigen Einfluß beseitigten, und erkannte auf diese Weise sein Vorhandensein an.

Ein Auge in einem Dreieck stellt die Dreifaltigkeit dar. – Hesekiel sieht Augen auf den Rädern des heiligen Gespanns (Hes 1, 18), und die Offenbarung des Johannes bedeckt damit die Tiere, die den Thron Gottes hüten (Offb 4, 6). Oft haben die Künstler versucht, diese Ausdrücke, die zunächst das Bild der göttlichen Vorsehung sind, die alles sieht, bildlich darzustellen; allmählich und besonders, wenn diese Augenzahl sich auf sieben beläuft (Sach 3, 9; Offb 5, 6), bedeutet sie die Ganzheit (und daher die Vollkommenheit) der göttlichen Erkenntnis.

In der Baukunst kennt man ein „Bullauge", d. h. ein rundes oder ovales, offenes oder blindes Fenster über Tor. Der Tympanon oder das Giebeldach der römisch-byzantinischen Kirchen ist gewöhnlich mit diesen kleinen Fenstern geschmückt, in denen vermutlich der Ursprung der spitzbogigen Fensterrosen mit ihren immer zahlreicheren und immer vielfältigeren Teilungen liegt.

AUGUSTIN (Heiliger)

Er ist der berühmteste Kirchenvater der lateinischen Kirche, und es ist leicht zu verstehen, daß er sehr oft gemalt wurde. Er trägt eine Bischofsmütze und einen ledernen Gürtel, die an das Einsiedlerleben erinnern, das er nach seiner Bekehrung führte. Oft hat er eine Schreibfeder in der Hand oder zeigt ein Buch, alles Symbole seiner zahlreichen Briefe, Predigten, Schriften, biblischen oder dogmatischen Erläuterungen. Um seinen großen Einfluß zu symbolisieren, stellt man eine kleine Kirche oder ein Kloster neben ihn, die an die Kirche erinnern, zu deren innerem Aufbau und Autorität er größtenteils beitrug. Er ist manchmal von Dämonen umgeben, die die Ketzereien darstellen, die er bekämpfte.

AUSSATZ – AUSSÄTZIGER

Diese schlimme, ansteckende Krankheit hat diejenigen, die sie heimsuchte, immer isoliert. In der Antike war sie jedoch nur in Ägypten und im Mittleren Osten verbreitet, auch wenn einige seltene Fälle in Rom und in Gallien bekannt sind. Dagegen wurde sie durch die Kreuzzüge über ganz Europa verbreitet. Zu diesem Zeitpunkt wurden die Leprakrankenhäuser gebaut. Als man die Kapellen dieser Anstalten oder die Nachbarkirchen schmücken wollte, nahm man die biblischen Erzählungen der Heilungen von Aussätzigen als Vorlage (Mark 1, 40 u. a. m.). Manchmal wurde auch Hiob dargestellt, weil man sich vorstellte, daß die Krankheit, die ihn juckte, eben der Aussatz gewesen sein konnte (Hiob 2, 7–8). Schließlich dachten die Künstler bei diesen Arbeiten an die Geschichte vom Hl. Alois* und vom Hl. Julian* dem Gastfreien, die beide barmherzige Samariter der Aussätzigen waren. – Die Kranken selbst tragen armselige Lumpen, ihre Füße und Hände sind mit Tüchern verbunden; sie halten oft die Klappern, die ihre Anwesenheit auf schauderhafte Weise verkündeten.

B

BÄR

Dieser Sohlengänger wurde in der christlichen Symbolik kaum benutzt. Da er manchmal in den Zirkusspielen erschien, diente er einigen Märtyrern, die den wilden Tieren ausgeliefert wurden, als Zeichen. So ist einer der Gefährten des Perpetuus, wegen dessen ausdrücklich erklärtem Widerwillen, einem Bären ausgeliefert zu werden, gewöhnlich von diesem Fleischfresser begleitet. – Man sieht ihn neben einigen biblischen oder kirchlichen Figuren: Elisa*, dem Evangelisten Markus* und vor allem Gallus, der der Begegnung mit einem dieser Tiere die Wahl des Ortes für

Siegel des Klosters von St. Gallen. 13. Jahrhundert.

27

das Kloster und die spätere Stadt St. Gallen verdankte; er hatte dem wilden Tier befohlen, ihm Holz zu bringen und soll ihm als Belohnung für seinen Dienst ein Brot gegeben haben; wegen dieser Legende gehört der Bär zum Siegel des Klosters.

BARBARA (Heilige)

Diese junge Frau wurde um 251 in Nikosia gemartert. Ihr Vater, ein Heide, war ihr eigener Henker. Man erzählt aber, daß ein Blitz ihn traf, als er ihr den letzten Schlag versetzen wollte. Daher kommt die Gewohnheit, diese Märtyrerin bei Gewitter um Hilfe anzurufen; und da die Kanonen eine Zeitlang „Geschützdonner" genannt wurden, stellten sich die Kanoniere, so wie die Bergleute und alle, die mit Schießpulver und Sprengstoffen zu tun haben, unter ihren Schutz.

BARNABAS

Die Apostelgeschichte und mehrere Paulusbriefe sprechen von Barnabas (nach der griechischen Übersetzung seines Namens auch Barnabe genannt) als Missionar und einem der ersten Mitarbeiter des Apostels Paulus. Er brachte das Evangelium nach Zypern und Kleinasien. Sehr früh jedoch, vier oder fünf Jahrhunderte später, bemächtigte sich die Legende seiner Gestalt: Er sei von den Juden zu Salamis gesteinigt worden; der Bischof dieser Stadt hätte nach einer Erleuchtung den genauen Ort seiner Grabstätte entdeckt. Als man dieses Grab geöffnet habe, habe man das Evangelium von Matthäus auf der Leiche gefunden, das Buch also, das Barnabas zu seinen Lebzeiten Kranken auf den Kopf gelegt hatte, um sie zu heilen. Später noch, im 7. Jahrhundert, machte ihn die Geschichte zum Begründer der Kirche in Mailand und deren erstem Bischof.

Wenn er dargestellt wird, verleiht man ihm die Zeichen eines Bischofs: Kreuz*, Krummstab* und Mitra. Manchmal werden dem ein Beil und Hellebarden hinzugefügt, mit denen er gemartert worden sein soll, vor allem aber die Steine seiner Steinigung.

BASILISK

Man hat lange ein hebräisches Wort, das eine Art Otter bezeichnet, mit „Basilisk" übersetzt. Der Psalm 91 (13) sagt, daß derjenige, der Gott vertraut, ohne Gefahr „über Löwen und Ottern (oder Basilisken) gehen wird". Diese Bibelzeilen wurden lange für eine messianische Prophezeiung gehalten, und das um so mehr, als die vorhergehenden Worte („sie werden dich auf den Händen tragen, daß du deinen Fuß nicht an einen Stein stoßest") von Jesus selbst im Augenblick der Versuchung gesprochen worden waren. Sie sollen also verkündigen, daß der gekreuzigte Christus den Tod besiegen würde. Man wußte aber andererseits, daß dieser Sieg Christi die Prophezeiung Gottes verwirklichte, als er zu Eva gesagt hatte, einer von ihrem Nachkommen sollte „den Kopf der Schlange zertreten" (1 Mose 3,15); in Erinnerung an diese Worte, hat man daher am Fuß des Kreuzes auf Golgatha diese Schlange* dargestellt, die den Tod gibt und nichts anderes als eine Gestalt des Satans ist. – Von daher stammt die Vorstellung vom Basilisken, eines fabelhaften Tieres, vor welchem sich das ganze Mittelalter fürchtete, weil es angeblich mit einem einzigen Blick töten konnte. Man erzählte, „er sei aus dem Ei eines Hahns geschlüpft und von einer Kröte ausgebrütet worden". Später versicherte man jedoch, man könne sich vor diesem fürchterlichen Blick schützen, indem man sich hinter einer Glaskugel verstecke.

BAUM

Der Baum ist im Denken der Antike das Hauptsymbol der Fruchtbarkeit und überhaupt die geheimnisvolle Quelle des Lebens. Plinius (de re naturae XII, 2) behauptet, die Bäume seien die ersten Tempel der Menschen gewesen. Es ist unverkennbar, daß die Stille der Wälder oder das eindrucksvolle Laub einiger großer Bäume ein gewisses religiöses Gefühl wecken. Es ist ferner bekannt, daß vielen Göttern ein besonderer Baum zugeordnet war: Jupiter die Eiche, Apollo der Lorbeer, Minerva der Olivenbaum, Venus die Myrthe, Herkules die Pappel usw. Heute noch bedeuten die Bäume für einige Völker Abgötter; sie werden von einem Zaun umgeben, indem die Götter verehrt werden.

Im Alten Testament ist manchmal der Baum ein Bild des Dünkels (Jes 2, 13) oder der Langlebigkeit (Jes 65, 22). Es ist auch die Rede von einem Baum des Lebens (1 Mose 3, 22; Offb 2, 7; 22, 2.14); es ist dies der Baum, dessen Frucht das ewige Leben verleiht. Hiob (14, 7 ff.) erläutert dieses Symbol, indem er sagt, daß einige „wieder ausschlagen und ihre Sprößlinge bleiben nicht aus".

Der Prophet Hesekiel (17, 22) hört, wie Gott ihm sagt, er solle einen Zedernzweig nehmen und ihn auf einem hohen Berg in Israel einpflanzen, damit er wachsen und über alle Wälder der Umgebung hervorragen könne; dies war die Verkündigung der Überlegenheit Israels über alle Völker. So wurde der Baum zum Symbol der Israeliten, die von Gott auf der Erde „gepflanzt" wurden. Die Kirchenväter nahmen dieses Bild wieder auf, um die christliche Kirche zu bezeichnen, die Erbin der Verheißung Gottes Israel gegenüber; diese Symbolik kommt jedoch nicht häufig vor, weil der Vergleich ohne Erläuterungen nicht unmittelbar verständlich ist.

Im Mittelalter, wo man etwas leichtfertig annahm, die heidnische Antike sei eine Vorwegnahme der christlichen Welt, symbolisierte der Baum die vegetative Macht, die Gott der Natur schenkte. Zu dieser ersten Bedeutung kamen noch andere hinzu: Der Baum wurde zum Merkmal der in der Kirche verwirklichten Macht Gottes, als ein von ihm auf Erden gepflanzter Garten; so wurde der Baum manchmal zum Zei-

chen Christi, dessen Herrschaft im Reich Gottes wie der Saft im Baum ist.

BEFFCHEN

Im 16. Jahrhundert besaß das Gewand der Reformatoren und der evangelischen Seelsorger weder einen Kragen noch ein Beffchen. Im folgenden Jahrhundert wurden diese Verzierungen als heller Fleck auf dem dunklen Talar des Pfarrers eingeführt.

Es gab zunächst einen großen, gestülpten, weißen Kragen, der vorne deutlich offen war. Bald wollten ihn die Maler enger um den Hals, jedoch länger unter dem Bart des Seelsorgers sehen. Gegen Ende des 17. Jahrhunderts veränderte er sich in Holland in eine mehr oder weniger umfangreiche Halskrause, wurde aber in Frankreich zum Beffchen aus zwei Stoffteilen, das sich immer mehr durchsetzte. Gewöhnlich ist es weiß, aber einige evangelische Kirchen kannten auch ein schwarzes Beffchen mit weißem Rand.

Im 19. Jahrhundert dachte man, das Beffchen solle die beiden Gesetzestafeln darstellen und es bestätige das Recht des Pfarrers, die christliche Moral zu lehren.

BENEDIKT (Heiliger)

Er wurde im Jahre 480 in Nursia (Ombria) geboren und ging zum Studium nach Rom, wo das ausschweifende Leben ihn mit Abscheu erfüllte; deshalb zog er sich schon mit vierzehn Jahren und ohne sehr lange auf die Schule gegangen zu sein, in die Einsamkeit einer Grotte in der Gegend von Subiaco zurück. Als Abt eines Klosters nach Vicovaro berufen, zwang er den Mönchen eine so strenge Regel auf, daß diese versuchten, ihn zu vergiften. Von dort aus ging er nach Monte Cassino, wo sich ein dem Apollo gewidmeter Tempel befand. Er bekehrte dessen Priester, zerstörte den Tempel und baute dort ein sehr berühmtes Kloster. So gründete er die Regel und den Orden der Benediktiner. Man schreibt ihm eine große Zahl von

Wundern zu. Er starb im Jahre 543. Wenn er dargestellt wird, erkennt man ihn an den Gegenständen, von denen seine Legende erzählt: die Klingel, die sein Diener ertönen ließ, wenn er ihm sein Essen brachte, die aber der Teufel eines Tages zerbrach; den Kelch, in den die Mönche von Vicovaro vergifteten Wein gefüllt hatten, der aber plötzlich zersplitterte, als Benedikt das Kreuz darüber schlug; ein Sieb aus Ton, das gebrochen war, das er aber durch ein Wunder wieder heil machte. Mehrere Miniaturen zeigen einen Raben neben ihm, der ihn in der Einsamkeit der Wüste ernährt hätte, sowie die Zeichen seiner Strenge: eine Peitsche, Dornen, Ruten; oder sie zeigen als Sinnbild seiner Autorität eine Tiara und einen Bischofs-stab. Bekleidet ist er schließlich mit dem Ornat der Benediktiner.

BERNHARD VON CLAIRVAUX (Heiliger)
Im Jahre 1091 geboren, ging er mit 22 Jahren ins Kloster von Cîteaux, das damals einen großen Aufschwung hatte und dessen strenge Regeln berühmt waren. Als in Clairvaux ein neues Kloster gebaut wurde, wurde Bernhard dort zum Abt ernannt. Er war ein Mann, der gern in sich versunken war, der aber einen gewissen praktischen Sinn behalten hatte, was es ihm ermöglichte, ungefähr sechzig Klöster zu gründen. Er war ein hervorragender Redner, den man *melli-fluus* (= aus welchem Honig fließt, mit einer honigsüßen Sprache) nannte. Als eifriger Bibelleser berief er sich häufig auf die Heilige Schrift, um seinen Gedanken mehr Kraft zu geben. Als überzeugter Anhänger der Disziplin und daher der autoritären Regierungen, unterstützte er mit Entschlossenheit die offizielle, „strenggläubigste" Kirche und entfaltete seine ganze Energie, um alle Reformversuche zu bekämpfen, die schon damals zum Vorschein kamen: er kämpfte gegen Abelard, Pierre de Bruys, Arnold von Brescia, die Albigenser und all ihre Anhänger. In einer Zeit, in der sich zwei Päpste um die Führung der Kirche stritten, nahm er Stellung zugunsten Innozenz' II. und gegen Anaclet II., gegen den er sogar einen Feldzug unternahm. Bernhard, der häufiger Bernhard von Clairvaux genannt wird, propagierte in Vezelay den berühmten zweiten Kreuzzug, von dem man weiß, daß er kläglich endete. Seine zahlreichen Reisen hatten den Ruf von großartigen und fabelhaften Abenteuern.

Seine Zeichen sind mannigfaltig: Es sind ein Kreuz* oder die Kreuzigungsge-räte*, die seinen Glauben, aber auch die Strenge unterstreichen, der er sich unterwarf; es sind Bienen und Bienenhäuser, die an seinen Ruf als Redner erinnern; es ist eine Hostie oder eine Kirche, die seinen Eifer für die offizielle Kirche symbolisieren; es ist eine Schreibfeder, die auf seine zahlreichen Schriften anspielt; es ist vor allem ein Hund..., der gegen alle Feinde der traditionellen Kirche bellt.

BERTHA (Heilige)
Diese Äbtissin gründete das Kloster von Avenay in der Champagne und lebte in der Mitte des 7. Jahrhunderts. Die Legende erzählt, daß sie von den Kindern der ersten Frau ihres Mannes ermordet worden sei. Deshalb wird sie gewöhnlich stehend, mit einem Stab in der Hand oder von Kindern verfolgt, dargestellt.

BETENDER →Gebet

BISCHOF
Die Herkunft des bischöflichen Amtes ist dem Christentum fremd. Man findet es in anderen Religionen, die unserer vorangehen, und besonders im Judentum nach der Gefangenschaft Israels. In der christlichen Kirche wurde es im konstantinischen Zeitalter eingeführt, wobei sich eine merkwürdige Mischung aus heidnischen, jüdischen und christlichen Komponenten ergab. Die Bischöfe wurden zu Trägern der offiziellen christlichen Wahrheit und daher sehr schnell zu den Häuptern der Kirche.

Trotzdem fanden einige von ihnen keine hohen Würden, während andere, die von Alexandrien, Rom, Antiochia, vor allem aber die von Konstantinopel „besonders geehrt wurden", um mit der Synode von Nicaea zu sprechen. Die Eroberungen der Mohammedaner und die Trennung der orthodoxen Ostkirche von der römischen Kirche ermöglichten dem Bischof von Rom, der allein frei geblieben war, seine Vorherrschaft zu sichern.

Diese Entwicklung wird von der Geschichte der Symbole dieses Amtes bestätigt. Der Krummstab war ursprünglich ein einfacher Stock, der Stab des Hirten (Pastors), der seine Herde zur Weide führt. Man kennt viele dieser Stöcke, die bald verziert wurden; oft waren sie mit einer einfachen silbernen Kugel geschmückt. Man fügte ihnen das Symbol des Widders hinzu, weil dieses Tier meistens an der Spitze der Herde steht, deren Führer er ist. Das Horn des Widders veranlaßte die Künstler dazu, aus dem Stock einen Krummstab zu machen, der sehr schnell zu einem häufig sehr wertvollen Goldschmiedekunstwerk und zum Hauptsymbol des Bischofs wurde.

Der Bischofshut mit dreifachem grünem Besatz, die Mitra und der Ring* sind andere Zeichen der bischöflichen Würde.

BLASIUS (Heiliger)

Im Jahre 316 erlitt Blasius in Sebasta in Armenien, wo er Bischof gewesen war, mutig den Märtyrertod. An einen Pfahl gebunden, war er mit einer Art Eisenkamm oder Krempel geschnitten und geschunden worden. Durch ein Wunder sei er befreit worden, doch hätte man ihn wieder festgenommen und in einen See geworfen, aus welchem er wiederum heil und unversehrt herausgekommen sei. Noch einmal festgenommen, wurde er zusammen mit zwei kleinen Kindern enthauptet. – Er wird mit einem Bischofsstab oder neben einer Kirche dargestellt. Als Zeichen hat er eine Krempel (was aus ihm den Schutzpatron der Krempelarbeiter machte). Auf Abbildungen wird er von zwei kleinen Kindern begleitet.

BROT

Die Brotvermehrung und die Einführung des Heiligen Abendmahls sind die zwei hauptsächlichen biblischen Berichte, die den christlichen Künstlern Anlaß gaben, Brot darzustellen. Diese Szenen wurden oft veranschaulicht, die erste, weil sie die außergewöhnliche Macht Christi zeigt und die zweite, weil sie die Vertrautheit des Christen mit seinem Herrn ausdrückt.

Auch Vergleiche wurden zwischen den beiden Szenen angestellt. Die Bibel liefert ein so offensichtliches Beispiel dafür (Joh 6), daß einige Schriftausleger sich gefragt haben, ob die verschiedenen Brotvermehrungen nicht ursprünglich Kulte des Heiligen Abendmahls waren, die von Jesus abgehalten wurden; sie fügen hinzu, daß sie sich in den Erinnerungen, die 30 Jahre später von den Evangelisten niedergeschrieben wurden, unbewußt in Wunder verwandelt hätten. Vom archäologischen Standpunkt her würde die immer symbolische Zahl drei der in den ältesten Darstellungen gezeichneten Jünger um Jesus diese Interpretation unterstützen; man sieht nur sieben, sechs, fünf, drei oder sogar nur zwei Jünger. Wenn es die Einführung des Heiligen Mahls am Abend des Gründonnerstags hätte darstellen sollen, wäre das gesamte Kollegium der zwölf Apostel versammelt; da es aber die Brotvermehrung veranschaulicht, würde es dann nicht bedeuten, daß diese ursprünglich ein Heiliges Abendmahl war, was von denjenigen, die den Künstlern die Themen für ihre Arbeiten stellten, als Tradition bewahrt wurde?

Die ältesten Brotdarstellungen, in denen es als Laib oder in einzelnen Stücken entweder auf dem Tisch oder in kleinen Körben liegt, zeigen zugleich auch Fische. Diese sind zunächst lebendig; es

Melchisedek bietet Abraham Brot dar. Mosaik. St. Vitale. Ravenna. 6. Jahrhundert.

handelt sich daher um die Erscheinungen Jesu, entweder in Jerusalem in der hohen Kammer (Luk 24,42) oder öfters am See Tiberias (Joh 21,9). Wenn der Fisch in der Darstellung zubereitet ist, erinnert er an die Mahlzeit, die ursprünglich vor dem Heiligen Abendmahl gemeinsam gehalten wurde. Wenn schließlich der Fisch allein und an keinem bestimmten Platz im Gemälde steht, ist das griechische Wort ichtys* (Fisch) dargestellt und symbolisiert – als Anagramm Jesu – durch das Brot die wirkliche Anwesenheit Christi.

Man muß schließlich darauf hinweisen, daß diese sehr alten Darstellungen des Heiligen Abendmahls sich auf Friedhöfen befinden. Man wollte daran erinnern, daß das Brot des Abendmahls „das Lebensbrot ist, das Jesus den Seinigen gibt", und daß dieses Leben das ewige Leben ist. In diesem Fall ist also das Brot eine unübersehbare Bekräftigung der Auferstehungswirklichkeit, die als strahlende Antwort auf das Grab der verfolgten Christen eingeschrieben war.

Schon im 4. Jahrhundert veränderte sich die Glaubenshaltung vollkommen. Das Christentum bemühte sich, die eben eroberte Welt mit dem Glanz seiner Macht zu blenden. Daher vergaßen die Künstler das Heilige Abendmahl und stellten hauptsächlich die Brotvermehrung dar als Zeichen der Macht Jesu Christi und Beweis seiner Göttlichkeit.

Einige Generationen später kam in der Kirche eine Gegenströmung auf und versuchte, dem Sakrament des Heiligen Abendmahles einen neuen Wert zu verleihen. Um dies zu erreichen, bemühte man sich um strenge kultimhe Formen Die Liturgik gewann die Oberhand über die Frömmigkeit. Hinsichtlich des Abendmahlbrotes kam eine beträchtliche Änderung zustande. Bis dahin benutzte man gewöhnliches Brot, das Brot des täglichen Gebrauchs. Um sich damit zu ernähren, mußte man es brechen; dies symbolisierte wunderbar den Körper Christi, der auch gebrochen wurde, der aber auch die Seele der Jünger aller Zeiten ernähren konnte. Schon am Ende des 4. Jahrhunderts enthielt dieses Brot den Körper Christi, und später wurde dogmatisch festgelegt, daß die Substanz des Brotes sich in die des materiellen Leibes Jesu verwandelte; so lautet die Lehre der Transsubstantiation. Wenn das Brot diesen Wert annahm, konnte man das gewöhnliche Brot nicht mehr verwenden. Im 6. Jahrhundert disputierte man lange, ob man zum Abendmahl Brot mit oder ohne Hefe benutzen sollte. In der römischen Kirche entschloß man sich

Der Hl. Albimus segnet die Hostien. Miniatur. 11. Jahrhundert.

für das ungesäuerte Brot, in der Ostkirche für das gewöhnliche Brot. Dann interessierte man sich für die Qualität des benutzten Mehls. Man wollte ein besonders reines Mehl. So beschloß man, die zu benutzenden Körner Stück für Stück auszusuchen. Wer aber sollte hier nun die Auswahl vornehmen? (Unschuldige) Kinder? Bestimmte Priester? nachdem sie die Laudes, den 7. Psalm und die Litaneien gesprochen hatten? Sollte nicht der Müller selbst eine spezielle Albe anziehen, um das Mehl des Heiligen Brotes vorzubereiten? Wäre dieses Brot nicht noch kostbarer, wenn man Milch statt Wasser gebrauchte? Man könnte auch etwas Butter und sogar Honig hineinmischen. – All diese Fragen wurden zwischen dem 9. und dem 14. Jahrhundert lange erörtert. Eine Gemeinde, ein Kloster oder sogar eine Provinz nahm diesen, eine andere jenen Gebrauch an. Da in der Ekklesiologie Gewohnheiten schnell zu Traditionen werden, führte man diese oder jene Machart auf die Apostel selbst zurück und hing so fest daran, daß die Theologieprofessoren, die Synoden und die Konzile Mühe hatten, den Gläubigen die Gründe dafür darzulegen. – Schließlich ersetzte man das Brot durch die sogenannten „Hostien", d.h. Teig aus Mehl und Wasser, ein Teig, der zwischen den beiden Armen des „Eisens zum Vorbereiten der Hostien" gepreßt wurde. Die ältesten unter diesen stammen frühestens aus dem 9. Jahrhundert, was zeigt, daß der Gebrauch von Hostien vorher unbekannt war.

Das alles erklärt die erstaunliche Vielfalt des Aussehens und der Form der Abendmahlbrote, die von den christlichen Künstlern dargestellt wurden. Die einen sind rund wie Kugeln, die anderen, im krassen Gegensatz dazu, flach wie ein Brett. Es gibt solche, die ganz weiß sind, und andere, die eine schöne goldene Rinde zeigen. Manchmal sind sie so klein, daß man sich fragt, wie sie überhaupt noch gebrochen werden können, um das gebrochene Leben Christi auszudrücken. Dann wieder sind sie sehr groß und scheinen jedes drei oder vier kg zu wiegen. Gelegentlich weisen sie tiefe Rillen auf, wahrscheinlich um gebrochen werden zu können, ohne sie zu zerbröckeln. Wenn auch die meisten Brote rund sind, gibt es doch viereckige. Bisweilen tragen sie mehr oder weniger deutliche Inschriften; wahrscheinlich zeichnete man eine Rille in den Teig, bevor er in den Backofen geschoben wurde. Fast immer sind es zwei gekreuzte Striche, die an ein griechisches oder lateinisches Kreuz erinnern. Ab und zu werden Buchstaben, hauptsächlich die Anfangsbuchstaben Jesu Christi, geprägt. Die orthodoxen Kirchen haben lange die Gewohnheit behalten, die Buchstaben IC.XC.NI.KA auf den vom Kreuz gezeichneten vier Rechtecken zu schreiben, was bedeutet „Jesus Christus hat gesiegt". Der Buchstabe C ist die alte Form des *Sigma* (griechisches s); es fand sich auf diesen Broten noch mehrere Jahrhunderte lang, nachdem es in den schriftlichen Texten bereits aufgegeben worden war. – Die Hostien sind gewöhnlich rund, sehr dünn und bloß mit einem Kreuz verziert, das manchmal von einem Kreis umgeben ist. Auf den koptischen Bildern tragen die Hostien ein großes Kreuz in der Mitte, um das herum 12 kleine Vierecke aufgereiht sind, auf die jeweils ein kleines Kreuz gezeichnet ist; sie stellen die Apostel dar. Einige unter ihnen sind dick genug, um auf der Kante eine Inschrift zu tra-

Einführung des Heiligen Abendmahls (in der Mitte), seine Vergangenheit (rechts: das Manna) und seine Gegenwart (links). Bibel der Armen. Ende des 15. Jahrhunderts.

Ähren mit Perlmutterkörnern im Stein. Christlicher Sarkophag. 6. Jahrhundert. Wien.

gen. Gemälde von armenischen Künstlern zeigen uns Hostien, auf denen man das Einprägen des Gekreuzigten oder eines Christus erkennt, der merkwürdigerweise einem Kelch entsteigt.

Selten vor dem 15. Jahrhundert, aber von da an sehr oft, wurde das Brot des Heiligen Abendmahls durch Weizenähren symbolisiert, die nach den künstlerischen Gewohnheiten des Künstlers mehr oder weniger stilisiert wurden.

Schon zu den ältesten Zeiten und bis zum 18. Jahrhundert ernährte man sich, besonders auf Reisen, im allgemeinen von Brot und Wein oder auch von Brot und Wasser. So wurde das Brot zum Symbol der Nahrung. Viele Ausdrücke bestätigen es: Im Schweiße deines Angesichts sollst du dein Brot essen; sein Brot mit Tränen essen, sein gutes Brot haben, das ist ein sauer Bissen Brot, lang wie ein brotloser Tag, an Brot fehlen, Brot fürs Alter haben, wir wollen Brot und Spiele haben, mehr Butter als Brot versprechen, jemandem den Brotkorb höher hängen, gestohlenes Brot weckt den Appetit auf usw.

Das Brot der Engel ist das Manna*; dieser Ausdruck wurde aber auch für das Brot oder die Hostie des Abendmahls benutzt. Künstler haben manchmal diese Bezeichnung versinnbildlicht, indem sie einen Engel malten, der einem Heiligen eine Hostie gibt. Im 15. Jahrhundert zieht „die Bibel der Armen",

eine Bilderbibel, einen Vergleich zwischen Melchisedeks Schenken des Brotes und des Weines an Abraham (1 Mose 14, 18), dem Wunder des Manna und der Einführung des Heiligen Abendmahls; dabei werden die zwei ersten eine Vorwegnahme des letzten. Auf allen drei Bildern gleicht merkwürdigerweise das Brot den Hostien.

Das Brot ist das Zeichen von Melchisedek, der Abraham Brot mit Wein schenkte, nachdem dieser die Könige von Kana besiegt hatte (1 Mose 14, 18–20).

Es ist auch das Zeichen von Obadja*, aber nicht dem Obadja, der dem prophetischen Buch seinen Namen gab; es handelt sich um denjenigen, der zur Zeit Isebels 100 Propheten rettete, indem er ihnen Brot in einer Höhle brachte. Sehr oft wurden diese beiden Obadjas in der Kunstgeschichte verwechselt.

Da dem Hl. Antonius*, dem Hl. Benediktus* und dem Hl. Paulus, dem Einsiedler, von Vögeln ein Brot gebracht worden sein soll, sieht man es selbstver-

Kommunion. Miniatur. 1285.

35

ständlich auf den Gemälden, die sie darstellen. Dies ist auch bei der Hl. Kasilda und der Hl. Elisabeth* von Ungarn der Fall, für die Brot in Rosen verwandelt worden sein soll.

BRUNO (Heiliger)
In Köln um 1035 geboren, studierte Bruno dort und ging dann nach Reims, wo er mit Erfolg Schulen leitete. Er widerstand mit Mut einem simonischen Bischof, doch mußte er schließlich die Stadt verlassen. Mit dem Wunsch, ein Leben voll Andacht und Beten zu führen, zog er sich mit sechs Gefährten in die Wälder der Chartreuse zurück, wo er eine Kirche und Zellen ringsum baute. er lebte dort in Armut, Fasten und Stille. Wenn man ihn darum bat, ließ er Bücher abschreiben, was ihm das nötige Geld einbrachte, um die Gebäude seines Ordens in gutem Zustand zu erhalten. Im Jahre 1089 wurde Bruno von einem seiner früheren Schüler, der unter dem Namen Urban II. Papst geworden war, nach Rom berufen. Um ihn dort zu halten, bot man ihm ein Bistum an; aber er sagte entschlossen ab. Schließlich durfte er sich in eine wüstenartige Gegend Kalabriens zurückziehen, wo er ein neues Kloster gründete. Er starb 1101 und hinterließ Kommentare über die Psalmen und die Briefe des Apostels Paulus.

Bruno wird oft mit einem Kreuz, einem Krummstab und einer Mitra zu seinen Füßen dargestellt, die an seine Ablehnung der Bischofswürde erinnern. Man findet ihn aber vor allem als Begründer von Klöstern gemalt. Er hat dann einen Ölzweig oder ein Kreuz neben sich, dessen Querbalken in Ölblätter und Früchte auslaufen, weil seine Klöster wie dieser Baum – der in den unfruchtbarsten Böden gedeiht – sich in der Abgeschiedenheit, weit weg von der Zivilisation, entwickelt haben. Oder er kehrt einer reich geschmückten Frau den Rücken, was an die Einsamkeit seiner Mönche erinnert, aus deren Klöstern die Frauen ausgeschlossen sind; um den gleichen Gedanken auszudrücken, gibt man ihm den Stern* der Reinheit als Symbol bei. Anderswo hält er ein Buch in der Hand, das entweder an seine Schriften erinnert oder an die Regel seines Ordens. Man sieht ihn auch mit einem Finger auf den Lippen, um auf die Stille in seinen Klöstern hinzuweisen.

BUCH
Jahrhundertelang wurde das Denken ausschließlich durch Gebärden oder Worte ausgedrückt und weiter vermittelt. Jedoch bereits in der Steinzeit hat der Mensch Zeichen auf seinen Werkzeugen, auf flachen Steinen oder Knochen, oder auf die Wände der Höhlen, die er bewohnte, ausgehauen, gemalt oder graviert. Das waren seine ersten Bücher.

Dann bemächtigte sich der Mensch der Schrift. Es waren zunächst nur einige mehr sinnbildliche Zeichen, die festgesetzt, dann aber inhaltlich immer mehr eingegrenzt wurden, bis sie schließlich ein Alphabet bildeten. Die geschriebenen Wörter konnten jedoch nie etwas anderes als Symbole sein, die die Dinge nur ungefähr darstellen.

Um zu schreiben, benutzte man Stein, gewöhnlich gebrannten Ton, verschiedene Metalle, dann Papyrus. In den ersten Zeiten der römischen Zivilisation verwendete man die Schicht, die sich zwischen Holz und Rinde einiger Bäume befindet; es ist die äußerste Schicht des Weißholzes, die *liber* genannt wurde. Aus dieser lateinischen Vokabel stammt das französische Wort *livre*, auf Deutsch: *Buch*.

Sehr früh bezeichnete das Wort *liber* sowohl den Kodex, eine Zusammenstellung von durch Fäden oder durch Klammern gebundenen Blättern, oder ein „Volumen", eine ziemlich breite Rolle, die um zwei Bretter am oberen und unteren Rand gewickelt war, um sie vor dem Knicken und Brechen zu schützen. Im vierten Jahrhundert unseres Zeitalters wurde der in beiden Fällen benutzte Papyrus fast vollkommen durch Pergament, eine teurere aber weniger zerbrechliche Materie, ersetzt. Der Gebrauch von Rollen nimmt in den drei ersten Jahrhunderten nach Christi ständig zu; sie sind auf vielen Fresken und Reliefs zu sehen. Im 4. Jahrhundert wurde dann der Kodex dem Volumen vorgezogen. Allein die Juden haben bis heute die Gewohnheit behalten für die kultische Lektüre des biblischen Textes Rollen zu benutzen. Man begann, dem Kodex Buchdeckel zu geben, ihn zwischen zwei hölzernen Brettern zu befestigen, die bald mit Leder, Elfenbein oder Folien aus mehr oder weniger edlem Metall verkleidet wurden, die man wiederum mit verschiedenen Edelsteinen verzierte.

Die Darstellung des Buches in der christlichen Kunst folgt natürlich dieser Entwicklung. Zunächst sehen wir mehr oder weniger lange Bänder mit Inschriften. Sie entwickelten sich dann zu den erläuternden Wimpeln, denen man am Ende des Mittelalters noch begegnet.

Schon im 4. Jahrhundert wurde vor allem die Bibel dargestellt, und zwar als Kodex. Die Buchstaben folgen einander ohne Trennung zwischen den Wörtern und den Sätzen. Schon im 6. Jahrhundert erschienen größere Buchstaben, die auf den Anfang eines Buches oder eines Kapitels und später eines Satzes hinweisen. Die Wörter wurden untereinander getrennt und schließlich wurde man sich über eine Teilung jedes biblischen Buches in eine gewisse Zahl von Kapiteln einig. Um zwischen dem Anfang eines Buches und dem eines Kapitels zu unterscheiden, wurden einige Verzierungen um den ersten Buchstaben gezeichnet, die dann ausgemalt wurden. Dies brachte die Künstler auf den Gedanken, auch in diesen Buchstaben kleine Zeichnungen zu machen. Eine heute byzantinisch genannte Tradition hatte sich gebildet; die karolinische Renaissance im 9. Jahrhundert aber und besonders die Schulen, die aus dieser Zeit stammen, befreiten die Maler von dieser Tradition und förderten die Bebilderung der Bibel durch diese Zierbuchstaben, dann durch Miniaturen, die am Schluß eine ganze Seite des Kodex einnahmen. Als das dogmatische Denken alle andere Sorgen der Kirche überwucherte, entstand die sogenannte Bibel der Armen (Biblia pauperum), die das Leben Christi erzählte, wobei sie zwischen den Texten aus dem Alten Testament, die für messianisch gehalten wurden und den Umständen des Lebens Jesu, die sie zu verwirklichen schienen, Parallelen herstellt. Diese Art wurde von vielen Künstlern nachgeahmt, und bis zum 15. Jahrhundert findet man auf demselben Gemälde die Darstellung der alttestamentarischen Verkündigung und ihre Verwirklichung im Leben Jesu Christi.

Im allgemeinen stellt das Buch die Bibel dar. Die Bibel beinhaltet aber das Wort Gottes oder die besondere Botschaft, die Christus den Menschen als Krönung des Erlösungswerkes Gottes durch die Geschichte Israels gebracht hat. In der christlichen Ikonographie zeigt das Buch die Lehre dieses oder jenes berühmten Christen: der Heiligen Albrecht, Andreas, Gregor, Thomas von Aquin. Es erinnert an die Regel des Ordens, den andere gegründet haben: der Heiligen Antonius, Benediktus, Bruno, Dominikus von Guzmann, Franz von Assisi; an Christen, die wichtige Bücher geschrieben haben: die Heiligen Augustin, Paulus, Petrus, Hieronymus. Manchmal bezeichnet es schließlich auch das Brevier: bei den Heiligen Genoveva, Magdalena.

Das Buch stellt manchmal gewisse Tugenden dar: die Gerechtigkeit*, die Vorsicht, die Keuschheit. Es ist auch ganz einfach der Band, der das Gesetz* und besonders die Zehn Gebote enthält.

BUND

Die Heilige Schrift erzählt, daß Noah

und seine Familie Gott nach der Sintflut ein Opfer brachten, nachdem sie die Arche verlassen hatten, und daß Er sprach: „Siehe, ich richte mit euch einen Bund auf ...; es soll hinfort keine Sintflut mehr kommen, die die Erde verderbe ... Das ist das Zeichen des Bundes: Meinen Bogen habe ich in die Wolken gesetzt" (1 Mose 9, 8–13). – Jedesmal, wenn man einen Regenbogen sieht, der Himmel und Erde zu vereinigen scheint, kann man sich daran erinnern, daß er das Symbol für den Bund Gottes mit den Menschen ist. Diesen Sinn hat er in vielen Gemälden.

BUSSE

„Das Sakrament der Buße erscheint als die dürftige Verwandte in der alten christlichen Ikonographie", schreibt ein katholischer Historiker. Es wird erst im 11. und hauptsächlich im 13. Jahrhundert dargestellt. – Der Grund liegt darin, daß die Ikonographie der Entwicklung der Lehre folgt. Es ist kein Sakrament der ursprünglichen Kirche. Es wurde erst 1215 im 4. Laterankonzil als solches eingesetzt. Es wurde zu einem Mittel, das die Kirche anbietet, um einen begangenen Fehler wiedergutzumachen und die Vergebung zu erhalten; es ist eine menschliche Technik der Vergebung der Sünden; sie besteht aus der Beichte an den Priester, der bedingten Zusprechung, der Bußleistung und den Ablässen.

Um dieses Sakrament der Buße darzustellen, werden zunächst Symbole der Reue benutzt: der Totenkopf, den der Christ betrachtet und dabei über den Tod und vor allem das ihm folgende Gericht nachdenkt; das Kreuz*, eine Peitsche, Ruten oder Ketten, Instrumente der Leiden, die man sich selbst zufügte oder die die moralischen Leiden des Sünders symbolisieren. Um klarzumachen, wie die Vergebung erhalten werden soll oder worden war, reicht man manchmal dem Büßenden einen Kelch* oder eine Schale, die geweihte Hostien* enthalten, was an die erlösende Passion Jesu Christi erinnert; viel öfters zeigt man ihm zwei Schlüssel*, einen aus Gold und den anderen aus Silber, die daran erinnern, daß die Kirche die Tore des Fegefeuers (silberner Schlüssel) und des Paradieses (goldener Schlüssel) öffnet oder schließt. – Die Haare der büßenden Frauen sind offen und diese tragen aschgraue Kleider. – Die lila Farbe ist diesem Sakrament gewidmet.

C

CÄCILIE (Heilige)

Cäcilie war eine junge Römerin, die beschlossen hatte, ihr ganzes Leben lang Jungfrau zu bleiben. Sie wurde jedoch mit einem gewissen Valerian vermählt. Am Hochzeitsabend erzählte sie ihrem Gemahl, sie werde von einem Engel beschützt, und wenn er diesen sehen wolle, solle er sich zu einem bestimmten Ort begeben. Er ging zu der angegebenen Stelle und traf dort auf den Bischof Urban, der seine Bekehrung erreichte. Auch der Bruder von Valerian wurde für das Christentum gewonnen und getauft. Aber die beiden Brüder wurden während einer Verfolgung gegen die Christen (unter Diokletian um 305) festgenommen und enthauptet. Cäcilie bestattete sie, wurde aber selbst von einem Statthalter verhaftet, der ihre Güter begehrte; es gelang ihr, diejenigen, die man zu ihr schickte, um sie für das Heidentum zurückzugewinnen, zu bekehren; auf diese Weise bekam sie einige Tage Frist, die sie dazu benutzte, ihre Güter und besonders ihr Haus zu verkaufen, um eine Kirche bauen zu lassen. Eine späte Legende erzählt, daß sie ein langes Gespräch mit dem Statthalter geführt hätte, der am Ende der Diskussion in Wut geriet und sie den Henkern preisgab. Sie wurde von Urban im Friedhof von Calixtus beigesetzt.

Im 12. Jahrhundert vergleicht ein Text über diese Märtyrerin ihre sanften Gebete mit einer Musik. Von diesem Augenblick an begann man, zu erzählen und zu schreiben, daß der innere Gesang dieser jungen Frau „wie die sanften Töne der Orgel die Engel lockte". Dieser Ausdruck wurde von Künstlern aus dem 14. Jahrhundert in Gemälden und Fresken veranschaulicht, und es bürgerte sich die Legende von der musizierenden Cäcilie ein, die so zur Schutzpatronin der Musiker wurde.

Ihre Zeichen beziehen sich gelegentlich auf einige Ereignisse ihres Lebens: auf den Engel, von dem sie ihrem Gemahl erzählte, oder auch das Schwert ihrer Hinrichtung. Es sind aber vor allem Musikinstrumente: oft die Harfe, häufiger jedoch verschiedene Orgeln.

CHRISTINE (Heilige)
Schon die ältesten Märtyrerlisten erwähnen, sie sei unter Diokletian sehr grausam gepeinigt worden. Ihre Zeichen sind: das Messer, Schlangen, Pfeile, Zangen, die zu ihrer Marter gedient haben, aber auch die goldenen und silbernen Abgötter, die sie im Haus ihres Vaters zerbrach, um deren Geldwert als Almosen zu verteilen.

CHRISTOPHORUS (Heiliger)
Es ist nicht einmal erwiesen, daß er überhaupt gelebt hat. Deshalb wurde sein Tag, der am 25. Juli gefeiert worden war, samt denen von ungefähr dreißig anderen Heiligen, 1970 abgeschafft. Da seine Heiligsprechung weiterbesteht und da man von ihm viele Amulette hat,

sei daran erinnert, daß man lange behauptet hat, er habe in Lykien (Kleinasien) gelebt und sei um 250 des Märtyrertods gestorben.

Die „Goldene Legende" erzählt, er sei ein Kanaanäischer Riese gewesen, der sich auf die Suche nach dem stärksten Mann der Welt gemacht hätte. Er habe aber gemerkt, daß der mächtige König, bei welchem er im Dienst getreten war, sich vor dem Teufel fürchtete. So habe er sich auf die Suche nach ihm gemacht; der Teufel sei ihm dann in Gestalt eines Räubers erschienen. Christophorus habe aber gemerkt, daß dieser Räuber vor einem Kruzifix zurückschreckte. Da sei ihm klar geworden, daß Christus der Stärkste war, und er habe Ihm vor allem auf die Weise gedient, daß er Leute mit einem Boot über einen bestimmten Fluß übersetzte. Eines Tages habe ihn ein kleines Kind gerufen, und während der Riese es auf seinen Schultern trug, sei das Kind immer schwerer geworden; er habe es aber trotzdem über das Wasser gebracht. Dieses Kind – so heißt es – sei Christus gewesen, und seitdem führte dieser Kanaanäer den Namen Christophorus = Christus-Träger. Danach habe er bis zu seinem Tod die unwahrscheinlichsten Wunder getan.

Die Symbole, die ihm zugeteilt sind, beziehen sich auf diese Legende: Pfeile, eine Schleifscheibe und Schlangen, die zu seiner Marter dienten; das Christuskind, das er über das Wasser trug; ein blühender Baum, der daran erinnert, daß er eines Tages seinen Stab mitten in ein Stadion aufpflanzte, wo man Christen folterte, daß der Stab plötzlich aufblühte und daß dieses Wunder achttausend Menschen bekehrte.

Die Hilfe, die Christophorus denjenigen anbot, die über einen Fluß wollten, machte aus ihm den Schutzpatron der Reisenden. Er ist auf unzähligen Medaillen, Plaketten, Anhängern und Broschen mit einem Kind auf seinen Schultern dargestellt. Von ihm gibt es Statuen aller Größen und aus allen Materialien, Gemälde, Reliefarbeiten und Kirchenfenster. Viele Leute gehen nicht auf Reisen ohne sein Bild, dem man – leider – den Glauben und den Dank beimißt, den man allein Gott vorbehalten sollte.

CHRISTUS

Es ist wohl verständlich, daß man Christus viele Symbole verliehen hat, da man in ihm die menschliche Vollendung und die göttliche Vollkommenheit erkennt. Als Zeichen haben

seine Erlösung: das Lamm*, das Schaf*, das Geißlein*, den Delphin*;

seine Himmelfahrt: den Adler*;

seine Obrigkeit über die Kirche: den Widder*;

seine Obrigkeit über die Welt: die Erdkugel* mit einem Kreuz;

seine Göttlichkeit: das A und Ω*, den kreuzförmigen Nimbus*;

seine doppelte Herkunft: die Kerze*, den Greif*;

seine Herrlichkeit: die Mandel*, den Diamant, den kreuzförmigen Nimbus*, die Sonne;

seine Demut: das Veilchen;

sein Einfluß über die Christen: das Schiff*, den Leuchtturm*;

seine Erleuchtung: die Taube*;

das Urteil, das er am Jüngsten Tag über die Menschen fällen wird: die Waage*, die Worfel*;

sein Name: den Stern, das Feuer*, das Tor*, den Fisch*;

seine Passion: das Kreuz*, die Rose*;

seine Anwesenheit während des Abendmahls: die Traube*, den Rebstock*, eine Weizenähre*;

seine Macht: den Löwen*, den Stier;

seine Reinheit: die Lilie*, die weiße Farbe;

seine Wiederauferstehung: den Pfau*, den Phönix*, das Straußenei*;

sein königliches Wesen: die Krone*, das Zepter*, die purpurrote Farbe;

sein Opfer: den Pelikan*;

seine Wachsamkeit: den Hahn*.

CHRISTUSMONOGRAMM

Dieses Zeichen war den Heiden als Abkürzung des Wortes *Archont* bekannt, mit dem man in Athen, schon im 9. Jahrhundert vor Christus, den jährlich wechselnden obersten Richter bezeichnete, der dem Jahr seiner Präsidenttschaft den Namen gab und aus einem Kollegium von neun Männern genommen wurde. Später wurde dieser Titel anderen Beamten Griechenlands, aber auch Staatsoberhäuptern in Ägypten, Kleinasien und sogar in Rom verliehen. Die Abkürzung besteht gewöhnlich aus dem zweiten und dem dritten Buchstaben des Wortes ΑΠΧΩΝ, aber auf Tetragrammen aus Athen findet man ein Monogramm, das aus den drei ersten Buchstaben dieses Wortes besteht. (A. P. X.) Man sieht dieses Zeichen auch auf Münzen von Mithridates, Tigan, Trajan und auf römischen Grabinschriften.

Die Christen erkannten schon sehr früh, welchen Gebrauch sie von dieser Abkürzung machen konnten: Für sie bestand sie aus den zwei ersten Buchstaben

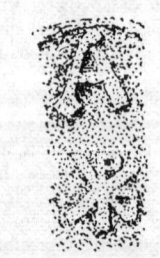

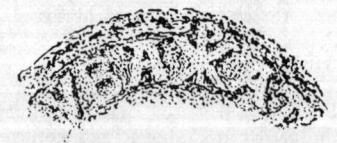

A. P. X., Abkürzung von „Archont". Münzen von Ptolemäus. 3. und 2. Jahrhundert vor Christus.

40

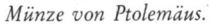

Münze von Ptolemäus.

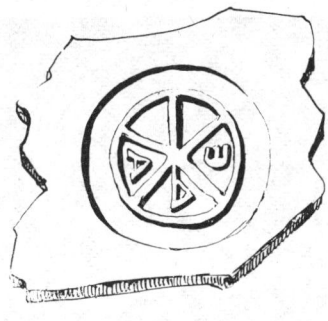

Christliches Töpfereisiegel. 1. Jahrhundert.

des Wortes „Christus" auf griechisch (X.P). Die ältesten Zeugnisse scheinen wohl diese Abkürzung von derjenigen der Heiden unterscheiden zu wollen, indem sie der Kurzform von Jesus das A* und Ω hinzufügten, das Ihn ebenfalls darstellt. Schon im 2. Jahrhundert jedoch findet man Christusmonogramme, die sich auf die zwei ersten Buchstaben des Wortes allein beschränken – sie sind entweder miteinander verschlungen oder das A vom Ω umrahmt; man hatte wahrscheinlich festgestellt, daß der christliche Sinn, dank der vorangehenden Bedeutung, nicht eindeutig und vielsagend war und daß die Vieldeutigkeit eine gewisse Tarnung bot.

Es ist natürlich dieses Zeichen, von dem man weiß, daß es Constantin im Jahre 312, am Vorabend der entscheidenden

Grabinschrift.   Christusmonogramm und A und Ω. 4. Jahrhundert.

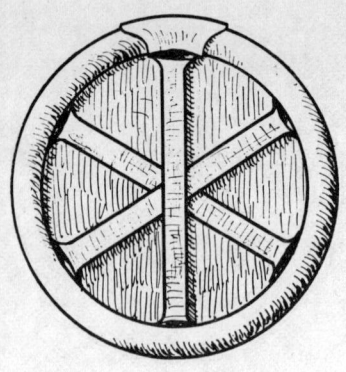

Konstantinisches Christusmonogramm. Auf einem Sarkophag. Ravenna. 5. Jahrhundert.

Stilisiertes Christusmonogramm. Verzierung eines Sarkophags. Tusculum. 5. Jahrhundert.

Schlacht gegen Maxentius, erschien; daraus machte er das Labarum*. Dies bedeutet also, daß dieses Symbol schon damals das charakteristische und am meisten verbreitete Zeichen des Christentums war. Sobald der Sieg sicher war, wurde das Christusmonogramm für alle das Symbol der neuen Religion; wie es geschieht, wenn die Kunst sich einen ganz neuen Weg bahnt, wurde es so vereinfacht, daß es auf einen Kreis mit sechs eingezeichneten Radien beschränkt wurde, die gleichen Abstand

Christusmonogramme aus dem 3. Jahrhundert. Katakomben. Rom.

voneinander hatten. Dies waren die wesentlichen Linien im Christusmonogramm, in welchem das P durch ein I und X eine Kombination der beiden griechischen Anfangsbuchstaben von ΙΧΘΥΣ* (Fisch) und ΧΡΙΣΤΟΣ (Christus) sein konnten, zwei Wörtern, die schon lange als Erkennungswort der Christen dienten.

Laktanz, ein christlicher Apologet aus dieser Zeit, beschreibt das konstantinische Zeichen als „ein X, das senkrecht von einem I durchquert wird, dessen oberer Teil dick gemalt ist". Eusebius († 340) berichtet in seinem „Leben von Constantin" (I, II), daß das auf der kaiserlichen Fahne vor der Schlacht bei der Milviusbrücke abgebildete Monogramm (Labarum*) „aus einem X und einem P innerhalb einer goldenen Krone bestand".

Im 7. Jahrhundert malt man, um der Idee der Anwesenheit Christi mehr Kraft zu geben, ein kleines konstantinisches Christusmonogramm auf ein größeres; das Ganze ruht in einem noch größeren Christusmonogramm; dieses Bild ist von zwölf Tauben des Heiligen Geistes* umgeben.

Fensterrahmen. 5. Jahrhundert

Verzierung: Christusmonogramm, A und Ω, und IXΘYΣ. Silberblättchen. Trier. 4. Jahrhundert.

„XPISTE JUBA". Siegel der ältesten Bullen.

In der einen oder der anderen Form (XP oder IX) erschien das Christusmonogramm von diesem Augenblick an im ganzen Abendland. Es war damals das weitest verbreitete Symbol, das „Christus" oder die Zugehörigkeit zu dem christlichen Glauben bedeutete. Es befindet sich selbstverständlich auf Gemälden, Fresken oder Mosaikarbeiten um die Darstellung der Person Christi und besonders im Nimbus* um Seinen Kopf. Man findet es aber auch auf Helmen, Schilden, Ringen und auf allen weiblichen oder männlichen Schmucksachen; man sieht es auf Lampen, auf dem Fuß und dem Boden verschiedener Kelche und auf Grabinschriften; es wurde als Siegel, als Stempel auf Goldbarren und Tonsachen benutzt; man trifft es in der Bildhauerei, Malerei und Goldschmiedekunst; man verwendete es als Fensterrahmen; man findet es auf Türstürzen und sogar auf Dachziegeln von Tempeln.

Nach den Versuchen einer Stilisierung bemühten sich die Künstler, die Buchstaben im Christusmonogramm lesbarer zu machen. Später kamen sie auf die älteste Tradition zurück, indem sie das A und Ω hinzufügten. Die gleiche Sorge, das Symbol verständlicher zu machen, führte die Bildhauer dazu, das Christusmonogramm zusammen mit anderen Worten oder Zeichen darzustellen, zum Beispiel mit dem Wort IXΘYΣ und dem

Antikes Siegel einer Töpferei. – Malerei. Neapel. 9. Jahrhundert.

Kombination des Kreuzes mit dem A und Ω und dem Christusmonogramm. Aus der Ausschmückung eines Sarkophags. Ravenna. 5. Jahrhundert.

lateinischen Kreuz. Durch die künstlerische Vereinfachung kamen sie schließlich zu dem merkwürdigen Zeichen eines lateinischen Kreuzes, dessen oberer rechter Querbalken mit einer Art Henkel geschmückt ist, der nichts anderes ist als ein kümmerlicher Rest des ursprünglichen P. Dieses Zeichen erhielt

Kombination des Christusmonogramms mit dem Kreuz Aus einem Grabrelief. Ravenna. 6. Jahrhundert.

aber auch einen eigenständigen Sinn und war so nicht allein mehr eine Abkürzung. Daher ist es auch vorgekommen, daß es oft ein Opfer der Phantasie der Künstler wurde und damit natürlich eine entstellte Form bekam, eine Entwicklung, die auch in anderen Bereichen der Theologie stattfand. Schon im 5. Jahrhundert verkannten einige Künstler so sehr die Bedeutung dieses Sinnbildes, daß sie seine Buchstaben in verkehrte Reihenfolge stellten oder dem X gar Haken hinzumalten; in dieser Art sieht man es auf dem Boden eines gläsernen Kelches, wohl um einen magischen Einfluß auszuüben, der jegliche Vergiftung aufheben sollte. Es ist zudem wahrscheinlich, daß das Christusmonogramm, was den Buchstaben X anbelangt, auch in der Philosophie auftauchte: Plato (*Timeus* 36 b) behauptet, der Demiurg hätte diesen Buchstaben geschaffen, um daraus die Himmelskugeln zu machen, mit welchen er den Gestirnenlauf erklärte. Wenn Plinius und Aristoteles von dem Ursprung der Buchstaben sprechen, verleihen sie dem X eine besondere Entstehung. Die Christen sahen darin eine Vorwegnahme Christi, und die Gnostiker nutzten dies allzu gerne, um die ihnen teuere Verwandtschaft zwischen Christentum und griechischer Philosophie zu beweisen.

Einen Widerhall dieser Philosophien

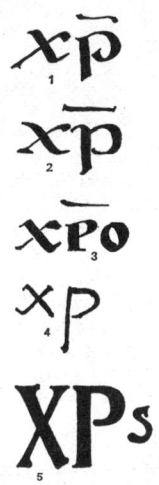

Verschiedene Christusmonogramme auf griechischen Manuskripten (1–4) und lateinischer Rolle (5).

Auf den Boden von zwei Kelchen gravierte Christusmonogramme. 5. Jahrhundert.

findet man im manchmal abergläubischen Respekt der Schreiber von biblischen Texten hinsichtlich des Christusmonogramms: Sie hatten sehr schnell das Wort ΧΡΙΣΤΟΣ (Christus) verkürzt und es entweder auf seine zwei ersten Buchstaben oder auf diese zwei und den letzten beschränkt: X.P oder X.P.C. Es waren zwei Abkürzungsverfahren (Schnellschreibung), die im 3. Jahrhundert häufig vorkamen. In den lateinischen Übersetzungen dieser griechischen Texte kamen die Schreiber nicht auf den Gedanken, das lateinische wort CHRISTUS auf die gleiche Art abzukürzen, was C.H. oder C.H.S ergeben hätte. Sie schrieben wortwörtlich das griechische Zeichen ab und gerade diese Tatsache machte es so bekannt und so wertvoll. Sie machten allerdings eine einzige Ausnahme für den letzten Buchstaben: das griechische C oder Σ wurde zum lateinischen S. Im 8. Jahrhundert

versuchten einige etwas freier denkende Bildhauer eine Latinisierung des Christusmonogramms und gestalteten noch das P ins lateinische R üm. Die offizielle, strenggläubige Kirche aber hatte die griechischen Buchstaben angenommen und begnügte sich damit, allein die Form des letzten unter ihnen geändert zu haben; es war nicht mehr möglich, dieses Symbol zu verändern; es war erstarrt! Die Form der Buchstaben vom Christusmonogramm aber folgte der Entwicklung der Schreibweisen von den ältesten bis zu den neuesten Moden, über alle möglichen Einfälle dieses oder jenes Künstlers.

Kombination vom A und Ω, des Kreuzes und des Christusmonogramms (in diesem wurde das P in ein R latinisiert). Tunesischer Grabstein. 8. Jahrhundert.

D

DÄMON

Die ersten Christen lebten in einer Kultur, die hinter jeder Schwierigkeit, hinter jedem öffentlichen oder privaten Unglück die Anwesenheit übelwollender Wesen sah; insbesondere die Herkunft einiger Krankheiten wurde diesen Dämonen zugeschrieben. Die Heilige Schrift selbst und die Kirchenväter legen von diesen Erklärungen Zeugnis ab, die ihren Ursprung den Grenzen der damaligen Wissenschaft zu verdanken haben. Im Mittelalter noch erklärte man das Böse und alle Leiden der Erde durch das Vorhandensein von Dämonen. Daher kommt die Funktion des Beschwörers, der im Namen der Kirche diese geheimnisvollen Wesen austrieb. Daher rührt auch das häufige Vorkommen von Ungeheuern und seltsamen Tieren in der Malerei oder Bildhauerei; auf den Kapitellen der Kirchen verdeutlichten sie das Böse..., auch innerhalb der Kirche.

Es ist nicht möglich, sich vorzustellen, wie die ersten Christen die Dämonen auffaßten, weil man keine Darstellung darüber findet. Die ersten Quellen, die sie betreffen, sind literarischen Ursprungs: Perpetua († 206) macht aus ihnen „ein großes, böses, kriechendes Tier", und das Evangelium von Nikodemus (6. Jahrhundert) sieht in ihnen ein dreiköpfiges Ungetüm.

Dagegen hält man sie im Mittelalter für gehörnte, krumme, schwarze und abscheuliche Teufelchen. Man versieht sie mit Fledermausflügeln, Fisch- oder Schlangenkörpern. An den Händen und Füßen haben sie Krallen. Ihr behaarter Körper läuft oft in einen Schwanz aus, der manchmal anstelle von Haaren Zähne aufweist oder gespalten ist.

Ihre Symbole sind zahlreich. Es gibt phantastische Tiere: den Basilisk*, den Greif*, den Drachen* und die täuschende Sirene. Es gibt widerliche Tiere: die Kröte und den Frosch, die Schlange und vor allem die Otter. Als Zeichen haben sie: den Raben, weil er schwarz ist; den Löwen, weil er wild sein kann; den Wolf wegen seiner Gier; das Wildschwein wegen seiner Brutalität; den Fuchs wegen seiner Schlauheit; und den Uhu, weil er in der Finsternis lebt.

Sie sind im allgemeinen von schwarzer oder roter und manchmal von grüner Farbe.

DANIEL

Das Buch Daniel in der Heiligen Schrift besteht aus einzelnen Berichten, die sich auf das beziehen, woran man sich im 2. Jahrhundert über einen gewissen Daniel erinnerte, der drei oder vier Jahrhunderte früher gelebt haben sollte; der

Daniel und Habakuk in der Löwengrube. Kapitelle des Genfer Doms. 13. Jahrhundert.

Verfasser beschreibt uns seinen Glauben, seinen Mut und seine Treue trotz der Ungerechtigkeiten und der Verfolgungen, verkündigt aber in einer geheimnisvollen Sprache das Kommen neuer Zeiten, das messianische Zeitalter.

Dieses Werk gehört zur Zeit Christi nicht zur Sammlung der prophetischen Bücher, sondern zu den „Schriften", die weder „das Gesetz" noch „die Propheten" waren. Erst im 4. Jahrhundert nach Christus wurde es unter die Propheten, nach Hesekiel eingereiht. Später wurden einige Ergänzungen hinzugefügt, besonders das Einschreiten Daniels für Susanne, die zu Unrecht angeklagt war; diese zusätzlichen Texte wurden aber immer als apokryphe Schriften und gewöhnlich abgesondert geschrieben oder gedruckt.

Dieses Buch Daniel, das geschrieben worden war, um den Eifer und den Glauben der Israeliten zur Zeit des Aufstands der Makkabäer zu unterstützen, konnte wohl den verfolgten Christen Mut geben; die Künstler der allerersten christlichen Jahrhunderte entlehnten viel daraus. Sobald jedoch die Kirche anerkannt wurde, nahm die Darstellung der Heldentaten Daniels eine bildliche Bedeutung an. Als Sieger über die Löwen durch die Macht Gottes wurde Daniel mit Jesus Christus verglichen, der durch die göttliche Macht der Wiederauferstehung über den Tod siegte; dieser Vergleich machte aus Daniel das Symbol eines Versprechens der Wiederauferstehung. Später, als der Sinn christlichen Lebens im wesentlichen aus dem Erringen des ewigen Lebens bestand, eine Tat, die die Treue des Gläubigen bewirken sollte, machten alle Kunst-Werke Daniel zu einem sehr mittelbaren Symbol der geistigen Treue des Christen. Dann zeigte man Daniel in der Löwengrube als Darstellung Gottes selbst, der in der Person Jesu Christi in eine feindselige, trotzdem aber besiegte Welt ge-

Ausschmückung eines Gürtels. Daniel zwischen zwei Löwen.

kommen war. Schließlich symbolisierte er die Kirche, die durch ihren Glauben jeder Opposition und jedem Haß in der Welt widersteht.

Die Szenen des Buchs Daniels, denen die Künstler am meisten Aufmerksamkeit schenkten, sind: die Geschichte des Propheten in der Löwengrube (Dan 6), die seiner drei Gefährten im Feuerofen (Dan 3) und die von Susanne (Dan 13 oder Apokryphen).

In den Katakomben hat man 39 Fresken von Daniel in der Löwengrube gezählt, ein Thema, das später überall wieder aufgenommen wurde: auf Statuen, Reliefs von Sarkophagen oder von Kapitellen romanischer Kirchen; in Mosaikarbeiten, Schnitz- und Elfenbeinwerken, sowie Kupferstichen; man entdeckt es auf dem Boden einiger Schalen und sehr oft auf Lampen, wo es dem Symbol der Wachsamkeit, das im Licht enthalten ist, ein Versprechen hinzufügt; man sieht es auf Schmucksachen, Gürtelschnallen, Kämmen, Armreifen, Broschen, Ringen usw. – Die ältesten Darstellungen zeigen Daniel mit einem weiten Kleid; schon im 4. Jahrhundert ist er aber oft ganz nackt. Im allgemeinen wenden die Löwen ihre Köpfe ihm zu; manchmal wendet sich allein der Kopf (oder der ganze Körper) von ihm ab, um zu zeigen, daß diese wilden Tiere ihn nicht verletzten. Fast immer hält Daniel die Hände gehoben, in einer Bewegung des Betens und der Andacht; ab und zu befinden sich seine beschwichtigenden Hände auf dem Maul der Löwen; hatte er nicht „den Löwen den Rachen zugehalten" (Dan 6.23)?

Die Szene der drei Gefährten von Daniel im Feuerofen war tragischerweise aktuell, als die Christenverfolgungen immer drückender wurden. Die christlichen Lampen, Fresken und Vasen, die sie darstellen, unterscheiden folgende Bilder: das Erscheinen der Israeliten vor einer goldenen Statue, vor welcher sie sich weigern, sie anzubeten, und den Augenblick, wo sie in den Feuerofen geworfen werden. Der geheimnisvolle Engel (Dan 3,25 und 28) wurde in christlichen Predigten als Bild der Hilfe benutzt, die Jesus Christus den Verfolgten und allen Leidtragenden bringt; von daher ging er in die Phantastereien derjenigen über, die „Vorwegnahmen" Christi im Alten Testament gesucht haben.

Die apokryphe Geschichte von Susanne, die von Daniel gerettet wurde, wurde schließlich immer wieder dargestellt, um das Vertrauen der Christen zu Gott zu bekräftigen; sie wurde aber auch zum Vorwand von Aktzeichnungen in der Szene der Verführung durch die zwei Greise. Das Einschreiten Daniels vor dem Gericht ist häufig gemalt worden.

DAVID

König David ist der berühmteste unter den Herrschern Israels und der wichtigste Vorfahre Jesu Christi. Als solcher wurde er oft von christlichen Künstlern dargestellt. Schon in den Katakomben findet man ihn als jungen Hirten. Er findet seinen Platz auf den Toren der Kathedralen im Gefolge derjenigen, die das Kommen des Messias vorbereitet haben.

Da viele Psalmen ihm zugeschrieben werden, ist er oft in den Zierbuchstaben dargestellt, die in den mittelalterlichen Manuskripten dieses Buch der Heiligen Schrift eröffnen.

Der Sieg des jungen Hirten über Goliath, den furchterregenden Krieger, ist dennoch am meisten gemalt worden. Durch diese Heldentat ist er zum Symbol des Sieges geworden, den der Christ über die Sünde nutzt, um seinen eigenen Sieg zu sichern.

In einigen Epochen und besonders zur Zeit der italienischen Renaissance ist er zum Symbol eines gewissen menschlichen Stolzes und zum Vorwand gemacht worden, die verschiedenen Gefühle des Siegers auszudrücken: Hochmut, Herrschsucht, aber auch Bedauern und Enttäuschung darüber, gewisse Siege nicht erringen zu können.

Es gibt Kunstwerke, die die Reue Davids zeigen, wie er sie im Psalm 51 ausgedrückt hat. Man findet ganz verschiedene Haltungen, von einem demütigen Kniefall des ganzen Körpers bis zur ausgesprochen pharisäischen Stellung einiger Statuen aus dem 18. Jahrhundert.

Die Zeichen Davids sind: der Löwe, weil es das Symbol des Königtums ist, aber auch in Erinnerung an denjenigen, den er, noch als Hirt, erschlagen hatte (1 Sam 17, 34–36); sodann eine Schleuder, mit welcher er Goliath getötet hat; man muß aber hinzufügen, daß diese Waffe oft Formen angenommen hat, die von der einfallsreichen Phantasie der Künstler zeugt. Es ist schließlich das Schwert des Philisters. Anderswo spielt er Harfe oder Psalter; er schlägt auf die Glocken einer Uhr..., was völlig anachronistisch ist, da die Glocken erst ein Jahrtausend nach ihm erfunden wurden. Man sieht auch, wie er Psalmen schreibt. Er trägt oft eine königliche Krone. Wenn der Sockel, auf welchem er steht, die Gestalt eines Kentaurs annimmt, bedeutet dies eine Erinnerung an den Ehebruch des Königs.

Reuiger David. Jesuitischer Stil. Kathedrale von Soleure. 1773.

DEGEN

Der Degen wurde vor allem im romanischen Bereich vielen Engeln* und Heiligen als Zeichen beigegeben.

Normalerweise ist er das Sinnbild des Apostels Paulus*, des großen Verbreiters des Evangeliums. Der Degen bezieht sich auf das Bild, das der Apostel selbst verwendet, um die Bibel zu bezeichnen: sie ist „das Schwert des Geistes, welches ist das Wort Gottes" (Eph 6, 17). Dieser Vergleich zwischen dem Wort und dem Bild eines Degens (oder Schwertes*) findet sich auch an anderen Stellen der Heiligen Schrift (Hebr 4, 12; Offb 1, 16; 2, 12.16). Es ist wohl möglich, daß gerade die Zuordnung eines Degens zur Person des Paulus den Gedanken aufkommen ließ, der Apostel sei während der Verfolgung Neros enthauptet worden. – Wenn Stephanus auch einen Degen als Zeichen hat, dann ebenfalls als Prediger des Wortes Gottes. – Den gleichen Sinn hat noch ein Reformator, Guillaume Farel, dem Bild des Degens in seinem eigenen Siegel verliehen, indem er es mit folgendem Gebet umrang, das sein Motto wurde: IHΣ *quid volo nisi ut ardeat VFG* (O Jesus, was will ich anderes, als daß das flammende Schwert des Worts glänze).

Wie man den Degen als Symbol derjenigen benutzt hatte, die das Wort Gottes verbreiten und verteidigen, verwendete man es auch als Zeichen der Verfechter der Kirche: Es ist das Zeichen von Savinius, dem Bischof von Plaisance († 395), der zusammen mit Ambrosius den Katholizismus gegen den Arianismus verteidigte, und von Albinus, dem Bischof von Angers.

Die Vorstellung von der Treue zum Glauben führte zum Gedanken der moralischen Treue, und der Degen wurde zum Symbol der Keuschheit. – Von daher ging man zu der Idee der religiösen Treue über, und das Schwert bezeichnete irgendeinen Märtyrer, zum Beispiel, Geminian († 310), der unter Diokletian verfolgt worden war.

Der Degen wurde aber hauptsächlich zum Symbol aller Märtyrer der Geschichte, die enthauptet oder ermordet

wurden: Jakob der Älteste, der Sohn von Zebedäus und Bruder von Johannes (Apg 12,2), Arteme († 362), Placidius († 460), Regina († 546), Maxelende († 670), Nicephorus († 829), Albertus († 1192), Peter von Verona († 1252). – Ein Kurzdegen durchbohrte den Hals von Luzie († 304) und den von Pierre-Pascal von Valence († 1300), die an dieser Wunde starben. Obwohl die ältesten Texte von Petrus Märtyrer († 1252) berichten, sein Kopf sei mit einem Beil zerschlagen worden, wird er doch oft mit einem Degen dargestellt, der seinen Schädel spaltet.

Ein Degen, der ein Buch durchbohrt, symbolisiert den Erzbischof Bonifazius, den Gesandten von Deutschland und Gallien; er hatte lange Theologie studiert und gelehrt und bemühte sich, die Reinheit des katholischen Glaubens zu verteidigen; er war in die Niederlande gezogen, um das Evangelium zu verbreiten und wurde dort ermordet (754). Man verkannte den ursprünglichen religiösen Sinn des Degens gründlich, wenn man meinte, ihm ein Buch als Symbol der Lehre beifügen zu müssen, was pleonastisch wurde.

Manchmal durchbohrt der Degen die Herzen einiger Figuren. Das ist der Fall bei Maria, der Mutter Jesu; es ist die Verkörperung eines literarischen Bildes, das von Simeon bei der Darstellung im Tempel benutzt wird: „Durch deine Seele wird ein Schwert dringen" (Luk 2,35). Es ist auch der Fall bei Wuigbert († 741) und bei dem merkwürdigen Heinrich dem Seligen († 1365), der sich mit einem Degen den Namen Jesus in die Brust eingraviert hatte und betete, damit dieser Name sich auch in seinem Herzen befinde.

Der Degen erscheint selbstverständlich in militärischen Szenen. So, wenn David die Waffe von Goliath ergreift, um dessen Kopf abzuschlagen. Daher wurde der Degen zum Symbol der Kraft und folglich des Zorns und der Ungerechtig-

Siegel von Guillaume Farel. 16. Jahrhundert.

keit, aber auch der Obrigkeit und daher des Königtums und der Gerechtigkeit.

DELPHIN

Dieser Fisch hat eine gewisse Rolle in den Erzählungen der griechisch-römischen Antike gespielt. Da es vorkommt, daß er den Schiffen folgt, hat man ihm wohlwollende Absichten zugetraut und eine Tradition unter den Seeleuten machte aus ihm einen Retter. So wurde er zum Symbol des Heils. Viele Legenden gingen im Volk über ihn um, so daß man Delphine auf Grabsteinen oder in Szenen findet, die die Ankunft der Auserwählten in den elysischen Gefilden darstellen.

Für die Christen, die in Jesus ihren Retter sehen, war er ganz selbstverständlich das übliche Symbol des Heils. In den allerersten Friedhöfen findet man jedoch nur das Symbol des Fisches*, aber nicht das des Delphins. Dieser erscheint erst in der Mitte des 3. Jahrhunderts. Er ist oft mit dem Dreizack* oder mit dem Anker* zusammen abgebildet. Im 4. Jahrhundert findet man christliche Lampen in der Form eines Delphins, die eine oder zwei Generationen lang eine offensichtlich beliebte Mode waren.

Die Darstellung Christi durch einen Delphin war ein Bild, das ausgesprochen typisch für die Seefahrt war; zudem ist seine Herkunft bekanntlich heidnisch. So konnte es sich in der Kirche nicht durchsetzen. Dieses Symbol ist heute völlig in Vergessenheit geraten.

DEMUT

Weder die Heilige Schrift noch die christliche Tradition zeigen ein konkretes und genaues Bild dieser Tugend. Deshalb haben die Künstler Gebräuche der Antike nachgeahmt oder dichterische Ausdrücke versinnbildlicht, um sie darzustellen.

Die Demut wird durch eine junge Frau versinnbildlicht, die gesenkten Hauptes geht und ihre Schönheit unter einem weiten Kleid verbirgt.

Die Demut besitzt aber verschiedene Abstufungen. Wenn man ihren Wert betonen will, zeigt man sie zusammen mit einem Ginsterstockstrauch, einer bescheidenen Pflanze, die aber zur Herstellung von Besen dient, oder mit einem Granatapfel, einer Frucht, die nicht schön aussieht, deren Fleisch aber ausgezeichnet schmeckt. Wenn man von ihrer Schlichtheit sprechen will, umstellt man sie mit Veilchen, also mit Blümchen, die sich zu verstecken scheinen, oder mit Lämmern, zerbrechlichen kleinen Tieren. Wenn man ihre Duldsamkeit betonen will, bindet man ihr einen Strick um den Hals. In ihrer Hand befindet sich ein Totenkopf, weil ihre Gedanken sich nicht mit diesem Leben beschäftigen, sondern nur auf das Jenseits gerichtet sind. Wenn man sie als Zierde darstellen will, dann wird sie von Akkerwinden umgeben, die einer Stütze bedürfen, um in die Höhe steigen zu können. Wenn man sie als Kraft betrachtet, gibt man ihr als Zeichen einen Adler*, der sich in seiner vermeintlichen

Anker und Delphin. Detail aus einem Grabesrelief.

Selbstverbrennung ohne Zweifel demütigt, um aber mit desto größerer Kraft emporzusteigen.

Die lila Farbe ist der Demut gewidmet.

DIONYSIUS (Heiliger)

Die katholische Heiligenforschung erwähnt 26 Heilige namens Dionysius, deren Lebensgeschichten manchmal miteinander verwechselt werden. Derjenige jedoch, der oft dargestellt worden ist, ist der erste Bischof von Paris. Er war ein Missionar, der in der Mitte des 3. Jahrhunderts in Gallien angekommen war. Die „Goldene Legende", die ihn mit Dionysius Areopagita verwechselt, von welchem die Bibel spricht (Apg 17, 34), erzählt, daß er den Märtyrertod starb. Wahrscheinlich ist sein Tod auf die Verfolgungen des Kaisers Aurelian um 272 zurückzuführen. Nach seiner Enthauptung habe er, so erzählt die Legende, seinen Kopf genommen und sei, von einem Engel geführt, bis zu dem Ort gegangen, wo das Kloster vom Hl. Dionysius heute steht.

Die Zeichen, an denen man ihn erkennt, sind: ein Tempel, in dem er Bischof war, der Dolch, der ihn enthauptete, aber auch sein eigener Kopf, den er in seinen Händen hält.

DOMINIKUS (Heiliger)

Er stammt aus der Familie Guzmann in Alt-Kastilien, absolvierte glänzend sein Studium und führte ein strenges Leben. 1215 gründete er den Predigerorden (O.P. = *Ordo predicatorum*) mit dem vorwiegenden Zweck, Prediger auszubilden, die fähig waren, die Ketzer zu bekehren. Er machte daraus einen Bettelorden, dessen Ordensregeln für ihre Strenge bekannt waren. Aus dieser Gemeinschaft ging eine große Zahl berühmter Männer hervor: Albrecht der Große, Thomas von Aquin, Cajetan usw. Ihre Kleider sind weiß, aber die Kapuze und der Mantel schwarz.

Die Dominikaner machten selbst ein Wortspiel mit ihrem Namen: Sie bezeichneten sich als *domini canes*, das heißt „Hunde des Herrn". In diesem Wortspiel muß man wahrscheinlich den Ursprung einiger Legenden suchen. So zum Beispiel erzählt Jacques de Voragine, daß die Mutter von Dominikus vor dessen Geburt träumte, dieser Sohn, den sie in sich trug, sei ein schwarz-weißer Hund, halte eine Erdkugel und eine brennende Fackel, und diese lasse die ganze Welt entflammen. Ferner erzählte man, daß Dominikus sich ständig mit der Heiligen Jungfrau Maria unterhielt, die ihm eines Tages einen Rosenkranz gab.

Diese Erzählungen liefern die Erklärung für einige Zeichen, die dem Hl. Dominikus zugeteilt sind. Hunde umgeben ihn oft. Er hält eine Erdkugel oder eine Fackel in der Hand. Um seine Standhaftigkeit und die Reinheit seines Lebens zu kennzeichnen, verleiht man ihm einen Stern oder eine Lilie*. Oft sieht man, wie er sich mit der Heiligen Jungfrau unterhält oder wie er den Rosenkranz hält, den sie ihm geschenkt hatte. Wenn man an ihn als Begründer eines Ordens denkt, wird er mit einem Buch in der Hand dargestellt, in dem die Regel dieser Ordensstiftung geschrieben ist; selbstverständlich ist er mit der schwarz-weißen Kutte der Mönche dieses Ordens bekleidet. Manchmal wird ihm eine Rute oder eine Peitsche beigegeben, die an die Strenge der Regel erinnern.

DRACHE

„Der Mythos um den Drachen und den Ritter oder Helden, der ihn erschlägt…, ist einer der ältesten in der Mythologie aller Völker." Marduk, der babylonische Gott kämpfte gegen Tranat, einen primitiven Drachen. In der chinesischen Tradition gibt es einen berühmten Gelehrten, der einen Drachen tötete und aus seiner Hülle eine Säule machte, dank derer er bis zum Himmel steigen konnte. Der japanische Gott der Stürme tötet einen Drachen, in dessen Schwanz er ein Schwert entdeckt…, das zu einem

Talisman der kaiserlichen Familie wurde. Bei den Griechen tötet Jason den Drachen, der das Goldene Vließ hütete, und Perseus befreit Andromeda, indem er den Drachen erschlägt, der das Land plünderte und die Tochter des Königs gefangenhielt.

Es ist nicht möglich, näher zu bestimmen, was der Drache symbolisiert. Nur ausnahmsweise wird er für eine Schutzmacht gehalten; es scheint wohl, daß die Gallier die Schlangen verehrten, was ihre Anwesenheit in den ersten Wappen der Franken, aber auch die Tatsache erklärt, daß der Geistlichkeit von Paris ein hölzerner Drache in den Prozessionen vorangetragen wurde. Jedoch und wahrscheinlich wegen dieses Rufes wurde dieses fabelhafte Tier von den Christen für eine teuflische Macht gehalten.

Nach den Kirchenvätern würde es sich um eine Art große, im Wasser lebende, alles verpestende und scheußliche Schlange handeln. Sie fliegt, taucht ins Meer und speit Flammen. Sie hat oft einen Kamm und streckt eine manchmal gespaltene Zunge aus ihrem Maul. Sie zerreißt ihre Opfer nicht, sondern erstickt sie.

Ein sich krümmender Drache, der von der Spitze des Labarums durchbohrt ist, wurde unter den Füßen des Kaisers Constantin auf Fresken und Münzen dargestellt. Um aus bestimmten Gegenden den Teufel auszutreiben, trug man bei einer Prozession eine Fahne, auf welcher ein Drache, als Zeichen der Pest und der Hungersnot, gemalt war. Der Drache stellt ebenfalls Satan, den Fürsten der Dämonen dar, den Maria zertritt, wie es Eva prophezeit wurde (1 Mose 3, 15); derselbe wird vom Heiligen Michael und vom Heiligen Georg bekämpft und besiegt. Als solcher erschien er in den Prozessionen als Bild für die Falschheit. Außerdem gibt es eine große Zahl von Heiligen, von denen man sagt, sie kämpften gegen Drachen, welche dann die falschen Götter darstellen. Im Mittelalter bildete man sich ein, die Augen eines Drachens könnten die größten Feiglinge in mutige Menschen verwandeln.

DREIFALTIGKEIT

In allen religiösen Traditionen findet man Dreiheiten, die die wesentlichen göttlichen Mächte darstellen. Die Zahl drei ist überall eine heilige Zahl. Sie ist es sogar für die Israeliten.

Was die Christen betrifft, so findet man für die ersten drei Jahrhunderte keine ikonographische Urkunde des Dreifaltigkeitsdogmas unseres Zeitalters. Erste Zeugen dieser Lehre wurden zwei Sarkophage aus dem 4. Jahrhundert. Dort sieht man drei gleich aussehende Figuren, die zur Szene der Schöpfung das Gegenstück bilden. In Wirklichkeit handelt es sich um die drei Gäste Abrahams, die im Namen Gottes den Erzvater des auserwählten Volkes segnen (1 Mose 18, 1–16). Sie kündigten nur die Geburt Isaaks, sondern auch den Ursprung eines neuen Menschengeschlechtes an. Man versteht, daß ein Zusammenhang zwischen diesem Bericht und dem der Schöpfung hergestellt werden konnte; es bedeutete, daß dank Isaaks ein neuer Mensch geboren worden war. Wenn daher die zwei Szenen

Die Dreifaltigkeit. Miniatur. 1030.

53

Dreifaltigkeit. Ikone. 14. Jahrhundert.

der Schöpfung und des Segens Abrahams auf einem christlichen Sarkophag abgebildet waren, bedeutete dies, daß der im Sarg liegende Verstorbene auch einem neuen Volk zugehörte, dem Volke Jesu Christi. – Die drei Besucher Abrahams, die auf Mosaiken aus den 5. und 6. Jahrhunderten in St. Maria Maggiore (Rom) und St. Vitale (Ravenna) zu sehen sind, haben die gleiche Bedeutung. Philosophen und Theologen aus späteren Zeiten sahen darin ein Vorzeichen des Dreifaltigkeitsdogmas, aber vom ikonographischen Standpunkt her betrachtet, haben diese Urkunden einen anderen Sinn.

In der Darstellung der biblischen Szene der Taufe* Jesu dagegen findet man oft und sehr früh eine Anspielung, weniger auf die Dreifaltigkeitslehre, als auf die besondere Vertrautheit, die Gott mit Jesus Christus verband und die eines der

Elemente dieses Dogmas bildet. Es ist zunächst eine Hand* Gottes, die aus den Wolken herabkommt, oder ein Band, das in der Luft schwebt und worauf geschrieben steht: „Dieser ist mein geliebter Sohn." Der Heilige Paulinus († 431), Zeitgenosse des Heiligen Augustin, mit dem er Briefe wechselte und der das Dreifaltigkeitsdogma formulierte, beschreibt eine der Fresken in der Kathedrale von Nole folgendermaßen: „Die Dreifaltigkeit strahlt dort mit dem vollen Glanz ihres Geheimnisses: Christus taucht in den Fluß, die Stimme des Vaters ertönt vom Himmel (was bedeutet das graphisch?) und der Heilige Geist offenbart sich in der Taube." Es ist eine theologische und literarische Urkunde, jedoch keine ikonographische, und das Dreifaltigkeitsdogma war im Geist des Paulinus lebendig, aber nicht in dem beschriebenen Werk, das ganz einfach die Taufe Christi veranschaulicht. – Man kann es auch von gewissen Darstellungen der Geburt Christi (z. B. der von F. Lippi) sagen, wo die Hände Gottes im Himmel erscheinen. Noch ist es kein Ausdruck der Dreifaltigkeitslehre (ein Wesen in drei gleichen Personen), aber mindestens ein Teil dessen, was sie ausdrücken will. Man kennt Miniaturen und Altargemälde aus der Mitte des Mittelalters, die Gott und Jesus Christus gleichstellen, nicht aber den Heiligen

Die Dreifaltigkeit. Miniatur. 15. Jahrhundert.

Die Dreifaltigkeit. Wandmalerei. 14. Jahrhundert.

Geist: Die beiden ersten haben einen Nimbus, der dritte aber nicht.

Etwa ein Jahrtausend lang besteht eine Diskrepanz zwischen den literarischen Texten und den ikonographischen Urkunden über die Dreifaltigkeit; die lebendige Frömmigkeit, die aus vielen biblischen Texten entlehnt ist und sich immer durch die Werke der Künstler ausgedrückt hat, war dualisch, während das Denken und die Disputationen der Theologen immer mehr trinitarisch wurden.

Zu Beginn des 13. Jahrhunderts wurde anscheinend ein Feiertag der Trinität offiziell eingeführt, der auf den ersten Sonntag nach Pfingsten festgesetzt wurde. Etwas später fingen die christlichen Künstler an, einen Nimbus* hinter dem Kopf der Taube zu malen oder herauszumeißeln, die den Heiligen Geist darstellt. Die drei Personen der Lehre werden dann vollkommen identisch; aus ihnen macht man drei in der gleichen Haltung sitzende Personen, die die Hand als Zeichen der Obrigkeit auf die gleiche Weise heben und die alle drei den Erdball halten, auf welchem das Kreuz steht. Zu dieser Zeit findet man in orthodoxen Kirchen drei gleiche Gesichter, die so ineinandergehen, daß sie, obwohl sie je eine gleiche Stirn, eine gleiche Nase, einen gleichen Mund und einen gleichen Bart haben, trotzdem zusammen nur vier Augen besitzen; dennoch hat man den Eindruck, daß jedes von ihnen mit seinen zwei Augen versehen ist.

Es ist eine sehr sinnreiche Art, die göttliche Einheit und Mannigfaltigkeit des Dreifaltigkeitsdogmas auszudrücken.

Im 17. und 18. Jahrhundert schließlich veranschaulicht das gleichseitige Dreieck auf Kirchendecken sehr gut diese Lehre. Man sieht auch ein dreiblättriges Kleeblatt oder drei gleiche und ineinander verschlungene Kreise. Es kommt in der Symbolik häufig vor, daß die späteren Zeichen die ausdrucksvollsten sind. Kommt es nicht daher, daß die Lehre, die ursprünglich nur wörtlicher Ausdruck des Glaubens sein will, allmählich mit dem religiösen Leben gleichgestellt wird und es schließlich ersetzt?

DREIZACK

Die heidnischen Grabdenkmäler sind oft mit Delphinen geschmückt, die auf dem Wasser schwimmen und die Reise der Seelen nach den Inseln der Seligen symbolisieren. Häufig sind ihnen Symbole der Seefahrt beigeordnet, unter denen der Dreizack, eines der ältesten Fischfanginstrumente, häufig vorkommt.

Unter den christlichen Ehrenzeichen sieht man keinen Dreizack mehr. In der allerersten Zeit jedoch war er ein verschleiertes Zeichen des Kreuzes Christi gewesen. Wie ein Dreizack den Fisch durchbohrt und ihn über das Wasser hebt, so wurde Christus auf das Kreuz auf Golgatha gestochen und gehoben, um auch dort den Tod zu finden. Durch diesen Vergleich wurde er zu einem Symbol Christi; dies Zeichen war aber nicht anschaulich genug, um sich durchzusetzen. Es wurde als solches nur in den fünf ersten christlichen Jahrhunderten benutzt.

Später bezeichnete der Dreizack mit drei gleichen Armen die Anhänger der orthodoxen Dreifaltigkeitslehre. Die Gläubigen konnten nur schwer unter den Monophysiten, den Ariern und den Orthodoxen unterscheiden; deshalb

Delphin, der von einem Dreizack auf-
gespießt wird. Katakomben. Rom. 2.
Jahrhundert.

wurde manchmal ein Dreizack mit drei
genau gleichen Zähnen auf dem Portal
der Kirchen eingraviert, die der Dreifal-
tigkeitsvorstellung des Athanasius treu
waren.

Manchmal gaben Künstler dem Satan
einen Dreizack in die Hand; diesen
Künstlern ging es dann aber mehr um
die antike Kultur als um das Christentum. Es ist nämlich das charakteristische
Symbol Neptuns, des reizbaren und
grausamen Meergottes, der Stürme er-
zeugt und über die tobende Welt der
Tritonen herrscht.

DULDSAMKEIT

Die griechisch-lateinische Antike erkannte vier Tugenden an: die Weisheit,
die im Zusammenhang mit dem Geist
stand, den Mut, der vom Gefühl abhing,
die Duldsamkeit, die sich auf den Körper bezog, und die Gerechtigkeit, die die
Harmonie der drei ersten war. Für sie
aber war die Duldsamkeit noch dazu
und hauptsächlich eine soziale Tugend,
die die Harmonie unter den sozialen
Schichten herstellen und bewahren
sollte. – Die christliche Kirche hat daraus eine der Hauptugenden gemacht;
sie entfernt die Maßlosigkeit, mäßigt die
Leidenschaften, lebt in der Schlichtheit.
Sie ist jedoch in der christlichen Gesellschaft nicht so wichtig wie in der Antike.
Dies erklärt, daß die christlichen Künstler, die sie darzustellen hatten, die ihr
von der Antike verliehenen Symbole
einfach wiederaufnehmen.

Die Duldsamkeit wird mit den Zügen
einer Frau von sanftem und bescheide-
nem Wesen gezeigt. Dieses Thema be-
handelten viele Zeichner, Bildhauer und
Maler sehr gerne; sie versahen sie mit
sehr verschiedenen Zeichen. Es sind dies
zunächst die Symbole der Schlichtheit in
der Nahrung: Brot und Wasser; dieses
wird durch Vasen, Schalen oder einen
Wasserkrug bezeichnet. Sodann sind es
Gegenstände, die normalerweise dazu
benutzt werden, um die Gewalt oder die
Leidenschaft zu verdrängen: die Kan-
dare, das Joch, die Gebißstange, die Zü-
gel, aber auch das Schwert, der Bogen
oder die Kneifzange. Manchmal sind es
auch Zeichen, die an die Vergänglichkeit
und daher an den Wert des Lebens erinnern, das man bei sich und bei den anderen respektieren soll: ein Totenkopf,
eine Sanduhr, später eine Uhr oder ein
Zirkel, die die Zeit messen. Es sind
Symbole der Sanftheit: das Lamm, der
Ölbaum, Sinnbild des Friedens, der Ele-
fant mit dem langsamen und ruhigen
Gang. Man zeigt ihren Lohn, indem
man ihr einen gewöhnlich aus Ölzweigen geflochteten Kranz aufsetzt und sie
mit den Palmen der Seligen versieht.

E

EINFALT

Als christliche Tugend ist die Einfalt das Gegenteil von Falschheit, von List. Sie ist die Eigenschaft der Unschuld. Sie wird, in bezug auf das Wort Jesu Christi: „Seid ohne Falsch wie die Tauben" (Matt 10,16), oft durch eine Taube dargestellt. Man hat für sie andere Zeichen entdeckt, vor allem die wilde Rose, weil sie die einfachste unter den Rosen ist, und die Lilie*, deren sehr schlichte Formen an die Einfalt erinnern.

EITELKEIT

„Es ist alles ganz eitel", sagte der Prediger (1,2). Das hebräische Wort, das er benutzt, ist der Name Abel; Adam hätte ihn ihm verliehen, sagten die Theologen aus dem 17. Jahrhundert, damit die Menschen, indem sie sich an ihn erinnern, sich merken, daß alles eitel ist. Dieses Wort bezeichnet zunächst eine der beiden Bewegungen des Atmens, entweder die Ein- oder die Ausatmung. Es bezeichnet also den Atem und daher etwas Leichtes wie den Hauch oder wie den schwindenden Nebel. Um diese Idee graphisch darzustellen, hat man eine Feder gezeichnet, keine Schwungfeder, sondern eine Daunenfeder. Leider ist dieses sehr richtige Zeichen ohne Erklärung kaum begreiflich. Man suchte in anderen Bereichen. Man erblickte in Narzissus (dem schönen Jüngling, der die Selbstbetrachtung im Wasser eines Sees der Liebe vorzog und ertrank) den Typ der Eitelkeit; und man sah sie im Drachen, den der Heilige Georg getötet haben soll. In beiden Fällen handelt es sich jedoch mehr um Einbildung und Prahlerei als um Eitelkeit. Man könnte es auch vom Wiedehopf sagen, aus dem man manchmal das Symbol der Eitelkeit gemacht hat.

ELIA

In der christlichen Antike wurde der Augenblick der Himmelfahrt Elias mehrmals dargestellt, was selbstverständlich das Emporsteigen der Seele zum ewigen Leben symbolisieren sollte. Der Prophet ähnelt allerdings seltsamerweise Apollo, wenn er das Viergespann der Sonne lenkt. Man muß aber nicht erst den Vergleich zwischen „Helios" und „Elia" herstellen, um diese Verwandtschaft zu erklären! Ein Künstler, der in der griechisch-römischen Kultur aufgewachsen, aber Christ geworden war, kann sehr wohl, auch unbewußt, aus seinen heidnischen Erinnerungen bestimmte Einzelheiten entlehnt haben, nachdem er den Bericht der Himmelfahrt Elias gelesen hatte und diese Szene bildlich darstellen wollte. – Erst viel später hat die christliche Theologie in der Geschichte Apollos eine Vorwegnahme der Wiederauferstehung und in Elias Himmelfahrt ein Vorzeichen der Leibauferstehung sehen wollen.

Man findet diese Szene mehrmals in den Katakomben, dann auf Sarkophagen in Rom, Mailand, Arles. Später sieht man sie sehr oft auf Fresken, Miniaturen, Gemälden und Skulpturen der größten Künstler.

Außer dem feurigen Wagen, der Elia meistens kennzeichnet, findet man folgende Zeichen, die ihm zugeteilt werden: die Raben, die ihn am Ufer des Bachs Krith versorgten (1 Kön 17, 4–6); das Kind, das er in Zarpath wieder zum Leben rief (1 Kön 17, 17–24); einen Engel, der ihn in Beerseba stärkte (1 Kön 19,5); Brot und einen Krug Wasser, der er bei dieser Gelegenheit unter einem Wacholderstrauch entdeckte (1 Kön

19,6). – Die Mönche des Karmels behaupteten, ihr Orden reiche bis Elia zurück, so daß der Prophet manchmal mit dem Kleid der Karmeliter bekleidet wurde. – Elia wird schließlich in der Szene der Verklärung natürlich dargestellt. Er versinnbildlicht die Gesamtheit der Propheten, und wahrscheinlich in Erinnerung an den „letzten unter den Propheten" kleidet man ihn gewöhnlich mit Kamelhaaren (Mark 1,6).

ELISA

Dieser Prophet erscheint manchmal als Zuschauer und Zeuge der Himmelfahrt Elias*. Man weiß, daß er in diesem Augenblick den Mantel seines Vorgängers erhielt. Dieses Kleid war nicht nur das Symbol der übernatürlichen Macht Elias, sondern tatsächlich auch Bestandteil davon. Deshalb bekommt ihn gewöhnlich Elisa auf seine verschleierten Hände gelegt, als Zeichen der Ehrfurcht für diesen göttlichen Gegenstand. – Man hat in dieser Machtübertragung die Vorwegnahme einer anderen Machtübertragung sehen wollen, die der Leitung der Kirche, die, der katholischen Lehre nach, von Christus zu Petrus und dessen Nachfolgern überging.

Elisa wird in den Darstellungen manchmal von einem Kind (das Kind, das er wieder zum Leben erweckte: 2 Kön 4, 17–34) oder von mehreren Kindern, die von Bären verfolgt sind (es handelt sich um Kinder, die die Glatze des Propheten verspottet hatten und dafür von Bären bestraft wurden: 2 Kön 2, 23–24) oder von einem zweiköpfigen Adler begleitet, in Erinnerung an seine Bitte, „zwei Anteile von seinem Geiste" zu bekommen (2 Kön 2,9).

Im allgemeinen wurde Elisa in der christlichen Kunst viel weniger dargestellt als Elia.

ELISABETH (Heilige)

Im ersten Kapitel des Lukas-Evangeliums liest man die Geschichte von Elisabeth, der Mutter Johannes des Täufers. Es wird erzählt, wie Gott die Geburt des Vorgängers Christi verkündigte, wie Maria Elisabeth besuchte und wie das Kind geboren wurde. Wenn die christlichen Künstler diese drei Erzählungen manchmal dargestellt haben, haben sie oft dem zweiten Erlebnis, das heißt dem der Heimsuchung, am meisten Aufmerksamkeit geschenkt. Die beiden Statuen römischen Stils, die die Heimsuchung auf dem Hauptportal der Kathedrale von Reims darstellen, sind eins der schönsten mittelalterlichen Werke.

Die Legende hat sich aber auch dieser Berichte bemächtigt und erzählt, daß Elisabeth mit ihrem Sohn in die Wüste geflüchtet sei, wo Engel sie versorgt hätten, und daß eine Felsenwand sich vor ihr geöffnet hätte, um ihr einen Zufluchtsort zu bieten. Deshalb lehnt sich Elisabeth oft an einen Felsen oder ist von Engeln umgeben, die ihr dienen.

ELISABETH VON UNGARN (Heilige)

Sie ist „eine der reinsten Verkörperungen der mittelalterlichen Andacht". Geschichtlich war sie die Tochter des Königs von Ungarn, heiratete mit vierzehn Jahren den Landgrafen von Thüringen, der sechs Jahre später starb, als er gerade eine Kreuzfahrt unternommen hatte. Elisabeth wurde von diesem Augenblick an von ihrem Schwager verbannt und lebte in Marburg, wo sie mit 24 Jahren starb. Sie besaß eine unerschöpfliche Liebe zu den Waisen, den Armen und den Kranken.

Die Legende hat sich leider des Lebens dieser jungen Frau bemächtigt, die zu ihrer Ehre die härtesten Formen der Strenge und die äußersten Demütigungen gesucht haben soll. Sie habe sich nicht damit begnügt, kniend zu beten, sondern ihren ganzen Körper auf dem Boden ausgestreckt; sie habe nicht nur die Aussätzigen gewaschen, sondern dann auch noch das benutzte Wasser getrunken; sie habe sogar Gott darum gebeten, ihr die Liebe zu ihren drei Kindern zu nehmen, damit sie den Armen besser dienen könne usw.

Um ihre Barmherzigkeit zu zeigen, gab man ihr einen Geldbeutel, aus welchem sie ihre Almosen nahm, oder einen Krug, an dessen Inhalt die Armen sich labten. – Man stellt sie beim Verteilen von Lebensmitteln dar, wobei sie von Krüppeln oder Kindern umgeben ist, deren sie sich annahm. – Man erzählte, daß ihr Mann, der ihre Freigebigkeit nicht immer schätzte, sie eines Tages nach dem Inhalt einer Schürze fragte, die voller Brot für die Bedürftigen war. „Blumen", antwortete sie. Als ihr Mann nachschauen wollte, fand er nur Rosen in der Schürze. Diese schöne Szene wurde oft dargestellt. – Elisabeth hält manchmal drei Kronen, weil sie die Tochter eines Königs ist, selbst Königin war und weil sie – vier Jahre nach ihrem Tod heiliggesprochen – „die Lebenskrone" erhalten hätte.

ENGEL

Die Religionen Ägyptens, Persiens, Indiens und Chinas erkennen die Existenz der Engel an.

Die Bibel ist ihnen gegenüber sehr zurückhaltend. Sie sagt nichts über ihre Beschaffenheit oder ihre Geschichte.

Das Wort „Engel" stammt aus dem Griechischen, der Sprache des Neuen Testaments. Es gibt *angelia*, das heißt „Botschaft", und *angelos*, das heißt „Bote"; das Verbum *angello* bedeutet „mit einer Botschaft beauftragen". – Im Hebräischen, der Sprache des Alten Testaments, bedeutet es dasselbe. Das Wort, das man mit Engel übersetzt, heißt *mal'ak* und bezeichnet einen Botschafter. Es ist semitischen Ursprungs und kommt von „schicken". Wenn also die Verfasser der ganzen Heiligen Schrift das durch „Engel" übersetzte Wort sprechen, verstehen sie darunter den Begriff „Beauftragter". Wenn zum Beispiel Johannes, der Verfasser der Apokalypse, an die Gesandten „in der Landschaft Asien" schreibt, nennt er sie „Engel dieser oder jener Gemeinde";

für ihn sind sie nichts anderes als Boten Gottes in der Bevölkerung einer Gemeinde.

Dies ist der Grund, weshalb die ältesten christlichen Darstellungen von Engeln Menschen zeigen; sie sind so wenig mit Flügeln versehen wie die Engel im Traum von Jakob, die eine Leiter brauchten, um in den Himmel hinaufsteigen und von dem Himmel herunterkommen zu können (1 Mose 28,12). Denselben Begriff findet man ebenfalls in den apokryphen Schriften; es wird darin erzählt, daß Tobias nach seiner Unterhaltung mit Raphael „nicht wußte, daß es ein Engel gewesen wäre" (Tob 5,9). Er hätte es gewußt, wenn der Erzengel Flügel gehabt hätte.

Erst im achten Jahrhundert wurden sie mit Flügeln versehen; vielleicht ahmte man die Siegesgöttinnen der griechisch-lateinischen Antike nach; wahrscheinlicher aber folgte man einigen biblischen Texten, die sagen, daß sie flogen (Offb 14,6).

Die Kenntnisse der Antike vom Weltall waren bis zum 14. Jahrhundert überall verbreitet und kaum vertieft worden; die Sterne wurden den Engeln gleichgestellt, weil die Beobachtung des Himmelszeltes schon immer religiöse Gefühle hervorgerufen hat. Man findet darin ferner eine wichtige Grundlage der Astrologie. Schließlich zog man daraus den Schluß, daß die Engel das unendliche Himmelsgewölbe in Bewegung setzen, was viele mittelalterliche Miniaturen abgebildet haben.

Die biblischen Texte erlauben keine genauere Bestimmung einer Hierarchie unter den Engeln. Die paulinischen Auszüge, die sich darauf beziehen, sind nur Listen, die diese geheimnisvollen Personen unpräzise einordnen (Röm 8,38; Eph 6,12; Kol 1,16). – Man findet jedoch einige Hinweise in den apokryphen Büchern: Henoch betont, daß der Erzengel Michael* der erste von allen war. Zwei biblische Auszüge (Jud 9;

2 Petr 2,11) beziehen sich auf einen anderen heute verlorengegangenen Text, „die Himmelfahrt Moses", in dem (wegen des Leibes Moses) von dem Sieg Michaels über den Fürsten der Teufel, Asmodi, die Rede ist. – Einige Kirchenväter spielten auch darauf an. In einer Dionysius Areopagita zugeschriebenen Schrift, die im 6. Jahrhundert geschrieben wurde, unterscheidet man drei Klassen Engel: In der ersten befinden sich die Cherubim, die nur einen Kopf und zwei Flügel haben, und die Seraphim der Erleuchtung Jesajas (6, 2–3); in der zweiten die Engelschöre, die Tugenden und die Gewalten, mit Alben, die bis zu den Füßen reichen, mit goldenen Gürteln und einer grünen Stola bekleidet; in der dritten ist der dritte Chor der Engel, die Erzengel und die eigentlichen Engel, die alle mit Soldatenrüstungen und goldenen Gürteln dargestellt werden müssen, wobei sie Speere und Beile in der Hand haben.

Sobald eine Engelverehrung in der Kirche üblich wurde, wurden all diese Kategorien überirdischer Wesen an den Portalen der Kathedralen bildhauerisch gestaltet, auf Fresken und Kirchenfenstern gemalt, auf Mosaikarbeiten dargestellt oder in Goldwaren ausgepunzt.

Während Michael im ausgehenden Mittelalter seine mehr oder weniger vollständige Rüstung beibehalten hat, wird die Kleidung der anderen Engel im allgemeinen vereinfacht. Sie verlassen die Mode der Chormäntel, Meßgewänder und Tuniken und ziehen eine einfache, ganz weiße Albe an, was ihre vollkommene Reinheit ausdrücken sollte. Diese Reform der Kleidung bezog sich auf die Engel, die die Auferstehung verkündigen sollten (Joh 20,12), oder auf die Greise in der Offenbarung des Johannes (4,4).

Zur Zeit der Renaissance sind die Engel entweder ganz nackt oder mit den damaligen Kleidern dargestellt; sie behalten aber zunächst ihre goldenen, dann

mit bunten Federn versehenen Flügel, die sehr oft in den damaligen Kirchenfenstern glänzen.

Später wurden diese Engel Bestandteil von ganz verschiedenen Kunstwerken. Sie schmücken die Reliefs, halten Sinnbilder, Kirchengegenstände und sogar Wappen in der Hand; sie unterstützen den Kopf der auf den Grabmälern liegenden Statuen und tragen Kerzenleuchter... Man sieht sie kniend, stehend, gebeugt; ihre Hände und Flügel sind mehr oder weniger ausgebreitet.

Im 16. und 17. Jahrhundert werden sie oft durch kleine männliche oder weibliche Putten nach dem Vorbild der heidnischen Antike ersetzt; ganz nackt, prall und pausbäckig scheinen sie auf Wolken zu schweben und bilden rings um Christus, die Gottesmutter Maria und die Heiligen einen Zug von einfältigen, doch anmutigen Personen.

Im 18. Jahrhundert propagierte der dogmatische Geist dieser Zeit eine streng geordnete Hierarchie der Engel. Man nahm jedoch die Kategorien des Frühmittelalters nicht einfach wieder auf; sie wurden durch die neuesten Forschungen ergänzt. Man erkannte zunächst eine erste Gruppe: Die Cherubim scheinen vollständige menschliche Wesen zu sein, sind mit roten Gewändern, Mänteln und durch Stickereien geschmückten Tuniken bekleidet. Die feuerroten Seraphim sind mit einem lodernden Schwert bewaffnet und mit den sechs biblischen Flügeln versehen (Jes 6,2). Die Throne bewegen sich auf einem Feuerrad, das von vier Flügeln getragen wird; im unteren Teil des Rades erscheint der von Glanz umgebene Kopf eines Engels. In der zweiten Gruppe findet man: die Engelschöre mit ungeschmücktem Gewand und Mantel, zwei Flügeln und einem Stab, der kreuzförmig an der Spitze ausläuft, während sie eine Kugel in der linken Hand tragen, worauf man die ersten und die letzten Buchstaben in antiker Schrift von Jesus

Christus, ICXC, lesen kann; es bedeutet, daß diese Engelchöre der Herrschaft Christi über die Welt gewidmet sind.

Die Darstellung der Tugenden unterscheidet sich von den bereits erwähnten Engeln nur durch ihre nackten Füße, während die Engelchöre beschuht sind. Die Gewalten schließlich sehen wie die Engelchöre aus, sind aber mit geschmückten Mänteln aufgeputzt. Die dritte Gruppe besteht aus dem dritten Chor der Engel, die eine Lilie in der Hand haben; aus den Erzengeln, die wie Soldaten ohne Helm angezogen sind und die Weltkugel mit der Inschrift ICXC in der Hand haben; schließlich aus den Engeln, die mit einer Albe bekleidet sind und eine Weltkugel in der rechten und einen langen kreuzförmigen Stab in der linken Hand haben.

An Engelnamen sind allein die von Gabriel (dem Held Gottes) und von Michael in der Heiligen Schrift (Dan 8,16; 9,21; Luk 1,19,26; Jud 9; Offb 12,7) erwähnt. Apokryphe Bücher und die jüdischen Kabbalisten kennen die Namen von Raphael, Raziel, Seliel, Uriel, Urjan ... usw.

Im 18. Jahrhundert sprach man viel von „schlechten Engeln": es sind die vom Teufel angeführten Dämonen*, die wiederum als gefallene Engel betrachtet werden. Aufgrund des Buchs von Henoch und einiger Auszüge aus den Schriften der Kirchenväter entwickelte man eine ganze Theologie darüber.

ENTHALTSAMKEIT

Die Enthaltsamkeit wird häufig durch einen oder mehrere Palmenbäume, den typischen Baum der Oasen, dargestellt. Dies bezieht sich auf die Geschichte der Rechabiter, von denen Jeremia berichtet (Kap. 35): Zur Zeit dieses Propheten wohnten die Israeliten seit fünf Jahrhunderten in Kanaan, und aus den Nomaden waren allmählich seßhafte Bewohner geworden. Die Rechabiter aber hingen immer noch leidenschaftlich am früheren Nomadenleben. Sie träumten nur von der Rückkehr in die Wüste als dem einzigen Ort, wo Gott spricht. Sie weigerten sich, in Häusern zu leben, Weizen anzubauen und Wein zu trinken, was sie als verhaßte Zeichen der seßhaften Lebensweise betrachteten. Diese dreifache Enthaltsamkeit kennzeichnete sie. Da der Palmenbaum der einzige Baum der Wüste ist, wurde er so zum Symbol der Enthaltsamkeit.

ERDKUGEL

Für alle Menschen hat der Kreis immer die Idee eines Ganzen ausgedrückt. Daher kommt es, daß man das Bild einer Erdkugel benutzt hat, als man die ganze Welt versinnbildlichen wollte, auch wenn man sich noch vorstellte, die Welt wäre flach. Folglich bedeutete das Halten einer Erdkugel in der Hand eine Allmacht oder mindestens eine kaiserliche Herrschaft über die Menschen.

Als die Christen die schöpferische Macht und die Vorsehung Gottes durch ein Symbol verdeutlichen wollten, haben sie selbstverständlich dieses Zeichen benutzt. Sie versahen es aber mit einem Kreuz, was ihm eine zusätzliche Bedeutung gab, weil die Menschen durch Leiden und vor allem durch das Leiden Jesu Christi, von der relativen Macht der Dämonen befreit und unter den Schutz der Liebe Gottes gestellt werden. Die Erdkugel mit einem Kreuz wurde auf diese Weise zu einem Zeichen Jesu Christi. Ursprünglich war das Kreuz ganz klein im Vergleich zur Erdkugel, und ein Engel, meistens Michael oder (und) Gabriel, boten Gott oder Christus dieses Symbol dar. Später wurde das Kreuz so groß wie die Weltkugel – und sogar noch größer. Sie lag in der Hand Gottes oder Jesu und wurde mit Edelsteinen geschmückt. Dann übernahmen die Päpste dieses Symbol, sobald man sie als *Vikare* (das heißt Stellvertreter) Christi erkannte. In der Hand des Begründers und 1. Generals der Jesuiten bezeichnet die Erdkugel die absolute Herrschaft über die ganze Welt die die Kirche damals beanspruchte. Der Gebrauch dieses Symbols verweltlichte aber insgesamt so sehr, daß es sich schließlich in der Hand, auf dem Zepter oder der Krone eines Herrschers und vor allem eines Kaisers befand.

ERKENNUNGSABZEICHEN

Es waren Marken oder kleine Medaillen, die im Mittelalter den Mitgliedern eines Stiftes gegeben wurden, die bestimmten Versammlungen beiwohnten; sie erlaubten ihnen, an Spenden teilzuhaben, die dann erfolgten.

Zugehörigkeitsmarken von Hugenotten, die zu den Versammlungen im Untergrund gingen.

Bei den Hugenotten wurden solche Abzeichen manchmal an diejenigen ausgegeben, die an reformierten Gottesdiensten teilnehmen wollten, als diese in Frankreich verboten waren. Die Vorderseite zeigt einen Hirten, der in eine Trompete bläst: Es ist Christus, der seine Herde zusammenruft; über ihm sieht man eine Taube, Symbol des Heiligen Geistes. Auf der Kehrseite weist ein offenes Buch auf das Wort Gottes hin: „Fürchte dich nicht, du kleine Herde" (Luk 12, 32); ihm sind zwei Buchstaben hinzugefügt: E.D. = Eglise du Désert (Kirche im Untergrund); über dem Ganzen steht eine Sonne, die von sechs Sternen umgeben ist, was auf den Fortbestand des göttlichen Segens deutet.

ERLÖSUNG

Sie wird manchmal durch den Pelikan* dargestellt. In der Kathedrale von Gent sieht man eine sehr interessante Allego-

rie der Erlösung aus dem 15. Jahrhundert: Aus der Brust eines Lammes*, das auf einem Altar steht, quillt Blut hervor, das in einen goldenen Kelch aufgefangen wird; um dieses Lamm herum kniet andachtsvoll eine Menschenmenge aus allen sozialen Schichten.

EUGENIE (Heilige)

Die „Goldene Legende" erzählt, daß Eugenie, ein christliches Mädchen, Tochter des heidnischen Statthalters von Alexandrien, aus dem väterlichen Haus geflüchtet sei; sie habe einen Zufluchtsort in einem Kloster gefunden, wo der Abt, um sie besser zu verstecken, ihr heimlich eine Männerkleidung gegeben hätte. Viele Jahre später sei sie zur Leitung des Klosters berufen worden, das sich unter ihrer Führung vor allem der Kranken annahm. Eine unter diesen hätte sie aber vor dem Statthalter angeklagt, ihre Schwäche dazu benützt zu haben, um sie zu vergewaltigen; so habe Eugenie ihren Eltern ihr Geschlecht und ihre Flucht enthüllen müssen, um diesen Vorwurf zu widerlegen. Diese letztere Szene wurde manchmal in Zeiten nachlassender Frömmigkeit manchmal von Künstlern in Domen bildhauerisch dargestellt.

EVA →Adam.

EVANGELIAR

Dieses Wort bezeichnet ein Buch, das die Evangelien oder einfach Auszüge aus den Evangelien enthält, die während des Gottesdienstes vorgelesen werden. Es war mit der größten Sorgfalt geschrieben und geschmückt; sein Deckel war künstlerisch besonders sorgfältig gestaltet, manchmal sogar überladen. Man versteht von daher, daß es am Pult befestigt wurde, an dem aus ihm vorgelesen wurde; manchmal war eine Schnalle an einer Stelle des Deckels befestigt, und eine Kette verband dieses schöne und äußerst wertvolle Buch mit dem Pult oder sogar mit der Wand.

Diese „gebundenen Bibeln" waren das Symbol aller Einschränkungen der katholischen Kirche zum freien Lesen der Heiligen Schrift, vom ausdrücklichen Verbot, dieses Buch ohne Genehmigung zu lesen, bis zur Verpflichtung, keiner Veröffentlichung der offiziellen Bibel Randbemerkungen hinzuzufügen.

EVANGELISTEN →Johannes, Lukas, Markus, Matthäus und Evangelistensymbole

EVANGELISTENSYMBOLE
Der Brauch, die Evangelisten durch Tiere und geflügelte Figuren darzustellen, ist aus dem Propheten Hesekiel entlehnt, der um die Wende des 7. Jahrhunderts vor Christus lebte. Während der babylonischen Gefangenschaft hatte dieser Prophet öfters Gelegenheit gehabt, plastische Darstellungen rätselhafter Wesen zu sehen, die aus ungleichartigen Elementen bestanden: Diese Teile der Statuen gehörten zu einem bestimmten Tier und jene zu einem anderen Tier oder sogar zum menschlichen Körper. Diese merkwürdigen Wesen standen oft am Eingang der Tempel und der Paläste Mesopotamiens.

In den Visionen dieses Propheten erscheinen solche Wesen (Hes. 1, 1–14, 3, 13; 10, 8–17). Man würde vergeblich versuchen, sie plastisch darzustellen. Man gewinnt den Eindruck, daß der Prophet mehr an das, was jedes der Elemente der ersonnenen Wesen darstellte, als an diese Wesen an und für sich dachte. Es ist ja eine Ausdrucksweise, die den semitischen Denkgewohnheiten entspricht, und die man in gewissen Gleichnissen Jesu, z.B. in dem des Jüngsten Gerichts (Matt. 25,32 und folg.) wiederfindet. Beide folgen ihrem religiösen Gedanken und vergessen das gerade benutzte Sinnbild. Hesekiel gebraucht hier einfach die symbolische Sprache der Zeit und der Orte, wo er sich befand, ohne jedoch darauf Wert zu legen; er benutzt sie nur beiläufig, um seine eigenen Gedanken zu verdeutlichen, die ihm eine viel größere Tragweite zu haben scheinen.

In diesen Visionen spricht der Prophet von vier Wesen, die Menschen gleichen, die aber je vier Gesichter besitzen: ein Menschen-, Löwen-, Stier- und Adlergesicht. Jedes besitzt vier Flügel, unter denen Hände erscheinen. Zwischen diesen Wesen glänzt mit hellem Licht ein Feuer. Unter jedem von ihnen erblickt der Prophet eine Art Rad, das ein anderes enthält; die beiden Räder sind mit Augen versehen und können sich in den vier Himmelsrichtungen fortbewegen, und sogar hinauf- und herabsteigen. Man hat also hier die Schilderung einer Art göttlichen Gespanns, das sich dank der mit kleinen Öffnungen versehenen Kugeln, auf welchen es ruht, in alle Richtungen bewegen kann.

Es handelt sich um den Stuhl, auf welchem der Gott Israels sitzt. Dieser Stuhl hat wohlbemerkt an der Beschaffenheit desjenigen, den er trägt, teil, auch wenn er so beschrieben ist, daß man sich ihn überhaupt nicht als ,,mögliches Werk" vorstellen kann. Es ist nicht nur ein Stuhl, der der ursprünglichen Bundeslade* ähnelt, diesem Thron, auf welchem Gott Platz nahm, wenn er sein Volk besuchte. Der Gott von Hesekiel ist nicht mehr der einfache König eines Ortes oder eines Landes; man weiß, daß den Israeliten gerade in der Gefangenschaft die Universalität Gottes klar wurde; er beherrscht wirklich die ganze Welt. Sein Thron und die Elemente, aus welchen er besteht, sind dem Weltall angemessen, aber dem Weltall, wie es damals aufgefaßt wurde. Man muß also die Visionen Hesekiels in die antike Art der Weltanschauung zurückversetzen, um den Ursprung der rätselhaften Tiere zu entdecken, von denen er spricht. Diesen Kosmogonien nach war das Himmelszelt ein festes Gewölbe, das auf dem Meer ruhte; es stützte sich auf die vier Himmelsrichtungen, die gewöhnlich durch vier Sternbilder dargestellt waren: den Stier, den Löwen*, den Adler* und den Menschen (d.h. den Schützen =

Bogenschützen), die ungefähr an den vier Richtungen des Tierkreises standen. Da die Sterne damals als Boten der Götter betrachtet wurden (was der Astrologie eine Grundlage gab) und da es zur Zeit Hesekiels ein geläufiger Begriff war, ist es verständlich, daß dieser Prophet diese Sternbilder benutzt hat, um klarzumachen, bis wohin Gott herrschen konnte, bis wohin er sich auf seinem Thron, von seinen Dienern, bringen lassen konnte. Was das Feuer* betrifft, das in der Mitte des göttlichen Gespanns erscheint, so symbolisiert es selbstverständlich Gott. Man kann sogar noch weitergehen: Es ist Gott und nicht nur ein Sinnbild seiner Anwesenheit.

Die ersten Christen wissen, daß es keine Theophanie außer in Jesus Christus gibt, d.h., daß Gott sich nur durch das Denken und das Werk Jesu Christi vollkommen offenbart. Für sie verlängert diese Offenbarung die von Mose und den Propheten, die zu Prophezeiungen werden. Von diesen theologischen Überzeugungen erfüllt, beschreibt der Verfasser der Offenbarung des Johannes (4, 6–8) eine Erscheinung Gottes selbstverständlich mit Elementen aus der Vision Hesekiels, deren Angaben er ein wenig vereinfacht: die vier rätselhaften

Der Stier vom Hl. Lukas. Schlußstein. Vezelay. 12. Jahrhundert.

Wesen, die den Thron umgeben, sind hier ein Löwe, ein Stier, ein Adler, und ein Mensch, die jeder 6 Flügel wie die Seraphime in der Vision von Jesaja (Jes 6,2) haben.

Bald werden diese vier rätselhaften Figuren noch mehr vereinfacht. Während der Kanon des Neuen Testaments festgesetzt wird und die Kirche nur die vier Evangelien unserer Bibel anerkennt, stellen die Christen aus dem 5. Jahrhundert, die in Jesus die Erscheinung Gottes sehen, einen Vergleich zwischen diesen Begleitern des göttlichen Gespanns und den Evangelisten her. Sie sagen: Diejenigen, die Gott tragen und bringen, sind die Verfasser der vier Evangelien. Diese Auffassung setzte sich aber nicht von heute auf morgen durch. Schon am Ende des 2. Jahrhunderts sind erste Anklänge davon anzutreffen. So weist Irenäus († 202) Matthäus den Menschen, Markus den Adler, Lukas den Ochsen und Johannes den Löwen zu. Augustinus († 430) sagt, daß die Christen noch zu seiner Zeit Matthäus den Löwen und Markus den Menschen zuteilen; er selbst jedoch weist lieber Matthäus den Menschen, Markus den Löwen, Lukas den Stier und Johannes den Adler zu. Es sind keine fabelhaften, mit übernatürlichen Flügeln versehenen Tiere mehr, sondern wohl ein Mensch, ein Löwe usw.

Wenn man verstehen will, wie diese Zuweisung stattfand, muß man sich an einen literarischen Brauch der Antike erinnern: Wenn mehrere Bücher in einem einzigen Werk enthalten waren (wie es bei der Bibel der Fall ist), bezeichnete man gewöhnlich jedes Buch nicht mit einem Titel oder einer Nummer, sondern mit den ersten Worten des betreffenden Buches. Ein ähnlicher Vorgang ereignete sich bei der Verteilung der Symbole Hesekiels unter den Evangelisten: Das erste Kapitel von Matthäus brachte auf den Gedanken, Matthäus das Symbol des Menschen zu-

zuteilen, der zur gleichen Zeit wie die anderen Symbole mit Flügeln versehen und zu einem Engel wurde. Das erste Kapitel von Markus spricht von Johannes dem Täufer in der Wüste: Das Tier der Wüste ist der Löwe. Das erste Kapitel von Johannes schwebt im hohen Gefilde der Theologie und der Anbetung: der Adler „mit dem mächtigen Flug" paßte vollkommen zu ihm. Der Stier, der auf dem großen Opferaltar in Jerusalem so oft geopfert worden war, blieb übrig; da das erste Kapitel von Lukas von Zacharias spricht, der im Tempel den Gottesdienst abhält, konnte wohl der Stier dem Verfasser dieses Evangeliums zugeteilt werden.

Das theologische Denken des Abendlandes entzog diesen Bildern ihren Wert als orientalische Gleichnis, sah in diesen Symbolen die Verkörperung bestimmter Ideen und machte aus ihnen inspirierende Genien und bald Vermittler zwischen Gott und den Evangelisten, denen sie den theologischen Sinn eingeflüstert hätten, der in jedem der Evangelien verborgen ist. Der Heilige Gregor († 640) schreibt darüber: „Diese Tiere passen vollkommen zu den vier Evangelisten, da der eine die Geburt des Sohnes Gottes, der menschlichen Natur nach, der andere die Darbringung des makellosen Opfers, der dritte seine gewaltige Kraft und seine Macht, die durch das Brüllen des Löwen versinnbildlicht ist, und der vierte die ewige Geburt des Worts beschreibt; er konnte wie der Adler die aufgehende Sonne anschauen." Derselbe Autor fügt hinzu: „Diese Tiere können auch den Retter selbst symbolisieren, denn er hat unsere Beschaffenheit angenommen; er hat sich wie die einstigen Opfer schächten lassen; wie ein furchterregender Löwe hat er durch seine Macht die Bande des Todes gebrochen; wie der Adler schließlich ist er, durch seine Himmelfahrt, in den Himmel emporgestiegen." Die Theologen gingen noch weiter auf diesem Weg,

Christus als Lehrer mit den Evangelien. Miniatur. 1230.

zogen die Bibel an sich und behaupteten, daß die Theologie, die sie selbst aus den heiligen Taten entnehmen, durch diese rätselhaften Vermittler zwischen Gott und den Evangelisten gebracht worden sei!

Auf einem Kirchenfenster der Kathedrale von Brou sieht man einen Triumphzug des Retters: Sein Gespann wird von den Symbolfiguren der Evangelisten, dem Tetramorph, gezogen; sie spielen eine aktive Rolle in der Verherrlichung Christi! Bassuet geht noch weiter: „Durch diese vier Tiere, sagt er, kann man die vier Evangelisten hören...; in diesen Evangelisten aber wie in den Hauptverfassern des Neuen Testaments sind alle Apostel und Gelehrten enthalten, die durch ihre Schriften die Kirche aufgeklärt haben ... In diesen vier Tieren sieht man die vier Haupteigenschaften des Heiligen: im Löwen den Mut und die Kraft; im Ochsen, der das Joch trägt, die Fügsamkeit und die Geduld; im Menschen die Weisheit; im Adler die Erhabenheit der Gedanken und der Wünsche." Da ist ein Autor, der aus dem Tetramorph das Instrument macht, dessen Gott sich bedient hätte,

Tympanon der Kathedrale von Angers. 12. Jahrhundert.

um die Kirche zu gestalten, und der am Schluß nur noch das Symbol einiger christlicher Tugenden daraus macht! Man kann näher beim wirklichen symbolischen Sinn dieses vierfachen Zeichens bleiben und sagen: Der Mensch von Matthäus spricht von der Menschwerdung Gottes; der Löwe von Markus erinnert an die Macht und das Königtum Christi; der Stier an das Opfer Jesu Christi, aber auch an sein einzigartiges Priestertum, das vortrefflicher ist als das des Hohepriesters; der Adler schließlich spricht von der Eingebung des Heiligen Geistes. Dies erklärt eine sehr alte byzantinische Urkunde, der man hinzufügen soll, daß das Viergespann vereint sein soll, um den göttlichen Wagen ziehen zu können, d.h., daß es eine tiefe Einigkeit unter den Evangelisten gibt. Was die verschiedenen Darstellungen der Tetramorphe betrifft, muß man bemerken, daß die Evangelisten am Anfang und sehr lange Zeit mit ihrem Buch auf den Knien, einem Pult oder einem Tisch dargestellt werden; sie halten die Feder in der Hand, während ihr Symbol, ganz einfach ein Mensch, ein Löwe, ein Stier oder ein Adler, neben ihnen erscheint. Diese Symbole besitzen nur den Stellenwert der Kennzeichnung und ermöglichen es, den jeweils gezeigten Evangelisten zu erkennen. Indem sie mit Flügeln versehen wurden, nachdem man die Visionen von Hesekiel und die Offenbarung Johannis durchgelesen hatte (zu diesem Zeitpunkt wurde der Mensch von Matthäus zum Engel), verlieh man ihnen eine eigene Persönlichkeit, man machte aus ihnen Boten Gottes und als solche teilte man ihnen schnell einen Nimbus* zu. Solche sieht man schon im 5. Jahrhundert hier und da, z.B. auf einem Mosaik des Paulus-Bogens auf der Via Ostia. Der Nimbus tritt in diesem Zusammenhang dann häufig im 6. Jahrhundert auf, so in St. Vitale in Ravenna. Im allgemeinen sind auch die Evangelisten mit einem Nimbus versehen, bis auf Johannes, der keinen hat und bei dem der Adler den Nimbus trägt; dies galt bis zum 13. Jahrhundert als Zeichen der Demut desjenigen, der nicht wollte, daß sein Name in seinem Evangelium erscheint.

Die Anwesenheit einer so wichtigen Figur neben den Evangelisten störte allmählich das christliche theologische Denken. Zwei Vermittler zwischen Gott und seinem Wort waren zu viel. Um eine gewisse Einheit zu erhalten, versuchte man, auf die Idee eines rein bestimmenden Zeichens zurückzukommen, was dazu führte, die Flügel der vier Symbole abzuschaffen. Man versuchte, Symbol und Symbolisiertes zu vereinigen, indem man den Kopf des Evangelisten durch den seines Symbols ersetzte, was zur Verunstaltung einer menschlichen Figur mit Löwen-, Stier- oder Adlerkopf führte; dies hielt als Modeerscheinung nicht lange an. Dann wurde der Evangelist abgeschafft und allein das Zeichen bestand fort; es reichte als Zeichen aus. Man gab ihm jedoch seine Flügel zurück, was eine Idee des Überirdischen in sich schließt, und man verlieh ihm einen Nimbus. Bald wurde der Nimbus aufgehoben. Man gab ihm das Buch des Evangeliums in die Hände oder in die Pfoten, das als nächster Schritt auf ein einfaches Band beschränkt und schließlich ganz abgeschafft wurde. So kam man auf das Tetramorph, das auf dem Tympanon des Hauptportals mehrerer Kathedralen aus dem 13. Jahrhundert ausgehauen wurde: Die vier beflügelten Symbole umgeben Christus, der in einer Mandorla thront. Es bedeutet: Hier empfängt sie der Christus der Evangelien und keineswegs der Christus einer Legende oder einer Philosophie.

Im 16. und 17. Jahrhundert hat man manchmal jeder der Figuren des Tetramorph einen Stern (der Heiligkeit) oder eine Taube (des Heiligen Geistes) verliehen.

Unter diesen verschiedenen Formen findet man dieses vierfache Zeichen der Evangelisten überall: auf Münzen und Medaillen, Brust- und Prozessionskreuzen, Sarkophagen und Antependien; es wird auf Kirchenfenstern und Mosaiken gezeichnet, auf Goldschmiedekunstwerken getrieben und auf Priestergewänder gestickt; es wird auf Fresken und Altargemälden gemalt.

EVANGELIUM

Das Wort „Evangelium" findet man in griechischen Inschriften, die dem christlichen Zeitalter vorangehen, und bedeutet „frohe Botschaft". Die ersten Christen benutzten das Wort *besorâh* als Bezeichnung des Reiches Gottes, das ins Griechische durch εὐαγγέλιον übersetzt wurde. Nach und nach nahm aber dieses Wort einen besonderen Sinn an und bezeichnete das gesamte christliche Predigen, im Gegensatz zur theologischen Lehre der Juden oder der Heiden.

Wenn man dieses Evangelium darstellen wollte, zeichnete man einfach eine Rolle oder ein Buch, oder sogar ein Pergament. Es war der Text der Botschaft Christi, und so ging das Wort Evangelium vom Begriff der „frohen Botschaft des durch Jesus Christus gebrachten Reichs Gottes" zu dem der Bücher über, die von der Geschichte dieser frohen Botschaft berichten. Man stellte ähnliche Schränke dar, wie diejenigen, die in den Synagogen die Heiligen Bücher enthielten, und darauf Regale, auf denen die Evangelien standen. Dann wurde der Name dieses oder jenes Evangeliums auf ein Buch oder auf das Pergament geschrieben; dadurch wurde verdeutlicht, daß der Namensträger dieses Textes zugleich Verfasser dieses Evangeliums war. Solche Anmerkungen befinden sich, schon im 4. Jahrhundert, auf Fresken und Mosaikarbeiten.

Später sieht man Bischöfe und Diakone, die ein mit ihrem Namen bezeichnete Evangelium tragen; dies symbolisiert aber das Amt dieser Personen: ihre Aufgabe besteht in der Verbreitung des Evangeliums.

Sehr rasch aber ging man zu einem wirklichen Kult des Evangeliums über. Man legte nicht nur die Evangelien in reich ausgeschmückte Schränke, sondern man fing an, diese Bücher zu küssen. Man legte sie auf den Altar, der doch dem Opfer Christi vorbehalten ist. Childebert I. soll schließlich „zwanzig Reliquienschreine, die Evangelien enthielten und mit dem reinsten Gold und Edelsteinen verziert waren", aus Spanien haben kommen lassen. Unter den Skulpturen des südlichen Portals der Kathedrale von Chartres sieht man Diakone, die die Evangelien, mit Verzierungen und Edelsteinen geschmückte Bücher, tragen.

EWIGKEIT

Die Ewigkeit wird von christlichen Künstlern fast ausschließlich durch Zeichen dargestellt, die schon in der heidnischen Antike bekannt waren. Es ist der Kreis, eine Zeichnung, die keinen Anfang und kein Ende hat und die mit der Schlange verwandt ist, die sich in den Schwanz beißt. Manchmal wird sie durch ein Stundenglas* dargestellt, das aber eher die Idee der Vergänglichkeit symbolisiert, besonders wenn diese Sanduhr mit zwei Flügeln versehen ist.

F

FACKEL

Mehrere griechisch-lateinische Gottheiten (Hekate, Vesta...) werden mit einer Fackel in der Hand dargestellt. Die Christen benutzten diesen Gegenstand als Symbol der Nacht und manchmal der Verleumdung; die Fackel begleitet auch Johannes den Täufer, der das Kommen des Lichtes der Welt ankündigte.

Wenn man die Parabel der zehn Jungfrauen darstellte, wurden diese Mädchen oft mit kleinen Öllampen* versehen. Es ist aber wahrscheinlicher, daß es sich um Fackeln handelte (das durch „Lampe" übersetzte griechische Wort kann auch Fackel bedeuten). Es ist schwierig, mit einer dieser Lampen in freier Luft um sich herum zu leuchten. Die Weigerung, das Reserveöl zu teilen, kann übrigens leichter erklärt werden, wenn es um die Menge geht, die zum Brennen einer Fackel nötig ist, als wenn von den wenigen Zentilitern die Rede ist, die eine Öllampe benötigt (→Liebe*, Feuer*, Gebet*).

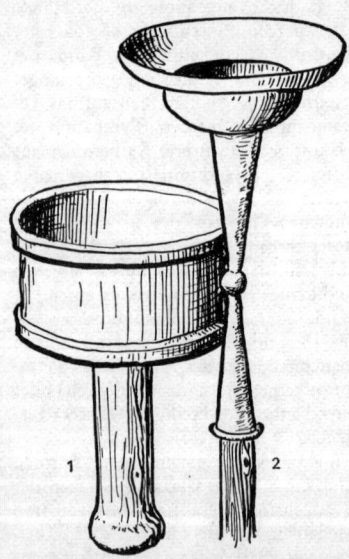

Fackeln: 1) aus dem 16. Jahrhundert, 2) antike Fackel.

FASS, FÄSSCHEN

Im Mittelalter (und heute noch in gewissen Gegenden) benutzten die Landarbeiter, die die nötigen Getränke mitzunehmen hatten, ein kleines Faß. Deshalb verliehen die Bildhauer dem Wassergefäß, das Abraham Hagar gibt, als er sie in die Wüste hinausjagt, die Form eines kleinen Fasses. Man findet die gleiche Form neben einigen Heiligen, die dafür sorgten, den Pilgern und Kranken zu trinken zu geben. Die apokryphe Schrift von Daniel* erzählt, daß Habakuk* von Judäa nach Babylonien hinübergebracht worden sei, um dem Propheten in der berühmten Löwengrube Nahrung zu bringen und ihn zu loben; diese oft dargestellte Szene zeigt Habakuk und sein Fäßchen.

FAULHEIT

Sie hat kein spezifisch christliches Symbol. Die Künstler, die sie darzustellen hatten, begnügten sich damit, ihr Zeichen unter den Tieren aufgrund geläufiger und oft sehr oberflächlicher Betrachtungen zu suchen. – Sie benutzten den Bären und die Schildkröte wegen der Langsamkeit ihres Gangs; den Fisch, der immer zu schlafen scheint; den Krebs, der rückwärts geht; die gähnende Katze; den Esel, der gelassen auf seinen Herrn wartet; die Nachtvögel (hauptsächlich Eulen und Uhus), weil sie nur nachts fliegen.

FEUER

Das Feuer, eins der vier Elemente der Welt, um mit der Antike zu sprechen, hat unter den Menschen immer einen großen Schauder erregt. Man soll sich also nicht wundern, wenn sie daraus das Symbol des Himmels, aber auch der Hölle, des mächtigsten unter den Göttern und des Herrschers über die Dämonen machten.

Jupiter war mit dem Donner bewaffnet.

Nachdem den Israeliten klarwurde, daß sie Gott nicht bildlich darstellen konnten, erkannten sie seine Anwesenheit im Feuer. Eine feuerige Flamme versinnbildlicht Gott in der Szene des Dornbusches (2 Mose 3,2). Eine Feuersäule führte das Volk aus der Gefangenschaft und aus Ägypten. Auf dem Sinai (2 Mose 13,21) spricht Gott im Feuer (2 Mose 4,12). Mose und Elia scheinen die Macht gehabt zu haben, Feuer heraufzubeschwören; daraus schloß man, daß sie im engen Verhältnis zu Gott standen, was ihnen bestätigte, direkt ins ewige Leben zu treten, ohne über den Tod gehen zu müssen. Der 29. Psalm bezeichnet noch den Donner (und den Blitz, der seine Folge zu sein scheint) als die Stimme Gottes. Die Propheten spielen sehr oft auf diese Symbolik an, die manchmal zu einer Identifikation des Sinnbilds mit dessen Darstellung führte (Jes. 10,17; 31,9; 66,24; Jer 5,14 u.a.m.). Das Feuer verkörpert auch Gott am Tag der ersten christlichen Pfingsten, wo Flammen („Feuerzungen") mit Gott gleichgestellten Heiligen Geist ausdrücken.

Wenn die Künstler Gott in der Form des Feuers symbolisiert haben, entweder in der Darstellung biblischer Szenen oder um seine Anwesenheit zu verdeutlichen, haben sie sehr oft gespürt, daß dieses Symbol nicht sehr klar war; deshalb schrieben sie häufig das Tetragramm mitten in die Flammen ein und umgaben es manchmal mit einem gleichseitigen Dreieck.

So wählte die reformierte Kirche Frankreichs, als sie sich für das Symbol ihres Siegels entschied (Synode von Vitré 1583), das Sinnbild des feuerigen Dornbusches, wo in der Mitte das göttliche Tetragramm zu lesen ist. Der Spruch, der den Sinn dieser Wahl erläutert, spielt somit ebensosehr auf die Begeisterung für den christlichen Glauben, als auch auf das Feuer der Verfolgungen an: flagor non consumar = ich werde entflammt, aber nicht versengt.

Da Blei und Silber bei verschiedenen Temperaturen schmelzen, wird ihre Mischung erhitzt, um sie zu trennen. Diese Reinigung des Silbers blieb lange Zeit rätselhaft. Deshalb spricht man oft im Volk von reinigendem Feuer. Im Rahmen des biblischen Denkens wurde dann das Feuer zum Element, das die Körper läutert, das heißt heilt. Mit Feuer getauft werden (Matt 3, 11) heißt, geläutert, das heißt vom teuflischen Einfluß befreit, das heißt geheilt werden.

Man fürchtet sich aber vor allem vor dem Feuer, weil es versengt und zerstört. So wurde es zum Feuer, „das den Feind versengt", und daher zum Feuer, „das nicht ausgeht", zum Feuer der Hölle*, das in den Evangelien oft vorkommt (Matt 3, 10.12; 5, 22; 18, 8–9; 25, 41).

Das Feuer stellt schließlich die Freude, in bezug auf die Freudenfeuer der Volksfeste dar.

Wenn man das Feuer darstellen wollte, hat man sich auf gewisse Tiere berufen: zum Beispiel auf den Phönix, der aus der Asche ein neues Leben erhält, und auf den Salamander, von dem man lange gedacht hat, er könne im Feuer leben. Man benutzte auch bestimmte Pflanzen wie die Iris von Florenz, deren Wurzeln für Ätzungen verwendet wurden und deren Blütenblätterform an Flammen erinnerte.

FIACRIUS (Heiliger)

In den letzten Jahren des 6. Jahrhunderts in Irland geboren, ging er nach Frankreich, wo er mit der Genehmigung des Bischofs von Meaux einen Flecken Erde rodete und einen Garten bebaute, um sich selbst zu ernähren und die Armut der Menschen etwas zu mildern. Er gründete eine Klausnerei im Wald von Breuil, verbreitete das Evangelium und heilte die Kranken. Er lehnte alle ihm angebotenen Ehren ab und starb 670. Da er zum Schutzpatron der Gärtner und der Töpfer wurde, verlieh man ihm als Zeichen einen Spaten oder einen Topf aus Zinn. Er wird manchmal mit einem Mönch oder mit einer Einsiedelei,

oder auch mit einer Krone dargestellt, die an sein Werk und an den Reichtum dieser Welt erinnern, den er immer abgelehnt hat.

FICHTE

Dieser Nadelbaum wurde früher als Symbol der Zeit benutzt, weil er sehr lange zu leben scheint und weil die Nadelwälder ewig zu sein scheinen. Sie stellt wegen ihrer allgemeinen Gestalt und wegen ihrer ewigen grünen Farbe vor allem die Standhaftigkeit und die Treue dar.

Tannenzapfen, die die Blumen im Paradies versinnbildlichen. Miniatur. 1285.

FISCH

Der Fisch ist natürlich das Symbol des Wassers. Die Tatsache, daß er in einem Element lebt, in welchem der Mensch nicht überleben kann, verleiht ihm eine

IXΘYC ZⲰNⲰN

Fische und Anker mit christlichen Inschriften.
Katakomben in Rom. 2. Jahrhundert.

geheimnisvolle Eigenschaft, die ihn als Symbol des Rätselhaften bezeichnet. Er spielt eine religiöse Rolle in Indien, Ägypten, bei den Chaldäern und den Etruskern, bei denen er als Talisman für sehr verschiedene Zwecke benutzt wurde.

Der Fisch wurde zum Reittier bestimmter Gottheiten; er wurde sogar zum Gott.

Bei den Christen ist der Fisch immer das Symbol Christi, dank dem Akrostichon des griechischen Wortes IXΘYΣ (= Fisch). Als solchen findet man ihn auf unzähligen Darstellungen, Schmucksachen, Vasen, Kleidern, Kirchenfenstern, Skulpturen, Verzierungen, aber hauptsächlich auf einer beträchtlichen Zahl von oft sehr alten Grabinschriften. Zwischen dem Ende des 1. und der Mitte des 4. Jahrhunderts war er sehr in Mode. von diesem Augenblick an wird er zu einem mühsamen Rätsel, dessen Bedeutung vielen Christen nur schwer verständlich sein konnte. Er hat nie mehr eine solche Beliebtheit wiedererlangt.

Manchmal sieht man, wie ein Fisch ein Schiff* auf seinem Rücken trägt oder es schleppt: Es ist Christus, der die Kirche lenkt.

Als die Taufe vom Symbol zu einer von der Kirche bewirkten Handlung wurde, eine Handlung, die zu ewigen Folgen führt, kamen die Künstler, die ein Taufkapitell zu schmücken hatten, ganz natürlich auf den Gedanken, die Anwe-

senheit Christi durch einen Fisch im Taufwasser darzustellen. Aber die Christen „wachen zum Leben durch die Taufe auf", sagte schon Tertullian. Deshalb wurden sie sehr schnell durch kleine Fische versinnbildlicht. Diese Art, die Gläubigen darzustellen, kann auf die Worte Christi zu Petrus zurückzuführen sein: „Von nun an wirst du Menschen fangen" (Luk 5, 10).

Schließlich aß Christus nach seiner Auferstehung Fisch mit seinen Jüngern (Luk 24, 42). Es war ein zusätzlicher Grund, die Anwesenheit Christi beim Heiligen Abendmahl durch einen Fisch darzustellen. Ferner nahm man die Ge-

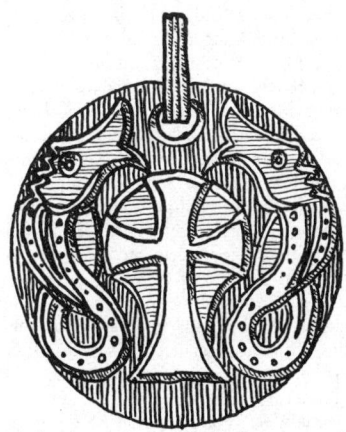

Anhänger mit zwei Fischen um ein Kreuz. 6. Jahrhundert.

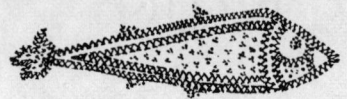

Ausschmückung einer Kommunions-schüssel. Alesia. 4. Jahrhundert.

Amethyst, der in Form eines Fisches gemeißelt ist, der selber mit einem Christusmonogramm geschmückt ist.

wohnheit an, die ganze Zeremonie des Abendmahls und vor allem ihren tiefen und geheimnisvollen Sinn durch einen Fisch auf einer Schüssel darzustellen. Bald aber sahen die christlichen Künstler darin nur noch eine historische Erinnerung an dieses Mahl, das Jesus vor seinen Jüngern genommen hatte, und verwechselten es mit dem Heiligen Abendmahl, so daß man ziemlich häufig den Fisch neben dem Brot* und dem Wein sieht; eine Zeitlang wurde es zum traditionellen Zeichen dafür, daß Menschen, die sich um einen so gedeckten Tisch versammelt haben, kein gewöhnliches Essen, sondern das Heilige Abendmahl zu sich nehmen.

Der Fisch als Symbol Christi selbst oder der Christen oder auch des Heiligen Abendmahls findet sich in unzähligen Ausschmückungen. Er ist oft allein und vom Christusmonogramm oder von einem Kreuz verziert. Er wird als Verzierung auf Broschen, Anhängern, Lampen, Kleidern, Holzverkleidungen benutzt, man findet ihn auf dem Grund oder dem Rand der Schüsseln oder Kelche, die für das Heilige Abendmahl Verwendung fanden; er wurde aus dem Stein herausgemeißelt, auf Fresken gemalt, in Stoffe gewebt usw.

Zur Kenntnisnahme nennen wir eine kabbalistische Erklärung der 153 Fische des Wunderfangs, den Jesus nach seiner Auferstehung seine Jünger tun ließ (Joh 21,11). Die Ziffer 153 ist der „geheime Wert" von 17, d. h. die Summe aller Ziffern von 1 bis 17. Nun ist 17 8 + 9, und diese zwei letzteren Zahlen

entsprechen dem esoterischen Wert (dieser Wert wird gegeben, wenn man einen Parallelismus zwischen der Zahl der Seiten der 22 regelmäßigen Polygone, die man in einen Kreis von 360° eintragen kann und den 22 Buchstaben des hebräischen Alphabets herstellt); sie entsprechen also dem esoterischen Wert der beiden hebräischen Buchstaben, die sich in der Mitte des Namens von Yahwe befinden und das Wesen Gottes darstellen. – Man muß zugeben, daß diese Art, mit den Buchstaben und den Zahlen zu spielen, weder für den historischen Kern, von dem das Symbol zeugen soll, noch für die religiöse Botschaft, die er enthält, etwas Neues bringt.

Gitter aus Ton, das als Fenster diente. Dangola (Sudan). 8. Jahrhundert.

FRANZ VON ASSISI
(1182–1226)

Er ist eine hochinteressante geistliche Persönlichkeit, die der Kirche Sinn für ein christliches, auf die biblischen Quellen gegründetes Leben zurückgab. Nachdem er sich eines Tages von dem Reichtum abwandte, der ihn umgeben hatte, lebte er in Demut und Armut und wollte, als Antwort auf den Luxus und die Bequemlichkeit, die in den Klöstern Eingang gefunden hatten, einen Mönchsorden gründen, der ausschließlich von Almosen leben und im vollkommensten Gehorsam gegenüber dem Heiligen Stuhl stehen würde. Der Papst verspottete zunächst diese Absicht, erkannte den Orden jedoch später an und genehmigte seine Regel. Die franziskanische Bewegung griff schnell um sich und widmete sich, dem Beispiel von Franz von Assisi folgend, der Evangelisation. Den Gründer dieses Ordens umranken auch Legenden: Er habe nicht nur vor Vögeln, Fischen und Wölfen, sondern auch vor dem Sultan von Syrien, der ihn verhaften ließ, gepredigt. Nach einer langen Fastenzeit befreit, habe er die Vision des gekreuzigten Christus gehabt und habe das Wundmal Christi bekommen.

Als Gläubiger wird er zusammen mit Christus oder mit einem Engel gemalt; er ist von den Stigmata* gezeichnet, oder er trägt eine kreuzförmige Fahne. Die Reinheit seiner religiösen Gefühle wird durch eine Lilie* oder einen Stern* ausgedrückt. Als Prediger wird er vor Vögeln, Fischen oder Wölfen dargestellt, und eine Mondsichel erinnert an seinen Versuch, die Mohammedaner zu evangelisieren. Als Gründer eines religiösen Ordens trägt er ein Buch, das gewiß eher die Regel seines Ordens als die Heilige Schrift beinhaltet; bekleidet ist er in der Regel mit der sehr einfachen braunen Kutte der Franziskaner. Um den historischen Einfluß des Franz von Assisi zu kennzeichnen, wird er oft vor der kleinen Lateran-Kirche dargestellt, die ganz zerspalten ist, die er aber durch seine Bemühungen am Zerfall hindert. Man weiß, daß er 1223 seiner Liebe zu Jesus Christus Ausdruck verlieh, indem er in einer Höhle die Geschichte der Geburt Christi nacherlebte, und daß der Ursprung eines neuen Glanzes für das Weihnachtsfest in dieser Anbetung liegt.

FRANZ XAVER (Heiliger)
(1506–1552)

Als Gefährte des Ignatius von Loyola trug er zur Gründung des Jesuitenordens bei. Er vollendete ein missionarisches Werk in Brasilien, aber vor allem in Indien und besonders in Goa. Er führte Tausende und Abertausende von Heiden zur christlichen Kirche, machte aber, um dies zu erreichen, so große Zugeständnisse, daß seine Arbeit am Schluß zugrunde ging und die Neubekehrten zum Heidentum zurückkehrten. Andererseits bestand die Inquisition, die er in Goa eingesetzt hatte, bis 1815 fort! Er hatte mehrmals versucht, das Evangelium in Siam, Japan und sogar in China zu verbreiten.

Man stellt ihn dar, wie er das Kruzifix in der Hand hält, mit welchem er einen Sturm beschwichtigt haben soll; man malt ihn neben bescheidenen Häusern, solchen, wie er sie am Meer während einer schlimmen Epidemie baute und wo er Kranke aufnahm und pflegte. Er ist im allgemeinen mit dem Umhang der Missionare bei leidet und hält manchmal eine Lilie in der Hand.

FREIHEIT

In der Antike war die Freiheit eine Göttin, die ihren Tempel in Rom besaß. Dort war sie als weiß gekleidete Frau dargestellt, die ein Zepter oder den Zweig trug, der in der rituellen Handlung der Freilassung eines Sklaven benutzt wurde; sie hatte die Mütze auf, die später phrygische Mütze genannt wurde und damals das Zeichen der Freilassung war. Sie war von einer Katze, einem noch nahezu ungezähmten Tier, begleitet, das die Unabhängigkeit zu symbolisieren schien. – In der christlichen Zivilisation findet man bis zur Französischen Revolution noch fast keine Darstellung der Freiheit. Von nun an und vor allem im 19. Jahrhundert wurde das antike Bild wiederaufgenommen. Da sich die Freiheit an sehr verschiedenen Umständen zeigt, bekam sie neue Zeichen: Mit der Befreiung verwechselt, entledigt sie sich ihrer Fesseln; mit der Obrigkeit oder gar der Willkür verbunden, ist die Eiche ihr Symbol; als Verkünderin der Wahrheit trägt sie eine Fackel*. Eine Freiheit, die bereits eine Wahl trifft und daher nicht mehr frei ist, wird durch eine Weide symbolisiert, deren Äste bis zum Boden zu reichen scheinen.

Als religiöse Freiheit erweckt sie das Interesse der Christen. Davon konnte jedoch nicht die Rede sein, solange die Religion und sogar das religiöse Bekenntnis vom Staat festgesetzt waren. Die Form der Andacht hing mit der Liebe zum Vaterland zusammen; sie wurde zur Aufgabe des Bürgers. Unter solchen Bedingungen kennt der Bürger kaum die Freiheit, wenn der Staat die religiöse Freiheit besitzt. Die Reformation brachte diesen Gedanken auf, und die Französische Revolution verwirklichte das Recht des Einzelnen, seine Andacht und seinen Glauben nach den eigenen Überzeugungen zu leben. Als dies erreicht wurde und man diese Freiheit darstellen wollte, wurden einfach das Bild und die Zeichen der antiken Freiheit wiederaufgenommen.

FREUNDSCHAFT

Trotz seiner berühmten Zuneigung zu Jonathan wurde König David nicht zum Symbol der Freundschaft. Die Christen, die diese Tugend haben darstellen wollen, nahmen heidnische Poesie und Gebräuche oder die Betrachtung der Natur zum Vorbild. Die Freundschaft hat daher als Zeichen:

– den Efeu, der „anhängt und stirbt" und den man in der griechischen Antike den Vermählten am Tag ihrer Hochzeit, als Sinnbild des mächtigen Bandes überreichte, das sie vereint;

– einen dürren Zweig, an den der Rebstock sich klammern zu, wie die Freundschaft sich sogar eines dürren Herzens annimmt;

– gefüllte Veilchen, weil zwei Blumen sich anscheinend vereinigt haben, um denselben Duft von sich zu geben;

– die Akazie, die angenehm duftet, die aber Dornen hat, um sich gegen die Bosheit der Menschen zu verteidigen.

Man hat die Freundschaft auch durch eine Hand auf dem Herzen oder durch eine Urne dargestellt, über welcher man dem verstorbenen Freund nachtrauert, oder auch durch zwei an dieselbe Kette gebundene Tiere (Hunde oder Störche).

FRIEDE

Zahlreiche und sehr alte Grabinschriften sprechen vom Frieden; unter diesem Wort versteht man aber sehr verschiedene Begriffe.

Die ältesten christlichen Gräber sagen, daß der Verstorbene EN EIPENH oder *in pace* (= in Frieden) ist. Man findet hier einen Ausklang der Grußformel der Apostel: „Gnade sei mit euch und Friede von Gott" (Röm 1, 7; 1 Kor 13). Der Friede und die Gnade sind in ursprünglichen Christentum eng verbunden. Der Christ ist in Friede mit Gott, wenn er (durch den Glauben) die Gnade der Vergebung angenommen hat, so wie Jesus Christus sie durch sein Leben und seinen Tod angekündigt hat. Dies erklärt, daß dieser Friede durch Christus* selbst und durch alle Zeichen, die ihn symbolisieren, dargestellt wurde.

Es muß hinzugefügt werden, daß dieser Friede mit Gott den Frieden mit den Brüdern voraussetzte. Die „senkrechte" Vergebung kann von der „waagrechten" Vergebung nicht getrennt werden. Es ist ein Ganzes: Wer die eine nicht kennt, kann die andere nicht kennenlernen. Bevor die ersten Christen zum Abendmahl gingen, d.h., bevor sie die Vergebung Gottes annahmen, gaben sie sich einen Kuß, als Zeichen dieser Vergebung, die sie sich gegenseitig verliehen. Lange wurde er Friedenskuß genannt und wurde auch auf Grabsteinen dargestellt.

Ein Jahrhundert später wird die Formel immer näher bestimmt. Man findet manchmal: *pax tecum* oder *pax tibi*, d.h.: Du bist im Frieden, im Jenseits kennst du die Widerwärtigkeiten (Verfolgungen) des irdischen Daseins nicht mehr. Die Formel wird schließlich vervollständigt: *in pace et in Christo*, d.h.: Du lebst jetzt in einem Frieden, der darin besteht, in Christus zu sein; das setzt voraus, daß der Verstorbene dieses Leben und diesen Frieden schon auf Erden kannte. Das Bild, das diese Worte gewöhnlich begleitet, ist das eines Mannes oder das einer Frau beim Beten, was allerdings eine Übereinstimmung mit Christus bedeutet.

Am Ende des 2. Jahrhunderts findet man die Formel: *dormit in pace* = er schläft in Frieden. Es ist der Augenblick, wo die ersten Zeichen der zwiefachen Wiederauferstehung erscheinen, die der Seele, die beim Tod eines Menschen erfolgt, und die des Körpers, die erst am Ende der Zeiten mit der Rückkehr Christi zustande kommt. Die Bilder, die diese Formel begleiten, bestätigten es und zeigen, wie der Verstorbene von Jesus Christus zum Ort der Seligen geführt wird; es handelt sich wohl um die Seele des Verblichenen, denn er ist durch keine Leiden des Lebens oder des Todes gezeichnet, und sehr oft ist er verjüngt. Damals fing man an, das Bild des schlafenden Christen, der auf die Wiederauferstehung wartet, auf dem Deckel der Sarkophage darzustellen; diese Art und Weise, die Dinge darzustellen, ist wahrscheinlich aus den religiösen Auffassungen Ägyptens entlehnt und setzte sich

erst in den kirchlichen Bräuchen durch, nachdem die ägyptische Antike in Vergessenheit geriet und diese Symbolik verkannt wurde. Jeder kennt die berühmten Gräber, die im Mittelalter aus dem Stein ausgehauen wurden und auf welchen Fürsten, Prälaten mit ihren schönsten Kleidern auf prunkvollen Betten ruhen: das Kenotaph von Neuchâtel (dessen älteste Teile von 1373 stammen), die von Valaugin und der Sarraz, die Grabdenkmäler von Johannes XXIII. in Florenz (1425), von Philipp dem Kühnen, Johannes ohne Furcht und Margarethe von Bayern im Museum von Dijon (1444), von Franz dem Zweiten in der Kathedrale von Nantes (1507) sowie die der Kirche von Brou-Dies stellen die äußerste Entwicklung der Überlebensauffassungen dar, die in der Kirche meditiert wurden, und sie drükken diesen Frieden des Schlafes aus, der von den Christen erworben wurde, die auf das Aufwachen ihres Körpers warten.

Im 4. Jahrhundert wurde die Lehre der zweifachen Wiederauferstehung näher bestimmt; man findet dann folgende Inschriften: „Er hat den Frieden des Grabes, was den Körper betrifft, und den Frieden des Paradieses für die Seele." Daraufhin findet man im folgenden Jahrhundert, hauptsächlich in Nordafrika: *fidelis in pace* = ein Gläubiger im Frieden. In diesem Fall richtet man sich nach einer anderen Auffassung des Friedens; es ist ein Vertrauen, das aus der Übereinstimmung mit der offiziellen Strenggläubigkeit entstanden ist. Es ist ferner eine ziemlich allgemeine Bewegung dieser Zeit: das Wesentliche an der Religion geht von der erlebten Andacht zur richtigen Formulierung des Christentums über. Es gibt viele Grabinschriften, die aus dieser Zeit stammen und vom „Frieden der Kirche" oder vom „Frieden des Glaubens" sprechen, worunter verstanden wird, daß im verstorbenen Christen kein Hauch einer

Abweichung von der offiziellen Lehre vorhanden war. Die Künstler folgen dem gleichen Weg: Sie gehen von der einfachen Formel und von einer freien Zeichnung zu einer Abkürzung, einer Art Stempel, über:

$$\begin{matrix} & P & \\ X & + & C \\ & A & \end{matrix}$$

Dieses Zeichen kommt ziemlich häufig vor und muß so gelesen werden: *pax in Christo* = derjenige, der hier begraben ist, hatte nichts Ketzerisches; er war wirklich in Christo; er ist in Frieden mit Gott.

Diese letzte Bedeutung des christlichen Friedens scheint später etwas in Vergessenheit geraten zu sein und taucht nur in einigen Bräuchen oder charakteristischen Formeln wieder auf. Im Verlauf des Gottesdienstes z. B. „küßt der Priester den Frieden", d. h. eine gravierte, herausgemeißelte oder emaillierte Gold-, Silber-, Elfenbein- oder Kupferplatte, die genauer „Instrument des Friedens" genannt wird. Dieser Brauch kam übrigens erst im 15. Jahrhundert auf. Einige Historiker behaupten, er hätte den „Friedenskuß" ersetzt, nachdem Männer und Frauen am Abendmahl zusammen teilnahmen, was sie früher getrennt taten. Man findet einen Anklang davon in der apostolischen Grußformel, die ein Priester wiederaufnimmt, wenn er die Gemeinde grüßt. – Es ist nicht sicher, daß die drei Buchstaben R. I. P., die manchmal noch auf einer Todesanzeige zu lesen sind, auch von diesem Frieden sprechen; es handelt sich dann vielmehr um die Ruhe und die Beruhigung nach den Leiden und den Schwierigkeiten des Lebens. Als Symbol des innerlichen Lebens desjenigen, der in Übereinstimmung mit Gott bleibt, haben die Christen sehr oft die Taube* gewählt, die einen Ölzweig* trägt, als Vergleich mit dem Frieden des neuen Bundes, der Noah nach der Sintflut versprochen wurde. Der Olivenbaum war aber schon ein Symbol des Friedens in der griechischen Mythologie; Eirènè (= der Frieden), Tochter von Jupiter und Themis, wurde damit bekränzt. Der Merkurstab, Sinnbild des Handels, der nur im Frieden gedeihen kann, und das Füllhorn, das griechisch-römische Zeichen der Fruchtbarkeit und des materiellen Glücks, haben auch bei den Christen den Frieden dargestellt, dies aber erst, nachdem die antike Kultur das Denken der Kirche erobert hatte. Der Begriff von Frieden wurde verweltlicht; er ist zum Synonym von Harmonie, Stille, Ruhe geworden. Die christlichen Künstler, die ihn darzustellen hatten, suchten ihm neue Symbole. Sie erinnerten sich, daß er in Rom einen Tempel hatte und daß man ihn durch die beim Tragen nach unten gerichteten Fackel, die erloschene Kriegsflamme, darstellte. Sie beobachteten schließlich die Tiere der Erde und machten aus dem Biber, der in Ordnung und im Frieden lebt, ein neues Symbol dieser Tugend.

Seit 1861 ist das Zeichen des roten Kreuzes auf weißem Hintergrund Sinnbild des Friedens. Geschichtlich ist es die Zeichnung der schweizerischen Fahne mit umgekehrten Farben. Symbolisch will es an das Kreuz Christi und an seine Botschaft der Liebe und des Friedens erinnern.

FROSCH

Der Frosch mit kaltem Blut, vor dem man im allgemeinen eine instinktive Abneigung empfindet, konnte nur das Zeichen einer übelwollenden Macht werden. Ein Überfall von Fröschen wird in der Bibel als zweite Plage Ägyptens erwähnt (2 Mos 8, 1–15), und die Offenbarung des Johannes vergleicht die dämonischen Reden, die von unreinen Geistern gehalten werden, mit Fröschen (Offb 16, 13).

Die Christen machten daraus das Zeichen des Teufels und seiner Dämonen, aber auch das der Ketzer, die als Werkzeuge des Satans betrachtet werden. Bei den Ägyptern war der Frosch das Sinnbild der Göttin Higit, deren Rolle das dauernde Gebären des Welteises war; dieses Schicksal ließ sie zur Göttin der Geburt, der Wiedergeburt und der Wiederauferstehung werden. In den verschiedenen Verwandlungen des Frosches liegt wahrscheinlich der Ursprung dieses Mythos. – Die Christen benutzten ebenfalls einige Generationen lang dieses heidnische Zeichen; man findet nämlich Lampen, die mit Fröschen geschmückt sind und die ein Kreuz und biblische Inschriften tragen, besonders die Worte: „Ich bin die Auferstehung." Der andere symbolische Sinn des Frosches saß aber zu tief in den Gemütern, als daß diese neue Bedeutung sich lange hätte halten können.

FÜLLE

Die Fülle wird oft durch Weizenkörner oder Ähren dargestellt, in Erinnerung an den Traum des Pharaos von den sieben fetten Jahren; Joseph wurde durch die Deutung dieses Traums berühmt. Auch andere Symbole heidnischen Ursprungs wurden von christlichen Malern benutzt: Goldstücke, Füllhorn und eine Urne, woraus ein fruchtbar machendes Wasser fließt, Früchte und Blumen, die die Üppigkeit symbolisieren.

FÜLLHORN

Allem Anschein nach hat das Füllhorn keinerlei symbolische Bedeutung im Christentum gehabt, auch wenn es auf manchen Darstellungen religiöser Szenen zu sehen ist. Es füllt besonders eine leere Stelle, stellt die Ausgewogenheit eines Gemäldes oder einer Skulptur her.

G

GABRIEL

Gabriel ist der Name eines Gesandten Gottes, der viermal in der Heiligen Schrift erwähnt wird: Er hat die Aufgabe, den Sinn der Visionen Daniels zu erläutern (Dan 8,6). Der Prophet fügt hinzu, er habe Gabriel „in einer Vision" gesehen, wie er ihn später vor dem Altar wiedersah (Dan 9,21). Im Neuen Testament wird Gabriel folgendermaßen erwähnt: Er erscheint Sacharja, um ihm die Geburt des zukünftigen Johannes des Täufers (Luk 1,19) zu verkündigen, und der Maria, um ihr das Kommen Jesu Christi vorauszusagen (Luk 1,26). Jedesmal tritt er als Bote Gottes auf, und in diesem Sinne muß man die Etymologie dieses Namens verstehen; auf hebräisch bedeutet Gabriel „der starke Mann Gottes" oder, genauer, „der Herold Gottes".

Dieser Engel* wurde vor allem in der Szene Mariae Verkündigung dargestellt. Vom 3. bis zum 6. Jahrhundert bleibt die Zusammenstellung der Szene die gleiche: Der Engel befindet sich rechts, fast vorne; er scheint zur Jungfrau Maria zu gehen, die die wichtigste Figur des Gemäldes bleibt. Gabriel trägt eine Toga und Sandalen; ein Haarband hält sein Haar. Was ihn von einem irdischen jungen Mann unterscheidet, sind die Flügel, die, glanzlos braun angemalt, ihn zu stören scheinen. – Mit dem Erscheinen der Evangelienberichte über die Kindheit Jesu (6. Jahrhundert) entwickelt sich diese Tradition weiter. Gabriel trägt bald eine weiße Tunika, seine Arme sind nackt, und er hält einen manchmal kreuzförmigen Stab oder ein Labarum* in der Hand. Schon im 9. Jahrhundert werden seine Flügel bunt, seine Tunika blau. Diese für lange Zeit Maria vorbehaltene Farbe geht auf den Engel über. Dank einem gleichen Phänomen wandert die Lilie*, Symbol der Jungfräulichkeit, die sich ursprünglich in den Händen Marias oder in einer Vase neben ihr befand, in die Hand von Gabriel. – In den folgenden Jahrhunderten nimmt dieser Engel, der vergöttert zu werden schien, immer an Feinheit und Fraulichkeit zu: Sein Haar wird länger, trennt sich vorne in zwei Teile, die die Stirn sehen lassen, der Hals wird ebenfalls länger und nimmt anmutige Haltungen an, die Schultern hängen herunter, der Faltenwurf der Kleider ist ausgesuchter. Er trägt manchmal ein Amulett*, auf dem der sogenannte „Gruß des Engels" zu sehen ist, es sei denn, dieser stehe im vollen Text auf einem Band geschrieben, das eine leere Ecke des Gemäldes schmückt. Mit diesem Namen wurde die Grußformel Gabriels gegenüber Maria benannt. Leider wurde sie oft schlecht übersetzt; sie lautet angeblich: „Ich grüße Dich, Maria, voller Gnaden", während sie einfach sagt: „Ich grüße Dich, Maria, der eine Gnade geschenkt wurde"; in der Mariologie hat dies selbstverständlich eine ganz andere Tragweite.

GAMMA →Hakenkreuz →Kreuz

GEBET

Jede Religion besitzt ihre eigenen Gebärden des Gebets.

Statuetten, die in ägyptischen Gräbern gefunden wurden, wo sie den Verstorbenen vertreten sollen, um an seiner Stelle die alltäglichen Handlungen des Lebens durchzuführen, zeigen den Menschen beim Beten: Er liegt fast auf dem Boden, sein rechtes Bein ist nach hinten ausgestreckt, das linke in einem tiefen Knien gebeugt, während der kaum aufgerichtete Körper durch die beiden gestreckten Arme nach vorne verlängert wird, die eine Opfergabe reichen. Es ist der Mensch, der sich vor seinem Gott fürchtet. – Der Betende kann

Ägyptische Grabstatuette. 6. Jahrhundert vor Christi Geburt.

auch kniend sein, mit aufgerichtetem Oberkörper; er sitzt auf seinen Fersen und zeigt mit seinen beiden ausgestreckten Armen auf die vor ihm liegende Opfergabe. Als ob er sagen würde: „Da ist, was ich dir bringe, aber du, was gibst du mir?" Es ist das Gebet als Verhandlung.

Sumerische Statuen, die sich vor den Gottheiten befinden, scheinen die Hände zu falten. Die Finger sind dicht aneinander gepreßt; allein der Daumen steht ab. Es ist eine Gebärde der Vereinigung, die den besonderen, zwischen dem Betenden und seiner Gottheit abgeschlossenen Bund symbolisiert. Es ist das Gebet als Vertrag.

Bei den alten Israeliten (2 Mose 17, 10–13; Ps 63, 5; 119, 48; 134, 2 usw.) stand gewöhnlich der Betende und hob die Hände so hoch wie möglich mit den Handflächen zum Himmel gerichtet. In der Bibel bedeutet „die Hände zu Gott aufheben" (Sam 3, 41; Ps 119, 48; 140, 2; 1 Tim 2, 8 usw.): beten. Es ist die Gebärde des Flehens, die auch in anderen Religionen bekannt ist. Bei den Hebräern wird die Gebärde des Betens besonderen Umständen angepaßt. Der Betende steht und verbirgt sein Gesicht (2 Mose 3, 6; 1 Kön 19, 13), was den Schrecken vor der Heiligkeit und der Macht Gottes ausdrückt. Oder er kniet vor ihm nieder (1 Mose 17, 3; 2 Mose 34, 14; 5 Mose 9, 25; 1 Sam 1, 28; 1 Chron 29, 26; Ps 29, 46; 45, 12; 95, 6 usw.) als Zeichen der Demütigung und der Reue. Die ersten Christen beteten aus überschwenglicher Dankbarkeit. Wahrscheinlich benutzten sie die große Gebärde der zum Himmel ausgestreckten Arme. Schon Tertullian († 220) verlangt aber von ihnen mehr Zurückhaltung und Vertrautheit im Gebet: „Hebt nicht die Arme augenfällig, sondern bescheiden und mit Würde", schreibt er. An anderen Stellen vergleicht er die Gebärde des christlichen Gebets mit der Haltung Christi auf dem Kreuz. Origenes († 253) drückt die gleiche Idee aus. So wurde die erste spezifisch christliche Gebärde des Betens zusammengestellt: Der Betende betet im Stehen, seine Arme sind eng an den Körper gepreßt, seine Hände befinden sich in Schulterhöhe, mit der Handfläche nach vorne gerichtet. Es ist die Gebärde der Anbetung. Man kennt eine große Zahl von diesen Darstellungen in den Katakomben, schon im 2. Jahrhundert; man findet diese Gebärde auf Sarkophagen, Reliefs, Mosaiken und Gemälden, Grabinschriften, Münzen, Kleiderspangen und sogar Gürtelschnallen.

Später nahmen die Ideen der religiösen Vertrautheit und der geistigen Konzentration überhand; man betete mit gefalteten Händen und verschlungenen Fingern. Dies war aber keine Gebärde, die den ästhetischen Sinn der Künstler zufriedenstellen konnte, die Betende darzustellen hatten; ihre offenen Hände wurden aneinander gedrückt in einer immer etwas gekünstelten Gebärde.

Zur Körperhaltung der christlichen Beter in den Darstellungen ist zu sagen, daß Kniende lange Zeit sehr selten waren. Im allgemeinen beten die Christen stehend. Vielleicht weil es bis zum 15. Jahrhundert keine Bänke in den Kirchen gab, auf die man sich setzen konnte und man wohl gezwungen war zu stehen? Ein tieferer Grund kam aber in der Auseinandersetzung um die Einführung der Bänke zum Ausdruck: Die Haltung des stehenden Menschen ist die des Respekts. Man kennt ein Traktat aus der Mitte des 10. Jahrhunderts, das den Soldaten von Byzanz befahl, beim Beten stehen zu bleiben, anderenfalls würden sie der Geißelung unterzogen. Mit einem Menschen, dem man Respekt schuldet, im Stehen zu sprechen, ist heute noch ein Grundprinzip der Höflichkeit. Um so mehr muß man vor Gott stehen.

In Zeiten religiöser und künstlerischer Dekadenz wurden die Gebärden des christlichen Gebets maniert und affektiert: Die Hände sind noch zusammen, ohne sich jedoch zu berühren, der kleine Finger ist gehoben oder wird abgespreizt; der Körper scheint einen Knick zu machen, die Falten der Kleider sollen graziös fallen ...

Das Gebet wird manchmal durch einen Hirsch symbolisiert, eine Anspielung

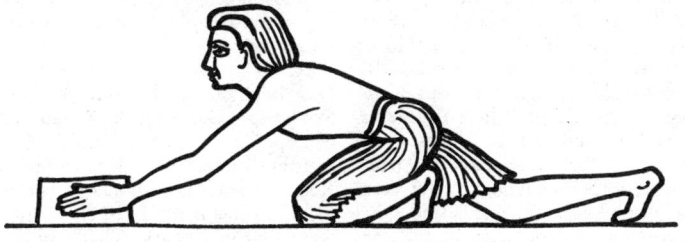

Ägyptische Grabstatuette. 6. Jahrhundert vor Christi Geburt.

Christin beim Gebet. Katakomben. Rom.

auf das Wort des Psalmendichters (42,2): „wie der Hirsch lechzt nach frischem Wasser, so schreit meine Seele, Gott, zu dir".

Man kennt noch andere Symbole des Gebets, die allerdings wenig benutzt wurden: die Sonnenblume, da diese Blume sich zum Licht wendet; die Pfeile, die die Wolken durchbohren, wie das Gebet in den Himmel eindringt. Die rote Farbe wurde ihm deshalb oft verliehen, weil sie die Andacht symbolisiert.

GEDULD

Nur im Christentum findet man ein Symbol der Geduld, aber auch bloß aus der Zeit, in der die Moral im kirchlichen Denken vorherrschte. Unter den bekannten Tieren hat man diejenigen ausgesucht, die scheinbar diese Tugend besitzen; es sind dies der Ochse, oder einfach das Joch, das aus ihm ein Zugtier macht; das Schaf oder das Kamel, deren Ruhe und Ausdauer bekannt sind. Diese Eigenschaft wurde auch durch eine junge Frau dargestellt, die eine Fackel hält, als hätte sie in der Nacht lange auf das Morgenrot gewartet.

GEHORSAM

Der Gehorsam kann vom Standpunkt desjenigen her betrachtet werden, der ihn verlangt. Er wird dann durch einen Befehlsstab dargestellt, der aus militärischen Gewohnheiten stammt. Ursprünglich war es der Stab des Herrn, der den Sklaven schlägt: Er wurde zum Befehls- und Marschallstab.

Derjenige, der ihm unterworfen ist, hält manchmal den Gehorsam für eine Last, einen Zwang, eine Versklavung; er wird in diesem Fall durch einen Hund, ein Tier, das für die Treue seiner Ergebenheit bekannt ist, oder durch ein Joch veranschaulicht, von welchem man sich nicht losbinden kann.

Im religiösen Bereich ist der Gehorsam gegenüber der kirchlichen Behörde manchmal so unbeschränkt (z.B. bei den Jesuiten), daß er durch eine Augenbinde symbolisiert wird; diese Ergebenheit ist blind. Wenn man aber den Gehorsam ausdrücken will, der vom Glauben kommt, jenen Gehorsam, der die Obrigkeit Gottes der der Menschen (Apg 5, 29) überordnet, benutzt man das Symbol der Biene, weil diese sich in die Ordnung des Bienenhauses ohne jeglichen Widerspruch freiwillig zu fügen scheint. Als christliche Tugend wird er durch eine junge Frau dargestellt, die ruhig und erhobenen Blicks auftritt oder einen Schild trägt, der mit einem Dromedar, dem fügsamen Renner der Wüste, geschmückt ist und der seit eh und je von den Händlern und Soldaten benutzt wurde.

GEIZ

Das häufigste und ausdrucksvollste Symbol des Geizes ist der Geldbeutel, den ein Mann in seiner Hand festhält; manchmal versucht er, ihn hinter seinem Rücken zu verstecken, oder er hält ihn dicht an seiner Brust. Es ist die Haltung von Judas in dem Augenblick, in dem sein Verrat entdeckt wird (Joh 12,6;

Der Geiz. Schnitzwerk. Chorstuhl der Kathedrale von Thann.

13, 29), oder die des reichen Mannes im Gleichnis von Lazarus (Luk 16, 19). Dieses Laster wird auch von einer Frau, die die vor ihr liegenden angehäuften Münzen zählt, oder von eisengepanzerten Koffern und später von Geheimfächern dargestellt. Man symbolisiert den Geiz auch durch Tiere, z.B. durch den Maulwurf, dessen verborgene Arbeit – Erde aufwirft und anhäuft. Wenn der Geiz noch mit Wucherei belastet ist, wird er durch eine Presse oder einen Rechen versinnbildlicht.

GENOVEVA (Heilige)

Sie wurde um 423 in Nanterre geboren und stammt aus einer Bauernfamilie. In ihrer frühen Jugend wurde sie durch die Predigten von Missionaren (der Heiligen Germanus und Lupus) sehr beeindruckt und legte das Gelübde ab, Jungfrau zu bleiben. Nach dem Tod ihrer Eltern kam sie nach Paris, wo sie meditierend, fastend und betend lebte. Diese Suche nach der Heiligkeit trug ihr zunächst die Feindseligkeit der Menschen ein, und als die Hunnen in Frankreich eindrangen und Genoveva zum Beten mahnte, um den göttlichen Schutz zu erhalten, nannte man sie eine falsche Prophetin und schmiedete Pläne, sie zu töten. Attila und seine Horden entfernten sich aber von Paris, und Genoveva gewann dadurch großes Ansehen; dieses nahm noch zu, als es ihr gelang, bei einer Belagerung von Paris Lebensmittel durch die feindlichen Lager in die Stadt zu befördern. Auf ihre Bitte habe Chlodwig nach seiner Bekehrung den Dom vom St. Dionysius bauen lassen. Man erzählt sogar, daß dieser König ihr eine solche Hochachtung entgegenbrachte, daß er all ihre Wünsche erfüllte. Sie starb 512 und wurde zur Schutzpatronin von Paris.

Einige ihr zugeteilte Symbole beziehen sich auf ihr Leben. So hält sie einen Hirtenstab in der Hand, wenn eine Herde sie umgibt; dies erinnert an die Zeit, wo sie einfache Hirtin war. – Andere Symbole beziehen sich auf ihr religiöses Leben. Sie hat dann ein Buch in Händen, „dasjenige, das ihre Gebete enthält", wie es genau heißt. Am Hals trägt sie die bescheidene kupferne Medaille, die der Hl. Germanus ihr bei seinem Aufenthalt in Nanterre gab. Ihre Hand faßt ein Kissen mit einem oder zwei Schlüsseln der Stadt Paris, die sie schützt. Manchmal trägt sie eine Krone, in Erinnerung an den Einfluß, den sie über Chlodwig ausübte.

Die Legenden finden sich auch in ihren Symbolen wieder: oft begleitet sie ein Engel und zündet die Kerze wieder an, die Genoveva hielt, als sie sich zum Dom vom Hl. Dionysius begab und die ein Dämon, der sich ebenfalls auf vielen Skulpturen und Zeichnungen befindet, eben gelöscht hatte. – Auch ein Schacht wird dargestellt, aus dem die Heilige das Wasser geschöpft haben soll, das ihrer Mutter das Augenlicht wiedergab, als sie blind geworden war, weil sie die kleine Genoveva geschlagen hatte.

GEORG (Heiliger)

Er soll Fürst von Kapadozien gewesen sein und wurde zur Zeit des Kaisers Diokletian römischer Offizier. Als dieser Verfolgungen gegen die Christen beschloß, habe Georg den Dienst quittiert oder soll sogar die Erlasse des Kaisers zerrissen haben. Ins Gefängnis geworfen, wurde er am 23. April 303 hingerichtet.

Die „Goldene Legende" (die in der Mitte des 13. Jahrhunderts entstand) erzählt, daß ein fürchterlicher Drache in Libyen mit seinem Atem alle Menschen vergiftet haben soll, die sich in seiner Reichweite befanden. Um ihn zu besänftigen, habe man ihm Schafe und manchmal einen Menschen zum Fraß gegeben. Die Tochter des Königs sei an dem Tage für dieses Opfer bestimmt worden, an dem Georg in der Stadt eintraf. Der Fürst habe den Drachen bekämpft und verletzt, und der Legende zufolge soll das Mädchen ihren Gürtel um den Hals des Ungeheuers gebunden und ihn wie einen kleinen Hund geführt haben.

Der Hl. Georg, zum christlichen Perseus geworden, erwarb sich großen Ruhm. Viele Kirchen wurden ihm gewidmet. Unter seinem Namen wurden auch religiöse Orden gegründet.

Der Drache, das Pferd und die Lanze sind seine gebräuchlichsten Kennzeichen, während die Szene vom Tod des Ungeheuers am meisten dargestellt wurde. Ein russischer militärischer Orden verleiht ein goldenes Kreuz, auf dem ein Anhänger mit dem Hl. Georg abgebildet ist, wie er den Drachen tötet.

GERECHTIGKEIT

Die Christen finden die Quelle ihres Glaubens in der Bibel, deren strenger Monotheismus eine bildliche Verkörperung der Gerechtigkeit ausschließt. Um jedoch die Gerechtigkeit Gottes darzustellen, benutzten die christlichen Künstler die Zeichen 'Themis', die in der griechisch-römischen Religion die Göttin dieser Tugend war: die Waage, die die menschlichen Handlungen abwiegt, das Schwert oder den Dolch, der die Schuldigen bestraft. In den Szenen des Jüngsten Gerichts übt Christus die Ju-

stiz aus; das geht auf die Vision des Jüngsten Tages (Matt 25, 31–32) zurück. Im 11. Jahrhundert jedoch vertritt ihn der Erzengel Michael und bald, in Erinnerung an die heidnische Göttin, wurden diesem Erzengel die Augen verbunden, weil die Gerechtigkeit niemand bevorzugt und keinen Unterschied zwischen Reich und Arm macht.

Um klarzumachen, daß die Gerechtigkeit über die Menschen herrscht, verleiht man ihr königliche Symbole: die Krone, den Zepter und den Purpur. Um ihre Macht deutlich zu machen, hat sie einen Helm auf oder wird hinter einem Schild geschützt; sie ist von Flammen umgeben, die die Schuldigen verzehren; in der Hand hält sie Ruten, Symbole der Strafen, die sie den Schuldigen erteilt; sie ist von einem Adler begleitet. Um zu zeigen, daß sie ohne Willkür handelt, wird sie von Bienen umgeben, deren Stock unter dem Gesetz einer Königin gut organisiert ist; manchmal liegt ein Buch in ihrer Hand oder unter ihren Füßen: Es ist das Buch des Gesetzes. Um zu verdeutlichen, daß es sich nicht einfach um eine unter den Menschen vereinbarte Gerechtigkeit handelt, hat man sie mit zwei Flügeln versehen.

GERMANUS (Heiliger)

Wir kennen fünfzehn Heilige mit dem Namen Germanus.

Die bekanntesten sind:

Germanus (380–448), der Bischof von Auxerre. Er wurde nach Großbritannien gesandt, um den Pelagianismus zu bekämpfen, und während dieser Reise traf er Genoveva* in Nanterre. Man erzählt, er hätte einen Sturm beruhigt, einem Blinden das Augenlicht wiedergegeben und einen Toten wieder zum Leben erweckt. Er wird dargestellt, wie er Genoveva eine Medaille schenkt und wie er sich auf einen Krummstab stützt.

Germanus (496–576), Bischof von Paris. In Autun geboren, wo er seine Jugend und einen großen Teil seines Lebens verbrachte, las er die Heilige Schrift und betete gern. Er träumte eines Tages, daß man ihm die Schlüssel der Stadt Paris anbot und ihn bat, deren Einwohner zu schützen. Er kam jedoch erst mit 59 Jahren nach Paris, anläßlich der Beerdigung des Bischofs Eusebius, dessen Nachfolger er wurde, obwohl er sich gegen diese Ehre sträubte. Er ließ die Kirche vom Hl. Vinzenz, die später den Namen St. Germain-des-Prés erhielt, auf demselben Ort erbauen, wo er eine Wunderheilung bewirkte. Als Bischof hatte er große Mühe, den Frieden in seiner Diözese aufrechtzuerhalten, besonders nach dem Tod des Königs Childebert, dessen Neffen und vor allem deren Frauen, Brunhilde und Friedegunde, sich mit Verbissenheit um die Nachfolge stritten. Es gelang ihm jedoch mehrmals Menschen zu retten, die verbrannt werden sollten, oder Gefangene zu befreien. – Die Künstler haben ihn oft mit Germanus von Auxerre verwechselt. Dennoch trägt er gewöhnlich Schlüssel (seiner Vision, die ihm seine Ernennung zum Bischof von Paris verkündete), eine Fackel und Ketten als Zeichen, die auf seine Bemühungen anspielen, die Opfer der damaligen Politik zu unterstützen und zu retten.

GERVASIUS (Heiliger)

Es heißt, Gervasius und sein Bruder Protasius seien unter Nero (37–68) in Mailand des Märtyrertods gestorben. Nachdem beide wegen ihrer Zugehörigkeit zur christlichen Kirche festgenommen und verhaftet worden seien, hätten sie sich geweigert, den Abgöttern ein Opfer zu bringen. Der erste sei dann an eine Folterbank gebunden und mit einer bleigefüllten Peitsche totgeschlagen worden. Der zweite sei enthauptet worden. – Ihre Körper seien von einem Christen heimlich bestattet worden; er habe sich die Mühe gemacht, den Bericht ihres Märtyrertodes unter ihre Köpfe zu schieben. Ambrosius, Bischof von Mailand, hätte 486 durch eine my-

stische Erleuchtung diese Leiber entdeckt. Damals standen Arianer und Orthodoxe in Mailand in einer harten Auseinandersetzung, die großes Aufsehen erregte. Während des Transportes der Reliquien von Gervasius und Protasius seien Wunder geschehen; da sie Orthodoxe waren und diese Wunder von beiden Seiten festgestellt worden waren, unterstützten diese Geschehnisse die Thesen der katholischen Strenggläubigkeit und brachten den Frieden in die Stadt zurück.

Gervasius wird an eine Folterbank gebunden und von einer Peitsche mit bleiernen Riemen oder mit diesem Foltergerät in der Hand dargestellt. Manchmal stehen beide Brüder zusammen, jedoch von einem Baum getrennt, der wahrscheinlich der „Baum des Lebens" sein soll.

GESETZ

Wenn die Künstler das Gesetz darstellen wollten, haben sie es gewöhnlich mit den Zeichen der Gerechtigkeit* getan, als Frau mit verbundenen Augen, die in einer Hand eine Waage* und in der anderen ein Schwert* oder einen Degen* hält. In den Epochen jedoch, in denen sich die Kirche des moralischen und sozialen Auftrags des Christentums in der Welt bewußt war, hat man versucht, den Dekalog zu symbolisieren (2 Mose 20, 1–17). Man tat dies auf eine so traditionell gewordene Weise, daß sie heute noch ständig vorkommt. Es handelt sich um die zwei „Gesetzestafeln", die die wächsernen Schreibtafeln der griechisch-lateinischen Antike nachahmen. Manchmal tragen sie eine Inschrift; manchmal sind die 10 Gebote in mehr oder weniger verkürzter Form darauf geschrieben; in anderen Fällen werden nur die Ziffern dieser Gebote gezeichnet, die vier ersten auf der ersten und die sechs anderen auf der zweiten Tafel.

GESETZESTAFEL

Woher es kommt, daß man vom Mittelalter bis heute noch die Tafeln, auf die

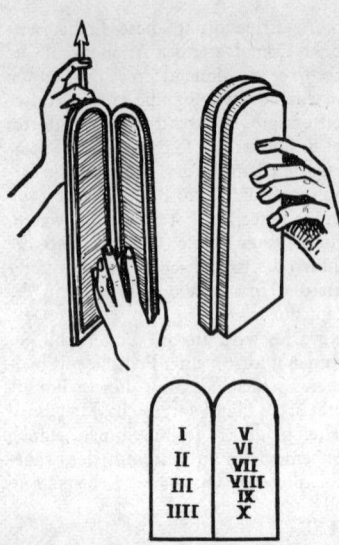

Antike Schreibtafeln und Gesetzestafeln.

Mose die 10 Gebote graviert hat, in der Form von zwei Rechtecken nebeneinander dargestellt hat, deren oberer Teil abgerundet ist oder einen Halbkreis bildet? (siehe Gesetz*) Man hatte die Schreibgeräte der öffentlichen Schreiber in der griechisch-lateinischen Antike entdeckt; es waren Platten, die in dieser Form gestaltet und mit Wachs belegt waren. Man sieht sie auf antiken Gemälden und Skulpturen. Sie sind manchmal mit einem vorspringenden Rahmen versehen, damit das Wachs nicht überläuft. Die beiden Tafeln sind durch ein Stück Leder oder durch metallene Schleifen miteinander verbunden, die es ermöglichten, sie zuzuklappen, wie man ein Buch schließt, ein System, das den auf Wachs geschriebenen Text schützte. Man verzichtete natürlich auf diesen Gegenstand, der vollkommen in Vergessenheit geriet, sobald das Pergament häufig gebraucht wurde (um das 4., 5.

Jahrhundert). Als man im Mittelalter dieses Gerät wieder entdeckte, datierte man seinen Gebrauch um ein Jahrtausend zurück und nahm an, daß Mose es auf dem Sinai benutzte, was sowohl für die Juden als auch für die Christen zur Tradition wurde.

GLAUBE

Der Apostel Paulus macht aus dem Glauben eine der drei größten Tugenden (1 Kor 13,13). Wenn der Glaube zusammen mit der Hoffnung* und der Nächstenliebe* symbolisiert wurde, stellt ihn ein Kreuz*, ein lateinisches Kreuz, dar, dessen senkrechter Balken sehr lang ist. Es ist das Symbol, das in der ganzen christlichen Geschichte am meisten bekannt und benutzt wird.

Das Wort „Glaube" hat sich jedoch fortentwickelt und mehrere Bedeutungen angenommen. Deshalb wurde es auch ganz anders versinnbildlicht.

Ein lebendiger Glaube wurde durch Bilder dargestellt, die sich auf biblische Texte beziehen:

eine Rute oder einen Stab*, in Erinnerung daran, daß Mose und sein Bruder mit ihnen Wunder taten (2 Mose 7,3 ff.; 7, 8–12.19, 8,5 usw.);

einen Schlüssel als Symbol der dem Christen eigenen Funktion, ein Vergleich mit dem Diener Davids, der die Schlüssel trug (Jes 22,22; Offb 3,7);

eine Dornenkrone in Erinnerung an den Glauben Jesu Christi auf Golgatha;

einen Leuchter, der an den im Tempel zu Jerusalem erinnert;

ein Buch, und zwar das der Evangelien, das den Inhalt des Glaubens enthält.

Das kleine Faß*, das die Handwerker im Mittelalter benutzten, um die Getränke des Tages zu transportieren, wurde in die Hände oder auf die Knie Daniels in der Löwengrube gestellt; es wurde dadurch zu einem Symbol des Glaubens.

In den Zeiten, in denen der Glaube mit der Lehre gleichgesetzt wurde, wurde er durch ein Sieb, das die Wahrheit von dem Irrtum trennt, durch Ruten, die den

Irrtum peitschen wollen, oder gar durch eine Kirche dargestellt.

Der Glaube wurde auch durch religiöse Bräuche gekennzeichnet; man stellte ihn durch ein Rauchfaß, durch Hostien oder auch durch eine (päpstliche) Tiara dar. Um die Reinheit des Glaubenswillens auszudrücken, wurde er durch eine Taube* oder durch eine junge Frau versinnbildlicht; ihr Oberkörper ist entblößt, während ein weißer Rock ihren Leib umhüllt. Sie sitzt manchmal auf einem Einhorn, das in der heidnischen Antike das Symbol der Keuschheit war.

Das Hingerissensein des mystischen Glaubens wurde durch einen Adler oder durch Flügel dargestellt, mit welchen eine junge Frau versehen wurde, es sei denn, man hat eine Lampe* oder gar Flammen in ihre Hand gestellt.

Man hat sogar von den Heiden Zeichen geliehen, die ihnen eigen waren, um den Glauben zu veranschaulichen: einen Hund, Symbol der Treue, eine Säule, auf die sich ein Dach stützt, so wie der Mut sich auf den Glauben stützt; einen Dreifuß wie in den kultischen Bräuchen der Antike.

GLÄUBIGER/TREUE

In sehr alten Inschriften findet man den Ausdruck „Gläubiger von Gläubigen" (pistos ek pistôn); er bezeichnet einen Christen, dessen Eltern auch Christen waren. Man findet aber auch den Ausdruck „gläubig an den (ewigen) Frieden" oder „gläubig an Gott" (fidelis in pace oder fidelis in deo); dies bedeutet eine vollkommene Abhängigkeit Gott gegenüber, denn man muß sich daran erinnern, daß (wie heute) keiner damals frei war, sondern jeder von jemandem abhängig. Erst viel später verschwand der Begriff einer materiellen Abhängigkeit, als man mit diesem Wort die Gemeindemitglieder der christlichen Kirche benannte. Man muß zugeben, daß der Glaube der Gläubigen sich heute merkwürdigerweise entwertet hat.

Als Mitglied der Kirche wird der Gläubige durch ein Schaf* dargestellt. Die Treue des Glaubens aber wird durch einen Hund symbolisiert, dessen Liebe zu seinem Herrn wohlbekannt ist. Um dem Sinn dieses Symbols mehr Kraft zu geben, malte man zwei Hunde, die an dieselbe Kette gebunden sind. Der Ehrenpreis, dessen Früchte herzförmig sind, und der Efeu, der sich an seine Stütze klammert, stellen ebenfalls die Treue dar. Ein Ehering* und ein Schlüssel*, den man einem treuen Diener anvertraut, sind weitere Sinnbilder.

GLÜCK

Die Griechen und die Römer stellten das Glück meistens als geflügelte Frau (denn das Glück vergeht rasch) mit einem Band auf den Augen (wird es nicht blindlings verteilt?) dar, die auf einer Kugel oder einem Rad steht (was auf ihren Mangel an Standhaftigkeit hindeutet) und die ein Füllhorn als Quelle irdischer Besitztümer in der Hand hält. Dieses Bild des Glücks wurde manchmal von den Christen einfach übernommen.

Wenn die Künstler jedoch das Glück in den Gleichnissen des reichen Mannes, des Lazarus und des närrischen Reichen darstellen mußten, oder wenn sie symbolisieren mußten, wie dieser oder jener Gläubige irdisches Glück im Namen seines Glaubens verweigerte, wurde es einfach durch reiche Kleider oder Juwelen, vor allem aber durch eine geschlossene und volle Börse verdeutlicht, auf welcher manchmal eine Schlange kriecht.

GOLD

Dieses Metall, dessen Härte ebenso schwach wie sein spezifisches Gewicht groß ist, wurde seit eh und je „edel" genannt; als solches hat es eine wesentliche Rolle in den wirtschaftlichen und finanziellen Verhältnissen der Menschen gespielt.

In der Metaphorik stellt es den Reichtum dar, ebenso aber auch alles, was wichtig ist oder einen auch geistigen Wert hat. Dabei wurden die vielfachen Farben des Goldes eingesetzt, die durch verschiedene Legierungen erreicht werden; in der Darstellung hat man hauptsächlich von Goldmünzen, manchmal auch Goldbarren Gebrauch gemacht.

Die christlichen Künstler haben diese verschiedenen Verfahren wiederum angewandt, um die Bedeutung, die einer Sache beigemessen, oder den Nachdruck, der auf sie gelegt wird, auszudrücken – sei es in der Tugend oder im Laster. Haufen von Goldmünzen zeugen vom Geiz des törichten reichen Mannes im Gleichnis (Luk 12, 16–26), aber auch von den gewinnsüchtigen Gefühlen Judas'. Sie drücken andererseits aber auch die Nächstenliebe aus, die mit Gold geübt werden kann; sie bezeichnen auch gewisse Begriffe der Macht und sogar des Königtums, da derjenige, der ein Vermögen besitzt, eine fast königliche Macht über seine Umgebung ausübt. Daher symbolisiert das Gold die Gottheit (es gibt keinen größeren König als Gott) und folglich die Herrlichkeit, aber besonders die Herrlichkeit im Jenseits als Lohn der Märtyrer. Dies erklärt, daß die byzantinische Kunst die Ikonen, die Christus, die Jungfrau Maria und die Heiligen darstellen, einen goldenen Untergrund vorbehalten hat und daß in der ganzen christlichen Geschichte der Nimbus und die Heiligenscheine, die den Kopf bedeutender Figuren umgeben, golden gemalt oder bemalt werden.

GOLDENES KALB

Während Mose auf dem Sinai die Gesetze vorbereitete, die sein Volk im Glauben an den unsichtbaren, weil geistigen Gott erhalten sollten, kamen die Israeliten auf den in der Welt materiell anwesenden Gott zurück und fertigten sich ein sichtbares Bild an. Sie schufen einen kleinen goldenen Stier, der wahrscheinlich aus geschnitztem Holz und mit dünnem, gepunztem Blattgold bedeckt war. Er war für sie das Symbol der Allmacht Gottes. Indem Mose diesen Abgott zerstörte, glaubte er, diese Glaubensauffassung für immer aus Israel zu verbannen. Mehrere Jahrhunderte später wurden von den Israeliten noch immer goldene Stiere angebetet; da aber diese Abgötter klein waren, fehlte es nicht an Propheten, die sie verspotteten, indem sie sie Kälber nannten; daher kommt die Bezeichnung Goldenes Kalb.

Diese Szenen der Abgötterei wurden von christlichen Künstlern besonders in der Malerei und manchmal in sehr großen Gemälden, häufig dargestellt. Man muß jedoch die Tatsache unterstreichen, daß der Sinn dieser Anbetung sich sehr schnell verändert hatte. Die Kirche hatte nämlich ihrerseits das Bedürfnis empfunden, eine materielle Anwesenheit Gottes zu haben und hatte sie in der geweihten Hostie* verkörpert. Wenn man daher die Szenen der antiken Abgötterei* zeigte, bekam man nicht mehr Menschen zu sehen, die eine materielle Anwesenheit Gottes verlangten; man wollte vielmehr die Abgötterei derjenigen darstellen, die ihr Leben emsig damit zubringen, Geld zu erwerben. Das Goldene Kalb war zum Synonym von Mammon in der Umgangssprache geworden. Im 19. Jahrhundert sagte Proudon: „das Goldene Kalb ist der Gott des ganzen Menschengeschlechts!" Das hat aber mit der biblischen Bedeutung dieses Bildes nicht mehr das Geringste zu tun.

GOTT

„Die früheste christliche Kunst hat jeden Versuch einer Darstellung Christi lange unterlassen." Die ersten Versuche fanden statt, als man anfing, die Schöpfung beschreiben zu wollen. Die älteste bekannte Abbild, die dieses Thema behandelt, eine Miniatur aus dem 6. Jahrhundert, zeigt Gott den Schöpfer als jungen Mann ohne Bart, dessen Kopf mit blondem Haar und einem kreuzförmigen Nimbus bekränzt ist; weiß bekleidet, hält er in der linken Hand einen Zepter in Form eines Kreuzes. Man muß zugeben, daß der Nimbus, die Form des Zepters und das junge Aussehen der Figur weniger an Gott, als vielmehr an Jesus Christus erinnern, der nach dem ersten Kapitel des Johannes-Evangeliums das lebendige Wort Gottes ist (Joh 1, 3.14). Erst mehrere Jahrhunderte später findet man Gott den Schöpfer als schönen, bärtigen Greis dargestellt, ein Bild, das immer geläufiger wurde.

Sehr lange also haben sich die Künstler nicht getraut, Gott in Gestalt eines Menschen darzustellen. Sogar im 14. Jahrhundert zeigen sie seine Anwesenheit entweder nur durch eine oder zwei Hände, die am Himmel erscheinen, um eine Gunst oder einen Segen zu erteilen oder sie stellen ihn durch eines der nachstehend aufgeführten Zeichen dar:

Das königliche Wesen Gottes ist durch eine Krone*, einen Zepter*, eine Erdkugel* oder einen Thron gekennzeichnet. Sein Mysterium ist durch einen Nimbus bezeichnet, der seinen Kopf umgibt; seine Obrigkeit durch eine päpstliche Tiara; seine Macht durch einen Regenbogen, auf welchem er manchmal sitzt und durch welchen er seinen Bund mit den Menschen garantiert. Seit dem 17. Jahrhundert wurde Gott oft durch ein weit aufgerissenes Auge symbolisiert, das sich in der Mitte eines gleichseitiges Dreieckes befindet.

GÖTZENDIENST →Abgötterei

GRANATAPFEL, GRANATBAUM
In der griechisch-lateinischen Antike war der Granatapfel Persephone gewidmet, weil sie in der Unterwelt davon gegessen hatte, bevor die Bemühungen ihrer Mutter, sie zu befreien, Erfolg hatten; Jupiter beschloß dann, sie solle sechs Monate im Schattenreich bleiben und nur sechs Monate auf Erden verbringen. Dieser Mythos sollte das Geheimnis der meisten Körner veranschaulichen, die ein halbes Jahr unter der Erde bleiben und aus denen dann erst eine Pflanze, Blüten und neue Körner wachsen. Auch dem Granatapfel wohnte dieses Geheimnis inne. Sein Leben, halb in der Nacht und halb am Tageslicht, wurde von den Christen mit den beiden geistigen und weltlichen Mächten des Heiligen Stuhls verglichen und veranlaßte sie dazu, aus dem Granatapfel das Symbol des Papstums zu machen. – Seltener hat man daraus das Zeichen der Kirche gebildet, entweder aus eben diesem Grund, oder weil man an die sichtbare Kirche, die in der Weltfinsternis lebt, und an die unsichtbare Kirche dachte, die von ihrem Oberhaupt Jesus Christus geführt wird.

Wie alle Früchte ist der Granatapfel ein Zeichen der Güte Gottes, der der Natur ihre vegetative Kraft schenkt. Als solcher ist er in der Ausschmückung des Tempels von Jerusalem zu sehen (1 Kön 7, 18; Jer 52, 22).

Die Wappenforscher machen aus dem Granatapfel das Sinnbild des Königtums, weil ein immergrüner Blumenkelch über ihm schwebt, der wie eine Krone aussieht.

Der Granatapfel war das Zeichen der Königin Katharina, der Tochter Ferdinand II., nach der Eroberung des Reichs von Granada.

Die vielen, dicht aneinander stehenden Kerne dieser Frucht gelten als das Symbol des Zusammenhaltens und der Freundschaft.

Gelegentlich wurde der symbolische Sinn des Granatapfels mit dem des Apfels* verwechselt.

GREGOR DER GROSSE
(540–604)
Nachdem Gregor sehr früh ins Kloster gegangen war, kam er, sehr jung noch, als Diakon nach Rom. Es heißt, daß er Gelegenheit hatte zu sehen, wie sächsische Sklaven verkauft wurden und daß jenes Ereignis sein Interesse für dieses Volk weckte; er erkundigte sich über die

religiöse Lage in England und war davon
so erschüttert, daß er selbst dorthin gehen wollte, um das Evangelium zu verbreiten. Er wurde jedoch daran gehin-
dert und schickte an seiner statt
ungefähr 40 Mönche. – Mit 50 Jahren
Papst geworden, begründete er viele
Klöster. Er bekämpfte heftig einen Bischof von Konstantinopel, der den Titel
„Alleinbischof" angenommen hatte,
und sagte: „Wer einen solchen Titel annimmt, ... besitzt die Hoffahrt und die
Merkmale des Antichristen." Er arbeitete an der Bekehrung der noch ariani-
schen Langobarden und bemühte sich,
die Kirche rein zu erhalten, indem er die
Verkündigung einer reinen Lehre för-
derte und den liturgischen Gesang reformierte.

Das häufigste Zeichen dieses Papstes ist
eine Kirche, die er zu reformieren versuchte, oder ein Buch – das des grego-
rianischen Gesangs. Er wird manchmal
von einer Gruppe Engel begleitet, die
ihm in bestimmten Prozessionen folgen,
oder vom Erzengel Michael, der sein
Schwert wieder in die Scheide steckte,
als Gregor ihm das Ende einer Heimsuchung durch die Pest ankündigte.

GREIF

Ein fabelhaftes Tier, halb Drache – halb
Adler oder halb Löwe – halb Adler. Die
Soldaten der griechisch-lateinischen
Antike ließen gern auf der Schnalle ihres
Gurts einen Greif als Schutzfetisch oder
Talisman anbringen, der eine über-
menschliche Kraft zu geben ver-
mochte.

Dieses Symbol wurde von den christlichen Künstlern kaum benutzt. Es ist nie
in den Katakomben zu sehen. Vom 5.
Jahrhundert ab erscheint es jedoch auf
einigen christlichen Sarkophagen, wo es
als Hüter des Paradieses gilt; es wurde
also mit den Cherubim verwechselt. Als
solchen findet man ihn auch auf einigen
sehr alten Lampen.

Die doppelte Beschaffenheit des Greifs

Greif beim Verzehren eines Widders. Kathedrale von Lund (Schweden)

hat aus ihm manchmal das Symbol der zweifachen Natur Christi, der Kirche oder des Papsttums gemacht. Es war aber ein Tier, das beißend, unangenehm und vielleicht gefährlich erschien; deshalb paßte es besser zur zweiten Hälfte des Mittelalters und wurde mehr als Symbol der Dämonen benutzt.

Dieser Gebrauch des Greifs in zwei verschiedenen Richtungen (der christologischen und der dämonischen) hat im Mystizismus des ausgehenden romanischen Zeitalters dazu geführt, dieses fabelhafte Tier für den Geist des Bösen zu halten, der den Tod verleiht, aber auch das Leben zurückgibt. Man fand darin eine Erklärung des Schlafs: Der Mensch stirbt beim Einschlafen und findet das Leben beim Aufwachen wieder, und zwar unter der Wirkung dieses außergewöhnlichen Wesens. Selbstverständlich symbolisierte er daher den Tod und die Auferstehung Jesu Christi, dann aber auch den Tod des Sünders und seine Wiedergeburt als neuen Menschen. Deshalb scheint der Greif manchmal einen Widder oder ein Lamm, beide Symbole Christi, oder einen Mann zu verzehren, dessen Gestalt auf den Kopf beschränkt ist. Der Greif ist ein Gegenstück zu der Geschichte von Jonas.

GREISE, GREISENALTER

Alle Künste in allen Kulturen haben das Alter meistens als Vergreisung geschildert; hagere, verkrümmte, anscheinend unter tausend Schmerzen leidende Körper. Trotzdem haben die Menschen aber seit jeher von Verjüngung geträumt, und die griechisch-römische Mythologie erzählt, daß die Nymphe Juventitia, die von Jupiter in einen Brunnen verwandelt wurde, die Jugend zurückgeben konnte. Im Mittelalter hat man vergebens versucht, diese Fabel zu christianisieren, indem man das Wasser dieses rätselhaften Brunnens vom Paradies kommen ließ.

Die Antike erwähnt manchmal, jedoch nur selten, ein schönes Greisenalter, das von der Erfahrung und der Vernunft geprägt ist.

Die christliche Mentalität hat diese beiden Seiten des Alters erkannt, aber sie betonte, wie die Bibel, vor allem die Erfahrung der betagten Leute und stellte sogar Alter und Weisheit gleich (Hiob 12, 12). Der Greis ist derjenige, der im Leben gelernt hat, geistige Dinge höher einzuschätzen als die materielle Wirklichkeit; gerade das versucht er der Jugend beizubringen. Die häufigsten christlichen Darstellungen von Greisen sind jedoch die, die in der Offenbarung des Johannes (4, 4) erwähnt sind und die in der kommenden Welt um den Thron Jesu Christi stehen. Was ist der Ursprung dieses Rates von 24 Ältesten, die den Herrscher des Reiches Gottes umgeben? Ist es eine Übertragung der 24 babylonischen Sterngottheiten oder einfacher eine Abordnung von zwei Ältesten jedes der zwölf israelischen Stämme? Es sind jedenfalls Diener des einzigen Gottes; sie umgeben seinen Thron und billigen seine Entschlüsse. Oberflächlich gesehen, könnte man sich vorstellen, daß die ersten Christen, die in einer vom Judentum geerbten apokalyptischen Stimmung lebten, die Szenen des letzten Buches der Bibel und insbesondere den Rat der 24 Ältesten oft dargestellt haben. Dies ist aber nicht der Fall. Solche Darstellungen sind in den Katakomben sehr selten. Die ersten Christen hatten nämlich von der futuristischen Apokalypse der Juden Abstand genommen; die Wiederauferstehung Jesu lag nicht in der Zukunft, sie war eine gegenwärtige Wirklichkeit. – Erst im 8. Jahrhundert erscheint eine Schilderung dieser Greise auf Mosaiken. Man findet sie hauptsächlich in der Blüte des Mittelalters, als die Aussicht des Jüngsten Tages, in der geläufigen Frömmigkeit, an Bedeutung zunahm. Von nun an wurden Miniaturen, dann Gemälde, mit solchen Szenen angefertigt.

H

HABAKUK

Der Name Habakuk bezieht sich auf ein biblisches Buch; er ist einer der zwölf kleinen Propheten und lebte im 7. Jahrhundert vor Christus. Er ist sehr selten dargestellt und wo es doch der Fall ist, besitzt er die Zeichen der Propheten*.

Dagegen findet man ziemlich häufig einen gewissen Habakuk, der in den apokryphen Schriften zum Buch Daniel* erwähnt ist, die im Laufe des 2. Jahrhunderts vor Christus geschrieben wurden. Er wird „beim Kochen eines Breis und beim Legen kleiner Stücke Brot in einen Korb" dargestellt, eben im Begriff, „Mähern, die auf seinen Feldern arbeiteten", das Essen zu bringen. Gott befiehlt ihm, dieses Essen Daniel zu geben, der in Babylonien in die Löwengrube geworfen worden war. Er erschrickt vor diesem Gebot, versucht es abzulehnen und antwortet Gott, er wisse nicht, wie er diese Löwengrube finden könnte. Ein Engel ergreift ihn dann beim Haar und trägt ihn von Judäa nach Babylonien bis zu Daniel. Dieser nimmt das Essen, das Gott ihm schickt, zu sich, und der Engel bringt Habakuk in seine Heimat zurück.

Diese Geschichte regte die Phantasie frühmittelalterlicher Frömmigkeit stark an, und es ist nicht erstaunlich, sehr alte Darstellungen dieses fabelhaften Geschehnisses zu finden. Sie tauchen jedoch erst gegen Ende des 5. Jahrhunderts auf. Manchmal kommt Habakuk mit leeren Händen neben Daniel an. Häufiger bietet er ihm das für seine Arbeiter vorbereitete Essen an, das normalerweise aus einem großen Ölkuchen oder zwei Broten besteht, manchmal aber auch nur aus einem Brot, das mit einem Kreuz und Fischen versehen ist – einer Anspielung auf das Heilige Abendmahl, die zeigt, daß man aus dieser Erzählung eine Vorwegnahme dieses Sakraments machte.

HAHN

Woher kommt es, daß man Hähne auf die Kirchentürme gesetzt hat?

Eine mittelalterliche Legende liefert die Erklärung: Jesus, sagt sie, hatte Petrus dessen Verleugnung vorausgesagt: „In dieser Nacht, ehe der Hahn kräht, wirst du mich drei Mal verleugnen" (Matt 26, 34), daß heißt: „vor Sonnenaufgang". Petrus hatte seinen Herrn verleugnet und hatte sehr darunter gelitten, auch wenn Christus ihm verzieh (Joh 21, 15–17). Wegen seiner schlechten Tat immer noch beschämt, hätte Petrus alle Hähne, die er später hörte, ergriffen, sie aufgespießt und zur Schau gestellt! Dies habe dann zur Herstellung von Wetterhähnen geführt!

Die Herkunft dieser Gewohnheit muß jedoch vielmehr in den allgemeinen Vorstellungen und Gebräuchen der Zeit gesucht werden. In der Antike hatten die Bauern in der Regel einen Hühnerhof, nicht nur der Eier und des Geflügels wegen, sondern vor allem um lebendige Hähne zu besitzen; diese hatten den Vorzug, beim geringsten Geräusch aufzuwachen, was aus ihnen hervorragende Wächter machte; sie waren außerdem mit dem ersten Tageslicht wach und verkündigten den neuen Tag; so weckten sie das ganze Haus auf. Deshalb wurde die dritte Wache in der Nacht (zwischen 2 und 6 Uhr) „Hahnenschrei" genannt. Darauf deutet Jesus in der Verkündigung der Verleugnung hin. Deswegen ist der Hahn auch zum Symbol der Wachsamkeit geworden. Schon im 6. Jahrhundert vor Christi Geburt hatte ein Beamter des Königs von Israel einen Hahn in sein Siegel hineingravieren lassen, um zu zeigen, daß er seinem Herrn mit Aufgewecktheit, Überlegung und Aufmerksamkeit diente.

Die Christen machten mit folgender Begründung schon sehr früh aus dem Hahn das Symbol der Auferstehung: „Wie dieser Vogel einen neuen Tag ankündigt, so leben auch die Gläubigen in der Erwartung des neuen Tages, an dem Christus wiederkommen wird." Als es schien, daß seine Rückkehr wohl nicht in nächster Zukunft erfolgen würde, machten sie aus dem Hahn zunächst das Symbol des kommenden Himmelreichs, dann der Hoffnung auf neue Zeiten.

Erst im 9. Jahrhundert fing man an, Hähne auf Kirchentürme zu setzen; aus dieser Zeit stammt das älteste Zeugnis von diesem Brauch. Wenn man damals einen Wetterhahn auf sein Dach setzte, bedeutete es eine vorrangige Stellung, sowohl für einen Einzelnen, als auch für eine Kaste oder eine Zunft; dies blieb so bis zum 17. Jahrhundert. Es ist jedoch sehr wahrscheinlich, daß er zunächst nur die Richtung des Windes, als einer überirdischen Macht, anzeigen sollte. In gewissen Gegenden mußte man stets genau auf die Windrichtung achten, und daher kommt es, daß man das Symbol der Wachsamkeit, den Hahn, benutzte. Außerdem legte es die ganze Gestalt dieses Vogels nahe, ihn als Vorlage des Wetteranzeigers zu benutzen: Man benötigte einen Pfeil, um die Herkunft des Windes anzuzeigen, einen Flügel oder ein Segel, um damit den Luftstößen eine Angriffsfläche zu bieten, und eine Achse, die Drehungen ermöglicht; der Schnabel, die Flügel und die Beine des Hahns entsprachen diesem dreifachen Bedarf. Dieser Gebrauch erläuterte und bekräftigte die Idee der Wachsamkeit, die der Hahn bereits verkörperte. Er zeigt, wo der Wind – der Wind Gottes – herkommt, der „alles neu macht", worauf man seine Aufmerksamkeit richten soll.

Als Zeichen der Wachsamkeit wurde der Hahn seit eh und je auf zahlreichen kleinen christlichen Lampen gestaltet, bildhauerisch dargestellt oder gemalt, ein Symbol, das hier am richtigen Platz ist, da die Lampe beim Wachen Hilfe leistet. Man findet ihn auf Sarkophagen, Grabinschriften, Fresken, Mosaikarbeiten, als Ehrung der Wachsamkeit eines Verstrobenen oder als deutliches Zeichen der Auferstehung.

Schon im 13. Jahrhundert wurde der Hahn zum Symbol des Predigens: Die Nacht ist die Welt; der helle Tag ist das Reich Gottes. Der Prediger hat eben die Aufgabe, die Schlafenden, die dem Werk der Finsternis preisgegeben sind, zu wecken und dazu zu bringen, im Licht Gottes zu leben.

Als die Medizin* sich von der Kirche trennte, wurde der Hahn, den man früher Äskulap, dem Gott der Ärzte, opferte, zum Symbol der Heil- und Arzneikunst.

HAKENKREUZ →Kreuz

HAND

In der Metphorik ist die Hand das Zeichen einer Handlung. Die rechte Hand, die man öfter benutzt, ist geschickter und stärker als die andere geworden, sie hat im allgemeinen die Aufgabe, sowohl mit den Werkzeugen als auch mit den Waffen umzugehen. Deshalb wurde sie sehr früh zum Symbol der Rechtschaffenheit, der Aufrichtigkeit und der Ehre. Eine rechte Hand befindet sich auf den Justizzeptern und auf den Grenzsteinen, die das Schutzgebiet eines Herrschers einschränkten. Eine große Anzahl dankender Hände aus der Zeit vor dem Christentum wurde vor allem in Kleinasien gefunden. Es ist wohl bekannt, daß dieses Zeichen im modernen Islam wieder beliebt wurde (Fatma-Hand). Meistens sind die Finger einfach gestreckt; manchmal jedoch sind die drei ersten gehoben und die zwei anderen nach unten gebogen. Bei den alten Ägyptern bezeichnete der Ausdruck „Finger Gottes" den religiösen Schrift-

Gottes Hand. Schlußstein in Langonnet.
13. Jahrhundert.

steller, der die Befehle der Götter in den Stein grub. Vergleichshalber hat man behauptet, daß Moses, als „Finger Gottes", die Gesetzestafeln geschrieben habe, wobei aber die biblischen Texte sagen, daß „Gott die Gesetzestafeln geschrieben hat".

Der Ausdruck „Hand Gottes" findet sich über zwanzigmal im Alten Testament, wo er auf die Idee der Anwesenheit oder der Handlung Gottes hinweist. Es scheint wohl, daß der Anthropomorphismus die Übertragung menschlicher Gestalt auf Gott dort immer lebendig geblieben ist; denn der Einfluß dieser göttlichen Hand, die gewöhnlich „die gute Hand Gottes" ist, die Gnaden und Segen bringt, kann auch Unglück bringen und auf den Gläubigen lasten. Im Neuen Testament kommt dieser Ausdruck nicht so häufig vor, weist aber ebenfalls auf die Vorstellung der Anwesenheit Gottes hin (Joh 10, 29; Apg 11, 21; 13, 10). Die Hand der Engel stellt auch ihre Anwesenheit dar (Offb 8, 4; 10, 8; 10, 10) und beweist, daß die Christen diesen in der damaligen Mentalität so geläufigen Ausdruck ganz selbstverständlich übernommen hatten; erst nach dem 4. Jahrhundert jedoch benutzten sie ihn auch graphisch. Es ist eine Hand, die

aus den Wolken herabkommt: Sie hält Abraham* davon ab, seinen Sohn zu opfern; sie gibt Moses die beiden Gesetzestafeln auf dem Sinai. Zehn Jahrhunderte lang wurde sie so traditionell dargestellt. Sie schickt eine Taube* zu Maria bei der Verkündigung oder segnet sie am ersten Tag der ersten Weihnachten. Sie hilft Christus, am Tag der Himmelfahrt, gen Himmel zu steigen und setzt eine königliche Krone auf sein Haupt.

Diese Hand behält eine natürliche Haltung: sie unterstützt, hilft und gibt.

Im Gegensatz zum antiken Brauch, nach dem die Hand der Gottheit verschleiert werden sollte, ist die Hand Gottes immer bloß. Im 7. Jahrhundert aber glaubte man, eine geschickte Anpassung an den heidnischen Gebrauch zu vollziehen, den man für althergebracht hielt, indem man die Hände... dessen, der eine Gabe Gottes erhält, verschleierte, als ob der Gläubige oder die Kirche etwas von Gott nicht auf seine „nackten Hände" bekommen könnte. Diese Angst, etwas Göttliches unmittelbar zu berühren, ist mit der Magie verwandt und versteckt sich hinter einem Vorgang von Ehrfurcht und Anbetung.

Wenn die Handflächen zum Himmel erhoben sind, drücken sie eine Gebärde des Betens* aus. Bereits seit dem 5. Jahrhundert werden jedoch gekreuzte Hände immer mehr zur christlichen Bewegung des intimen Gebets, und die gefalteten Hände, mit nach oben gerichteten Fingern, deuten auf ein öffentliches und immer prahlerisches Gebet.

Offene Hände, an die Brust gedrückt, wobei die Ellenbogen dicht am Körper bleiben, zeigen Überraschung oder Rührung. Zwei Hände, die sich drücken, bezeichnen einen Bund und eine Ehrenverpflichtung; deshalb ist dies das Symbol der Ehe*. Die Hand ist schließlich das Symbol der Märtyrer Adrian*, Cäcilie* und Thomas*.

Die Hand ist manchmal der Ausgangspunkt in Stein ausgehauener Strahlen; z.B. sieht man auf dem großen Tympanon in der Vorhalle der Kathedrale von Vezelay ein solches Bündel, das von den Händen Christi ausgeht und jeden der Jünger erreicht. Diese Strahlen können aber auch auf Bildern gemalt werden, wie in der Darstellung der Verkündigung auf der Decke der Kirche von Zillis (Graubünden), wo drei glänzende Strahlen von der Hand des Engels in Richtung auf Maria ausgehen; ein Dogmatiker sieht darin das Werk der Dreifaltigkeit und betet die Strenggläubigkeit seines Glaubens an, während der einfache fromme Mensch dort findet, was die Künstler ausdrücken wollten: ein klares und sichtbares Zeichen des Eingreifens Gottes in die Welt. Wir haben es hier nämlich mit einem graphischen Wort der religiösen Sprache zu tun, einem universalen Wort, das viel mehr bedeutet als viel Theologie.

HANDAUFLEGUNG

Die Hand ist wegen ihrer wichtigen Funktion für den Menschen bei allen Völkern zum Symbol geworden. Sie bezeichnet eine Macht.

Bei den Israeliten war das Emporhalten der Hände mit der Handfläche nach oben die Bewegung des Betens*, des wirksamen Betens (siehe Mose auf dem Berg: 2 Mos 17, 8–13). Einander an den Händen zu halten ist das Zeichen einer unverbrüchlichen Vereinigung oder eines vollgültigen Geschäfts. Die Hand auf jemandes Kopf halten bedeutet, ihm etwas übergeben; es war eine wirkende Bewegung (4 Mos 8,10; 5 Mos 34,9 usw.). Im allgemeinen benutzt man eine einzige Hand, die rechte, es kommt aber vor, daß man beide Hände gebraucht (3 Mos 16,21).

Im Neuen Testament liest man, daß Jesus Kranken manchmal die Hände auflegt, mehrmals stellt man aber fest, daß er sich weigert, diese Bewegung zu machen, die man von ihm verlangte (Mark 5,23; 6,41; 7,32, 35ff.); dies tat er wahrscheinlich deshalb, damit die Menschen nicht der Gebärde die Ehre zuschreiben sollten, die allein Gott gebührt, der durch ihn wirkt. Jesus scheint diese Bewegung bei der Heilung von Besessenen und vor allem bei der Einsetzung des Heiligen Abendmahls nicht gebraucht zu haben. – Die Jünger nahmen dagegen den mosaischen Ritus sehr schnell wieder auf und benutzten ihn zur Heilung der Kranken und zur Übertragung des Heiligen Geistes, zur Weihung und Einführung der Verantwortlichen in die gerade entstandenen Gemeinden.

In der Kirche nimmt diese Bewegung mehrere Bedeutungen an, die nach und nach durch die liturgischen Formen bestimmt wurden. Sie wurde zunächst bei der Taufe, der Firmung und der Konfirmation, der Weihung des Brotes und des Weins vor dem Abendmahl, dann bei der Vergebung der Sünden und der Versöhnung mit den Ketzern benutzt. Sie wurde ferner als Beschwörung, für die Heilung der Kranken und bei der letzten Ölung verwendet. Es ist schließlich die wichtigste Gebärde der Weihe von Priestern, die dadurch zu Nachfolgern der Apostel werden. Sie wurde und wird noch häufig bei Trauungen gebraucht. – Diese Bewegung drückt jedesmal eine geistige Verbindung aus. Mehrmals aber mußte die Kirche der Meinung bekämpfen, nach der allein diese Gebärde, unabhängig von jeglicher inneren Verfassung und Bereitschaft etwas bewirken könnte.

Die Handauflegung wurde im 4. Jahrhundert sehr allgemein ausgeübt, als die christliche Religion zulässig und dann offiziell wurde. Es ist wohl möglich, daß diese Bewegung infolge der Reaktion der Kirche gegen den Aberglauben, der ihr anhaftete, für einige Zeit ziemlich in Vergessenheit geriet. Sie wurde jedoch im Mittelalter wiederaufgenommen, wurde sehr beliebt und scheint sogar den Glanz eines magischen Zeichens bekommen zu haben. Die Reformation reagierte von neuem und sehr heftig gegen diesen magischen Mißbrauch, um diese Gebärde in ihrem biblischen Sinn und Umfang zu bewahren. Sie fand darin sogar die Idee einer gemeinschaftlichen Handauflegung wieder, die der eigentliche Sinn der erhobenen Segenshände am Schluß des evangelischen Gottesdienstes ist. Man hat sie manchmal mit der Gebärde des Anbetungsgebets der ersten Christen verwechselt; im Grunde genommen, ist es gerade umgekehrt, da die Handfläche bei der Handauflegung nach unten gerichtet ist, während sie im Gebet nach oben weist (siehe Hand*).

HEILIG, HEILIGKEIT

Der erste Begriff von Heiligkeit ist die Vorstellung der Unverletzlichkeit. Ein Ort ist heilig, weil eine Gottheit dort gewesen war. Jede Schändung dieses Ortes muß vermieden und verhindert werden. Man umzäunt ihn mit einer Schranke, dann mit einer Mauer und schließlich wird er von einem Haus umschlossen, das zu einem Tempel wird. Dies sind die ersten Symbole der Heiligkeit. Der Respekt, der solchen Orten vorbehalten ist, enthält ebensoviel Furcht wie Verehrung und geht vom Ort auf die Menschen über, die ihn betreten. Man muß sich vorbereiten und sogar schützen, wenn man sich ihm nähert. Zunächst kann sich noch jeder heiligen, um die heilige Stätte zu betreten. Allmählich jedoch gehen allein die Priester in die Tempel hinein; sie sind die Spezialisten der Annäherung an die Götter, weil sie die Regeln der Heiligung kennen.

Das Christentum folgte einem ähnlichen Weg. Die Bibel nennt alle Christen der ersten Gemeinden heilig, weil sie in steter und unmittelbarer Verbindung mit Gott stehen (Röm 1–7; 1 Kor 1, 2; Kol 1, 2 usw.). Später und dann sehr lange Zeit wurden die Märtyrer heiliggesprochen und abgesondert; sie wurden auch Bekenner oder Selige genannt, ohne daß

diese Bezeichnungen offiziell waren. Ihnen waren die Symbole der Heiligkeit vorbehalten. Diese Titel wurden jedoch etwas zu leichtfertig und ausgiebig verliehen. Die Kirche spürte das Bedürfnis, Ordnung in diesen Bereich zu bringen. Sie bestimmte den Sinn der Heiligkeit näher, aber anstatt sie hinsichtlich der vorbildlichen Frömmigkeit einiger christlicher Personen und ihres Lebens zu definieren, setzte sie zahlreiche und immer komplizierter werdende Regeln ein, die eine Art Kodex der Heiligkeit bildeten. Allein diejenigen, die die Prüfungen der ,,Seligsprechungs- und Heiligsprechungsprozesse" mit all ihren Untersuchungen, Begutachtungen, Verteidigungsreden, Urteilen usw. bestanden haben, dürfen Heilige genannt werden.

Ihnen wurde ein Kult vorbehalten, den mehrere Konzilien bestätigten. Dabei wurden jedoch große Irrtümer begangen. Ein katholischer Historiker erzählt, daß im 17. Jahrhundert nach der falschen Entzifferung eines römischen Grabsteins drei neue Heilige erfunden wurden, daß ein Kult eingeführt wurde, um sie zu ehren, und daß Pilgern, die sich zu ihren Gräber begaben, sogar Ablässe gegeben wurden! Im Jahre 1970 mußten 28 Heilige aus dem Kalender gestrichen werden, weil nicht die geringste gültige Urkunde ihre Existenz bestätigte! Man kam leider nicht auf ihre Heiligsprechung zurück.

Das erste Zeichen der Heiligkeit ist die Krone*; aber das Symbol, das sie gewöhnlich und im allgemeinen veranschaulicht, ist der Nimbus*, dessen Entwicklung der Kunst selbst, aber auch der Art folgt, wie das Christentum die Heiligkeit aufgefaßt hat.

Jeder Heilige hat besondere Zeichen, die sich entweder auf bestimmte Ereignisse seines Lebens beziehen oder auf das, was sein christliches Leben charakterisiert: das Kreuz*, das Buch* seiner Lehre, die Kleidung seines Ordens oder seines

Amtes, die Palme* seines Märtyrertums, die Instrumente seiner Peinigung usw.

HEILIGER GEIST

Die Zeugnisse der Bibel über den Heiligen Geist sind selten. Nirgends findet man ein Gebet, das an ihn gerichtet ist. Die Grußformeln bestehen alle aus den Namen Gottes und Jesu Christi – bis auf zwei Ausnahmen (2 Kor 13, 13 und 1 Petr 1, 2), die den Heiligen Geist damit verbinden. Nach der Bibel sind die Kirchenväter ihm gegenüber sehr zurückhaltend, und man muß bis Augustinus († 430) warten, um das Wort Dreifaltigkeit* zu finden; wie man sagte, hat *er* „der Lehre des Heiligen Geistes den Stempel seines Genies aufgedrückt".

Diese Tatsachen erklären, warum wir für den Heiligen Geist kein spezifisches Zeugnis in den Ikonen der christlichen Antike besitzen. Wenn die damaligen Künstler das Eingreifen Gottes bei Menschen darzustellen hatten, haben sie Engel* gezeichnet; da diese damals eine menschliche Gestalt hatten, kann man sagen, daß die erste Darstellung des Heiligen Geistes in der Form eines Menschen zu sehen ist.

Sehr früh in der Geschichte des Christentums hat die Taube* Eingriffe Gottes ins Leben der Menschen dargestellt; sie wurde schließlich zum spezifischen Zeichen des Heiligen Geistes. Im 2. Jahrhundert bezog man sie auf die Geschichte Noahs (1 Mos 8, 11), in der eine Taube, die den Überlebenden der Sintflut einen Ölzweig brachte, ihnen mit dem Heil den Anfang eines neuen Unternehmens Gottes zugunsten der Menschen ankündigte. Später beruft man sich auf die Taube, die Johannes der Täufer vom Himmel auf Jesus Christus im Augenblick seiner Taufe* herunterkommen sah (Matt 3, 16). Wegen dieser Bezugnahme aber, die die Künstler und ihre Zuschauer so oft im Sinne hatten, war das Symbol der Taube mit der Taufe verbunden; Tertullian hebt es schon in seinem Traktat über dieses Sakrament

Kreuz, Taube und Wasserkrug. Detail aus einem christlichen Sarkophag aus dem 5. Jahrhundert. Ravenna.

(Kap VIII) hervor. Künstler des 4. Jahrhunderts haben dieses Symbol benutzt, um die Taufe eines Neubekehrten auszudrücken. Man sieht, wie das Taufwasser auf merkwürdige Weise vom Schnabel der Taube oder aus einer mit Sternen geschmückten Zierschale herauskommt, über der der Vogel zu schweben scheint; die Handlung Gottes war nämlich damals bei einer Taufe viel wichtiger als die Vorkehrungen und die Entschlüsse des Gläubigen. Auf einem christlichen Sarkophag aus dem 5. Jahrhundert erscheint eine Taube, die über einem Kreuz und einem Wasserkrug fliegt: Diese Zusammenstellung bedeutet, daß der Verstorbene durch seine Taufe (das Wasser des Wasserkrugs) am erlösenden Werk Christi (dem Kreuz) durch den Heiligen Geist (die Taube) teilhatte.

Bald jedoch wird die Taube von der Taufe getrennt und veranschaulicht jedes wichtige Eingreifen Gottes: Auf Miniaturen aus dem 5. und 6. Jahrhundert gleitet die Taube des Heiligen Geistes auf einem Lichtstrahl, um Maria zu erreichen, als der Engel Gabriel ihr die Geburt eines Sohnes verkündigt. Als der Heilige Paulinus († 431) eine vollständige Darstellung der Dreifaltigkeit bestellte, bestand er darauf, daß eine Taube den Heiligen Geist bezeichnen sollte, auch wenn diese Symbolik einen Unterschied in der Beschaffenheit der zwei ersten und der 3. Person in sich schloß. Später drückte die Taube alle Handlungen Gottes unter den Menschen aus. Im 9. Jahrhundert wird der Heilige Gregorius im allgemeinen mit einer kleinen, ihn inspirierenden Taube neben sich oder auf seiner Schulter dargestellt. Eine Miniatur aus dem 15. Jahrhundert zeigt eine Taube neben Daniel in der Löwengrube. Auch die Rückwände oder Schalldeckel mancher Kirchenkanzeln ziert eine Taube. Man verfertigte Becher in Form einer Taube (s. Schale*), und schließlich wird die Taube mit einem Nimbus versehen, um auszudrücken, daß sie die Dritte Person der Dreifaltigkeit darstellt; dies ist jedoch nicht immer der Fall. Wenn ein Künstler zeigen will, daß jemand mit dem Heiligen Geist erfüllt ist, vervielfacht er die Tauben um ihn herum: sieben umgeben Christus auf dem berühmten Kirchenfenster von

Herrlichkeit Christi. Mosaik in der Taufkapelle von Albenga (Etrurien). 6. Jahrhundert.

Jesse in der Kathedrale von Chartres, zwölf das dreifache Christusmonogramm der Mosaiken in der Taufkapelle von Albenga (in Etrurien). Als schließlich eine Taube unter einem Hugenottenkreuz hing, begannen die Goldschmiede, sie „Heiligen Geist" zu nennen, da diese Symbolik sehr geläufig geworden war.

Eine zweite Form, den Heiligen Geist darzustellen, ist das Quellwasser, das eine Frau aus einem Krug in verschiedene Gefäße gießt. Dies erinnert an die Worte Jesu, der im Hof des Tempels von Jerusalem verkündigte: „Wer an mich glaubt, wie die Schrift sagt, von des Leibe werden Ströme lebendigen Wassers fließen", und der Evangelist erklärt: „Das sagte er aber von dem Geist, welchen empfangen sollten, die an ihn glaubten" (Joh 7, 38–39). Dieses Bild erinnerte aber zu sehr an die heidnische Antike, die die Quellen vergöttlicht hatte, um sich unter den Christen durchzusetzen.

Als drittes zeigten ziemlich häufig Feuer oder einfach Flammen die Anwesenheit des Heiligen Geistes. Diese Ausdrucksweise ist einem biblischen Begriff entlehnt, den man vorwiegend im Alten Testament findet: Gott handelt oder offenbart sich durch das Gewitter und das Feuer. An einer Flamme, die in einem Gebüsch glänzte, ohne es zu versengen, erkannte Mose Gott (2 Mose 3, 2). Einige Siege der Israeliten sind auf ein Gewitter zurückzuführen, das als göttliches Zeichen betrachtet wurde. Der Donner wird im Alten Testament „die Stimme des Herrn" genannt (Ps 29, 5). Diese Stimme „sprüht Feuerflammen" (Ps 29, 7), was den damaligen meteorologischen Auffassungen vom Wetter entspricht (vgl. „die Blitzstrahlen Jupiters"). Das von Elia auf dem Karmel vorbereitete Brandopfer beweist auch die Anwesenheit seines Gottes (1 Kön 18, 38). Da die Theologie sagt, daß Gott sich durch seinen Heiligen Geist offenbart, führten alle diese Ausdrucksweisen, die Handlung Gottes zu zeigen, die Künstler zu einer Darstellung des Heiligen Geistes durch Feuer. Der Bericht des ersten christlichen Pfingstfestes konnte diese Ausdrucksweise nur bestätigen. Es ist wohl möglich, daß es sich für die Verfasser der Bibel nur um literarische Metaphern handelte, denn die Semiten denken im Bereich des Konkreten; das abendländische Denken aber, das sich im Abstrakten bewegt, hat einen umgekehrten intellektuellen Schritt gemacht, indem es diese Bilder veranschaulichte.

Schließlich verdankt man dem Bild des Feuers die Gewohnheit, dem Heiligen Geist die rote Farbe, d. h. das Zinnoberrot einiger Flammen, zu verleihen.

Gelegentlich wurden an andere Symbole benutzt, um den Heiligen Geist zu bezeichnen: ein Buch, die Bibel als „Botschaft Gottes" oder „Wort Gottes" und daher Offenbarung des göttlichen Werkes. Es sind ab und zu Meßweinkännchen oder Ölfläschchen, die an die Salbung von Saul (1 Kön 10, 1), von David (1 Sam 16, 3), oder von Salomo (1 Kön 1, 39) erinnern, vom archäologischen Standpunkt her handelte es sich um ein Parfüm, vielleicht um Öl, in dem Blumen oder Blätter duftender Pflanzen eingeweicht worden waren.

HEILIGENSCHEIN →Nimbus und Herrlichkeit

HEIRAT →Trauung

HELENA (Heilige) (248–329)
Sie ist die Gemahlin von Konstantin Chlorus; sie wurde von ihm verstoßen, als er Kaiser wurde und teilte das Leben ihres Sohns Constantin, der großes Vertrauen zu ihr hatte. Zusammen mit ihm wurde sie zum Christentum bekehrt. Von diesem Augenblick an widmete sie sich der Kirche. Helena ist vor allem für ihre Reise nach den Heiligen Stätten im Jahre 326 bekannt. Ihrer Anregung verdankt man die erste Kirche des Heiligen Grabes, die Geburtskirche und viel-

leicht noch andere. Man erzählt, sie habe geglaubt, das wahre Kreuz von Golgatha und sogar die Nägel der Kreuzigung wiedergefunden zu haben, und diese Reliquien hätten dann Wunder und sogar eine Wiederauferstehung bewirkt. Rom und Hautvilliers (in der Nähe von Reims) streiten um die Ehre, ihr echtes Gebein zu besitzen.

Konstantin nannte sie Kaiserin; deshalb wird sie mit der Krone, manchmal mit dem Zepter und vor allem mit den Kleidern dieser Würde dargestellt. Sie trägt häufig die drei Nägel der Marter Christi und das Kreuz von Golgatha; eine sehr alte Tradition macht daraus ein dreiarmiges Kreuz. Sie ist manchmal von einem der Symbole der Wiederauferstehung oder von einer bzw. mehreren Kirchen begleitet, die sie im Heiligen Land erbauen ließ.

HELM

Es ist verständlich, daß zu einer Zeit, in der man glaubte, solche Zeichen könnten Schutz und Segen bringen, auch Helme mit christlichen Symbolen geschmückt wurden. Man hat einen Helm dieser Art gefunden, der aus dem 6. Jahrhundert stammt. Am unteren Rand sieht man eine wellenartige Linie und auf jedem Wellenberg erscheinen ein Vogel, ein griechisches Kreuz oder Weintrauben. Dies ist aber selten.

HENKELKREUZ →Ägptisches Kreuz unter Kreuz

HERODES

Herodes-Antipas wird oft dargestellt. Im allgemeinen trägt er eine Krone, die von einer einfachen oder zweifachen Reihe Perlen geschmückt wird.

Die am häufigsten dargestellte Szene seines Lebens ist die des Festmahls, während dessen der Tod Johannes des Täufers beschlossen wurde (Matt 14, 3–12). Sie scheint jedoch die Phantasie der Künstler und derjenigen, von denen die Künstler zu Werken angeregt wurden, erst nach der zweiten Hälfte des Mittelalters erregt zu haben, als in der

Links: Salome; in der Mitte: Herodes; rechts: Johannes der Täufer. Kapitelle des Genfer Doms. 13. Jahrhundert.

Kirche die moralische Seite der christlichen Lehre die Oberhand bekam: Man wollte die dramatischen Folgen des Tanzes der Salome zeigen. Die Interpretation der Szene ist manchmal sehr frei. Im Genfer Dom greift zum Beispiel der König selbst Johannes dem Täufer ins Haar und ist im Begriff, ihn zu enthaupten, während Salome, links von ihm, immer noch tanzt.

HERRLICHKEIT

Über 130 Male spricht die Bibel von der Herrlichkeit Gottes. Sie faßt sie als einen Glanz um die göttliche Person auf. Das 2. Buch Mose (24, 17) erzählt, daß der Lichtkranz Gottes den Israeliten wie „ein verzehrendes Feuer" erschien. Hesekiel (8, 2–3) beschreibt genauer, dieser Lichtkranz gleiche „einem Glanz wie blinkendes Kupfer" (wahrscheinlich schmelzend) mit Gold vermischt. In der Malerei führte dies dazu, strahlende und goldene Linien um denjenigen zu zeichnen, dessen Herrlichkeit man hervorheben wollte; man nannte sie „Heiligenschein"; er bildete den Ursprung der Aureole und des Nimbus*: ein glänzender Lichtkranz, der aus dem Kopf und manchmal dem Körper des Heiligen hervorzukommen scheint.

Um diesen Heiligenschein hervorzuheben, zeichneten die ältesten Miniaturmaler einen goldenen Hintergrund hinter den Heiligen, den sie darstellten. Bei einem Vergleich wurde eine gewisse Reihenfolge in der Entwicklung festgesetzt, der Heiligenschein mußte durch Zeichen erläutert werden. Die Fläche des goldenen Hintergrunds, vor dem sich die Personen befanden, wurde also beschränkt; er bestand aus Gold verschiedener Schattierungen, wurde mit kunstvollen Arabesken versehen; bald wurde er auf einen Kreis um den Körper, dann nur um den Kopf (darin liegt die Herkunft des Nimbus) oder auf einen Kreis und öfter auf eine Ellipse begrenzt: die sogenannte „Herrlichkeit" oder „Mandorla" (aus dem Italienischen *mandorla* = Mandel), die an den Enden mehr oder weniger angespitzt ist. Diese Art, die Herrlichkeit einer Person auszudrücken, wurde von den Künstlern im 11. und 13. Jahrhundert häufig bei der Ausschmückung der Portale romanischer Kathedralen benutzt; Christus befindet sich vor allem sehr oft in einer manchmal glatten, manchmal sorgfältig verzierten „Mandorla". Der Realismus der italienischen Renaissance schaffte diese Einrahmungen ab. In der Bildhauerei erreichten aber nur die großen Künstler durch die Gebärden und den Ausdruck ihrer Gestalten, den gesuchten Glanz. In der Malerei nahm man die Gewohnheit an, einen mehr oder weniger breiten Lichtkranz um den Kopf oder den ganzen Körper der jeweils dargestellten Christen zu legen. Im 17. und 18. Jahrhundert fand aber die Bildhauerei ihre Stunde, als die aus dem Tridentinum gestärkt hervorgegangene katholische Kirche hauptsächlich damit beschäftigt war, ihre Wahrheit durchzu-

Verschiedene Formen des Lichtkranzes, vom 9. bis zum 14. Jahrhundert.

setzen; jetzt mußte der Glanz einer Kirche ausgedrückt werden, die dem Reich Gottes gleichgestellt war. Die Bildhauer erfanden daher einen metallenen Heiligenschein um den Kopf oder den Körper der Helden der Kirche. Manchmal war er aus Gold verschiedener Legierungen und dadurch um so glänzender; öfter bestand er aus Kupfer oder Messing. Später wurde er aus dem Stein der Nische ausgehauen, in der die Statue ihren Platz finden sollte, oder auch rechts und links dieser Nische.

Bisweilen übernahmen die Christen ihre Art, die Herrlichkeit auszudrücken, von den Heiden. Eine Legende aus der Antike erzählt, daß Daphne, die Apollo zu seiner Geliebten machen wollte, plötzlich in einen Lorbeer verwandelt worden sei. Jeder wußte damals, daß diese Pflanze die Tugend verherrlichte; sie konnte auch für die christliche Tugend gelten: Deshalb schmückten Lorbeerkränze die Bilder vieler Märtyrer der Kirche. Das glänzende Gold und folglich die weiße und gelbe Farbe sind der Herrlichkeit, die Trompeten dem Nachruf gewidmet. Eitle Herrlichkeit wird selbstverständlich durch einen Pfau versinnbildlicht, der das Rad schlägt.

Die Palme, das Zeichen der Herrlichkeit der Auserwählten, findet ihren Ursprung in einem Text der Offenbarung des Johannes (7, 9), der „Palmen" in die Hand der Heiligen und der Märtyrer stellt, die Gott im Jenseits preisen. Ein alter israelischer Brauch (3 Mose 23, 40), der zur Zeit Jesu immer noch in Kraft war (Joh 12 13).

HERZ

Dieses Wort findet sich mehr als 370mal in der Bibel. Es bezeichnet manchmal den zentralen Ort einer Landschaft oder Provinz oder auch das Innerste eines Gegenstandes. Aber wie in der ganzen Antike, für die das vom Herz durch den Körper gepumpte Blut der Sitz der Seele war, kennzeichnet das Herz vor allem das innere Leben des Menschen: Es verkörpert zunächst seine Zuneigungen, dann seine Gedanken, seinen Mut und schließlich seinen Willen.

Als das Herz im frühen Christentum als Symbol auf Grabsteinen oder Sarkophagen benutzt wurde, wurde es einem christlichen Sinnbild, dem Kreuz oder dem Christusmonogramm, zur Seite gestellt oder von ihm gekrönt. Es zeugte von der christlichen Gesinnung des Verstorbenen.

Der Apostel Paulus hatte von der „Liebe aus reinem Herzen" (1 Tim 1,5) gesprochen. Daher wurde das Herz zum allgemeinen Begriff der Liebe.

Ein Herz auf einer Hand soll das innere Leben eines Menschen darstellen, das vor den Augen aller offensteht: Es ist das Zeichen der Offenheit und der Rechtschaffenheit. Es ist das Symbol, das Calvin als Siegel für seine Briefe angenommen hatte.

Erst im 17. Jahrhundert wurde die Anbetung des Heiligen Herzens Jesu eingeführt. Aus England gekommen, verbreitete sich diese sehr schnell in Frankreich und in die ganze katholische Kirche schon im Laufe des folgenden Jahrhunderts.

Das Herz als Zeichen der Ehe und das lodernde Herz als Symbol der Leidenschaft sind keine spezifisch christlichen Sinnbilder.

HESEKIEL

Er ist der Prophet der letzten Jahre der Unabhängigkeit von Juda, am Anfang des 6. Jahrhunderts vor Christus und der ersten Jahre der Gefangenschaft. Im ersten Teil seiner Prophezeiungen verkündet er die kommende Zerstörung von Jerusalem; im zweiten Teil macht er seinen Gefährten in der Gefangenschaft Mut und verkündet ihnen die Rückkehr aus der Gefangenschaft. Zwei Prophezeiungen haben die Aufmerksamkeit der Künstler am meisten erregt: die Erscheinung Gottes selbst (Theophanie: Hes 1, 1–28; 3, 1–10) und die Vision des

Totenfeldes (Hes 37, 1–14). Seine Gewißheit, daß Gott an seinem Volk immer noch hängt (Hes 33, 11) und sein Werk durch dieses Volk ausführt, machen aus diesem Propheten ein wichtiges Glied der israelischen Kette, die dem Christentum den Weg bahnte; so wurde er oft von christlichen Künstlern unter den anderen wichtigen Figuren Israels dargestellt. Er wird vor allem durch die symbolischen Tiere gekennzeichnet, die Gott begleiten und aus denen man die Evangelistensymbole gebildet hat. Man sieht ihn manchmal auf einem Bett liegend, mit geschlossenen Augen: Es bedeutet, daß er eine Vision hat; um ihn herum sieht man das Totenfeld seiner berühmten Erleuchtung.

HIERONYMUS

331 in Panonien geboren, studierte er in Rom Literatur und Philosophie. Während einer Reise nach Gallien wurde er in Trier bekehrt und machte sich bald unter der Leitung eines zum Christen gewordenen Juden, an das Erlernen der hebräischen Sprache. Nach einem Traum, in dem ihn ein Engel wegen seiner weltlichen Lektüre peitschte, brach er mit dieser ganz ab und widmete sich der Heiligen Schrift. Als er den Auftrag erhielt, die lateinische Übersetzung der Bibel zu überprüfen, ging er dabei von den griechischen und hebräischen Originaltexten aus, so daß seine Arbeit zu einer ganz neuen Übersetzung von solcher Qualität führte, daß sie sich durchsetzte und überall angenommen wurde. Lediglich der Text der Psalmen blieb unverändert, weil diese Gedichte in der lateinischen gottesdienstlichen Liturgie viel benutzt und daher durch den Gebrauch bestätigt worden waren. Von mißtrauischer Natur, zerstritt sich Hieronymus mit mehreren seiner Freunde und verbrachte das Ende seines Lebens in Bethlehem, wo er 420 starb. Eine Legende erzählt, daß er, während er in der Wüste zurückgezogen lebte, einen verletzten Löwen gesehen, ihm einen Dorn aus der Pfote gezogen und dadurch die Freundschaft des Tieres erworben habe.

Die Strenggläubigkeit dieses Kirchenvaters (die er in mehreren schriftlichen Arbeiten entschlossen verteidigte) erklärt, daß er oft dargestellt wurde. Man kennt eine große Zahl von Miniaturen, Stichen, Schnitzwerken aus Elfenbein und Gemälden, die ihn zeigen, immer in voller Gestalt, entweder allein oder von einem Theologen begleitet; man sieht, wie er Paula und ihrer Tochter (die ihm in die Wüste gefolgt sind, was zu heftigen Auseinandersetzungen führte) die Heilige Schrift erläutert. Oft steht er in der Einsamkeit einer öden Landschaft, an einen Felsen gelehnt oder neben einer einsamen Hütte, trägt einen langen Bart und hält ein Buch in der Hand. Eine Lampe erleuchtet seine schlaflosen Nächte. Aber auch Dämonen umgeben ihn und symbolisieren die Versuchungen, die er in der Einöde erlitt und die er mehrmals erwähnte. Manchmal schläft ein Löwe friedlich zu seinen Füßen.

HIOB

Das biblische Buch Hiobs enthält folgende Behauptung: „Ich weiß, daß mein Erlöser lebt" (19, 25). Das Wort, das lange mit „Erlöser" übersetzt wurde, ist *goël;* die modernen Übersetzungen schreiben „Rächer" oder „Verteidiger" dafür; es bezeichnet den, der vor Gericht der Fürsprecher und Verteidiger des Angeklagten ist. Die Kirchenväter aber und sogar Hieronymus, der doch die jüdische Sprache gut beherrschte, interpretierten diese Textstelle dem Dogma folgend mit dem ewigen Leben. Deswegen wurde Hiob in der ganzen christlichen Antike auf manchen Gräbern abgebildet, wo er die Wirklichkeit der Wiederauferstehung bestätigt. Später wurde er mehr wegen des großen Problems dargestellt, das sein Buch aufwirft: der leidende Gerechte. Dieses Thema tauchte natürlich jedesmal wieder auf, wenn die Christen ihres Glaubens wegen verfolgt wurden. In diesem Zusammenhang wurde Hiob oft als Beispiel der Treue bekannt. Als er sein ganzes Besitztum verlor, sagte er: „Der Herr hat's gegeben, der Herr hat's genommen; der Name des Herrn sei gelobt!" (Hiob 1, 21). Jakobus 5, 11 deutet auch auf diese Stelle.

Die am häufigsten dargestellte Szene zeigt, wie der Dichter auf einem Misthaufen – (der Text spricht von Asche) – sitzt und seinen drei oder vier Freunden, die ihn zur Buße ermahnen, oder seiner Frau, die ihn auch nicht versteht, antwortet. Man findet Hiob auf vielen Miniaturen, Skulpturen und sogar Kirchenfenstern.

HIRSCH

Dieses Tier, von dem die Bibel an mehreren Stellen berichtet (Jes 35, 6; Klagelieder Jer 1, 6 und vor allem Ps 42, 2), wurde von den christlichen Künstlern nicht vor dem konstantinischen Zeitalter benutzt. Schon in der Mitte des 4. Jahrhunderts aber findet man Fresken, die einen oder mehrere Hirsche beim Trinken an Ufer eines oder mehrerer Flüsse zeigen. Sehr schnell entstand eine Art Tradition, derzufolge sie immer am Fuß eines Berges gezeigt werden, auf dem ein Kreuz oder ein anderes christli-

Hirsch und Christusmonogramm. Veranschaulichung von Ps. 42, 2 auf einem Grab. Saulieu. 4. Jahrhundert.

ches Zeichen steht. Sie versinnbildlichen dann diejenigen, die sich an der Quelle des Christentums laben wollen, und so wurde der Hirsch zum Symbol des Katechumenen, der bald der Kirche beitritt. Schon im 6. und 7. Jahrhundert findet man Darstellungen von Hirschen in Taufkapellen. Dieses Symbol der Taufbewerber sieht man auf Mosaikwerken, Skulpturen, Reliefs und sogar auf Tonwaren.

HOFFNUNG.

Die Hoffnung ist eine der drei großen christlichen Tugenden (1 Kor 13, 13). Es ist schwierig, eine Tugend darzustellen; und so gingen die Künstler, die sie verdeutlichen wollten, sehr verschiedene Wege.

Sie beriefen sich auf biblische Texte oder auf religiöse Themen und Bräuche: Der Mandelbaum versinnbildlicht die Hoffnung, weil er der erste Baum ist, der im Frühling blüht und dadurch um so mehr auf neues Blühen und neue Fruchtentwicklung, nach der Prophezeiung von Jeremia (1, 13), hoffen läßt. Auch die Wiederauferstehung, die ebenfalls in der Hoffnung begründet ist, regte die Künstler zu ihrer Darstellung an: Der Totenkopf, der über das Jenseits nachdenken läßt, die Taube*, der Phönix*, der Pfau* wurden als Darstellungen der Hoffnung benutzt, so wie die Palmen, die nach der Offenbarung des Johannes (7, 9) in die Hände der Auserwählten gelegt werden; auch das Lamm* und das Kreuz*, Symbole Christi, haben sie versinnbildlicht, ebenso wie das Rauchfaß, das Zeichen der Trauerzeremonien in der katholischen Kirche.

Die grüne Farbe, die in der Natur auf Frucht hoffen läßt, aber auch das Blau eines Himmels, nach welchem man strebt, sind die Farben der Hoffnung; folglich haben grüne Blätter und der Smaragd, aber auch der Saphir und der Türkis diese Tugend symbolisiert.

In der Natur und in den antiken Bräuchen hat man andere Bilder der Hoffnung gefunden: Die Biene oder das Bienenhaus läßt auf Honig hoffen; der Hagedorn, den die Griechen am Hochzeitstag als Zeichen der Hoffnung auf Glück benutzten; Knospen oder Schneeglöckchen, die auf den Frühling warten lassen; Blüten, die Früchte versprechen.

Der Seefahrt wurden die Symbole des Leuchtturms als Hoffnung der Seeleute, des Schiffs* und des Segels entlehnt, die den Menschen von den irdischen Ufern zu denen des ewigen Lebens führen – vor allem aber des Ankers*, den man wirft, sobald man den Hafen erreicht hat.

HÖLLENFAHRT CHRISTI

Es ist kaum wahrscheinlich, daß die ersten Generationen der Christen die Lehre der Höllenfahrt Christi gekannt haben. Die biblischen Texte, auf denen sie beruht (1 Petr 3, 19; 4, 5) sind diejenigen, über welche die Bibelausleger sich mit am meisten gestritten haben, und ursprünglich bedeuten sie bestimmt nicht das, was die unten erwähnte Lehre behauptet. Erst im 4. Jahrhundert findet man die ersten literarischen Hinweise, und im 7. Jahrhundert gehörte sie zum „Symbol für die Apostel". Der Sinn dieser Lehre hat sich weiter fortentwickelt, und jahrhundertelang wurde über die Frage disputiert, wem das Erbarmen Christi zuteil würde, von dem sie spricht: allein den frommen Leuten, wie im Alten Testament? Allen, die schon vor dem Kommen Christi zu Gott gebetet haben? Allen schon gestorbenen Menschen, die durch Adam und Eva symbolisiert sind?

Auf diese ungenügende biblische Klärung und ständige theologische Diskussion ist zweifelsohne die Tatsache zurückzuführen, daß die Darstellung der Höllenfahrt vor dem Ende des 14. Jahrhunderts sehr selten zu finden ist; das Heil Adams und Evas*, von der ewigen Verdammung befreit zu sein, erscheint dann in einigen schönen Skulpturen, wie in denen des Tympanons, der Hauptpforte, vom Straßburger Dom.

HORN

Bei den Assyern und Babyloniern schmückte man die Kopfbedeckung bestimmter Gottheiten und manchmal auch Herrscher mit Hörnern. Es war das Symbol der Macht und des männlichen Stolzes, das der brutalen und hochmütigen Kraft einiger behörnter Tiere entspricht.

Das alte Testament (Ps 118, 27) weist auf Altäre hin, die mit vier Hörnern geschmückt waren; man hat auch Altäre gefunden, deren obere Winkel erhöht waren und spitz zuliefen. Auf jeden Fall war es für die Israeliten nicht nur ein Zeichen der Macht Gottes, sondern auch der genaue Ort, wo ER anwesend war und sich offenbarte: Derjenige, der die Hörner des Altars berührte, war des wirksamen und unmittelbaren Schutz Gottes sicher und keine weltliche Obrigkeit, so hart sie auch sein mochte, hatte Macht über ihn. Die Hörner des Altars abzureißen, wie der Prophet Israel drohte, bedeutete Gottes Wirken und Eintreten für sein Volk aufzuheben (Amos 3, 14).

Die Christen nahmen dieses symbolische Zeichen nur insoweit wieder auf, als es bei Mose biblisch belegt ist. Die Hörner, die lange die Stirn des Gesetzgebers Israels „schmückten", finden ihren Ursprung jedoch in einem Übersetzungsfehler des biblischen Textes (→Mose*). Für die Künstler, die sie so benutzten, stellen sie vor allem die geistige Überlegenheit dieser großen Führerpersönlichkeit aus frühen Tagen dar.

HOSTIE →Brot

HUBERTUS (Heiliger)

Gegen 656 geboren, führte er in seiner Jugend ein ziemlich loses Leben. Nach dem Tod seiner jungen Frau bekehrte sich und widmete sich der Evangelisierung des heutigen Belgien, wobei er die großen Wälder der Ardennen durchritt.

Er wurde Bischof von Lüttich, wo er einen Dom erbauen ließ. Er starb um 730. Gelegentlich wurde er aus folgendem Grund mit dem Hl. Imbertus verwechselt: In der gotischen Schrift ähneln sich die ersten zwei Buchstaben von Hubertus und Imbertus sehr stark.

Zahlreiche Legenden gehen über Hubertus um. Man erzählt vor allem, daß dieser leidenschaftliche Jäger eines Tages einen Hirsch traf, der in seinem Geweih ein glänzendes Kruzifix trug. Andere sagen, die Jungfrau Maria habe ihm eine besondere Stola und Petrus habe ihm einen seiner Schlüssel gegeben. In diesen Ereignissen liege der Grund seiner Bekehrung und seiner Stellung in der Kirche; der Schlüssel soll Kranke heilen, besonders diejenigen, die von tollwütigen Hunden gebissen worden sind.

Ein Hirsch oder Hunde, die ihn begleiten, ein Spieß oder ein Jagdhorn, die er in der Hand hält, erinnern an diese Legenden und vor allem an seine Ritte durch die Ardennen. Oft trägt er die Stola oder hält den rätselhaft empfangenen Schlüssel.

HUGENOTTENKREUZ →Kreuz

HUND

Es ist merkwürdig, daß das Pferd einen so großen Platz in der christlichen Symbolik einnimmt, wohingegen der Hund vollkommen vernachlässigt wird. Man wundert sich darüber zunächst um so mehr, als der Hund in der Antike in vielen Fällen die Treue symbolisiert. Die Israeliten aber haben die Hunde nie für wertvolle Tiere gehalten. Man muß sogar feststellen, daß alle Völker der Antike die Hunde als unreine und verächtliche Tiere betrachteten; dies obwohl die Assyrer sie im Krieg einsetzten und panzerten und obgleich die Römer sie in der Arena zum Kampf gegen Elefanten losließen. Die Christen jedenfalls konnten mit ihnen kein Element ihres Glaubens ausdrücken. Hin und wieder findet man jedoch einen Hund in der Szene des guten Hirten mit seinen Schafen; er beinhaltet dann aber kein Symbol; er ist lediglich ein malerisches, zweitrangiges Beiwerk in der Gesamtanlage des Gemäldes. Was die Christen zu sagen hatten, war viel wichtiger als das Spiel eines Herrn mit seinem Hund.

I

ICHTHYS (ΙΧΘΥΣ)

Auf griechisch bilden die Anfangsbuchstaben der Wörter „Jesus, Christ, von Gott, der Sohn, Retter" das Wort Ichthys, das Fisch bedeutet. Dieses Akrostichon hat aus dem Fisch* ein in bestimmten Epochen sehr verbreitetes Symbol werden lassen. Ursprünglich war es eine geheimnisvolle Formel und eine Art Erkennungswort. Enthielt es nicht die Haupteigenschaften des Herrn der Kirche? Es war das erste graphische Glaubensbekenntnis.

Das älteste literarische Zeugnis, das wir davon besitzen, stammt aus der Mitte des 2. Jahrhunderts: Clemens von Alexandrien († 220) empfiehlt den Gläubigen, das Bild eines Fisches auf ihre Siegel gravieren zu lassen (Paedagog. III, IX). Er brauchte deshalb keine Erklärung dafür zu liefern, weil dieses Symbol den Gläubigen bereits vertraut war. Sein Ursprung findet sich nicht in der Bibel, trotz aller Bemühungen der Kirchenväter, die versucht haben, ihn in diesem oder jenem Fischzug zu finden. Es kommt bestimmt nicht aus einer Religion, die einen Gott-Fisch anbetete; weder die Juden noch die Christen hätten darin eine Anregung für ihre Symbole gesucht! Dagegen kann man sich sehr wohl daran erinnern, daß die Sybillen, durch ihre geheimnisvolle und zweideutige Ausdrucksweise, das Volk für das Rätselhafte empfänglich machten. Die Verfahren der Kabbala verbreiteten sich ferner eben am Anfang des 2. Jahrhunderts; eins unter ihnen bestand darin, jeden Buchstaben eines biblischen Worts als Anfangsbuchstabe anderer Worte zu benutzen, die, wie behauptet wurde, eine geheime Botschaft bildeten, die selbst als Enthüllung galt. Diese Methode, mit Akrostichons zu arbeiten, war der damaligen jüdischen Theologie ziemlich geläufig. Die Christen sahen darin lediglich ein geschicktes Mittel, ihr Erkennungswort zu verschleiern.

Das Symbol des Fisches ist eins der christlichen Zeichen im wahrsten Sinne des Worts. Man findet es schon in den Katakomben. Einige Kirchenväter fingen ihre Briefe mit seiner Zeichnung an. Es war aber nicht nur ein Erkennungswort, sondern im Brief vor allem ein Zeichen der Obrigkeit: Der Brief war damit als Botschaft Jesu, des Kirchenhauptes, dargestellt.

Merkwürdigerweise ging dieses Symbol, das in Ländern griechischer Sprache entstanden war, in den Kirchen des Morgenlandes verloren. Sicherlich war es allzu intellektuell betont, um dort fortbestehen zu können. In den Ikonen kommt es nicht vor. Das christliche Leben im Morgenland, in dessen Mittelpunkt immer die Anbetung steht, konnte mit einer solchen Formel einfach

Briefkopf eines Briefes von dem Heiligen Basilius. Gest. 379.

Ichthys. Katakomben. Rom. 2. Jahrhundert.

nichts anfangen. Dagegen erfuhr dieses Zeichen im Abendland jedesmal einen neuen Aufschwung, wenn die absolute Lehre über jeden anderen Aspekt des Christentums die Oberhand bekam.

ISAAK

Die christliche Antike scheint sich für Isaak nicht eben sehr interessiert zu haben. Auch und besonders in der Szene des Opfers weist man vor allem auf die Rolle Abrahams hin, weil man sinnbildliche Elemente der Passion darin suchte; es ging mehr darum, die Wirkung Gottes, durch Abraham dargestellt, als die von Jesus Christus, von Isaak versinnbildlicht, hervorzuheben; aus diesem Grund kommt diese Szene im ursprünglichen Christentum häufig vor. Clemens von Rom (I. Kor. XXXI), Irenäus (Contra haereses I, IV), Tertullian (De bono patientiae X), Augustinus (Cont. Faustum I, XXII) und andere Kirchenväter bestätigen, daß die Bilder in diesem Sinne zu verstehen sind. Somit wurden die Gegebenheiten des biblischen Textes sehr lange vergessen; die historische Seite des Geschehnisses trat in den Hintergrund. Isaak, der im letzten Augenblick gerettet wurde, gehörte nicht zur Auffassung dieser Typologie;

er ist oft ganz klein gezeichnet und befindet sich weit im Hintergrund. Der Busch, an den der Widder angebunden war, fehlt völlig – dieser Busch, in welchem man im 19. Jahrhundert eine Vorwegnahme der Dornenkrone Christi hat sehen wollen. Oft ist es eine Hand, die aus dem Himmel kommt und das göttliche Eintreten darstellt. Gewöhnlich wird Isaak am Haar ergriffen und ist keineswegs an den Altar gebunden, wie es der biblische Text sagt (1 Mose 22, 9).

Das Opfer Isaaks wurde mehr als 20mal in den Katakomben dargestellt; man kennt Gemälde, Fresken, Skulpturen davon. Isaak begleitet fast immer Abraham, dessen Symbol er sozusagen ist.

Seltener wird er als blinder Greis dargestellt, der von seinem jüngeren Sohn getäuscht wurde.

ISAI →Jesse

ISAJA →Jesaja

ISIDOR

Die Kirchengeschichte kennt acht Männer namens Isidor, die einen mehr oder weniger großen christlichen Einfluß ausübten. Am meisten wird Isidor, der Schutzpatron von Madrid (1110–1170) dargestellt. Er war niedriger Abstammung, Bauer von Beruf, und wird deshalb mit einem Pflug oder mit Weizengarben als Kennzeichen vorgestellt. Gelegentlich wird ihm ein Engel hinzugemalt, der an seiner Stelle hinter dem Pflug stand, wenn er betete.

J

JAKOB (Erzvater)

Die Bibel erzählt, daß dieser Erzvater seinen Bruder und seinen Vater betrügt und dadurch gezwungen wird, weit weg von den elterlichen Zelten zu fliehen; er rastet in der Nähe von Bethel, wo ihm die berühmte Leiter erscheint, die Himmel und Erde verbindet; er findet bei Laban einen Zufluchtsort und heiratet nacheinander dessen beide Töchter; er wird von Laban betrogen und betrügt diesen seinerseits; er kommt nach Kanaan zurück, kämpft gegen einen Engel oder den Herrn selbst und schließt endlich Frieden mit seinem Bruder.

All diese Szenen wurden dargestellt, aber die Künstler haben sich am meisten für die Vision der Leiter und für den Kampf mit dem Engel interessiert. Man kennt hiervon viele Miniaturen und einige Fresken und Kirchengemälde. Es ist also kein Wunder, daß die Zeichen Jakobs im allgemeinen und besonders in

einigen Skulpturen eine Leiter und ein Engel sind.

JAKOB (JAKOBUS)

Man zählt 30 verschiedene Jakob, die heilig- oder seliggesprochen wurden. Die am meisten dargestellten sind: Jakob, der Bruder Johannes'. Es ist Jakob der Ältere in der katholischen Tradition. Er war einer der 12 Apostel (Matt 4, 21; 17, 1; Mark 10, 41 usw.) und wurde im Jahre 44 auf Befehl von Agrippa I. (Apg 12, 2) enthauptet. Eine alte Tradition erzählt, daß er nach dem Tod des Diakons Stephanus (Apg 7, 57–60) nach Spanien gegangen sei, um dort das Evangelium zu verbreiten, dann aber nach Judäa zurückkam, um von seinen Erfolgen zu berichten; danach fand er den Tod. Sein Körper soll in einen Kahn ohne Steuer gelegt worden und vom Meer bis zum Ufer Galiziens, einer Provinz im Nord-Westen der Iberischen Halbinsel, getragen worden sein. Andere erzählen, daß ein Ritter diesen Sarg begleitete und sogar einmal ins Meer tauchen mußte, um den Kahn zu retten; er kam mit Muscheln bedeckt heraus. In Erinnerung an dieses Abenteuer wurde eine zweischalige Muschel des Mittelmeers aus der Familie der Kammuscheln Jakobsmuschel genannt und wurde so zum Zeichen des Apostels. Im 9. Jahrhundert wurden die Reliquien des Hl. Jakobs wiedergefunden und nach Compostela gebracht; dieser Name kommt von „campus stellae" = Sternenfeld, wegen des geheimnisvollen Sterns, der zur Entdeckung des marmorenen Sargs geführt habe, der den Leib des Heiligen enthielt. 1170 entstand dort ein Ritterorden namens St. Jakob von Compostela oder St. Jakob des Schwerts; dieser verteidigte die Armen und die Pilger und führte den Krieg gegen die Mohammedaner. – Die Zeichen St. Jakob des Älteren sind: ein Messer oder ein Schwert, die an seine Marter erinnern; eine Fahne und eine Mondsichel, die die Kämpfe versinnbildlichen, die der Apostel in Spanien gegen die Mauren bestand; ein Pilgerstab, der an die Pilgerfahrten nach Compostela erinnert; und vor allem die Muschel, die seinen Namen trägt und die Kirche schmückt, wo seine Reliquien ruhen. – Zahlreiche Legenden, die eine fabelhafter als die andere, haben seine Geschichte beträchtlich erweitert und wurden sehr oft dargestellt: wilde Tiere, die seine sterblichen Überreste friedlich tragen; Wiederauferstehung eines Königs und einer Königin Spaniens; Befreiung der christlichen Sklaven oder Gefangenen usw.

Jakobus, Bruder von Jesus (Matt 13, 55), Jakobus der Jüngere genannt. Er muß sehr früh eine wichtige Stellung in der neu entstandenen Kirche Jerusalems innegehabt haben und beschäftigte sich insbesondere mit einem Streit zwischen Paulus und dem Judaisten (Apg 15, 13–21; 21, 18–25). Der Historiker Flavius Josephus sagt, daß er im Jahre 66 auf Befehl des Hohenpriesters gesteinigt wurde, und ein viel später entstandener Text behauptet, man hätte ihm mit einem heftigen Schlag den Todesstoß versetzt. Die „Goldene Legende" erzählt ihrerseits, daß Jakobus, als Christus am Kreuz starb, sich vorgenommen habe, bis zur Wiederauferstehung seines Herrn nichts mehr zu essen. Deshalb bot Jesus zunächst seinem Bruder das Brot des Abendmahls dar, als er vor seinen versammelten Jüngern in der hohen Kammer erschien und mit ihnen das Heilige Abendmahl nahm. In Erinnerung an diese Szene sind oft Brote das Zeichen Jakobus des Jüngeren; es kommen noch der Stock oder der Knüppel seines Martyriums hinzu.

Jakob de la Marche (1389–1479). Nach erfolgreichem Studium in Perusia wurde er Hauslehrer in Florenz, wo er die Jünger des Franz von Assisi bewundern konnte; er schloß sich ihnen an und lebte in strenger Zucht und Armut. Zum Erzbischof von Mailand ernannt, beschäftigte er sich dann hauptsächlich mit dem missionarischen Werk der Kirche. Es wird erzählt, daß Feinde mehrmals vergeblich versucht hätten, ihn zu vergiften. – Seine Zeichen sind: eine Fahne, Symbol seines Eifers als Missionar, und eine Schale oder ein Kelch, die an die gegen ihn gerichteten Vergiftungsversuche erinnern.

JEREMIA

Dieser zweite unter den großen Propheten der Bibel lebte am Ende des 7. bis am Anfang des 6. Jahrhunderts vor Christus, das das Ende der politischen Unabhängigkeit des alten Israel sah. Seiner tiefen Frömmigkeit wegen geriet er ständig in Konflikt mit seinen politischen und sozialen Überzeugungen. Obwohl er Respekt vor der Obrigkeit hatte, mußte er doch gegen den König und dessen Minister sprechen; als überzeugter Patriot mußte er gegen sein Vaterland predigen; in eine Zisterne geworfen, dann während der Belagerung von Jerusalem eingekerkert, weil er die Auslieferung der Stadt gefordert hatte, verlangt er immer wieder die Übergabe; nach der israelischen Niederlage lehnt er, gegen seinen persönlichen Vorteil, verlockende Angebote des feindlichen Generals ab; später noch fleht er seine Mitbürger an, in der leidenden Stadt zu bleiben, und als sie trotzdem wegziehen, begleitet er sie. Eine Tradition erzählt, daß er von diesen Israeliten, für die er unaufhörlich eingetreten war, in einem fremden Land gesteinigt wurde. Und das alles aus Gehorsam zu Gott, aber niemals ohne Leiden: die persönlichen Aufzeichnungen, die er hinterlassen hat und die von seinem Kampf zeugen, sind ein herzzerreißendes Dokument.

Während die drei anderen großen Propheten der Bibel, Jesaja, Hesekiel und Daniel, bei den Christen der ersten Jahrhunderts eine gewisse Beliebtheit genossen, wurde Jeremia selten erwähnt. Man begnügte sich beim Lesen des Alten Testaments nämlich damit, Bilder zu suchen, die etwas über Jesus Christus erklären könnten, um dadurch den Israeliten zu beweisen, daß Jesus unstreitig der erwartete Messias war. Diese Bilder wurden in bestimmten Epochen der theologischen Entwicklung zu Prophezeiungen, Vorhersagungen oder sogar zu Vorwegnahmen Christi. Im Buch von Jeremia aber findet man keinen Text, der in diesem Sinne hätte angewendet werden können. Das erklärt, warum dieser Prophet lange Zeit künstlerisch nur sehr wenig beachtet wurde. Wenn die Künstler jedoch das gesamte prophetische Werk darstellen sollten, haben sie ihn nicht vergessen. Lange blieb er eine Figur ohne besondere Merkmale oder Zeichen.

Später verlieh man diesem Propheten das Aussehen eines trauernden Denkers; man dachte nämlich an das Buch der Klagelieder, dessen erstes Kapitel wahrscheinlich von Jeremia ist, das aber nur Klagen über den Zerfall Jerusalems enthält. Aus diesen Darstellungen von Jeremia wurde das Wort „Jeremiaden" geformt.

Erst mit der beginnenden Renaissance hat die vielfältige und so anziehende Persönlichkeit Jeremias den Vorwurf für sehr schöne Skulpturen (zum Beispiel die von Donatello), einige Miniaturen und Mosaikarbeiten abgegeben. Man sieht, wie der Prophet gesteinigt wird, in einer Zisterne steht oder ein Buch und eine Feder in der Hand hält. Manchmal liegt zu seinen Füßen eine zerbrochene Vase, in Anspielung auf die Prophezeiung des Töpfers (Jer 18, 1–10).

JESAJA

Es ist der Name des ersten prophetischen Buches der Bibel. Es enthält die Geschichte eines Propheten, der im 8. Jahrhundert vor Christus lebte und dessen Berufung durch eine Erscheinung Gottes (Theophanie) im hochheiligen Ort des Tempels von Jerusalem (Jes 6, 1–13) geschah: Ein Seraphim läuterte Jesaja mit einer brennenden Kohle, und der Prophet erhielt den Befehl, im Namen Gottes zu sprechen. – Jesaja ist auch wegen seiner Prophezeiungen über den Messias (7, 1–16; 11, 1–10) und wegen seines Eintretens beim König Hiskia (38, 8; 2 Kön 20, 9–11) bekannt, für welchen er „den Schatten um zehn Striche" auf einer Sonnenuhr oder einer Treppe zurückgehen ließ. Eine späte Legende erzählt schließlich, daß der König Manasse, entrüstet über die Vorwürfe, die der Prophet gegen ihn richtete, Jesaja „mit einer hölzernen Säge" hätte durchtrennen lassen.

Dies erklärt, daß Jesaja, außer den Zeichen, die gewöhnlich den Propheten* vorbehalten sind, durch besondere Symbole gekennzeichnet ist: eine Glut, eine Sonnenuhr, eine Säge. Durch eine Verwechslung mit Isai, dem Vater Davids, sieht man ihn am Anfang eines Stammbaums, der bis zu Jesus Christus

reicht (siehe Jesse).
Die Prophezeiung Jesajas (in Kap. 7) wurde oft in den Katakomben, dann auf zahlreichen Miniaturen, Gemälden und Skulpturen dargestellt. Auch die Szene der Berufung des Propheten erregt Aufmerksamkeit, aber mehr um die Erscheinung Gottes zu zeigen, als um die Aussendung Jesajas zu seinen Landsleuten zu betonen. So zeigt eine Miniatur aus dem 6. Jahrhundert Gott selbst, der auf einem Thron, einem Ehrenplatz, sitzt; er hält ein Buch* in der Hand. Aber eine Inschrift über seinem Kopf sagt wortwörtlich, daß es sich um Jesus Christus handelt; es ist kein Anachronismus und keine Vorwegnahme; dadurch wird der Gedanke aufgeworfen, daß alles, was der Mensch von Gott verstehen kann, in Jesus Christus beschlossen ist; gleichzeitig wird damit eine Entwicklung des athanasianischen Begriffs der Identifikation des Vaters mit dem Sohn aufgezeigt – bis hin zur physischen Ähnlichkeit. Diese Art und Weise, die Sachverhalte darzustellen, bestand bis zur Mitte des Mittelalters fort und taucht auch gelegentlich später wieder auf. Gewöhnlich fliegen auf beiden Seiten des Throns die Seraphim mit sechs Flügeln, während Jesaja, meistens rechts, zu Füßen eines schönen Engels kniet, der sehr menschlich aussieht, obwohl er mit Flügeln versehen und manchmal mit einem kreuzförmigen Stirnreif geschmückt ist. Schon in der Renaissance gleichen sich die göttlichen und menschlichen Elemente aus, und die Berufung des Propheten wird sogar mehr betont als die Theophanie.

JESSE (Baum von Jesse)
Jesse ist der griechische Name von Isai, dem Vater Davids; so hatte die Septuaginta, die griechische Übersetzung des Alten Testamentes, die in den ersten Generationen von Christen viel benutzt worden war, den hebräischen Namen in griechische Buchstaben umgeschrieben. So liest man in dieser Übersetzung des

Buchs Jesaja (11,1): „Und es wird ein Reis hervorgehen aus dem Stamm Isais", was einen Erlöser aus der Familie Davids ankündigte. Als die Evangelien geschrieben wurden, erinnerte man sich daran, daß der Vater Jesu zu den Nachkommen dieses berühmten Königs gehörte; man sah darin den Beweis der Messianität und der vollen Menschlichkeit Christi und machte daraus ein Argument zur Bekehrung der Juden. Man veranstaltete dann historische Forschungen, und zwei unserer Evangelien enthalten einen Stammbaum der Vorfahren Jesu bis Abraham (Matt 1, 1–16) und sogar bis Adam (Luk 3, 22–38) über David und dessen Vater.

Solange die menschliche Seite Christi im Hintergrund der theologischen Disputationen gestanden hatte, hatte man kaum daran gedacht, diese Ahnentafel darzustellen. Um das 10. Jahrhundert bahnte sich dann eine Änderung an. Die ersten bekannten Stammbäume sind den biblischen Vorsätzen treu. Da es darum ging, zu beweisen, daß Christus den Prophezeiungen entsprach und daß Gott beim Eintreten in die Geschichte der Menschen den Messias angekündigt hatte, wurde diese Ahnenreihe in den künstlerischen Darstellungen streng nach dem Text von Jesaja (Jes 11,1) gezeigt: Jesse, ein Greis mit langem Bart, liegt auf dem Boden, wie ein im Schlaf oder im Nachdenken versunkener Mann. Aus seiner Brust gehen zwei Zweige oder zwei große Weinranken hervor, die sich ausstrecken, auseinander gehen, sich kreuzen und dabei verschiedene Kästchen bilden, in welchen die Ahnen Christi in mehr oder weniger großer Zahl dargestellt sind. Sie stehen, sitzen oder knien. Manchmal sieht man nur den Oberkörper, es sei denn, nur die Köpfe werden gemalt. Wie im biblischen Text führt diese Ahnentafel bis Joseph oder bis Jesus selbst, der als Säugling oder Gekreuzigter dargestellt ist. Allmählich verändert sich jedoch diese Verteilung. Anstatt Isai findet man zunächst entweder David, der an seiner Krone erkennbar ist, oder Jesaja, den Propheten, weil seine Vision eines dem David ähnlichen Königs zu einer Vorwegnahme des Stammbaums in den Evangelien wurde. Bald wird Joseph durch Maria ersetzt und schließlich das Ganze in zwei Kästchen zusammengefaßt: Im ersten sieht man Jesaja und im zweiten Maria, die ihr Kind manchmal auf dem Schoß hält. Dagegen wird das Rankenwerk mit Bildern versehen, die eine messianische Tragweite haben wollen und durch Inschriften erläutert werden: Es ist Mose vor dem brennenden Busch, den man in eine Beziehung zur Jungfräulichkeit Marias setzt, nämlich dadurch, daß das Wort in Maria gewohnt hat, ohne ihre Jungfräulichkeit zu berühren, so wie das Feuer vom Allerhöchsten den Busch nicht versengt hat. Auf der anderen Seite findet man Daniel in der Löwengrube, der die gleiche Bedeutung hatte: die Löwen*, damals Symbole der Unzucht, vermögen nichts gegen Daniel auszurichten, ebensowenig wie das, was sie versinnbildlichen, etwas mit Maria zu tun hat. – Das alles liegt jedoch so weit entfernt von den biblischen Texten, daß dieses Symbol schließlich in Vergessenheit geriet.

Man findet Stammbäume von Jesse in vielen Miniaturen, als Skulptur auf Portalen von Kathedralen, als Fresken in den Kirchen und auf Kirchenfenstern.

JESUS (Kind)

Das Jesuskind ist das Zeichen von Christophorus* (dessen Name Christus-Träger bedeutet); die Legende erzählt, daß er Jesus auf seinen Schultern beim Übersetzen eines Flusses getragen habe. Es ist auch das Zeichen von Franz von Assisi*, weil er der Weihnachtsfeier einen neuen Glanz verlieh, der immer noch fortdauert. Es ist gleichfalls das Symbol von Johannes dem Täufer, weil ein Text der apokryphen Evangelien behauptet, daß er mit Jesus, in ihrer Jugend, zusammen spielte. Es ist schließlich das Merkmal von Joseph, dem „er untertan war" (Luk 2,51) und mit dem er in der Werkstatt von Nazareth arbeitete.

JESUS (Trigramm von Jesus: IHΣ)

Der Ursprung dieses Zeichens liegt in den Gewohnheiten der Schreiber der griechischen Manuskripte des Neuen Testaments. Da der Name Jesus sehr oft in diesen Texten vorkam, haben ihn die Schreiber, ihren Gebräuchen folgend, abgekürzt: Sie schrieben nur den ersten und den letzten Buchstaben (oder auch die zwei oder drei ersten Buchstaben)

a) Verschiedene Arten, den Namen Jesus abzukürzen, entweder mit zwei oder drei Buchstaben (Trigramm).

und zeichneten einen kleinen waagerechten Strich darauf, als Zeichen der
Abkürzung. Die älteste Form davon ist
IH, das oft vom waagerechten Strich des
H durchquert ist; sie geht dem Ende des
2. Jahrhunderts voran. Schon am Anfang des 3. Jahrhunderts schrieb man in
den morgenländischen Manuskripten
IC, eine Art, die byzantinische Tradition genannt wird, während die Schreiber im Abendland sich daran gewöhnt
hatten, IHΣ zu gebrauchen.

Als das Neue Testament ins Lateinische
übersetzt wurde, hätten die Schreiber
die gleiche Methode wie die griechischen Verfasser anwenden und den lateinischen Namen von Jesus auf zwei
oder drei Buchstaben beschränken können; das Ergebnis wäre IS oder IES
gewesen. Inzwischen aber hatte sich die
griechische Abkürzung durchgesetzt
und so sehr eingebürgert, daß sie im Lateinischen so erhalten blieb, wie sie im
Griechischen war. Es ist sogar nicht unmöglich, daß man dem Namen Jesus einen ähnlichen Wert beigemessen hat,
wie die Juden es mit dem hebräischen
Tetragramm taten; die Ehrfurcht, die
Jesus und dann dem Eigennamen Retter
(der Apostel Paulus erwähnt es schon in
Phil 2,10) vorbehalten war, wurde
wahrscheinlich auf diese Abkürzung
übertragen.

Dieses Symbol brauchte fast 10 Jahrhunderte, um eine traditionelle Form zu
finden (Abb. a). Im 9. Jahrhundert, einer
Zeit, in der man stark zum Symbolosie-
ren neigte, wurde noch über die beste
Art, es mit lateinischen Buchstaben zu
schreiben, disputiert. Jonas, der Bischof
von Orleans († 844), schrieb darüber an
Amalaire, den Abt von Hornbach, daß
das griechische Sigma durch ein lateinisches S bezeichnet werden müßte, wie
das khi im Christusmonogramm durch
ein lateinisches X übersetzt worden war.
So entstand dieses merkwürdige Monogramm: IHS, dessen erster Buchstabe zu
zwei Sprachen gehört, dessen zweiter

b) Trigramm von Jesus. Wandmalerei.
14. Jahrhundert. Beaune.

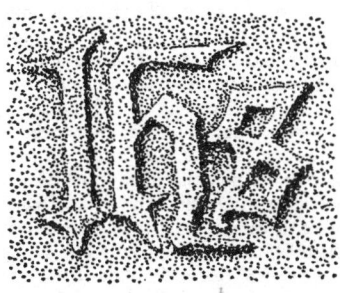

c) Trigramm von Jesus auf einer Grabinschrift aus dem 10. Jahrhundert.

griechisch und dessen dritter lateinisch
ist.

In der katholischen Kirche, wo Latein
um der Universalität willen lange Zeit
die geläufige Sprache der Religion blieb,
vergaß man sehr schnell, daß das H in
der Mitte ein êta war; man hielt es für
ein lateinisches h und schuf dadurch ein
sehr geheimnisvolles Anagramm, das
wohl der Neigung des ganzen Mittelalters zu den mehr oder weniger kabbalistischen Rätseln entspricht: JESUS
HOMINUM SALVATOR (= Jesus
Erlöser der Menschen). Die Reformatoren, die prinzipiell zu den Quellen
zurückgriffen, waren sich über den Irrtum klar, sie nahmen diese drei Buchstaben, diesmal in griechisch auf und
machten daraus ein neues Anagramm,
das fast die gleiche Bedeutung hatte:
IHΣΟΥΣ ΗΜΩΝ ΣΩΤΗΡ (= Jesus
unser Erlöser).

d) Trigramm von Jesus auf einem Schlußstein. La Sagne. 1526.

Die Form der Buchstaben dieses Monogramms folgte der Entwicklung der Schrift und hing vom Material ab, mit welchem oder auf welches geschrieben wurde (Abb. b und c). Zunächst wurden die zwei (oder drei) Buchstaben groß gezeichnet, doch schon im 7. Jahrhundert findet man sie klein geschrieben, entweder als *ic* (in den orientalischen Manuskripten), oder als *ihs* (in den abendländischen Manuskripten). Diese Buchstaben wurden noch der Zeitmode und dem Gestaltungstrieb der Schreiber ausgesetzt: zunächst sehr einfach, auf die Grundlinien beschränkt, dann mehr und mehr künstlerisch ausgestaltet, wurden sie bald mit zusätzlichen und rein dekorativen Strichen verziert, die manchmal für bedeutungsvoll und notwendig gehalten wurden, auch wenn man sie nicht ganz verstand. Im 16. Jahrhundert war diese Abkürzung sogar zu einem Monogramm geworden, in

e) Trigramm von Jesus auf einer Grabinschrift 1845.

f) Trigramm von Jesus auf einer Grabinschrift 1633.

dem die Buchstaben ineinander verschlungen waren (Abb. d). Das Abkürzungszeichen störte (das vom waagerechten zu einer Art mehr oder weniger flachem Strich geworden war); es wurde mit dem Stiel des kleinen *h* kombiniert. Dann, als man sich der Vergangenheit zuwandte, wie es in der Geschichte häufig vorkommt, und man dachte, die richtige, den Verzierungen vorangehende Tradition wiederaufzunehmen, stellte man sich vor, dieses Zeichen der Abkürzung wollte vor allem mit dem Hauptstiel des kleinen *h* ein Kreuz bilden. Deshalb findet man seit dem 17. Jahrhundert sehr oft ein lateinisches Kreuz oder ein Kleeblattkreuz in der Mitte und über dem großen H des Monogramms gezeichnet (Abb. e und f). Ohne so häufig vorhanden zu sein wie das Christusmonogramm, das es oft begleitet, ist das Trigramm von Jesus überall zu sehen. In der Malerei befindet es sich auf Fresken, Altargemälden, Miniaturen; auf Mosaikarbeiten und Kirchenfenstern; in der Skulptur auf Altarstützen oder Schlußsteinen; in der Goldschmiedekunst und Stickerei. Man sieht es in der Mitte einer strahlenden Sonne auf dem Siegel einiger Städte, wo es bedeutet, daß die Ausstrahlung der christlichen Lehre der beste soziale Zement bleibt; das gilt für das Florenz Savonaroles und das Genf Calvins.

JOHANNES (Evangelist)
Er ist der Jünger, den Jesus, nach seinen eigenen Worten „liebte" und wie er sich auch selbst in seinem Evangelium bezeichnet. Es ist bekannt, daß er einer der vertrauten Freunde Christi und wahrscheinlich der Führer einer der drei Apostelmannschaften war. Mit seinem Herrn ging er auf den Berg der Verklärung und wurde von ihm in den Garten von Gethsemane geführt.
Jedesmal, wenn die Kirche durch ein Symbol die Allmacht ausdrücken wollte, die sie der Heiligen Schrift zuerkannte, hat sie die Verfasser der vier

Symbol des Johannes-Evangeliums. Miniatur. 12. Jahrhundert

hannis schrieb und besonders die 7 Sendschreiben verfaßte, die sie einleiten.

Man erzählt auch, daß Johannes in Ephesus, wo er nach dem Tod seines Peinigers das Evangelium verbreitete, von dem Hohenpriester der Diana aufgefordert wurde, ein vergiftetes Getränk zu trinken, ohne daß ihm etwas zustieß. Er hatte diese Herausforderung angenommen und konnte die Schale leeren, die man ihm dargeboten hatte, ohne daß

Evangelien entweder als Person oder durch ihre Sinnbilder dargestellt. Letztere wurden so häufig, daß es notwendig erschien, ihnen eine Bezeichnung zu geben: So entstand der Name Evangelistensymbole*. Man muß jedoch hinzufügen, daß, als man die Evangelisten zu Beginn des Mittelalters mit einem Nimbus versah, allein Johannes nicht gleich damit geschmückt wurde. Es gibt mehrere Miniaturen und einige Skulpturen, die bis zum Ende des 13. Jahrhunderts die besondere Demut dieses Apostels auf diese Weise verdeutlichen.

Nichtsdestoweniger bemächtigte sich die Legende seiner, und sie erzählt, daß der Kaiser Domitian, der seinen Ruf erfahren habe, ihn nach Rom kommen, ihm dort die Haare schneiden ließ (da er sich vorgenommen hatte, es nie zu tun) und ihn dann in einen Kessel kochenden Öls werfen ließ; er sei aber heil und ohne Schaden daraus entkommen. Der Kaiser verbannte ihn dann jedoch nach Patmos, wo der Apostel die Offenbarung Jo-

a) und b). Der Adler des Hl. Johannes. Ungarische Schmelzarbeiten. 12. und 13. Jahrhundert.

113

ihm etwas geschah, weil er zuvor ein großes Kreuz darauf geschlagen hatte. Ein anderer Bericht erzählt, daß er ein lebendiges Rebhuhn geschenkt bekommen habe und daß es ihm gelang, es zu sich zu locken und zu streicheln; darauf habe ein junger Mann gesagt, der Evangelist sei kindisch geworden. Johannes habe aber geantwortet: „Wie man einen Bogen entspannen muß, um seine Spannkraft nicht zu vermindern, und wie ein Adler nicht immer hoch am Himmel fliegt, sondern sich auf dem Boden ausruht, so soll der Christ immer in der Betrachtung himmlischer Dinge versunken bleiben, um sich ihnen aber danach mit um so größerem Eifer widmen zu können."

Diese Erzählungen liefern die Erklärung für einige Zeichen des Johannes: den Kessel, in welchen er getaucht wurde; die Schale, durch welche er beinahe vergiftet worden wäre; die Schere, die sein Haar schnitt; das Rebhuhn, das er gezähmt hatte. Er ist jedoch häufiger mit sieben Pforten umgeben, die die Kirchengemeinden* darstellen, an welche er die Sendschreiben seiner Offenbarung richtete. Der Adler ist sein hauptsächliches Zeichen und vertritt ihn vielfach. Wenn die Jünger um Jesus versammelt sind, der das Heilige Abendmahl hält, steht Johannes immer neben seinem Herrn, nach Joh 13,23. Während die ikonographischen Typen von Petrus und Paulus schon im 6. Jahrhundert festlagen, blieben die der anderen Apostel und besonders der von Johannes frei und der Phantasie der Künstler überlassen, die sie darstellen sollten. Man findet jedoch um das 5. Jahrhundert den Typus von Johannes in einer glatt rasierten Person unter all den anderen bärtigen Aposteln. Dieses Merkmal trifft jedoch nicht immer zu.

JOHANNES DER TÄUFER

Er war der Sohn von Zacharias* und Elisabeth*, ein naher Verwandter Jesu. Ungefähr mit 30 Jahren zog er sich in die Wüste von Juda, zwischen den Hügeln von Juda und dem Salzmeer, zurück und nährte sich von dem, was sich gerade bot, „von Heuschrecken und wildem Honig". Er trug ein Kleid aus „Kamelhaar" (Mark 1,6); man hat oft gedacht, es handele sich um ein Kamelfell, wahrscheinlich aber war es ein Kleid aus grobem Stoff, der aus Kamelwolle gewebt wurde – anscheinend das alte Kleid der Nomaden, das zur Zeit der Könige zum typischen Kleid der Propheten geworden war (2 Kön 1,8; Sach 13,4). Johannes der Täufer hatte Jünger und nannte ihnen Jesus als den zu erwartenden Erlöser mit den Worten: „Siehe, das ist Gottes Lamm" (Joh 1,29). Er taufte Jesus, predigte die Buße und warf Herodes, dem König, den Jesus einen Fuchs nannte (Luk 13,32), seine Unzucht vor; darauf ließ der König den Propheten auf die Bitte seiner Stieftochter Salome, nach der weltbekannten Szene (Matt 14, 3–12) enthaupten (die sogenannte „Enthauptung Johannes des Täufers").

Johannes der Täufer erscheint in der Kunstgeschichte zusammen mit der Taufe* Jesu. Jedoch von dem Augenblick an, wo die Reinheit der christlichen Lehre der Frömmigkeit gleichgestellt wurde, galt er hauptsächlich als Vorläufer Jesu Christi. Vom 11. Jahrhundert an erscheint er besonders in dieser Bedeutung am Fuß des Kreuzes auf Golgatha. Um ihn zu kennzeichnen, verleiht man ihm die Bewegung dessen, der auf den Gekreuzigten weist; er ist auch manchmal von dem Lamm begleitet, mit dem er Christus verglich: Der Prophet trägt es in seinen Armen oder auf den Schultern, es sei denn, es liegt vor seinen Füßen; öfters wird das Lamm auf einer Platte dargestellt, die Johannes der Täufer auf seinem Arm hält. – Wenn der Prophet allein steht, umfaßt er gelegentlich ein Kreuz oder eine Palme, Zeichen seines Myrtyriums, oder eine Lilie, Symbol seiner Unschuld. Manchmal zertritt er einen Fuchs, was an die Vorwürfe erinnert, die er Herodes machte. Sehr oft hält er seinen eigenen Kopf, oder Salome bietet diesen auf einer Schüssel dar. Dieser Prophet ist meistens mit einem Tierfell bekleidet; er trägt in der Hand das Beil, durch welches er enthauptet wurde und ist von Heuschrecken begleitet. Seltener wird er in einem Gefängnis, dem der Festung von Macheronte, dargestellt.

JONAS

Die Geschichte von Jonas wurde in der christlichen Antike häufig dargestellt, weil man aus ihr das Bild des Todes und der Wiederauferstehung Christi ablas. Christus hatte sich mit Jonas verglichen (Luk 11, 29–32; Matt 16, 4 usw.). Seine Zuhörer verlangten ein Wunder von ihm. Sofort denkt Jesus an das „Wunder von Jonas", das heißt, an die Tatsache, daß Gott die Leute von Ninive durch die Predigt von Jonas bekehrt hatte. Er sagte sich: Ein Wunder ist möglich, wenn sie durch meine Worte die Obrigkeit Gottes über ihr Leben setzen, wie es früher in Ninive geschah. Jesus war so sehr mit religiösen Dingen beschäftigt, daß er eben darin das Wesentliche und das Wunderwirkende in der sehr bekannten Geschichte dieses Propheten von früher erblickte. – Wenn man aber vom „Wunder von Jonas" sprach, dachten die realistischen, wenn nicht rationalistischen Geister gleich an die fabelhafte Seite dieser Geschichte und staunten, daß ein Mensch von einem Seeungeheuer verschlungen und dann lebendig auf das Ufer zurückgeworfen werden konnte. Für sie lag „das Wunder von Jonas" in dieser Tatsache. Dieser Übergang von einer orientalischen zu einer abendländischen und lateinischen Denkart erklärt, daß das Wunder (einer wirksamen Predigt) von Jonas – und entsprechend Jesu Christi – zum Wunder (der Rückkehr zum Leben) wurde und folglich den Tod, aber vor allem die Wiederauferstehung Jesu versinnbildlichte.

Schon sehr bald stellte der verschlungene und zurückgeworfene Jonas den

Ungeheuer, das Jonas verschlang. Symbol des Todes. Katakomben. Rom. 2. Jahrhundert.

Tod und die Wiederauferstehung aller Gläubigen dar, was nur noch in losem Zusammenhang zu den biblischen Texten steht. Jonas wurde zu einem handgreiflichen Symbol der Wiederauferstehung des Christen und daher kommt auch die außerordentlich hohe Zahl seiner Darstellungen.

Schon am Ende der ersten Jahrhunderte sieht man diese Geschichte auf Fresken und Gräbern, die dadurch die Gewißheit der Wiederauferstehung dokumentieren. Lampen, Gläser, Edelsteine, Tonfliesen sind mit dieser Geschichte ausgeschmückt. Man findet sie auf zahlreichen Sarkophagen; sie wurde auf Schatullen und Reliquienschreine graviert, auf Kirchenfenster, Anhänger und viele Miniaturen gemalt. Es sind 250 solcher Darstellungen bekannt.

Das am häufigsten dargestellte Thema ist natürlich der Augenblick, in dem Jonas ins Meer geworfen und vom Seeungeheuer verschlungen wird. Es scheint sogar, daß sich eine Tradition, eine Art Stilisierung dieser Erzählung, bildete: Seeleute werfen den Propheten ins Meer; er taucht kopfüber, beide Arme erhoben. Das Ungeheuer ist sehr oft eine Art Seepferd, mit phantastischen Verzierungen geschmückt, die grauenhaft sein wollen: drohende Hörner, dornige Ohren, übergroßer Elefantenrüssel usw.; es verdeutlicht ja den Tod!

Da es darum ging, ein Wunder darzustellen, wurde die Frage nach der Echtheit und Wahrscheinlichkeit dieser Geschichte nicht gestellt. Man versuchte bloß durch eine – wenn auch fabelhafte – Zeichnung auszudrücken, daß für jeden, der sich bemühte, nach dem Willen Gottes zu leben, die Möglichkeit besteht, auf ein anderes Ufer zurückgeworfen zu werden, auch wenn sich der Tod zwangsläufig jedes Menschen bemächtigt; für die Atheisten waren es Phantastereien, für den gläubigen Christen aber eine Gewißheit.

Der Hl. Augustin erzählt, daß er, als er eines Tages das Gerippe eines Walfisches sah, seine Zuhörer darauf aufmerksam machte, daß man mehrere Personen in einem Wal unterbringen könne und die Künstler statt der Ungeheuer und fabelhaften Drachen, die sie dargestellt hatten, einfach einen Walfisch malen könnten. Diese Beweisführung ist von vornherein falsch, da die Kehle eines Walfisches für den Durchlaß eines menschlichen Körpers bei weitem nicht breit genug ist. Diese Bemerkung zeigt aber, daß man damals fast nicht mehr wußte, daß ein solches Ungeheuer, viel mehr als der rätselhafte Fisch aus der Bibel, den Tod darstellte.

Was noch mehr auffällt, ist die Tatsache, daß Gott oder ein Zeichen seiner Anwesenheit, nirgends erscheint, während er im biblischen Text, der Hauptdarsteller der ganzen wunderbaren Geschichte ist. Sonst (zum Beispiel in der Schilderung des Opfers Isaaks) sieht man einen einschreitenden Engel oder eine Hand, die vom Himmel herabkommt. Hier nichts dergleichen. Diese Bilder hatten eben schließlich viel mehr das Grauen, das dem Tod gegenüber empfunden wird, als die Wiederauferstehung ausgedrückt. So erklärt sich wahrscheinlich die allgemeine Entfremdung diesem Symbol gegenüber und dann seine fast vollkommene Aufgabe.

Die zweite oft dargestellte Szene der Geschichte dieses Propheten zeigt ihn unter einem Baum, der entweder mit dichtem Laub versehen oder vollkommen kahl ist. Dies bedeutet eine Anspielung auf die Parabel, die das Buch Jonas schließt (Jon 4, 5–11) und verdeutlicht, daß, wenn Jonas mit Recht Mitleid zu einem Baum empfindet, Gott auch barmherzig zu den Büßenden ist. Wie heißt aber dieser Baum? Das hebräische Wort *kikajon* bezeichnet den Rizinus. Die Septuaginta aber (die griechische Übersetzung des Alten Testaments, die aus dem 3. Jahrhundert vor Christus stammt) übersetzt dieses Wort durch *kolokunte* = Kürbis, was mehrere Jahrhunderte lang als anerkannt galt. Hieronymus* gab diesem Wort jedoch in seiner berühmten lateinischen Übersetzung der Bibel die Bedeutung *hedera* = Efeu. Sein Freund Rufinus von Aquilea war außer sich und meinte, eine solche Verbesserung setze voraus, daß die Septuaginta sich geirrt habe, was zu dem Schluß führe, daß diese Übersetzung (in diesem bestimmten Punkt) nicht unter dem Einfluß des Heiligen Geistes gestanden habe; er fragte sogar, was aus den Fresken werden solle, die Jonas unter einem Kürbis darstellen, ob sie nicht etwa verbessert werden sollten, wobei dieses Gewächs durch Efeu ersetzt werden müsse, solange bis diese Pflanze wiederum durch einen anderen Baum ausgetauscht werde. Das war der Ursprung eines merkwürdigen Streits zwischen diesen zwei Kirchenvätern, den sie beide nicht beizulegen wußten. Viele Künstler hatten Jonas unter einem Rebstock dargestellt, der eine Ranke trug, die mit Kürbisblättern und -früchten versehen war; diese Früchte waren mehr oder weniger länglich und sahen wie junge Kürbisse aus. Der Streit ging von den Theologen auf die Gläubigen über und war nichts destoweniger peinlich. Als ein Bischof es wagte, den biblischen Text in der neuen Auffassung von Hieronymus vorzulesen und von Efeu redete, gab es eine große Aufregung. Man sprach von Frevel. Ein Aufruhr folgte. Der Hl. Augustinus schrieb daraufhin Hieronymus einen langen Brief und dieser antwortete ihm verbittert; er erkannte aber nach dem bösen Wortwechsel über seinen Widersacher, daß es im Lateinischen kein Wort gab, das der Pflanze entsprach, um die es ging, denn sie war im Abendland unbekannt. Das alles erklärt aber zunächst, daß der Kürbis, der Flaschenkürbis oder der junge Kürbis zu den ständigen Zeichen von Jonas geworden sind.

JOSEPH (Sohn von Jakob)
Die ergreifende Geschichte Josephs, des Sohnes des Patriarchen Jakob, hätte die Künstler schon in den ersten Zeiten des Christentums zu Darstellungen anregen können. Das war jedoch nicht der Fall. Zu einer Zeit, in der die Rechtmäßigkeit der christlichen Lehre umstritten war, kam niemand auf den Gedanken, die Geschichte der Vorbereitung dieser Religion durch Fresken oder Skulpturen öffentlich darzustellen. Ferner hatte das Neue Testament von keinem der Berichte, die Joseph betreffen, Gebrauch gemacht (angefangen von dem väterlichen Geschenk einer kostbaren Tunika bis zu seinem Aufstieg zum Amt des Statthalters Ägyptens), um ein Wort Jesu, eine wichtige oder weniger bedeutsame Handlungsweise in seinem Leben zu verdeutlichen oder zu verkündigen. So wurde die Geschichte dieses Mannes während der drei ersten Jahrhunderte unseres Zeitalters vollkommen vernachlässigt.
Im vierten Jahrhundert dagegen findet man bereits Darstellungen von Joseph in Kirchen. Um Basiliken zu verzieren, zeichneten die Künstler dieser Epoche gewöhnlich links solche Berichte aus dem Alten Testament, die (wie die Sintflut oder die Opferung Isaaks) Szenen aus dem Leben Christi oder der Christen ankündigten oder sogar vorwegnahmen, während rechts Verwirklichungen dieser Prophezeiungen (die Taufe Jesu oder sein Tod) zu sehen waren. In solchen Zusammenstellungen fand Joseph bald seinen Platz, da das Prinzip der Vorwegnahme nicht mehr eine einfache Veranschaulichung der Bibel, sondern wohl ein Begriff der christlichen Lehre war. So findet man in der Ambrosius-Kirche von Mailand die Geschichten, wie Jakob dem Joseph die Tunika überreicht, Josephs Versklavung in Ägypten, die Anklage gegen ihn durch die Frau des Potiphar, aber auch seinen Aufstieg zur Spitze der ägypti-

schen Verwaltung; das alles versinn- bildlichte Christus, der ebenfalls durch seine Brüder, die Israeliten, gelitten hat und auch von Juda verraten und verkauft wurde.

Noch andere Szenen sind auf verschiedenen Fresken geschildert. Im Hochmittelalter aber verliert das Leben Josephs zunehmend diese vorwegnehmende Bedeutung und bald sogar seinen geschichtlichen Zusammenhang. Es besitzt nur noch einen moralischen Wert. So sieht man diese Erzählungen in Bilderbibeln, auf Stoffen oder Elfenbeinplatten dargestellt.

Die geläufigsten Zeichen Josephs sind die sieben Kühe des Traums des Pharao (1 Mose 41, 1–40), aber auch die Zisterne, in welche er geworfen wurde (1 Mose 37, 24), seine blutige Tunika, die Jakob zurückgebracht wird (1 Mose 37, 33), oder der Mantel, den er in den Händen der Frau des Potiphar ließ (1 Mose 39, 12).

JOSEPH (Vater von Jesus)

Die Bibel gibt uns recht wenig Auskunft über ihn, und er erregt kaum das Interesse der Christen in den ersten Jahrhunderten. Die seltenen Darstellungen in Szenen der Geburt Christi zeigen ihn als gedrungenen, bärtigen, rüstigen und kräftigen Mann. Man sieht ihn in der Szene der Flucht nach Ägypten (erst im 6. Jahrhundert) wieder, dann, aber viel später erst, bei der Trauung der Jungfrau Maria. Er bleibt aber immer eine kräftige Figur, die einen kurzen und lockigen Bart trägt.

Um Joseph von den anderen zu unterscheiden, setzt man ihm die scheußliche Mütze auf, die im ganzen Mittelalter die Juden charakterisierte. – Die „Goldene Legende" erzählt, wie er zum Gemahl von Maria erwählt wurde: Bei einem Fest ließ sich eine Stimme im Tempel von Jerusalem vernehmen, die allen Mitgliedern aus dem Haus David befahl, mit einem Stab vor Gott zu treten. Die geheimnisvolle Stimme fügte hinzu, daß derjenige, dessen Stab Blätter treiben würde, der Auserwählte sei. Als Joseph vortrat, trieb sein Stab Blätter. Wegen dieser Legende hält er also in seiner Hand einen Stock mit Blättern. – Weil man sich daran erinnerte, daß Joseph nur der Pflegevater von Jesus war, und um die Keuschheit zu zeichnen, die ihm diese Lehre verleiht, trägt er eine weiße Lilie. – Um ihn als Zimmermann von Nazareth kenntlich zu machen, hält er einen Hobel, eine Reißschiene oder ein Stemmeisen.

JUDA

Er war einer der zwölf Apostel. Die Bibel gibt keine Auskunft über sein Leben. Dagegen erzählen Texte, die mehrere Jahrhunderte später geschrieben wurden, daß er das Evangelium zunächst in Libyen verbreitet habe. Er sei der Bruder von Jakobus dem Jüngeren* und sei sein Nachfolger als Bischof von Jerusalem geworden. Dann sei er nach Mesopotamien und sogar nach Persien gezogen, um dort das Evangelium zu verkündigen, und sei dort gemartert worden: An ein Kreuz gebunden, sei er, von Pfeilen durchbohrt, gestorben.

Das Kreuz und die Pfeile, die Instrumente seines Martyriums, gehören zu seinen Zeichen. Ein Schwert oder ein Knüppel werden hinzugefügt, weil andere Traditionen versichern, er sei enthauptet oder erschlagen worden. Manchmal hält er den Brief in seiner Hand, der unter die Apostelbriefe des Neuen Testaments aufgenommen wurde.

JUDAS

Er war einer der zwölf Apostel, und als der für alle Besorgungen zuständige Jünger konnte er jederzeit ohne weiteres weggehen, ohne ihre Aufmerksamkeit auf sich zu lenken. Er setzte sich mit den Hohenpriestern in Verbindung, um ihnen die Möglichkeit zu verschaffen, sich nachts, an einem abgelegenen Ort, Jesus zu bemächtigen. Jesus gab ihm selbst die Gelegenheit, seinen Verrat durchzuführen. Mit Soldaten von der Wache des Tempels verfolgte Judas Jesus und lieferte ihn aus, indem er ihm einen Kuß gab. Panik ergriff die anderen Jünger, die flüchteten. Auch Judas verschwand, später aber erfuhr man, daß seine Handlungsweise ihn reute, daß er das Geld seines Verrats zurückgeben wollte und sich selbst erhängte.

Erst spät wurde Judas von christlichen Künstlern dargestellt. Sie drückten zunächst die Abneigung aus, die sie diesem Verräter gegenüber empfanden: Die ersten Bilder von Judas zeigen ihn vor den Schriftgelehrten und Hohenpriestern des Tempels, von denen mindestens einer eine ablehnende Bewegung macht, als wolle er diesen erbärmlichen Wicht zurückweisen. Man hat auch behauptet, es sei das Zeichen einer Verhandlung, durch welches der Priester den von Judas verlangten Preis herabsetzen möchte. Manchmal ist Judas zusammen mit einem oder zwei Soldaten auf der Suche nach Jesus. Die am häufigsten dargestellte Szene ist die, in der sich der Verräter erhängt. Auf einigen Sarkophagen findet man dann den sogenannten „Judaskuß", der aber die Gewißheit der Vergebung Gottes ausdrückt; wenn Jesus seinem Verräter verziehen hat, dann wird Gott dem Christen um so mehr seine Sünden vergeben.

Das Mittelalter zeigte sich Judas gegenüber sehr streng, es erblickte in ihm den größten Sünder der Menschheit; deshalb teilten ihm die Künstler, nach Dante, einen schrecklichen Platz in der Hölle zu: Im Hintergrund dieses Ortes ewiger Strafen steckt sein Kopf in Satans Rachen, der unaufhörlich auf ihm herumkaut.

Über die Person des Judas hat man jedoch jederzeit der Phantasie freien Lauf gelassen, sei es in der darstellenden Kunst, in der Literatur, in der Philosophie oder sogar in der Theologie. Aus ihm wurde ein frühzeitiger Gnostiker, ein Besessener, ein vor Seelenschmerzen gestorbener Verkannter, ein wissenschaftlicher Geist, der sehen wollte, um zu glauben usw. Als Beispiel erzählte man im 15. Jahrhundert folgende Legende über die 30 Silberlinge: sie sind von Tare, dem Vater Abrahams, geprägt worden. Ismael bekam sie als Anteil seiner Erbschaft. Seine Nachfolger gaben sie den Brüdern Josephs, als dieser von ihnen verkauft wurde. Sie dienten dazu, Weizen in Ägypten zu kaufen, von wo aus sie ins Land der Königin von Saba gingen, die sie Salomo schenkte. Von da an lagen sie in Jerusalem, im Tempelschatz. Nebukadnezar bemächtigte sich des Tempels, gab sie dem König von Nubien: Melchior, der König dieses Landes, brachte sie nach Palästina zurück und schenkte sie Maria, bei der Anbetung des Jesus-Kindes. Joseph verlor sie aber in der Wüste. Sie wurden von einem kleinen Hirten aufgelesen, der, nachdem er blind geworden war, von Jesus geheilt wurde. Aus Dankbarkeit zu Gott brachte er sie zum Tempel, wo sie ihren Platz im Schatz wiederfanden. Daraus entnahmen sie die Priester, um sie Judas zu geben. Als der Verräter ihnen die Geldstücke ins Gesicht warf, lasen sie sie auf und kauften einen Acker. Von nun an wurden sie in der ganzen Welt zerstreut, einige unter ihnen wurden zu andachtsvoll gepflegten Reliquien!

In den Gemälden, die Judas darstellen, erkennt man ihn an der Börse, die er trägt, da er der Schatzmeister der Jünger war. Sein Kopf ist manchmal von einem ihm eigenen, schwarzen Nimbus umgeben.

JUDEN

Die ersten Generationen von Christen empfanden keine grundsätzliche Feindseligkeit den Juden gegenüber. War Jesus selbst kein Jude? (Joh 4,9; 4,22). Man würde in den Katakomben Symbole einer Abneigung ihnen gegenüber vergebens suchen.

Die christlichen Kaiser schränkten als

Opfer der israelischen Priester. Miniatur. 1285.

erste die Rechte der Juden ein und sonderten sie unter dem Vorwand von den anderen Völkern ab, sie würden sich selbst absondern. Vom 5. bis zum 7. Jahrhundert fanden Synoden statt, die sogar den Christen verboten, mit ihnen oder bei ihnen zu wohnen. Im Mittelalter vor allem, schon im 12. Jahrhundert, wurden sie ihrer Güter beraubt und verbannt, was bestimmte Erlasse der damaligen Kirche als „Strafe Gottes" dafür rechtfertigt „daß sie den Messias verworfen und gekreuzigt haben". Aus dieser Zeit stammt die Legende des „ewigen Juden": Sie erzählt, daß ein Schuster aus Jerusalem Christus, der sein Kreuz trug, nicht erlaubt hätte, sich eine Weile vor seinem Laden hinzusetzen und daß er ihn beschimpft hätte; Christus aber hätte ihn dazu verurteilt, unaufhörlich in der Welt umherzuirren,

ohne Rast und ohne sterben zu können. Wer aber solche Unsinnigkeiten behauptet, verkennt gründlich die Denkart Christi und den Inhalt der Bergpredigt! Aus dieser Zeit stammen die Bilder des ewigen Juden mit einem Stock in der Hand, einem langen und spitzen Bart und langen Haaren an den Schläfen. Was aber die Juden im Mittelalter besonders kennzeichnet, sind die spitzen Mützen, die ihnen ständig aufgesetzt wurden; der Hund oder die Natter begleiten sie und drücken die Abneigung aus, die diese Tiere hervorriefen. Der Stern mit sechs Spitzen, auch Davids-Stern genannt, ist nur zu bestimmten kurzen Zeiten das Zeichen des Judentums gewesen.

JUDITH

Unter den apokryphen Büchern der Bibel findet man die Geschichte Judiths, dieser jüdischen Heldin, die die Festung von Bethulie befreite, als diese von Holopherness, einem General von Nebukadnezar, belagert wurde. Sie sei zum feindlichen General gegangen; nachdem sie ihn überwältigt hätte, sei es ihr gelungen, ihn zu töten, sogar zu enthaupten und seinen Kopf in einer ledernen Tasche mitzunehmen. – Ihre Zeichen beziehen sich selbstverständlich auf ihre Heldentat: ein Dolch, eine Tasche und der Kopf von Holophernes.

JULIAN

Die katholische Kirche hat 42 Christen heiliggesprochen, die den Namen Julian geführt haben. Oft wurde einem unter ihnen das zugeschrieben, was die Geschichte oder die Legende dem anderen zuerkennt.

Einer unter ihnen wird auf einem Kamel, beide Hände hinter dem Rücken gebunden, dargestellt. Es ist Julian von Alexandrien, der auf diese Weise bis zum Ort seiner Marter († 250) geführt wurde.

Einem anderen sind Hände und Füße an einer Tür festgenagelt, während ein Henker ihm einen riesigen Nagel in den Schädel einschlägt. Es ist Julian von

Emesius, ein christlicher Arzt, der um dieselbe Zeit des Märtyrertods starb. Derjenige aber, der am häufigsten dargestellt wurde, ist Julian der Arme oder Hospitator (der Gastfreie) (diese letztere Bezeichnung kommt wahrscheinlich von einer Verwechslung mit Julianus Hospitator, einem reichen Ägypter, der sein Leben und seinen Reichtum wohltätigen Zwecken widmete und der um 310 starb). Die „Goldene Legende" erzählt, daß ein Hirsch, den er verfolgte, ihn plötzlich ansprach und ihm vorwurfsvoll prophezeite, er würde seinen Vater und seine Mutter töten. Er floh vom Elternhaus, um ein solches Schicksal zu vermeiden, die Prophezeiung verwirklichte sich aber trotzdem. Von seiner Handlung erschüttert, flüchtete Julian, die einen sagen allein, die anderen behaupten, daß seine Frau ihn begleitete. Nach langer Pilgerreise setzte er seine Kräfte dazu ein, die Reisenden über einen Fluß, von einem Ufer zum anderen zu tragen oder überzusetzen. So beförderte und pflegte er sogar einen Engel oder Christus selbst, als er ihm seine Vergebung ankündigte. – Der Hl. Julian dieser Legende ist vor einem Hirsch, der ihn mit Verachtung anschaut, oder an einem Fluß oder in einem alten Kahn dargestellt. Bisweilen trägt er das Pilgergewand. Man sieht ihn auch vor einem Bett, beim Pflegen eines Kranken, der meist ein Aussätziger ist. Gewöhnlich ist er allein; manchmal ist er von seiner Frau begleitet, die seine Strafe teilt.

JUNGFRAU (Heilige) →Maria
JUNGFRAUEN (zehn)
Der Sinn des Gleichnisses der 10 Jungfrauen (Matt 25, 1–13) bezieht sich auf die Auferstehung Christi, die durch das Kommen des Bräutigams versinnbildlicht wird. Unter den Menschen betreten die einen mit ihm das Himmelreich; für die anderen bleibt das Tor dieses Ortes geschlossen.
Ungefähr zehn Jahrhunderte lang wurde dieser Bericht nicht dargestellt. Diejenigen, die sich damit beschäftigten, suchten ein Rätsel hinter der Zahl der Jungfrauen, die auf den Bräutigam warten, und hatten daraus geschlossen, daß sie die fünf Sinne des Menschen verkörperten, von denen man einen guten Gebrauch machen mußte, um ewig mit Christus zu bleiben. Man muß zugeben, daß das kein plastisches Bild hervorrief. – Außerdem wurde die Auferstehung Christi lange für eine gegenwärtige Tatsache gehalten. Gegen Ende des ersten Jahrtausends aber erkannte man sie als historisches Geschehnis und projizierte sie in die Zukunft, um die „Rückkehr Christi" zu erwarten. Nach gewissen Texten der Offenbarung Joh., die nicht ohne Phantasie interpretiert wurden, wurde das Datum dieses Ereignisses vorher und hauptsächlich auf das Jahr 1000 und dann auf 1260 festgesetzt. Der Begriff vom Jüngsten Tag*, der dieses zweite Kommen Jesu begleitet, wurde in der Frömmigkeit geläufig, und da das Gewicht der zehn Jungfrauen damit verbunden ist, taucht es sehr oft in den angefertigten Darstellungen dieser Wiederkehr auf. Zur gleichen Zeit aber veränderte sich der Sinn des Gleichnisses und schien hauptsächlich den Aufruf zu enthalten, sich auf das ewige Leben und daher auf das ihm vorangehende Gericht vorzubereiten; das bedeutete: Öl in seiner Lampe haben. Dies erklärt, daß man eine Veranschaulichung dieses Gleichnisses am Hauptportal der großen gotischen französischen Kathedralen findet: Amiens, Auxerre, Bourges, Laon, Paris, Reims, Sens, Straßburg.
Das häufigste Zeichen, das die zehn Jungfrauen unterscheidet, ist das, das im Gleichnis selbst erwähnt ist: eine Lampe oder, genauer gesagt eine Fackel, denn eine kleine Öllampe kann nicht im Freien verwendet werden. Sie brennt in der Hand der klugen Jungfrauen und ist in der der törichten Jungfrauen erloschen. – Ein Hinweis auf ihren Charak-

ter konnte schwer gegeben werden; nur ein sehr großer Künstler vermochte es durch die Gesichtszüge oder die Haltung der Körper zu zeigen. Man kam auf den Gedanken, die ersten mit einem Schleier der Bescheidenheit zu versehen, während die törichten Jungfrauen barhäuptig waren. – Um schließlich ihr Schicksal auszudrücken, stellt man neben sie ein Tor*, Symbol der Kirche; es steht offen oder geschlossen, da es, nach katholischer Lehre außerhalb der Kirche kein Heil gibt, weder in dieser Welt noch in der anderen.

JÜNGSTER TAG

Bei vielen Völkern besteht kein Zweifel über das Gericht der Seelen nach dem Tod der Menschen, und zwar schon in der frühen Antike. Die Bibel selbst erwähnt es auch: „Und wie dem Menschen gesetzt ist, *einmal* zu sterben, danach aber das Gericht", sagt ganz deutlich der Brief an die Hebräer (9,27). Der Apostel Paulus ist davon überzeugt: „wir müssen alle offenbar werden vor dem Richtstuhl Christi" (2 Kor 5,10; 2 Tim 4,1).

Die christlichen Künstler, die den Jüngsten Tag darzustellen hatten, haben manchmal die plastischen und literarischen Werke der Alten zum Vorbild genommen. In den Katakomben jedoch, wo die Christen aus den ersten Jahrhunderten unseres Zeitalters begraben wurden, findet man manche rein christlichen Andeutungen auf das Leben der Gläubigen im Jenseits. Auf dem Friedhof von Cyriakus, zum Beispiel, zeigt ein Fresko aus dem 4. Jahrhundert einen Jüngling mit einem Nimbus (es ist Christus), vor welchen eine Seele tritt, die als Beterin mit gestreckten Armen dargestellt ist; sie wird ins ewige Leben empfangen. Später erscheinen neben Christus die Heiligen der Kirche. Auf anderen Darstellungen legt Christus die rechte Hand auf den Kopf eines Schafs, während er mit der linken Widder forttreibt; diese Anspielung auf die Parabel des Jüngsten Tags bedeutet, daß dem Verstorbenen die Gnade des Heils erteilt worden ist.

Im 6. Jahrhundert erscheint der Jüngste Tag der ganzen Gemeinde in einer apokalyptischen Sicht des Weltuntergangs. Christus sitzt immer öfter auf einem Thron; in der Hand hält er das Buch der Evangelien; man neigt aber dazu, es als das Buch zu deuten, in welchem alle menschlichen Handlungen niedergeschrieben sind; Engel umgeben ihn; im unteren Teil solcher Gemälde erscheinen die Wiederauferstandenen. Diese Tradition scheint sich im 9. Jahrhundert gebildet zu haben. Bereits am Ende des 11. Jahrhunderts steht manchmal der Erzengel Michael für Christus als Richter der Seelen; später findet man ihn immer öfter in dieser Rolle.

Im 12. und 13. Jahrhundert sah man das Thema des Jüngsten Tags, anstatt Christus als Oberhaupt der Kirche, auf dem Tympanon der Hauptportale der Kathedralen (Autun, Paris, Amiens usw.) abgebildet; dies hat die Verbreitung der Vorstellung einer Teilung der Seelen in Auserwählte und Verdammte beschleunigt. Es bildete sich eine Tradition, die allmählich erstarrte. Gewöhnlich finden sich die Auserwählten links und die Verdammten rechts. Sie sind durch den Erzengel Michael voneinander getrennt, der die Waage in der Hand hält. Die Verdammten sind zunächst von einem Dämon gefesselt, später von mehreren Teufeln ergriffen und werden schließlich gefoltert, bevor sie in die Hölle geworfen werden, die wiederum durch den offenen Drachen eines Ungeheuers dargestellt ist. Auf der anderen Seite stehen zunächst die Auserwählten ruhig nebeneinander; ihre Köpfe sind alle nach hinten gebeugt, um sich Christus zuzuwenden, der im obersten Teil thront. Später tanzen die Auserwählten vor Freude oder werden von Engeln zu den himmlischen Gefilden geführt; im 16. Jahrhundert werden diese durch einen Säulengang dargestellt; es ist der

Eingang zum Paradies, wo Petrus (oder ein Engel) sich geradezu seitlich an das offenstehende Tor drückt, um einen kräftig aussehenden Würdenträger der Kirche, mit der Mitra auf dem Kopf, vorbeigehen zu lassen.

K

KAMEL

Man findet in den Fresken der Katakomben keine Darstellung von Kamelen, obwohl man dort Szenen der Anbetung durch die Weisen gefunden hat. Auf vielen Sarkophagen aber sind sie in Zusammenhang mit den Königen aus dem Morgenland zu sehen, als diese in Bethlehem ankommen; das Kamel taucht in Abbildungen der Geschichte von Joseph in Ägypten und von Elieser auf, der nach Mesopotamien gezogen war, um eine Frau für den Sohn seines Herrn zu suchen. Schon in der Renaissancezeit haben die Künstler, die diese verschiedenen Szenen dargestellt haben, mit mehr oder weniger Realismus Kamele gemalt und ausgemeißelt, die auf diese Art zum Symbol des Reichtums und des Heidentums des Morgenlands wurden. – Ein Kleid aus Kamelhaaren (oder aus Kamelfell nach jüngeren Texten) trägt Johannes der Täufer (nach Mark 1,6).

KANZEL

Das Wort Kanzel ist von dem griechischen *Katheder* abgeleitet, das alle möglichen Sitzgelegenheiten bezeichnet: Thron, Lehnstuhl, Hocker, Bank usw. Die Römer nannten cathedra einen Stuhl gewissen Umfangs: Er war aus Holz, manchmal mit Elfenbein- oder Marmortäfelung ausgelegt; Stoffe und Kissen ergänzten seine Ausstattung. Die Senatoren ließen sich in solchen Stühlen von ihrem Haus bis zum Sitz des Senats bringen. Rethoren und Philosophen nahmen dieses Verfahren auf, um ihrer Lehre mehr Gewicht und Würde zu verleihen. Die ersten Bischöfe der christlichen Kirche taten es auch, so daß die cathedra (Kanzel) sehr schnell zu einem Einrichtungsstück in den Kirchengebäuden wurde. Man stellte diese Kanzel hinter den großen Altar, am Ende der Apsis, in der Achse der Basilika; man ahmte die Gerichte nach, in denen der Richter eben diesen Platz einnahm. Zur Zeit der Verfolgungen waren sie einfache Stühle aus Stein, aber sobald das Christentum als rechtmäßige Religion anerkannt wurde, wurden sie mit immer prunkvolleren Ausschmückungen ausgestattet. Sie trugen zunächst einfache Darstellungen des christlichen Glaubens: das Kreuz, das Christusmonogramm, das A und Ω, später biblische Szenen: die Anbetung der Weisen, Johannes den Täufer und die Evangelisten. Bis dahin bedeuteten diese Verzierungen, daß der Bischof ausschließlich nach der Bibel predigte. Später wurde die Bischofskanzel erhöht; wenn der Bischof auf einer Kanzel saß, ruhten seine Füße auf einer Stufe und stützten sich auf zwei liegende Löwen*, was das Symbol seiner Macht in der Kirche versinnbildlichte, die er durch göttliches Recht regiert. Es ist ein Ehrenstuhl, aus welchem man die Gemeinde anredet. Allmählich und durch eine Verwechslung mit dem Ambo* und dem Lettner*, erhöhte man die Kanzel auf Säulen, die manchmal selbst auf geformten Löwen standen. Die Szenen, die für die Ausschmückung dieser Kanzeln ge-

Steinerne Kanzeln. Vor dem 5. Jahrhundert.

wählt wurden, stellten den Bischof mit Christus selbst oder mit dem Heiligen Geist gleich und drücken auf diese Weise aus, wohin die Kirche die Rolle des Priesters entwickelt hat. Es gibt auf ihnen weiterhin Mosaik- und Bildhauerwerke, die in einem Wirrwarr von Blumen und Blättern entweder Christus beim Lehren oder ein beliebiges Symbol des Heiligen Geistes oder auch Engel mit Posaunen darstellen. Zu dieser Zeit standen nämlich nicht Belehrung der Gläubigen oder Aufrufe, ein christliches Leben zu führen, im Mittelpunkt der Predigten, sondern die Ausrufung der Autorität der Kirche.

Es gibt sogar einen Tag „der Kanzel vom Heiligen Petrus", der am 18. oder am 22. Februar in der römischen Liturgie gefeiert wird.

KATHARINA (Heilige)

Es gibt mehrere Trägerinnen dieses Namens im katholischen Kalender: Katharina von Alexandrien († zwischen 307 und 311), Katharina von Siena († 1380), Katharina von Schweden († 1382), Katharina von Bologna († 1463), Katharina von Palenza († 1478), Katharina von Genua († 1510), Katharina von Ricci († 1589), Katharina von Raconi († 1547), Katharina Thomas († 1574), Katharina von Cardone († 1577). Diese drei letzteren wurden selig-, aber nicht heiliggesprochen. Die erste unter ihnen wird gewöhnlich mit den charakteristischen Symbolen ihres Lebens dargestellt, wenn sie überhaupt je gelebt hat: Es ist aber so unsicher, daß die katholische Kirche ihren Tag, der am 25. November gefeiert wurde, abgeschafft hat, und die Legenden, die sie betreffen, gehen immer noch um, zudem gilt ihre Seligsprechung weiter, so daß es angebracht ist, ihr Leben an dieser Stelle kurz zu schildern.

Man erzählt also, daß eine reiche, gelehrte und schöne junge Frau aus Alexandrien in den ersten Jahren des vierten Jahrhunderts wegen ihres Glaubens festgenommen wurde. Obwohl man die berühmtesten Philosophen auftrieb, um sie für das Heidentum zurückzugewinnen, bekehrte sie diese zu ihrem Glauben. Daher wurde sie zum Tode verurteilt. Man erfand für sie eine besondere Marter: Eine Maschine, deren vier Räder mit Nägeln gespickt waren, sollte ihren Leib zermalmen. Aber ein Blitz ließ die Maschine zersplittern, Katharina wurde nicht verletzt, die „viertausend Heiden aber starben, zu Boden geschmettert". Am folgenden Tag wurde sie enthauptet. Erst im 9. Jahrhundert hörte man von ihrer Marter, als man ihren Körper auf dem Berg Sinai entdeckte, wohin Engel ihn gebracht haben sollen; das von der Heiligen Helena am Fuß dieses Berges gebaute Kloster empfing ihren Leib als Reliquie.

Sie wurde zur Schutzpatronin der Mädchenschulen und der Studenten der Philosophie. Ihre Hauptzeichen sind: das Rad ihrer Qual, der Blitz, der das erste Gerät ihrer Folterung zerbrach, das Schwert, das sie enthauptete, aber auch der Märtyrerkranz, das Buch ihres Wissens und die Engel, die sie zum Sinai brachten.

KELCH →Schale

KENTAUR

Dieses Ungeheuer, halb Mensch, halb Pferd, zog den Wagen von Bacchus. Er war diesem Gott wegen seiner Neigung zum Rausch und zur Unzucht gewidmet.

Bei den Christen symbolisiert er den Ehebruch, und man findet ihn gelegentlich unter den Füßen eines Standbilds von David, an dessen Ehebruch er erinnert, oder als Zeichen der Unzucht in der Darstellung der Sünden.

KERZE

In der Antike war es Brauch, vor hohen Personen Lichter zu tragen, um ihren Weg zu erleuchten. Es wurde sehr schnell zu einem Zeichen der Ehrerbietung, die man ihnen gegenüber bezeugen wollte. Deshalb fing man schon im 5. Jahrhundert an, vor den Bischöfen Kerzen zu tragen. Man benutzte Fakkeln für eine Strecke außerhalb einer Kirche, aber Kerzen, sobald man eine Kultstätte betrat.

Die Kerze scheint aus zwei Elementen zu bestehen: einer Flamme, die schon immer das Geistige symbolisiert hat, und dem Wachs, das zerschmilzt und vernichtet wird (Ps 68, 3). Nichts konnte die doppelte Beschaffenheit Christi besser ausdrücken, da das Wachs an sein Menschendasein und die Flamme an seine Göttlichkeit erinnern. Dies ist der Sinn der beiden Kerzen, die so oft neben dem Bild Jesu Christi stehen.

Eine Kerze ist manchmal neben dem Bild eines Heiligen (der Heiligen Beatrix, des Heiligen Blasius, des Heiligen Nikolaus) zu sehen und bedeutet, daß Christus sie begleitet.

Später glaubte man, Kerzen vor den Standbildern und den Gemälden der Heiligen Jungfrau Maria oder der Heiligen anzünden zu müssen. Es war eine Ehre, die man dem Andenken dieser Christen erwies. Da das Wachs aber teuer war, wurde dies zu einer Opfergabe, die man mit einem Zweck, dann mit einem Recht verband. Man wollte die Gunst derjenigen erhalten, denen man diese Opfergabe brachte, und glaubte dann sehr schnell, einen Anspruch daraus ableiten zu können. Dies ging in die Umgangssprache mit dem Ausdruck über: „eine Kerze brennen lassen, um einen Wunsch erfüllt zu bekommen". So wurde dieser Gebrauch zu einem mehr oder weniger abergläubischen Mittel, einen Segen zu erhalten.

KETZER

Das griechische Wort *eiresis*, das dem hebräischen *minim* entspricht, bezeichnet diejenigen, die dem Gesetz nicht folgen. Im Neuen Testament kennzeichnet es diejenigen, die eine andere Lehre haben als die, von der die Rede ist; so wird die christliche Lehre von der jüdischen Obrigkeit der mosaischen Lehre gegenüber als Ketzerei bezeichnet. Erst im 3. Jahrhundert nimmt das Wort den Sinn einer Lehre an, die der der Kirche entgegengesetzt ist. Erst viel später unterschied man zwischen Ketzer und Schismatiker.

Am Anfang des 4. Jahrhunderts entsprach der Wunsch im Glaubensbekenntnis dem Bedürfnis einer christlichen Einheit, er schuf aber eine Kluft zwischen denen, die ihr Christsein nicht nach der offiziellen Lehre ausrichteten. Von dem Augenblick an, in dem die Kirche sich als Hüterin der einzigen christlichen Wahrheit fühlte, wurde sie dazu getrieben, entweder die Ketzer zu bekehren oder, wenn sich das als unmöglich erwies, sie auszuschließen (Bannfluch oder kirchlicher Ausschluß). Vor der Reformation, schon im 2. Jahrhundert, entstanden auf diese Weise viele Sekten in der katholischen Kirche; man kann die Adoptianisten, die Albigenser, die Arianer, die Katharer, die Donatisten, die Eutychianer, die Gnostiker, die Henrizianer, die Hussiten, die Ikonoklasten, die Manichäer, die Marcioniten, die Montanisten, die Nestorianer, die Paulizianer, die Priscillianisten, die Valentinienser usw. aufzählen.

Die Kirche behauptete schließlich, daß diese Sekten der normalen Entwicklung der Gesellschaft schadeten, – was überhaupt nicht sicher ist –, daß der Staat sie folglich ausrotten mußte, genau wie er einen Tobsüchtigen fesselt, auch wenn er noch nicht schuldig wurde.

Keiner verkennt „den Abscheu, den die Kirchenväter den Ketzern gegenüber geäußert haben", und den „Stempel der Verpönung, den die Erlässe der Konzilien ihnen aufgedrückt haben". Man soll sich deswegen nicht wundern, daß die Künstler sie durch den Vogel Strauß, ein Tier ohne Intelligenz, oder durch den Hund, ein mißachtetes Tier, oder sogar durch eine Kröte dargestellt haben, deren aufeinanderfolgende Verwandlungen an die Abkehr der Ketzer erinnerten. In den Darstellungen des Jüngsten Tages werden die Ketzer in die Hölle geworfen.

KIRCHE

Lange Zeit hat das Wort Kirche die Gemeinde der Christen einer Ortschaft bezeichnet. Erst im Mittelalter wurde dieses Wort einerseits für den Ort benutzt, wo die Christen sich versammelten, dann für die soziale Gemeinschaft, die diese Christen bildeten, und anderseits für die geistige Gemeinde der überall in der Welt zerstreuten Christen (Kirche), von der „Christus das Haupt ist und die er als seinen Leib erlöst hat" (Eph 1, 22–23; 5, 23; Kol 1, 18).

Die Kirche hieß zunächst Basilika (= „königliches Haus", weil Christus dort über seine Jünger herrscht). Später wurde sie Dom (= bischöflicher Sitz, weil der Bischof ihr Haupt ist) oder Stiftskirche (weil ein Kollegium von Stiftsherrn die Gemeinde leitet) genannt. Diese Entwicklung gibt die Vermenschlichung der geistigen Organisation sehr gut wieder. Die Reformation in Frankreich hat für ihre Kirchen den Namen *temples* (von *templum amplum*) bevorzugt, der diesen Ort des Gottesdienstes allein durch seinen größeren Umfang gegenüber den Privathäusern unterscheidet.

Erst im 13. Jahrhundert fing man an, den verschiedenen Teilen der Kirche einen symbolischen Sinn zu geben: Die vier Wände sollten bedeuten, daß die Kirche auf den vier Evangelien beruht. Der Grundriß der Kathedralen zeigte generell das Bild des Kruzifixes. Die Türme sollten die Prediger darstellen, die nach dem Himmel streben, das Gebälk das Fürstentum dieser Welt, das die Einheit der Kirche verteidigt. Das Chorgestühl solle den Christen sagen, daß sie manchmal der Ruhe bedürfen, ohne welche nichts besteht. Die Kirchenfenster, die vor dem Wind und dem Regen schützen, das Licht der Sonne aber durchdringen lassen, sollten die Heilige Schrift versinnbildlichen, die vor allem Schaden schützt und das Licht Gottes weitergibt usw. Die Poesie und die Phantasie übertreffen einander in einer solchen Symbolik.

Was die Kirche betrifft, wird sie gewöhnlich und zunächst in der Gestalt von zwei Frauen dargestellt, die die christlichen, aus dem Judentum und dem Heidentum entstandenen Gemeinden versinnbildlichen. Beide hielten einen gleichen Behälter oder ein gleiches

Der Hl. Johannes schreibt an die sieben Kirchengemeinden. Miniatur. 1285.

126

Buch oder eine gleiche Krone. Oft standen die Apostel Petrus und Paulus zu ihrer Seite. – Die unterschiedliche Herkunft dieser Gemeinden verschwand allmählich, und die Kirche wurde nur noch durch eine einzige Frau dargestellt, der aber die früher benutzten Zeichen nicht mehr zugehören konnten. Es scheint so, daß damals kein Zeichen die Zugehörigkeit zu Jesu Christus in der Kirche ausdrücken konnte; deshalb mußte man über oder unter dieser Frau, oder auch auf ein Band, das sie in der Hand hält, das Wort *ecclesia* schreiben. Je nach der Entwicklung der geistlichen Lehre fügt man diesem einfachen Wort Eigenschaftsworte hinzu: heilig, einzig, katholisch usw.

Nachdem die Sakramente als wirksam betrachtet wurden, wurde die Frau, die die Kirche darstellt, mit einem Kelch, einer Schale* versehen, die die geweihten Hostien enthält. Am bekanntesten ist die Statue auf der linken Seite des romanischen Portals am Straßburger Dom; sie trägt eine Krone*, einen Kelch und hält das Labarum*. Die ganze Ausstrahlung dieses Standbilds kommt aus der Bewegung dieser Frauenstatue und geht von ihrem Blick aus, der auf die Hauptsäule gerichtet ist, wo ein Bild Christi ausgemeißelt werden sollte. Es ist der Blick des Glaubens, durch welchen die der Kirche zugeteilten Zeichen in den Hintergrund treten. Das Bild der Synagoge, rechts desselben Portals, bestätigt es; seine Augen sind geschlossen, da es den Messias nicht erkennen will.

Zur Zeit der Inquisition wurde die Frau, das Bild der Kirche, mit kriegerischen Symbolen versehen: dem Helm, der Rüstung, dem Schild; es bedeutet, daß die Kirche sich verteidigen muß, auch wenn sie ihre Gegner dabei töten muß. Dann wurden kultische Gegenstände gewählt, um die Kirche zu bezeichnen, oder etwas, was an ein Amt der Kirche erinnert: das Weihwasserbecken, die Monstranz, ein Weihwedel. Man gibt ihr einen goldenen Schlüssel* und einen silbernen Schlüssel als Symbol des Rechts, das sie sich herausgenommen hat, nämlich die Pforte des Himmels und des Fegefeuers zu öffnen und zu schließen. – Sie wurde sogar durch ein Tor symbolisiert, das Tor des Kirchengebäudes, durch welches man die Kirche betritt, das bald aber zum Tor der Kirche (als der aus Menschen bestehenden Gesellschaft) wurde, die sich mit dem Reich Gottes gleichgestellt hat. – Sie wurde als Greif, ein fabelhaftes Tier, halb Adler, halb Löwe, dargestellt; dadurch wollte man die doppelte Beschaffenheit (menschliche und göttliche) der Kirche ausdrücken. – Man hat Knospen zum Kymbol der Kirche gemacht, weil auch sie ihre größte Entwicklung und Herrlichkeit noch nicht erreicht hat; erst mit der Rückkehr Christi wird sie wirklich die blühende Kirche sein. – Ein Baum stellt sie ebenfalls, aber selten, dar; er ist das Zeichen einer Bewegung, die, von der Erde ausgehend, nach dem Himmel strebt. – In unseren Gegenden ist immer das Gestirn des großen Himmelswagens mit dem Polarstern sichtbar, es umkreist. Deshalb wurde es manchmal als Sinnbild der Kirche benutzt, die auf Erden, trotz der Verfolgungen immer vorhanden ist und die in Übereinstimmung mit Christus bleibt. – Zu der Zeit, in der die französischen Reformierten in abgelegene Orte flüchteten, um nach ihrem Glauben zu leben, wurde schließlich die Kirche durch eine Taube* symbolisiert, die, der Bibel nach, „im Versteck der Felswand" lebt (Hoh 2, 14).

KONSTANTIN

Es gibt wenige Menschen, deren Werke von den Historikern des Christentums und von den Theologen so sehr gelobt und zugleich verurteilt wurden wie die von Konstantin dem Großen (274–337). Eusebius erzählt, daß er am Vorabend einer Schlacht, deren Ausgang ihm sehr unsicher erschien, die Vision eines

Kreuzes oder des Christusmonogramms* gehabt hätte, worauf geschrieben stand: in hoc signo vinces (in diesem Zeichen wirst du siegen). Er ließ eine große Fahne fertigen, die man Labarum* nannte. Er besiegte seinen Gegner und erhob anschließend durch die Gesetze von 312–314 die christliche Religion zur Staatsreligion des römischen Reichs. Es entstanden gute Beziehungen zwischen Kirche und Staat, die später ausgenützt und entstellt, hochgeschätzt und gehaßt wurden.

Im Mittelalter wurde er oft dargestellt. Er hält das Labarum oder ein Kreuz; neben ihm steht auch eine christliche Kirche, da er zu ihrer offiziellen Entstehung wesentlich beitrug.

KRANZ/KRONE

In der Antike waren die meisten Gottheiten mit Kränzen geschmückt, die aus den ihnen gewidmeten Pflanzen geflochten waren. Jemanden zu bekränzen bedeutete ursprünglich, ihn einem bestimmten Gott zu weihen. Als Vergleich dazu wurden die Könige gekrönt, weil ihr königliches Wesen von ihren Göttern stammte. Später übernahmen die Priester diesen Brauch, dann die Athleten und sogar das Brautpaar am Tag seiner Trauung*. Man schmückte auf die gleiche Art die dargebotenen Opfer und bildete sich ein, daß die Verstorbenen im Jenseits gekrönt sein würden.

Den Israeliten war dieser Gebrauch des Kranzes aus der Heiligen Schrift bekannt; den Christen auch, schon in den ersten Zeiten der Kirche. Einige unter ihnen scheuten sich nicht davor, sich mit Blumen zu bekränzen, einfach um ihre Freude anläßlich bestimmter Siege auszudrücken; um es ihnen auszureden, machte sich Tertullian († um 220) die Mühe, ein ganzes Werk zu schreiben *(De corona)*: „Kränze tragen ist ein heidnischer Brauch."

Später wurde die Krone hauptsächlich zum Symbol des Königtums und des Ruhms, aber auch des Sieges, der Tugend und sogar der Fruchtbarkeit. Ein Kranz auf dem Grab der Märtyrer sollte auf die Ehrung hindeuten, die die Kirche ihnen entgegenbringt, und auf die glorreiche Belohnung, die sie im Jenseits erwartet. Deswegen wurde er zum ersten Symbol der Heiligkeit*. In diesem Sinngehalt ist er Bestandteil des Hugenottenkreuzes*.

Eine eiserne Krone bezeichnet die Standhaftigkeit, sodann aber auch die Tyrannei, ein Rosenkranz die Liebe, ein Dornenkranz das Leiden.

Die ikonographischen Urkunden erlauben nicht, genau zu bestimmen, aus welchem Gewächs die Dornenkrone Jesu bestand, die man ihm zum Spott auf den Kopf gesetzt hatte (Matt. 27, 29). Die kirchlichen Schätze besitzen eine große Zahl von Dornen, die aus dieser Krone stammen sollen, aber diese sind sehr verschiedenartig. Man weiß schließlich, daß die Dornenkrone, die in der Sainte Chapelle in Paris aufbewahrt wird, aus einem einzigen Schilfrohr besteht.

KREUZ

„Es gibt zahlreiche Kreuzarten mit sehr verschiedenen Formen, die oft mit dem christlichen Zeichen in einem fraglichen oder täuschenden Zusammenhang stehen." Die ältesten Urkunden, die sich ohne Zweifel auf die Ereignisse auf Golgatha beziehen, wurden in Rom (domus Gelstiana auf dem Palatinus) gefunden: Es sind zwei Gekritzel, von denen man annimmt, daß sie aus der ersten Hälfte des 3. Jahrhunderts stammen; sie stellen einen Gekreuzigten mit einem Eselskopf dar, vor dem ein Mensch die Bewegung der Anbetung zu machen scheint. Einer der beiden Funde ist mit einer Inschrift versehen: „Alexamenon betet zu seinem Gott." Es sind offensichtlich Karikaturen. Apion sagt, daß man die Juden der Anbetung eines Esels beschuldigte und daß man sogar behauptete, die Gläubigen würden einen Eselskopf im Tempel von Jerusalem anbeten. Es entbehrt nicht der Ironie, daß diejenigen, die über Alexamenon spotteten, Christen und Juden verwechselt haben. Immerhin ist es die älteste ikonographische Urkunde der Kreuzigung, die man besitzt.

In den Katakomben (es sind also Urkunden, die diesen Zerrbildern vorhergehen) hat man zwar keine historischen Darstellungen der Szenen auf Golgatha, sondern lediglich eine große Zahl von Kreuzen gefunden, die dogmatisch von dieser Vergangenheit sprechen; sie wollen gewiß an den erlösenden Tod Jesu Christi erinnern. Sie kommen so häufig vor, daß man sie als Zeichen der Zugehörigkeit zur christlichen Kirche betrachten kann. Keine Tradition bestimmt ihre Form. Man hat zwei Striche, die sich mehr oder weniger genau kreuzen, die manchmal von einem Kreis umgeben sind oder deren Endungen einfach dick übermalt sind. Es gibt Kreuze in Form eines X *(decusata)*, eines T *(patibulata)*, andere, deren senkrechter Balken über das Querholz emporragt *(capitala)*, das griechische Kreuz *(quadrala)* und das Kreuz, das aus vier T besteht *(gammata)*, das ägyptische Kreuz oder Henkelkreuz genannt *(ausata)*. Die Inschriften, die sich auf diesen Zeichen befinden, beweisen, daß es sich wohl um christliche oder esoterische Zeichen handelt, weil man sich vor der Verfolgung fürchtete, die zwangsläufig

Kombination vom Christusmonogramm mit dem Kreuz. Katakomben. 3. Jahrhundert.

gegen diejenigen gerichtet war, die sich um eine von spezifischen christlichen Zeichen geschmückte Grabstätte versammelten. Schon im 2. Jahrhundert findet man merkwürdige Sinnbilder, die das Christusmonogramm* und das Kreuz miteinander verknüpfen oder verschmelzen, ohne daß wir sagen können, ob man vom Christusmonogramm zum Kreuz oder umgekehrt übergegangen war.

Nun könnte man etwa denken, die Darstellungen der Szenen auf Golgatha hatten sich gehäuft, sobald die christliche Religion frei ausgeübt werden durfte, da sie einer der Zentralpunkte der Geschichte Christi sind. Dies ist aber deshalb nicht der Fall, weil das Grauen der Kreuzigung in der Erinnerung aller lebendig war. Gelegentlich hatten sich die römischen Generäle nicht davor gescheut, Hunderte und sogar ein- oder zweimal Tausende von Menschen diesem Tod auszuliefern, und es ist verständlich, daß dieser Hinrichtungsform lange Zeit der Ruf der Schande haften blieb. Man mußte zunächst diesen Widerspruch aufheben: Es war unmöglich, diesen Tod nur den Verrätern und den schlimmsten Verbrechern vorzubehalten und zugleich Kreuze auf den Schilden und den Fahnen darzustellen. Man war es so lange gewohnt, den Gekreuzigten gegenüber nur Verachtung und Abscheu zu empfinden, daß man nicht über Nacht einen von ihnen verehren konnte; man brauchte drei bis vier Menschengeschlechter, um diese Meinung zu ändern. – Dann aber ging man von der Verachtung zur höchsten Anbetung über. Von nun an zeigte man überall das Kreuz. Es wurde auf der Schwelle der Privathäuser und der Tempel[1], wie auf der Spitze der Basiliken dargestellt, man sah das Kreuz am Hals der Gläubigen und auf Münzen; man benutzte es als Muster für Stoffe, Kleider, Kelche und Schüsseln; es erschien auf Stirnreifen und auf dem kaiserlichen Zepter. Der li-

129

turgische Gebrauch des Kreuzes wurde immer häufiger. Zur Zeit Karls des Großen erwähnt man zum ersten Mal ein Prozessionskreuz, das man vor dem Papst oder vor einer bedeutenden Persönlichkeit der Kirche hertrug. Vom 10. Jahrhundert an mußte jeder Altar ein Kreuz haben. Dieser Beschluß gab den Bildhauern und Goldschmieden Gelegenheit, die verschiedensten Kreuzformen aller Größen zu schaffen. Man benutzte die größten unter ihnen für Prozessionen. Es gab besondere Segenskreuze, die an einem Stiel befestigt waren. Die Bischöfe fingen an, ein an einem Band hängendes Kreuz auf der Brust zu tragen; man benutzte kostbare Materialien und machte daraus oft Zierden aus Gold, die manchmal emailliert und mit Edelsteinen besetzt waren, während das Band später durch eine Kette ersetzt wurde. Einige dieser Kreuze enthielten Reliquien, so daß man auf den Gedanken kam, kreuzförmige Reliquiare zu schaffen. Auch auf die Spitze der Kirchtürme stellte man Kreuze; um sie sturmsicher zu machen, mußten die Künstler einfachste Formen suchen und dadurch gewannen die Kreuze an Eleganz; sie ruhen gewöhnlich auf einer Kugel (siehe Erdkugel*), und drücken auf diese Weise den Anspruch der Kirche aus, über die Welt zu herrschen. Man muß jedoch feststellen, daß die historische Seite der Kreuzigung, trotz der Entfaltung dieses Gebrauchs des Kreuzes, als Zeichen eines religiösen Bekenntnisses sehr lange außer acht gelassen wurde.

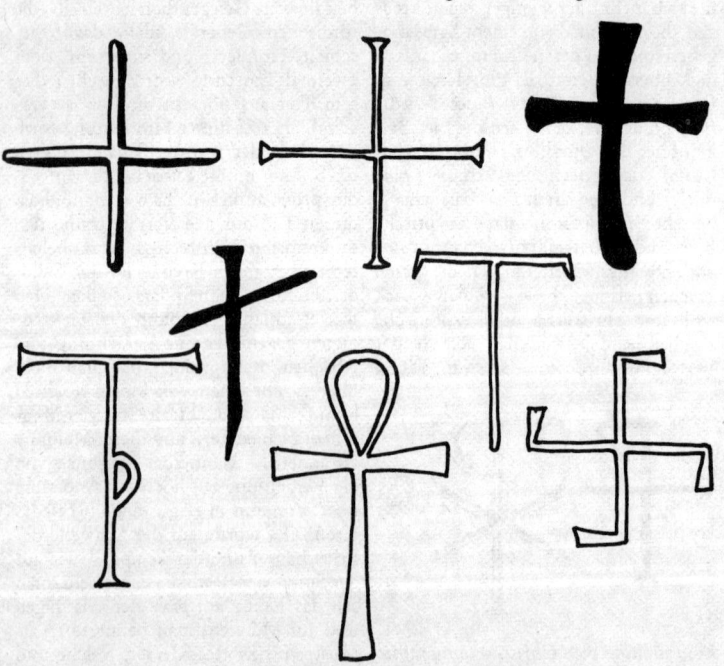

Verschiedene Kreuzformen. Friedhof von Domitillus. Rom.

Die berühmte Reise der Kaiserin Helena, der Mutter des Kaisers Konstantin I., nach dem Heiligen Land, wo sie „das Holz des wahren Kreuzes" entdeckte, hätte der geschichtlichen Wahrheit der Geschehnisse auf Golgatha eine größere Wertung geben können. Man ließ im Gegenteil alle Tatsachen beiseite, die man doch in den Evangelien las, und interessierte sich so sehr für die Auseinandersetzungen über die damals aktuellen Themen des theologischen Denkens, daß man den gezeichneten Kreuzen verschiedene Symbole der Kirchenlehre hinzufügte: zunächst das A und Ω*, dann das Christusmonogramm*; dann eine Hand, die durch die Wolken dringt und eine Krone über den Kopf des Gekreuzigten hält; ein Lamm*, das am Fuß des Kreuzes liegt oder anstelle des Gepeinigten gekreuzigt wird; eine tote Schlange* liegt vor dem Kreuz; ein A und Ω* befindet sich unter den Händen Christi; die Sonne* und der Mond* scheinen über seinen Armen; Adam* und Eva, endlich erlöst, nehmen Platz am Fuß des Kreuzes. Diese Bildkunst, deren Bedeutung nicht immer klar zu erkennen ist, hielt sich nicht lange und tauchte lediglich ab und zu wieder auf. Erst am Ende des 5. Jahrhunderts findet man immer zahlreicher werdende Darstellungen der historischen Szenen auf Golgatha.

Eine dogmatische Disputation verstärkte das Interesse der Künstler für die Geschichte: der Streit des Monophysitismus. Die Monophysiten (die allein die göttliche Natur Christi anerkannten und von der Synode von Chalcedon (451) verurteilt wurden) lehnten diese

historischen Darstellungen ab und verurteilten sie, weil sie den Begriff der menschlichen Natur Christi neben und außer seiner göttlichen Beschaffenheit verbreiteten. Für die Strenggläubigen wurde es zu einem Beweggrund, diese historischen Darstellungen zu vervielfachen und deren Bedeutung zu betonen. So ging man vom darstellenden Bild des Gekreuzigten zum *Kruzifix* selbst über, das für eine Abbildung (und fast eine Wiederholung) des Todes Jesu gehalten wurde, und gelangte schließlich schon am Anfang des 8. Jahrhunderts zur Anbetung des Kruzifixes. Dieser Kult um das Kruzifix verbreitete sich derartig unter den frommen Christen, daß das Kruzifix zum Symbol der Kirche geworden ist.

Erst mit dem Wiederaufblühen der Lehre bemerkte man, daß der Grundriß der großen gotischen Kathedralen kreuzförmig war. Man muß aber die wirkliche Ursache dafür mehr in bautechnischen als in theologischen Gründen suchen.

Die ältesten Urkunden über das Zeichen des Kreuzes sind literarischer Herkunft (Tertullian, *De corona militis* III. – Origenes *Delecta in Ez* IX. – Cyprian, *Epistola* LVIII. 9). Die Kirchenväter erwähnen es, als handelte es sich um den griechischen Buchstaben *tau*, den man auf die Stirn zeichnete. Ist es eine Anspielung auf biblische Texte (Offb 7, 3; 13, 16; 17, 5, die sich auf Hes 9, 4.6 be-

Anm. 1) *Gegen diesen Brauch erhob sich aber schon sehr rasch Widerstand: Schon 427 wurde es verboten, das Pflaster der Kirchen mit Kreuzen zu schmücken; auf ein Kreuz zu treten wurde als Frevel empfunden.*

Kombination des Christusmonogramms, des Kreuzes und des A und Ω. Türsturz von Kirchenportalen. 5. Jahrhundert.

131

ziehen), hinter welchen die verhaßte Gewohnheit der Antike zum Vorschein kommt, die Sklaven, wie heute noch das Vieh, zu zeichnen? Man muß jedenfalls zugeben, daß diese Texte alles andere als das heutige Zeichen des Kreuzes bedeuten und sich nur durch überspannte Phantasie auf den Tod Jesu beziehen können. – In der religiösen Praxis erscheinen etliche Zeichen, die an das Kreuz erinnern, wenn Sakramente verliehen werden. Der erste Text einer Synode, der es erwähnt, stammt aus dem Jahr 692: Das Konzil von Konstantinopel verlangt von den Gläubigen, daß sie ihre Hände kreuzen, um das Abendmahl zu bekommen, ein Brauch, der bei den Protestanten von einigen liturgiebewußten Pfarrern im 18. Jahrhundert wiederaufgenommen, aber sehr schnell wieder verlassen wurde; in der katholischen Kirche wurde diese Haltung aufgegeben, sobald die Gläubigen die geweihte Hostie* nicht mehr berühren durften. Etwas später begann man, das Kreuz vor dem eigenen Körper zu schlagen. Die erste Bewegung verläuft senkrecht, von oben nach unten und erinnert daran, daß Gott in der Person Jesu Christi auf die Erde gekommen ist, während die zweite an das Verhalten Christi am Kreuz denken läßt: Sie bezieht sich auf das Gleichnis des Jüngsten Tages, das die Guten rechts und die Bösen links neben Christus stellt und die Versicherung gibt, daß er den Gläubigen von der linken auf die rechte Seite nimmt und ihn zu den Auserwählten trägt. Merkwürdigerweise stellt man fest, daß der zweite Teil dieses Kreuzzeichens, das in der römisch-katholischen Kirche von links nach rechts geschlagen wird, in der orthodoxen Kirche von rechts nach links gemacht wird. Es gibt eine Erklärung dafür: In der römischen Kirche, die sich mit dem Reich Gottes identifiziert, stellt sich der Gläubige an die Stelle Gottes; seine rechte Seite ist die der Auserwählten. Dies trifft für die orthodoxe Kirche, die Christus nur von gegenüber zu gegenüber anbetet nicht zu; dann wird die Rechte Christi zwangsläufig zur linken Seite. In der römisch-katholischen Kirche sagt man aber heute noch, daß die Art der Orthodoxen frevelhaft sei; sie machten die Bewegung verkehrt, um zu zeigen, daß sie an den Teufel glauben; es sei das Zeichen der Okkultisten und der Hexen! Diese Auffassung kommt daher, daß die Priester seit dem großen Schisma (Anfang des 11. Jahrhunderts) die Orthodoxen so sehr verteufelt haben, daß das Volk sie als Werkzeuge des Satans betrachtet!! – Ursprünglich mußte man das Kreuzzeichen schlagen, wenn man ein Sakrament erhielt; deshalb nahm es sehr schnell eine sehr große Bedeutung in der volkstümlichen Andacht an: Es erschien zunächst notwendig, um die Gnade des Sakraments zu erhalten, es wurde dann aber auch bei anderen Gelegenheiten benutzt (Betreten einer Kirche, Gebet …); schließlich wurde es zu einem Mittel, irgendeinen Segen zu bekommen, und sogar zu einer beinahe magischen Bewegung, um sich zu schützen.

Was die Form des Kreuzes auf Golgatha betrifft, so bestehen im Laufe der Geschichte zwei Traditionen. Die eine macht daraus ein lateinisches Kreuz, die andere, der historischen Wirklichkeit wahrscheinlich näher, das tauförmige Kreuz (patibulata). Vgl. Passionsinstrumente*.

Die Künstler, die Christus auf dem Kreuz dargestellt haben, gaben ihm sehr verschiedene Haltungen. Oft steht er, an den Händen aufgehängt, und beugt den Kopf eher auf die Seite als nach vorne. Zwei Nägel sind in seine Handflächen eingeschlagen, aber ein einziger durchbohrt beide Füße. Es ist die sogenannte traditionelle Haltung. Anderen Künstlern wurde versichert, daß das echte Kreuz Christi ein Stück Holz in der Mitte des senkrechten Balkens trug, auf dem der Gepeinigte mehr oder weniger saß. Andere Maler dachten, daß das Gewicht eines Körpers zu groß gewesen war, als daß es von durchbohrten Händen hätte gehalten werden können, weil diese schnell zerrissen worden wären, und so kamen sie auf den Gedanken, die Arme mit Seilen zu binden. Nach dem Skelett eines Gekreuzigten, das man vor kurzem in Jerusalem fand und das aus der Zeit Jesu Christi stammt, saß der Gepeinigte tatsächlich zum Teil auf einem an das Kreuz geschlagenen Brett, aber seine Knie scheinen angehoben und sehr hoch mit einem einzigen Nagel fixiert worden zu sein, als hätte man ihn auf die Knie gezwungen; die Nägel, die seine Arme festhielten, saßen am Ende des Vorarms und nicht in den Handflächen. Es ist überhaupt nicht sicher, daß alle Gekreuzigten immer auf diese Weise ans Kreuz geschlagen wurden, es ist aber möglich, daß eine mündliche Tradition dieses Verfahren für den Tod Christi bestätigte. Es ginge dann gegen diese Überlieferung, nach welcher Christen, die den Gedanken an ein Knien Christi vor seinen Henkern nicht vertragen konnten, die Geschichte (die an und für sich nicht unmöglich ist) vom Nachgeben des Stützbretts und einer mutigen senkrechten Haltung Christi während der Qual erfunden hätten. Das orthodoxe* Kreuz mit seinem unteren schiefen Querbalken würde daran erinnern.

Wie haben sich diese verschiedenen Darstellungen geschichtlich entwickelt? Zunächst war Christus mit einer langen Tunika bekleidet; später trägt er nur noch einen Rock, der immer kürzer wurde. Seine Füße ruhten auf einem Sockel, die Arme waren einfach ausgebreitet und der Körper keineswegs aufgehängt. Vor allem war mehr der lehrmäßige Sinn der Kreuzigung dargestellt als die historische Tatsache. Die Dar-

Verschiedene Kreuze: 1) Anker-, 2) Andreas-, 3) ägyptisches, 4) lanzenförmiges, 5) Haken-, 6) griechisches, 7) Hugenotten-, 8) lateinisches, 9) doppeltes, 10) Lothringer, 11) Malteser-, 12) päpstliches, 13) Krücken-, 14) tauförmiges, 15) Kleeblatt-, 16) russisches Kreuz.

Irische Kreuze.   *Keltisches Kreuz. 6. Jahrhundert.*

stellung des Todes Christi als historisches Ereignis beginnt erst mit der italienischen Renaissance und verbreitete
sich dann über das ganze Christentum:
Der Körper des Gepeinigten wird ent-
kleidet, die anatomische Beobachtung
kommt zum Vorschein und entwickelt
sich so weit, daß sie im 17. Jahrhundert
zur Gelegenheit für die Künstler wird,
ihre Virtuosität zu zeigen..., was für
den eigentlich religiösen Wert des Werkes nachteilig wurde. Außerdem, und
schon im 14. Jahrhundert, versuchten
die Künstler, die Gefühle des Gekreuzigten, ganz besonders auf den Kruzifi-
xen, auszudrücken: den angenommen
Schmerz oder die ertragene Qual, das
Erbarmen für die Henker, schließlich
die Hingebung in den Tod; oft versuchten sie die Güte Christi trotz seines Leidens, seine Liebe zu den Menschen über
den Qualen, die sie ihm auferlegten, zu
zeigen. Darin liegt das Interessante und
der Wert der Kruzifixe des ausgehenden
Mittelalters.

Im Laufe der Kirchengeschichte wurden
manchmal früher benutzte und dann
aufgegebene Symbole wiederaufgenommen; die Zeichen, die der Kreuzi-
gungsdarstellung im 4. und 5. Jahrhundert hinzugefügt worden waren, wurden bei einem Wiederaufblühen der
Dogmatik wieder angewandt. Man fügte
noch welche hinzu: einen Schädel oder
gar ein Skelett am Fuß des Kreuzes bedeuten, daß Christus den Tod besiegt
hat. Man findet Kruzifixe auf lateini-
schem Kreuz, die mit einem Kreis kombiniert sind, der die Krone des Märtyrers symbolisieren soll. Es scheint sich
jedoch um eine Erinnerung oder eine
Anpassung an ein altes keltisches Zeichen zu handeln, das nun in christlichem
Geist aufgenommen und umgewandelt
wurde. Auf vielen Kreuzabnahmen sieht
man nicht nur die Dornenkrone und die
drei Nägel (die Bibel erwähnt keine genaue Zahl!), sondern auch die anderen
Instrumente, die man zur Kreuzigung
hat oder hätte benützen können bzw.
von denen diese oder jene Legende
spricht: Hammer, Zange, Leiter usw.;
durch die realistische Darstellung dieser
Gegenstände will man den Zuschauern
die Summe der erlösenden Schmerzen
Christi zeigen wollen.

Ziemlich häufig finden sich christliche
Kreuze auf Münzen. Die merowingi-
schen Geldstücke zeigen ein auf einer
Kugel ruhendes Kreuz und wollen da-

durch die Herrschaft des Christentums (später der Kirche) über die Welt ausdrücken. Diese Kugel, die einen Erdball* darstellen will, wurde manchmal zu einem Kügelchen oder gar zu einem einfachen Punkt. Solche Münzen findet man bis zum 19. Jahrhundert. Gewöhnlich hat das Kreuz vier gleich lange Arme; es ist selten ein lateinisches Kreuz, oft ein Ankerkreuz*. Manchmal steht es auf einem oder zwei waagerechten Balken, die Stufen darstellen und entweder an den Fuß der Altarkreuze oder an den Hügel von Golgatha erinnern.

Eine große Zahl von verschiedenen Kreuzen (einfaches Kreuz, Ankerkreuz, lanzenförmiges Kreuz, gezacktes, an den Enden gespaltenes Kreuz, Knauf-, Krücken-, Kleeblattkreuz usw....) sind Bestandteil vieler Familien-, Städte- und Länderwappen.

Das Kreuz ist immer das Symbol des Glaubens an die Erlösung durch den gekreuzigten Jesus Christus. Es ist aber auch das Symbol der Resignation, da es an den Gehorsam Christi bis zum Tode erinnert. Es ist schließlich das Sinnbild der Ehre, da das ganze Christentum denjenigen verehrt, der auf Golgatha starb. Auf ähnliche Weise erweist der Staat diesem oder jenem Bürger eine Ehre, indem er ihm ein Kreuz (Ehren-, Verdienst-, Kriegs- oder anderes Ordenskreuz) verleiht.

ÄGYPTISCHES KREUZ ODER HENKELKREUZ

Es ist heidnischen Ursprungs. Bei den Ägyptern ist es das Zeichen der Ewigkeit. Die Christen haben es selbstverständlich benutzt, um das ewige Leben, aber das ihres Glaubens, zu symbolisieren. Viel später spielten die Theologen, wie oft, mit dem Gedanken, diese Heiden hätten dunkle Ahnungen oder ein Vorgefühl gehabt.

ANDREASKREUZ

Die „Goldene Legende" erzählt, der Heilige Andreas, der Jünger Christi, sei gegen Ende seines Lebens nach Patras in Griechenland gegangen, wo er die Bekehrung von Maximilla, der Frau des Prokonsuls Egeas, erreicht hätte. Dieser reagierte auf der Stelle. Er bemächtigte sich des Jüngers, führte mit ihm ein seltsames Gespräch über den Sinn und die Tragweite der Kreuzigung Jesu Christi, erzürnte sich und befahl schließlich, den Heiligen Andreas selbst zu kreuzigen. Damit aber die Qual länger dauert, wurde der Jünger nicht wie sein Herr ans Kreuz geschlagen, sondern einfach mit den 4 Gliedern an ein schräg stehendes Kreuz gebunden, die Beine gespreizt und die Arme schräg nach oben. Er starb dort 2 Tage später, obwohl das Volk, von seiner Geduld und seiner Güte gerührt, versucht hatte ihn loszubinden. Zur Erinnerung an diese Folterung nennt man das schräge Kreuz Andreaskreuz.

Es hatte jedoch nicht immer diese Form. Im 11. Jahrhundert war es an den Enden gespalten. Im 13. Jahrhundert war es noch lanzenförmig. Es scheint so, als ob die Tradition eines x-förmigen Kreuzes, das dem Heiligen Andreas zugeschrieben wurde, erst im 14. Jahrhundert entstand. Ist diese Erstarrung der Tradition mit dem Kampf der Kirche gegen die Katharer verbunden, wie man es behauptet hat? Das scheint sehr wohl möglich. Die Christen aus dem Languedoc kannten nämlich ein „Kreuz des Lichtes", das genauso aussah; die Kirche hätte ihm folglich den Namen des Jüngers gegeben, um es der strenggläubigen Lehre einzuverleiben.

ANKERKREUZ →Anker

GRIECHISCHES KREUZ

Die Balken sind hier gleich lang und gleich breit, stehen senkrecht aufeinander und schneiden sich in der Mitte. Viele orientalische Kirchen haben einen Grundriß in Form eines griechischen Kreuzes.

HAKENKREUZ

Es hat seinen Ursprung in der Religion

des Irans. Es ist gunst- oder unheilbringend, je nachdem ob das gebogene Ende der Arme nach rechts oder nach links gerichtet ist. Jeder Arm besteht, wie das griechische Gamma, aus zwei Strichen, von denen der eine senkrecht und der zweite waagrecht ist, die ungleich lang und trotzdem verbunden sind: Es bedeutet die Wiedervereinigung der zwei Elemente: dem der Transzendenz, das über das andere herrscht, das aus den Gegebenheiten dieser Welt besteht. Es ist ein Zeichen der bis zum äußersten getriebenen Herrschaft, als im Hakenkreuz vervierfacht wird. – Man findet es jedoch in den Katakomben, zusammen mit dem Christusmonogramm; die vier Arme bedeuten dann die vier Evangelien, die von demjenigen Zeugnis ablegen, der in sich das Göttliche und das Menschliche vereinigt; es ist dadurch ein Zeichen Christi. – Es nahm aber seinen früheren Sinn wieder auf, als es im Dritten Reich auf den Fahnen Hitlers abgebildet wurde.

HUGENOTTENKREUZ

Es ist das heutige Symbol aller reformierter Christen. Zunächst war es nur das derer in Frankreich; seit einem Jahrhundert aber verbreitete sich sein Gebrauch über die ganze evangelische Welt. Wo liegt sein Ursprung?

Eine Legende erzählt, daß einige Jahre nach der Aufhebung des Ediktes von Nantes, junge französische Pfarrer, die gerade ihr Studium in der französischen Schweiz absolviert hatten, in der Nähe von Lyon festgenommen, eingesperrt und lange verhört worden waren. Da sie ihren Glauben nicht verleugneten, waren sie zum Scheiterhaufen verurteilt und hingerichtet worden. Ein katholischer Künstler, der der Hinrichtung beiwohnte, bewunderte den Mut und die Treue dieser jungen Männer. Er hatte versucht sie zu verstehen, und – für die Reformation gewonnen –, erzählte er weit herum, was er in Lyon empfunden hatte. Er fügte noch hinzu,

er habe in der Mitte der vier Scheiterhaufen ein fünftes Feuer gesehen, das heller loderte als die anderen; in diesem fünften Feuer habe er die Anwesenheit Christi selber wahrgenommen, der den bis zum Tode treuen Christen den Märtyrerkranz brachte. Dieser Künstler soll dann das Hugenottenkreuz in Erinnerung an dieses Ereignis geschaffen haben: Er erfand vier doppelte Flammen, die von einem Mittelpunkt ausgehen und eine Art Malteserkreuz zeichnen, dessen Enden stark aufgetrieben sind (1); er hat sie dann durch eine Krone verbunden (2) und verlieh diesem Anhänger etwas Eleganz, indem er einige „Perlen" oder „Knöpfe" auf den Spitzen dieses Kreuzes und auf der Krone verteilte (3). Ist er es, der diesem Kreuz noch eine „Träne" (Symbol der von den Reformierten ertragenen Leiden) oder eine Taube (Symbol des Heiligen Geistes) angehängt hat? Die Legende sagt darüber nichts. Was sie dagegen hinzufügt, ist die Tatsache, daß dieser Schmuck große Verbreitung fand und zum Erkennnungszeichen der Protestanten wurde.

Geschichtlich hat man dieses Kreuz mit dem Malteserkreuz oder mit dem des Languedoc vergleichen wollen; man könnte auch an die keltischen Kreuze, die von Clomban und seinen Jüngern über ganz Europa verbreitet wurden, oder auch an den kreuzförmigen Imbus denken, den die älteste christliche Tradition ausschließlich Jesus Christus vorbehält. Solche Verwandtschaften und besonders die letzten sind durchaus möglich, aber weder unbedingt erforderlich noch notwendig. Diese Zeichnung des Kreuzes ist so einfach, daß der künstlerisch begabte Mensch sie selbst erfinden kann.

Dagegen weiß man, daß ein spezifisches Kreuz in Frankreich von den Katholiken wie von den Reformierten als Zeichen der Zugehörigkeit zur evangelischen Kirche diente, und zwar schon

Mitte des 17. Jahrhunderts. Ein Brief des Pfarrers von Bernis 1688 bescheinigt, daß ein Juwelier von Nimes (ein gewisser Maistre, der in der Marktstr. 4 wohnte) es modisch gemacht hatte und daß „die Reformierten sich durch diesen Schmuck von den anderen unterschieden".

Ferner verlangt eine Trauungsvorschrift aus dem Jahre 1739 von den zum Katholizismus Neubekehrten, daß sie einem Juwelier ihr Hugenottenkreuz verkaufen, es bescheinigen lassen, und vier Monate vor dem Aufgebot des Brautpaares ein lateinisches Kreuz tragen. Man sieht hier, daß das lateinische Kreuz als Symbol des katholischen Bekenntnisses offiziell anerkannt ist. Die Reformierten lehnten dessen Tragen jedoch nicht aus diesem Grund ab, sondern weil „man diesem Kreuz die Verdienste und die Tugenden zuschreibt, die allein dem Gekreuzigten gehören." (G. Farel, *Vom wahren Gebrauch des Kreuzes;* siehe Th. de Bèze, *Hist. eccl.* I, 374).

Das Kreuz des Juweliers zu Nimes stand im Gegensatz zu diesem Aberglauben, erinnerte an Christus und an sein Werk und ermahnte zur apostolischen Treue. Deswegen fand es einen so großen Widerhall unter den Reformierten.

Fügen wir noch zwei Einzelheiten hinzu:

Die erste betrifft die dem Hugenottenkreuz hinzugefügte Taube. Antoine Court (der zusammen mit P. Rabaut die reformierte Kirche Frankreichs nach der Aufhebung des Edikts von Nantes im Jahre 1685 wieder begründete) hielt die Taube für ein Symbol der „Kirche der Wüste" und berief sich dabei auf den biblischen Text, der von der „Taube in den Felsklüften" (Hohelied 2,14) spricht; war die Kirche der Wüste nicht dazu gezwungen, sich ausschließlich in felsigen und öden Orten zu versammeln? – Dies würde den taubenförmigen Anhänger an einem Schmuck erklären, der von denjenigen getragen wurde, die heimlich zu diesen Versammlungen gingen.

Die zweite geht die Krone an, die die Arme des Hugenottenkreuzes untereinander verbindet. Den Historikern ist die Standhaftigkeit der Reformierten aufgefallen, die trotz der Verfolgungen durch die staatlichen und religiösen Behörden ihrer Heimat ihrem König unerschütterliche Treue entgegenbrachten und in ihren Versammlungen und Synoden für ihn beteten. Dieses Verhalten erklärt, daß die Krone, die die Arme des Kreuzes vereinigt, sich zu gegebener Zeit in die Lilie Frankreichs verwandelt hat (4). Es war ein Beweis dafür, daß die reformierte Kirche den Frieden wollte und sich trotz der gegen sie ausgeübten Gewalttaten weigerte, neue Religionskriege anzufangen. Dieses Zeichen wurde von den Münzen des ausgehenden 16. Jahrhunderts beeinflußt und bestätigt. Darauf sind, wie auf den Geldstücken Heinrich IV., ein Ankerkreuz dargestellt, zwischen dessen Armen eben die zwei Linien Frankreichs und seine zwei Kronen (die von Navarra und Frankreich) zu sehen sind.

Der Anhänger des Hugenottenkreuzes ist auch heute noch eine Taube, das Symbol des Heiligen Geistes. Dies war aber nicht immer der Fall. – Alte Hugenottenkreuze tragen anstatt dessen einen birnen- oder tropfenförmigen Gegenstand, den man jetzt in der Goldschmiedekunst „Träne" nennt (4a, 5a und 7). Dieses letztere Wort hat an alte Zeiten der reformierten Kirche Frankreichs denken lassen. Aber die Bezeichnung „Träne" ist ein relativ neuer Fachausdruck und diese Erklärung folglich anachronistisch. Dagegen nennt man in Südfrankreich, woher das Hugenottenkreuz stammt, diesen besonderen Anhänger „tisson", d.h. „kleiner Stößel", ein Gerät, das dazu diente, Salz in einem Mörser zu Pulver zu zermahlen. Es war eine Weise, daran zu erinnern, daß die

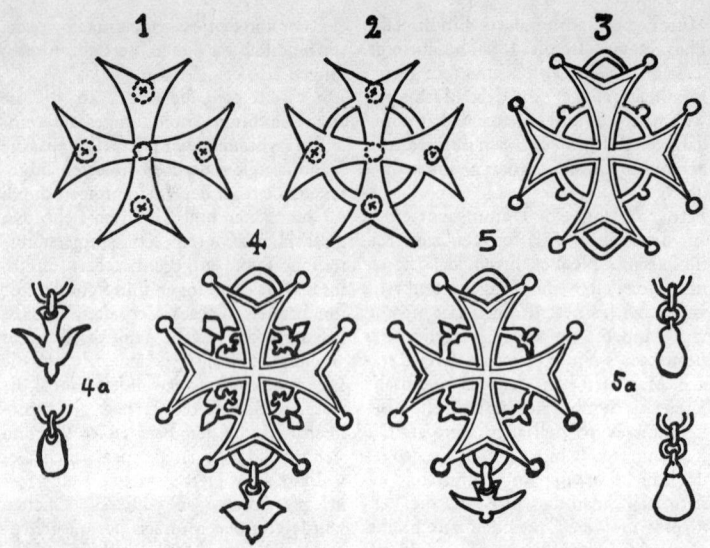

Hugenottenkreuz: 1, 2, 3) Grundrisse, 4) mit Krone in Form einer Lilie, 5) klassisches, 4a und 5a) verschiedene Anhängerformen; 6) mit

Reformation in Frankreich wie das Salz zerstoßen und in einer Schale zerdrückt wurde, dabei aber noch immer das alte Salz war, ohne seinen Geschmack zu verlieren. –

Fügen wir schließlich noch hinzu, daß einige Verfasser die Form einer kleinen Flamme darin sehen, die wie im Bericht über das erste Pfingstfest (Apg 2, 3) den Heiligen Geist darstellt. Es wäre dann das genaue Pendant der Taube, auch wenn die Bedeutung dieses Symbols nicht so klar hervortritt.

Diese historischen Auskünfte erinnern uns daran, daß die am Anfang erwähnte Legende einen Teil Wahrheit enthält. Es ist gut möglich, daß eine bestimmte Begebenheit zur Entstehung dieses Symbols beigetragen hat, wenngleich auch die Umstände, unter welchen die französischen Reformierten haben leben müssen, allein ausreichten, einen Ur-

sprung für dieses Zeichen zu geben. Man kann sich jedoch fragen, ob die Geschichte des Todes der fünf Studenten 1552 in Lyon bei der Bildung dieser Legende und des genannten Schmucks nicht mitgeholfen hat. Sie waren allerdings fünf und nicht vier und wurden an einen einzigen Pfahl gebunden. Sie wurden aber auf dem Platz des Terreaux in Lyon verbrannt; man kennt die Gespräche, die sie mit ihren Richtern geführt haben, die Briefe, die sie an ihre Eltern geschrieben haben und die, die zuerst Calvin, dann Viret, für sie geschickt haben, und die Schritte, die Llee von Bern für sie unternommen hat. Das alles wurde in der Geschichte der Märtyrer von Jean Crespin veröffentlicht, von der man sogar einen Sonderdruck veranstaltet hat. Diese Geschichte hatte großes Aufsehen erregt, und es ist durchaus nicht unmöglich, daß ein Juwelier, ein

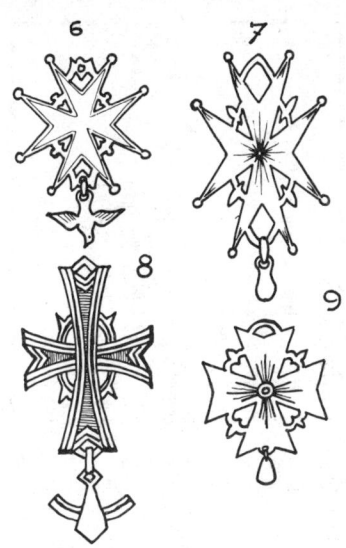

naturtreuer Taube, 7) länglich mit Träne, 8) modern, 9) mit gleich langen Armen und Träne.

Jahrhundert nach diesem Ereignis von diesem durch die Legende mehr oder weniger veränderten Bericht beeinflußt wurde.

Wenn auch der historische Umstand, der den Ausgangspunkt des Hugenottenkreuzes bildet, nicht mit Sicherheit bekannt ist, so steht doch absolut sicher fest, daß die Grundsätze und der Sinn dieses Schmucks in der Mitte des 17. Jahrhunderts bekannt und angenommen waren: Es ist zunächst ein Kreuz, das sich auf das von Jesus Christus bezieht und an das ganze Werk des Retters erinnert; es ist sodann eine Krone, die und an das ganze Werk des Retters erinnert; es ist so dann eine Krone, die manchmal mehr oder weniger umgestaltet wurde, die aber immer von der Ehre der Märtyrer spricht; es ist schließlich ein Anhänger, Taube oder Flamme, der daran denken läßt, daß al-lein der Heilige Geist die Treue bis zum Tode ermöglicht. Es ist ferner sicher, daß ein Juwelier aus diesen Grundelementen diesen Schmuck geschaffen hat, der äußerlich ansehnlich genug ist und dessen Sinn hinlänglich greifbar erscheint, um bei den Reformierten Wertschätzung und Kaufinteresse für ihn zu wecken. Trotz einiger Abwandlungen der Mode blieb dieses Kreuz in Frankreich und für alle reformierten Christen das Symbol ihres Glaubens.

Alle alten Hugenottenkreuze haben vier gleiche Arme, die nach außen breiter und durch eine Krone miteinander verbunden sind, alle Spitzen werden durch „Perlen" (oder „Knöpfe") abgeschwächt; ein Anhänger ist vorhanden. Ohne von diesen Grundelementen abzugehen, haben die Künstler vielfältige Kreuze schaffen können. Die Unterschiede betreffen den Abstand zu den Spitzen, die Zeichnung und den Umfang der Krone, die in der Mitte oder auf den Armen des Kreuzes gravierten Striche, den Anhänger und die Breite des Schmucks. Die Arme des Kreuzes sind gerade oder leicht gebogen. Die Forms des Anhängers verändert sich auch oft; die Taube ist manchmal der Natur sehr nahe (6), gewöhnlich aber ist sie entweder sehr einfach oder stilisiert; die Flügel sind mehr oder weniger breit, meistens nach vorne (4 a, 4) selten nach hinten gerichtet (5). Auch die moderne Goldschmiedekunst hat sich für dieses Symbol interessiert; sie vereinfacht und stilisiert es, behält aber seine Grundsätze bei (8, 9) (siehe Pierre Bourguet, Das Hugenottenkreuz).

(2) Münze Heinrichs IV. 1593.

139

LOTHRINGERKREUZ

Es besitzt zwei Querhölzer; das obere ist kürzer als das untere. Es ist so oft mit Geflecht geschmückt, daß man darin eine irische Herkunft sieht, die an das Werk von Colomban erinnert; es scheint, daß er dieses Kreuz in Europa eingeführt hat. Man weiß, daß einige englische Kathedralen einen Grundriß in der Form eines Lothringerkreuzes zeigen.

MALTESERKREUZ

Es ist das Zeichen des ersten religiösen und militärischen Ordens, der aus den Kreuzzügen entstanden ist. In der Mitte des 11. Jahrhunderts hatten Christen in Jerusalem, unter dem Schutz von Johannes dem Täufer, ein Spital eröffnet, das so große Dienste leistete, daß Gottfried von Bouillon es reichlich beschenkte. So entstand der Johanniterorden im Jahre 1113. Seine Mitglieder hatten die Aufgabe, die Pilger zu empfangen und zu pflegen und die Kirche zu verteidigen. Nachdem die Kreuzfahrer aus dem Heiligen Land vertrieben wurden, suchten die Ritter dieses Ordens zunächst in St. Jean d'Acre, dann auf Rhodos Schutz. Von diesem Zufluchtsort wieder vertrieben, erhielten sie von Karl V. die Insel Malta zugewiesen. Von nun an nannten sie sich „die Malteserritter" und kämpften mit all ihren Kräften gegen den Islam. Ihre Fahne war rot mit einem weißen Kreuz; es war ein griechisches Kreuz, dessen vier gleich lange Arme aber breiter auslaufen. Da es diesen Rittern eigen war, wird es Malteserkreuz, manchmal aber auch achtspitziges Kreuz genannt.

RUSSISCH-ORTHODOXES KREUZ

Es bezieht sich auf späte Berichte, nach denen Jesus selbst dank einer unter den Kreuzigungsgeräten* oft dargestellten Leiter auf das Kreuz gestiegen sei. Er habe sich dann umgedreht und die Arme ausgebreitet, um sich seinen Henkern zur Verfügung zu stellen; er habe dabei

Die Kreuze der höchsten Türme des Kremls. Moskau. 15. Jahrhundert.

den Fuß auf ein unteres Querbrett gelegt, das nachgegeben und dadurch die Bedeutung und den Wert des Gepeinigten gezeigt hätte. – Man erzählt auch, daß man bestimmte Gefangene vor ihren Feinden zu erniedrigen versuchte, indem man ihre Knie bei der Kreuzigung höher stellte und ihre Füße, von einem Querbrett unterstützt, sehr hoch anschlug; auf diese Art knieten sie während langer Stunden des Leidens. Einige Christen konnten den Gedanken nicht ertragen, daß man Christus so sehr gedemütigt haben sollte. Sie erzählten daher, daß das Brett, auf welches er sich stützen sollte, nachgegeben habe, als man ihm diese zusätzliche Qual aufzwingen wollte, und daß Jesus bis zum Ende seinen Gegnern gegenüberstand. – Aus diesen Erzählungen stammt dieses merkwürdige Kreuz, das man so oft auf den Kirchtürmen und den Kapellen der orthodoxen Kirche sieht: ein Kreuz mit drei Armen, dessen zwei obere waagrecht sind, während der dritte schräg steht.

SICHELKREUZ

Der senkrechte Balken dieses Kreuzes teilt sich in zwei gebogene Endungen und bildet zwei nach oben gerichtete Spitzen, oder er ruht auf einer Sichel. Man sieht darin das Zeichen des Sieges des Kreuzes über den Halbmond der Mohammedaner oder des Lichtes über die Finsternis. Oft findet an es auf den Kuppeln der russischen Kirchen.

KREUZIGUNGSGERÄTE

Die Instrumente der Kreuzigung Christi wurden den Gläubigen der orthodxen Kirche zur Anbetung auf Tafeln dargeboten, auf denen sie zusammengestellt zu sehen waren. Es war, als hätte man ihnen gesagt: „Schaut, womit man Christus gefoltert hat!" Solche Gemälde finden sich bisweilen auch in römisch-katholischen Kirchen.

1. *Das Kreuz.* Was die Form des Kreuzes* Christi betrifft, so laufen zwei Traditionen über 16 Jahrhunderte lang nebeneinander. Nach der einen bestand das Kreuz aus einem am Galgen aufgepflanzten Pfahl, der vom „patibulum" ergänzt war, dem Balken, den der Verurteilte bis zum Ort seiner Pein tragen mußte, was ein besonderes Zeichen der Schande war. An dieses Holz wurde

Schnitzwerk. Bief (Doubs). 14. Jahrhundert.

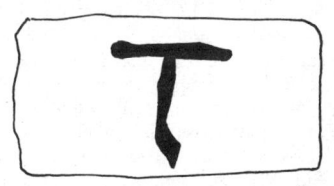

Grabinschriften. Katakomben. Rom.

dann der Verurteilte gebunden oder genagelt. Dies ist das tauförmige Kreuz und die glaubwürdigste Kreuzform. Im 16. Jahrhundert findet man noch Bilder, die das Kreuz auf Golgatha auf diese Weise darstellen. – Der anderen Tradition nach mußte der Verurteilte das ganze Kreuz tragen, das aus zwei, überquer miteinander verbundenen Balken bestand. Es ist das lateinische Kreuz, dessen Form sicherlich künstlerischer wirkt. In seiner Mitte ist es manchmal mit einer Stütze versehen, von der man annimmt, daß der Gekreuzigte halb darauf gesessen hat. Dazuhin war das Schild, auf dem der Grund des Urteils geschrieben stand, über dem Kopf des Verurteilten festgenagelt; da es sich höchstwahrscheinlich um ein Brettchen handelte und da dieses über die Breite des Hauptbalkens hinausging, dachten die Künstler an ein zweiarmiges Kreuz, Lothringer Kreuz* oder Lombarder Kreuz genannt; als sie dazu noch die Stütze darstellten erfanden sie das russische* und das päpstliche Kreuz.

2. *Die Nägel.* In der Bibel weist nichts auf die Zahl der Kreuzigungsnägel hin. Fast immer haben die Künstler drei angenommen. Denn sie haben sich vorgestellt, je ein Nagel habe beide Hände des Gepeinigten durchbohrt, während beide Füße mit einem einzigen Stift zusammen befestigt worden seien. Wenn drei Nägel vorhanden sind, ist die Zusammenstellung außerdem künstlerisch einfacher zu gestalten, als mit einer geraden Zahl. – Die älteste Urkunde, die man darüber besitzt, ist aber ein Text von Ambrosius († 397), der zwei Nägel für die Füße und zwei Nägel für die Hände erwähnt.

3. *Die Krone.* In der Botanik führen mehrere Dornenpflanzen den Namen der Krone (→Kranz*) Christi. In der Ikonographie stammen die ältesten Urkunden aus dem 4. und 5. Jahrhundert und zeigen runde und anscheinend kaum dornige Kronen. Das älteste literarische Zeugnis stammt von Paulinus de Nole († 431), gibt aber keine genauen Angaben. So bleiben die Form und die Beschaffenheit dieser Krone (Matt. 27, 29) unbekannt.

4. Seit dem 13. und vor allem dem 15. Jahrhundert findet man *andere Instrumente der Kreuzigung,* die aus den Evangelien der Kindheit Jesu, aus anderen Berichten oder aus Legenden entlehnt sind: eine Leiter, die Christus benutzt haben soll, um selber auf das Kreuz zu steigen; die Lanze des Soldaten, der in seine Seite stach, um sich des Todes zu vergewissern (Joh 19, 34); der Hammer, der die Nägel in den Körper Christi einschlug, und die Zange, die sie herauszog; eine Hand, die Christus ohrfeigte (Mark 14, 65); und schließlich

eine Laterne, die in dem Augenblick notwendig wurde, wo Christus starb, da „eine Finsternis sich über die ganze Erde verbreitete" (Mark 15, 33).

KRIEG

Es gibt kein christliches Zeichen des Krieges außer der Beschreibung derjenigen, von denen die Bibel berichtet, derjenigen, die Christenverfolgungen durchführten oder zur Schilderung des apokalyptischen Kriegs der letzten Zeiten. In gewissen Epochen der Geschichte hat man jedoch vom heiligen Krieg gegen die Ungläubigen gesprochen (Kreuzzug oder Verfolgungen) – ein Begriff, der mit der biblischen Lehre nichts zu tun hat.

Alle Kriegsgeräte, alle Waffen aus allen Zeiten dienen dazu, die Krieger, Engel, Heiligen oder Teufel zu bezeichnen. Es ist kein Wunder, daß der Drache*, Symbol des Santans, oft den Krieg darstellt.

KRIPPE

In den Katakomben ist die Geburt Jesu nie als Gemälde dargestellt. Schon im 3. Jahrhundert jedoch wurden einige Bildhauer-, Elfenbein- und Glaswerke geschaffen. Die dargestellten Personen sind immer die gleichen: Maria und Joseph, oft der Esel und der Ochse*, die Hirten oder die Weisen oder nur die einen ohne die anderen. Ihre Haltungen verändern sich kaum; die Wiege jedoch, das heißt die Krippe im engsten Sinne des Wortes, wird manchmal durch vier Füße erhöht; es ist gelegentlich ein Weidenkorb, auf dem blanken Boden liegend oder auf ein Gestell gestützt; manchmal ist es auch einfach ein Tisch, der mit einem Tuch bedeckt ist. Hieronymus behauptet, die Krippe, die er in der Höhle der Geburt Christi gesehen hätte, sei aus Ton, und er klagt darüber, daß man sie jetzt durch eine silberne ersetzt. Einige Reliquiensammlungen enthalten Krippen, die als die Krippe des ersten Weihnachtsfestes betrachtet werden, die aber aus dem 8. oder 9. Jahrhundert stammen.

Im übertragenen Sinne des Wortes bedeutet die Krippe den Stall, in dem Jesus geboren ist. Diese Krippe ist nach Matt 2, 16 ein Haus. Aber Justinus, Eusebius und Hieronymus sprachen von einer Höhle oder einer Grotte. Dies war nicht von Bedeutung, da das Weihnachtsfest (welches dogmatisch bedeutet: Gott ist auf Erden gekommen) relativ wenig gefeiert und folglich wenig dargestellt war. Im 8. Jahrhundert jedoch fing man an, die verschiedenen Szenen von Christi Geburt in einer Art Mysterienspiele darzustellen; es wurden aber sehr schnell Mißbräuche und Unziemlichkeiten eingeführt, gegen die die Geistlichkeit reagieren mußte, was den Erfolg dieses Festes von neuem einschränkte. Franz von Assisi gelang es, das Kommen Gottes unter die Menschen in der berühmten Anbetung der Krippe von 1223 anschaulich zu machen. Von nun an verbreitete sich das Feiern des Weihnachtsfestes in allen Schichten der christlichen Völker, und man ließ alle Szenen malen, zeichnen, gravieren und bildhauerisch darstellen. Für einige Künstler ist die Geburtsstätte eine Grotte, für andere dagegen ein Haus, für andere noch eine mehr oder geringer gelungene Mischung beider Auffassungen.

Bischofsstab. Die Verkündigung. 12. Jahrhundert.

KRONE →Kranz

KRUMMSTAB

Ein langer Stock mit gebogenem Ende – es ist der Hirtenstab, aus dem man das Symbol der Bischofswürde gemacht hat. Im allgemeinen tragen ihn die Erzbischöfe, die Bischöfe und die Äbte selbst. Manchmal wird er vor ihnen hertragen, wenn sie den Gottesdienst abhalten.

Als solcher erscheint der Krummstab vor dem 9. Jahrhundert weder auf Denkmälern noch in Texten. Die Synode von Troyes (867) berichtet von der Neuigkeit, daß „Bischöfe den Krummstab aus den Händen der Erzbischöfe erhielten"; dies wurde zu einem speziell der französischen Geistlichkeit eigenen Gebrauch. Drei Jahrhunderte später zeigen die päpstlichen Bullen, wie Christus Petrus einen Krummstab gibt, der auf diese Art und Weise an die Stelle des Schlüssels des biblischen Textes gesetzt wird. In der zweiten Hälfte des Mittelalters verbreitete sich dieser Gebrauch, und es gibt zahlreiche Kirchenschätze, die den Krummstab dieses oder jenes berühmten Bischofs besitzen.

Die ältesten Krummstäbe sind klobige Holzstöcke. Sehr früh schon wurden sie aber mit kupfernen, silbernen oder goldenen Verzierungen ausgeschmückt, die dann in eherne Krummstäbe eingefaßt wurden; sie wurden mit Edelsteinen besetzt. Man schreibt einigen dieser Stäbe sogar wundertätige Kräfte zu.

KRUZIFIX →Kreuz

L

LABARUM

Es war die Fahne, die der Kaiser Constantin I. seinem Heer am Vorabend einer unsicheren Schlacht gab, in der das Schicksal des Kaiserreichs entschieden werden sollte. Es wird erzählt, daß der Kaiser eine Vision hatte, während er für den Sieg betete; er habe ein „brennendes Kreuz" (andere behaupten „Christusmonogramm") gesehen, das von den Worten: *in hoc signo vinces* (durch dieses Zeichen wirst du siegen) umgeben war. Nach dieser Vision sei er auf den Gedanken gekommen, die Standarten, die die römische Armee immer benutzte, mit diesen Zeichen zu schmücken. Das war ein diplomatischer Beschluß, der von großem diplomatischem Sinn zeugte. Er versicherte den christlichen Soldaten, daß ihre Religion rechtmäßig sei, nicht mehr verfolgt würde, und es verpflichtete sie zugleich, ihre Dankbarkeit durch große Tapferkeit in der Schlacht zu zeigen. Diese Entscheidung führte zum Ziel: Die Christen siegten.

Was war aber die Form des Labarums? Die ältesten literarischen oder plastischen Urkunden geben sehr unterschiedliche Auskünfte. Nach den einen handelte es sich um einen langen Spieß, der in einer gewissen Höhe ein Querholz trug (was ein Kreuz bildete), an dem dann gewöhnlich ein purpurner Wimpel hing, der manchmal mit Edelsteinen geschmückt war. Er hätte demnach wie das Kriegsbanner der Könige Frankreichs (vom 12. bis zum 15. Jahrhundert) ausgesehen; was das Labarum betrifft, scheinen sich jedoch die Form, Farbe und Länge des Tuches sehr verändert zu haben (1). Ein anderes Zeugnis behauptet, daß Constantin „auf alle Schilde der Soldaten das göttliche Zeichen eingravieren ließ, wobei der (griechische) Buchstabe X von einem senkrechten Strich durchquert wurde und an der Spitze in einen kleinen Haken auslief (2). Das erinnert an das, was man viel später „konstantinisches Christusmonogramm*" nannte, das aus einem, gewöhnlich mit Bändern geschmückten Lorbeerkranz bestand, in dessen Mitte drei vollkommen gleiche I wie die Durchschnitte eines Sechsecks zusammengesetzt waren; es wäre ein Monogramm der griechischen Anfangsbuchstaben von Jesus Christus (I.X.). Man findet dieses Zeichen auf vielen Sarkophagen aus dem 4. Jahrhundert, wo es eine Anspielung auf das Labarum darstellt. Einige Bildhauer meißelten dieses

Detail aus einem Relief eines Sarkophags. 5. Jahrhundert.

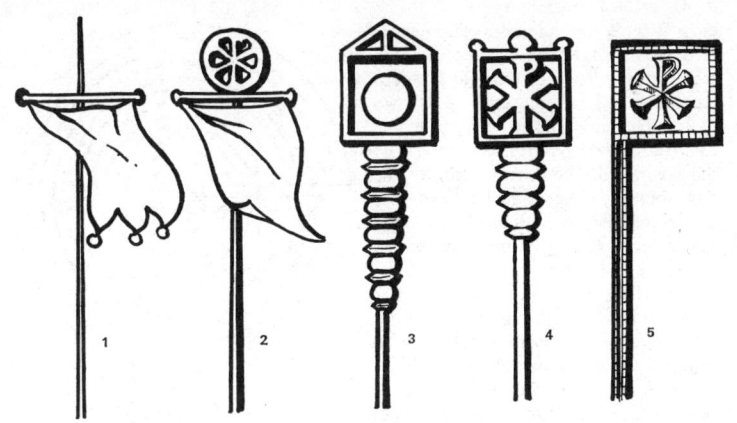

Rekonstruierung von verschiedenen Formen des Labarums.

Zeichen auf einem Kreuz aus, auf dessen Armen zwei Vögel mit ausgebreiteten Flügeln sitzen; man hat manchmal Tauben darin sehen wollen; man muß aber zugeben, daß diese Friedensvögel dem Gebrauch des Labarums merkwürdig widersprechen; mit Recht hat man an Adler beim Auffliegen gedacht, die ganz selbstverständlich die römischen Adler ersetzt hätten. – Auf Münzen und Anhängern desselben Constantin und seiner unmittelbaren Nachfolger wurde schließlich ein leerer, fast viereckiger, von einem Mast unterstützter Rahmen gefunden, der selber mit flachen Scheiben und Verdickungen geschmückt war (3). Auf anderen Geldstücken derselben Kaiser findet man eine ähnliche Zeichnung, die aber aus dem Christusmonogramm in einem Rahmen besteht (4). Noch andere stellen eine viereckige Standarte mit dem Christusmonogramm dar (5). Diese Münzen sind Dokumente, die aus der gleichen Zeit stammen wie das Geschehnis, das den Ursprung der Anerkennung der christlichen Lehre als rechtmäßige Religion bildet. Die letzten unter ihnen stellen

natürlich ein Labarum dar. Es ist aber klar, daß man auf einer Münze keine genaue Abbildung dieses militärischen Banners prägen konnte; es war nur eine Skizze davon, eine auf die Grundzüge des Labarums beschränkte Zeichnung. Man kann also annehmen, daß mehrere Formen dieses berühmten Banners vorhanden waren. Das läßt sich leicht erklären. Es wurde am Vorabend einer wichtigen Schlacht geschaffen. Die Gießer, Bildhauer und Goldschmiede, die die Aufgabe hatten, alle für eine große Armee notwendigen Flaggen zu schaffen, fanden bestimmt weder die nötige Zeit noch das Material, um die Anfertigung und die Verzierung zu vervollkommnen. Sie benutzten alles, was sich anbot. Sie schafften auf den einen die römischen Adler ab und ersetzten sie durch ein konstantinisches Christusmonogramm oder durch ein einfaches Kreuz. Die Fahnen, auf die die Soldaten zu achten hatten, sind oft lange erhalten geblieben; sie wurden zum Teil mit einem christlichen Zeichen geschmückt. Sehr wahrscheinlich sind einige dieser Banner, zum Beispiel die der kaiserlichen Wache, besonders sorgfältig angefertigt worden. Später wurden einige in sehr verschiedenen Orten und Ländern ehrfurchtsvoll aufbewahrt, dort wo diese oder jene Truppeneinheit längere Zeit stationiert waren. Das alles erklärt die Mannigfaltigkeit der Auskünfte, die wir über die ursprüngliche Form des Labarums besitzen; sie beziehen sich auf etwas verschiedene Banner und wären folglich alle richtig.

LABYRINTH

Das Symbol des Labyrinths ist heidnischer Herkunft. Mythologische Erzählungen oder philosophische Bilder machten daraus das Sinnbild der Bemühungen der Menschen, die Welt der Gedanken oder der Freiheit zu erreichen.

Als die Christen dieses Zeichen übernahmen (frühestens im 6. Jahrhundert), stellten sie den Menschen nicht in die Mitte des Labyrinths, sondern außerhalb; das Symbol sollte die Gläubigen daran erinnern, daß der Zweck ihres Lebens in einem heiligen Leben lag, das in der Mitte vom himmlischen Jerusalem dargestellt war. Um dieses Ziel zu erreichen, muß der Christ allerhand Widerwärtigkeiten, einen langwierigen und nur schleichenden Fortgang, ja Rückschritte erleben. Es ist genau das, was J. Bunyan später, im 17. Jahrhundert, auf seine Weise in seiner „Pilgerreise" schilderte.

Man kennt ungefähr 30 Kirchen, auf de-

Labyrinth. Kathedrale von Chartres.

ren Boden ein solches Labyrinth graviert, gemalt oder mit weißen und schwarzen Fliesen dargestellt wurde. Die Miniaturenmaler des Mittelalters haben mit der gleichen Absicht solche abgebildet oder neu geschaffen.

Im ausgehenden Mittelalter, als die Kirche den Eindruck erweckte, die Welt zu beherrschen und sich überall in das Leben der Menschen einzumischen, um jeden in jeder seiner Handlungen zu lenken, erfand man ein Labyrinth aus Buchstaben (s. Abb.): Wenn man vom S im Mittelpunkt der Zeichnung ausgeht, um zu einem der Winkel zu gelangen, liest man immer: sancta eclesia. Es war eine Art zu sagen: „Welchem Weg du auch immer auf Erden folgst, die Kirche wird dich immer lenken und führen."

Von den Kirchen ging das Labyrinth zu den Gärten über; dies führte zu den willkürlichsten Erklärungen. Man hat darin das (sehr komplizierte) Symbol der Kirche oder das des Glaubens gesehen, das es als eine Art Leitfaden ermöglichte, den menschlichen Fallen zu entkommen. Man hat auch behauptet, dort die Pläne geheimnisvoller Unterführungen, durch die man aus einer belagerten

```
A I S E L C E C L E S I A
I S E L C E A E C L E S I
S E L C E A T A E C L E S
E L C E A T C T A E C L E
L C E A T C N C T A E C L
C E A T C N A N C T A E C
E A T C N A S A N C T A E
C E A T C N A N C T A E C
L C E A T C N C T A E C L
E L C E A T C T A E C L E
S E L C E A T A E C L E S
I S E L C E A E C L E S I
A I S E L C E C L E S I A
```

Festung fliehen konnte, oder den Rhythmus eines Tanzes zu finden, der das Mittel darstelle, den Verstrickungen der Welt zu entgehen. Man hat darin sogar eine Versinnbildlichung bestimmter Pilgerfahrten und freimaurerische Symbole gesehen!

LAMM

Das Lamm ist eines der ältesten christlichen Zeichen. Man mißt ihm mehrere Bedeutungen bei. Es erinnert zunächst an den israelischen Kult, wo täglich ein Lamm zur Läuterung der Sünden geopfert wurde (1 Mose 4, 4; 2 Mose 12, 3; 3 Mose 37; Jes 16, 1; 53, 7; Jer 11, 19 usw.). – Dann, mit Johannes dem Täufer, wurde es zum Zeichen der Erlösung durch Christus. Der letzte unter den Propheten nennt ihn nämlich: „Gottes Lamm, welches der Welt Sünde trägt" (Joh 1, 29). Dieser Ausdruck deutet auf einen Vergleich mit dem israelischen Sühnopfer und bedeutet zweierlei: Zum ersten ist es kein Lamm, das Menschen Gott schenken, sondern ein Lamm, das Gott den Menschen gibt; zum anderen bedeutet es eine wirkliche Läuterung,

Lamm mit Christusmonogramm im Nimbus. Mosaik. Ravenna. 6. Jahrhundert.

Grabinschriften. Friedhof von Calixtus. Rom.

was der israelische Kult nicht beinhaltet. Außerdem verwirklichte Jesus auf dem Weg nach Golgatha ein Wort Jesajas (53, 7) über das Lamm, das sich ohne Klage töten läßt. Die Offenbarung des Johannes nimmt dieses Bild, das Jesus bezeichnet, ungefähr dreißig Mal wieder auf. – Letztlich, da sich Jesus, wie es in vielen Texten des Alten Testaments steht, mit einem Hirten verglich, ist das Lamm zum Symbol des Gläubigen geworden.

Die ältesten Zeugnisse dieses Symbols erwecken den Eindruck, daß die Künstler Lamm, Schaf und Mutterschaf (und manchmal Widder) als Zeichen sowohl für Christus als auch für die Christen oft miteinander ausgetauscht (oder überdeckt) haben. Wenn jedoch das Lamm in den Katakomben mit einem Kreuz oder einem Anker dargestellt wird, bezeichnet es wohl die Erlösung des Verstorbenen durch Jesus. Das Lamm ist liegend dargestellt. Später stand es und wurde von einem zunächst einfachen, dann kreuzförmigen und schließlich ein Christusmonogramm tragenden Heiligenschein versehen; an seinem hinteren rechten Bein trägt es ein Schild oder ein

Kreuz; schließlich stellte man es auf eine kleine Anhöhe oder auf einen Altar, aus welchem die vier Flüsse von Eden (1 Mose 2,10.14) fließen. – Es kommt vor, daß das Lamm von einem Hirten begleitet wird; es kennzeichnet dann einen Gläubigen, während der Hirte nun Christus darstellt. Eine Zeichnung im Friedhof der Heiligen Marcelinus und Petrus zeigt ein Lamm, hinter dem ein Schäferstab und eine Vase stehen; bedeutet dies, daß der auferstandene Christus zwar nicht sichtbar ist, wohl aber anwesend, oder ist das Lamm das Symbol für Christus? – Man ging zur Allegorie des guten Hirten über, der ein Tier seiner Herde auf seinen Schultern trägt. Als letztes stellte man eine große Zahl von Lämmern als Symbol für die Gläubigen (und daher für die Kirche) mit dem Hirten an der Spitze dar. Als das Malen der Christusfigur erlaubt und damit möglich wurde und sich offiziell eine Tradition bildete, geriet das Symbol des Lammes als Sinnbild des Erlösungswerkes Christi lange in Vergessenheit, bestand aber als Kennzeichen der Gläubigen weiterhin fort.

Das Lamm wurde lange als Zeichen Johannes des Täufers benutzt, da *er* Jesus durch dieses Bild bezeichnet hatte.

LAMPE

Erstaunlicherweise ist die Lampe kein Symbol des ursprünglichen Christentums. Es wurden zuvor viele alte, mit christlichen Zeichen geschmückte Lampen gefunden, aber keine ist älter als aus dem 4. Jahrhundert. Das rührt daher, daß die Lampen und ihre Verzierungen heidnischen Gottheiten gewidmet waren: Merkur, Vulkan, Minerva und vor allem Venus. Es wurde darin veredeltes und oft parfümiertes Öl verbrannt, was eine Anbetung darstellte. Die Christen wollten mit solchen Gebräuchen nichts zu tun haben.

Sobald die christliche Religion dagegen nicht nur geduldet, sondern auch zur offiziellen Staats-Religion wurde, schwanden die tief heidnischen Weltanschauungen der römischen Antike, sie brachten aber zahlreiche Bräuche, die man zu christianisieren glaubte, in die Kirche ein. Der Gebrauch von Lampen und Fackeln wurde für vielerlei öffentliche und private Zeremonien häufig. Vor dieser Zeit hatte man Lampen vor wichtigen Personen der kaiserlichen Verwaltung brennen lassen. Aber auch die christlichen Kaiser ließen sich die gleiche Verehrung gerne gefallen und dies um so mehr, als man aus den zwei Lampen, die sie gewöhnlich umgaben, das Symbol ihrer doppelten Gerichtsbarkeit machte der irdischen und der geistlichen: Papst Nikolas I. († 867) warf dies noch dem Herrscher von Konstantinopel vor. Außerdem hatte man die Gewohnheit angenommen, Lampen vor den Gräbern der Heiligen brennen zu lassen; es war zu einer Handlung christlicher Anbetung geworden. Später wurde diese Handlung mit dem „ewigen Licht" Gott vorbehalten, jenem Gott, dessen geweihte Hostien, der Transsubstantionslehre zufolge, mehr als sein Symbol sind. Der Erlaß der Ritenkongregation ist klar und deutlich: „eine Lampe muß ständig vor dem Altar des Allerheiligsten brennen, und zwar ganz in seiner Nähe".

Es wurde sogar ernsthaft die Frage gestellt, ob sie an der Wand hängen oder auf dem Altar stehen sollte. Diese Lampe sollte nicht nur auf den Schrank hinweisen, in welchem die Hostien aufbewahrt werden; sie bedeutet die unaufhörliche Anbetung der Christen vor Gott. Dieser von der heidnischen Antike wiederaufgenommene Brauch wurde dann auf die Lampe, die im Heiligtum von Silo (1 Sam 3,3) jedoch nur nachts brannte, oder auf andere spätere Texte (3 Mose 24, 3–4; 2 Mose 35, 37–40; 4 Mose 8, 1–4) bezogen.

Die christlichen Lampen sind verschiedener Größe und Gestalt. Im allgemeinen besaßen sie drei Teile: das Becken, den Brenner und den Griff. In dem Brenner befand sich der Docht. Die Griechen, die immer auf Schönheit bedacht waren, hatten Lampen mit mehr oder weniger langen Brennern. Die Lateiner beschränkten dieses Anhängsel immer mehr, schafften es schließlich ab und erfanden die kreisförmigen Lampen, deren Oberteil mit zwei Löchern, einem für den Docht und dem anderen für das Nachfüllen, versehen ist.

Es gibt sehr einfache Lampen, während andere wunderbar gearbeitet sind. Es ist unmöglich, sie einzuordnen. Einige unter ihnen haben Ölbehälter, und gewisse Legenden behaupten, es gäbe Dochte und Öl, mit Asbest umgeben, die die damit ausgerüsteten Lampen unlöschbar machten.

Die christlichen Ausschmückungen der Lampen sind sehr reich und vielseitig. Es sind: das Christusmonogramm*, die Taube*, der Fisch*, das Lamm*, der Anker*, die verschiedenen Formen des Kreuzes*; es sind ebenfalls biblische Auszüge: Abraham* beim Opfern, Jonas*, Daniel*; es sind auch sehr viele Tiere: der Hirsch*, das Pferd*, die Hirschkuh, der Hund*, die Henne*, die Ente, der Pelikan*, der Pfau*; es sind Pflanzen: die Palme*, die Zeder*, der Olivenbaum*, der Lorbeer*; und es ist schließlich das Tetragramm Gottes oder das Trigramm Jesu*.

Die normal stehende Lampe bezeichnet die klugen Jungfrauen des Gleichnisses (Matt 25, 1–12); wenn sie umgekippt liegt, ist sie leer und weist auf die törichten Jungfrauen hin. In dem Gleichnis handelt es sich allerdings mehr um Fakkeln als um Lampen.

Die Lampe ist das Symbol des Glaubens*, der Andacht*, der Reinheit* und der Wachsamkeit*.

→Kerze*, Leuchter*, Feuer*, Fackel*.

LANZE

Sie war das Zeichen von Minerva, der Kriegs- und Friedensgöttin. Bei den Christen wurde sie zum Zeichen des Hl. Georg* und manchmal des Evangelisten Matthäus*.

LASTER

Im Rahmen des Christentums wurde das Laster als solches nur durch Unkraut in bezug auf das gleichgenannte Gleichnis dargestellt (Matt 13, 24–29). Manchmal wird es eher mit der Sünde* oder mit den Dämonen* gleichgestellt, die als seine Verursacher galten; häufiger aber wird, der biblischen Tradition folgend, auf den abstrakten Begriff des Lasters verzichtet und statt dessen dieses oder jenes Laster konkret beschrieben: der Geiz*, der Zorn*, die Torheit*, die Faulheit* usw. Zu gewissen Zeiten hat man solche Schilderungen mit ausgeprägter Vorliebe angefertigt, entweder weil es harte Zeiten waren und man Hunger hatte und sogar noch von verzerrten Genüssen träumen wollte, oder weil man zu anderen Zeiten im Gegensatz dazu eine tiefe Verachtung allen Lastern gegenüber einflößen wollte. Die Szenen des Jüngsten Gerichts zeigen oft bestimmte Laster, die zur Hölle führen.

LAURENTIUS (Heiliger)

Man zählt 30 Laurentius im Kalender der katholischen Kirche. Der einzige, der oft dargestellt wurde, war Diakon der römischen Kirche und Schatzmeister des Papstes Sixtus II. Dieser wurde im Jahre 257 von den römischen Behörden festgenommen und hingerichtet. Vor seinem Tod befahl er Laurentius, die Schätze der Kirche unter die Armen zu verteilen. Der Statthalter der Stadt erfuhr die Großzügigkeit von Laurentius und wollte sich der Schätze bemächtigen, die er zu besitzen schien; der Diakon-Schatzmeister konnte ihm aber nur die Armen selbst, die Witwen und die Waisen zeigen, die er „Gott gewidmete Schätze, die kostbar als Perlen sind", nannte. Laurentius wurde selbstverständlich festgenommen und zum Scheiterhaufen verurteilt. Die Legende erzählt, daß er auf einem Rost langsam verbrannt wurde und daß er selbst über das Garwerden seines Fleisches gescherzt hätte.

Die Zeichen, an denen man ihn erkennt, sind natürlich vor allem der Rost, aber auch eine Börse oder heilige Gefäße, die Reichtümer zu enthalten scheinen. Er wird manchmal mit einem großen Prozessionkreuz dargestellt, vielleicht in Verwechslung mit einem anderen Laurentius, Erzbischof von Dublin im 12. Jahrhundert. Oft hält er ein Buch in der Hand, wahrscheinlich das seiner Abrechnungen.

LAZARUS

Lazarus ist der Name des Bruders von Martha und Maria, den Jesus in Bethanien wieder zum Leben erweckte. Als solcher wurde er sehr früh zum Symbol der Wiederauferstehung, und schon in den Katakomben wurde er sehr oft, sei

Lazarus „in Abrahams Schoß“. Kapitelle. 11. Jahrhundert.

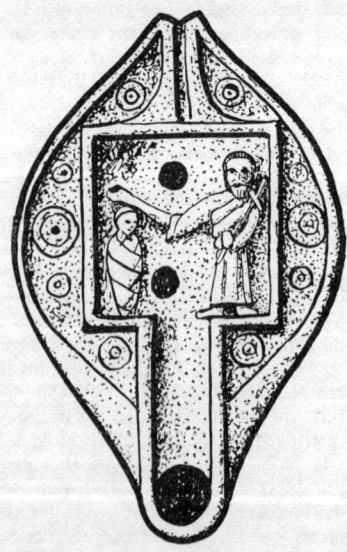

Mit einer Wiederauferstehung von Lazarus geschmückte Lampe. Karthago.

es auf Grabsteinen, sei es in Fresken, oder auch bildhauerisch auf Sarkophagen dargestellt. Man erkennt ihn an den Grabtüchern, in die er eingebunden ist, wie es im Evangelium steht (Joh 11,44). Schon im 4. Jahrhundert sieht man ihn auf Reliefs und vielen Miniaturen; später wurde diese Geschichte in Gemälden, Schnitzwerken und Kupferstichen wiederaufgenommen. Man findet ihn oft auf Lampen, wo das Symbol des Lichts sich sehr gut mit dem der Wiederauferstehung verbindet, auf Elfenbeinplatten und sogar auf Stoffen und Broschen.

Lazarus ist auch der Name des Armen, von dem das Gleichnis (Luk 16, 19–31) erzählt; er wurde „in Abrahams Schoß“ getragen, während der reiche Mann in die Pein der Hölle geworfen wurde. Wenn die christlichen Künstler das ewige Leben darzustellen hatten, haben sie oft auf dieses Gleichnis und vor allem auf die Anwesenheit von Lazarus auf dem Schoß des Erzvaters hingedeutet. Lazarus ist schließlich der Name eines Mönches aus dem 9. Jahrhundert, der sein Zeugnis als Christ in Form von religiösen Fresken und Miniaturen ablegte. Um diese christliche Propaganda zu verhindern, die nicht unwirksam blieb, warfen ihn Feinde ins Gefängnis und verbrannten seine rechte Hand…, aber er malte mit der linken weiter. Er ist meist im Gefängnis, bei seiner Marterung, oder auch beim Malen eines Bildes der Jungfrau Maria mit der linken Hand dargestellt.

LETTNER

Dieses Wort bezeichnete ursprünglich das Pult, von dem aus die biblischen Texte während des Gottesdienstes vorgelesen wurden. Der Diakon, dem dies oblag, fing mit der Bitte um den Segen des Priesters oder des Bischofs an und sagte: „jube[1])" (= ich bitte um…) Domine benedicere. Das erste Wort dieser Formel bezeichnete schließlich die Empore; man nannte sie auch Pult, Lesepult, Ambo* usw. Sie war normalerweise mit einem einfachen Kreuz geschmückt.

Der Platz des Lettners in der Kirche sowie seine Form und sein Umfang haben sich verändert. Manchmal nahm ein Chorsänger dort Platz. Für einige Zeremonien fand man es angebracht, Lettner so groß zu machen, daß er beiden, dem Leser und dem Sänger, Platz bot. Bald wollte man mehrere Sänger darin sehen, so entstand der Gedanke, eine Empore (den Lettner) zu schaffen, die die ganze Breite des Chors einnahm und sich anfangs hinten, später in der Mitte des Chores befand. Man erreichte ihn durch eine in der Wand versteckte Treppe. Später und höchst wahrscheinlich aus akustischen Gründen, wurde er in den

[1]) *Auf französisch wird der Lettner nach dem Gebet: „Jube Domine benedicere" „jubé" genannt.*

Lettner mit Kanzel. 16. Jahrhundert. Beaune.

vorderen Teil der Kirche vorgezogen; er war mit Treppen versehen, die sich um die ersten Säulen des Schiffes wanden. Bis zum 16. Jahrhundert wurden die Predigten in der Regel von solchen Lettnern herab gehalten.

Diese Bauten waren mit christlichen Symbolen und biblischen Figuren, aber auch mit Szenen der Kirchen-Geschichte und Legende geschmückt. Wieder eine Zeit später bestimmte man auf dem Lettner einen besonderen Platz für den Prediger. Dies war eine Erweiterung der Galerie, die durch drei oder vier Flachwerke begrenzt wurde. Man muß festhalten, daß diese Bauten mit der Architektur des Gebäudes, in das sie hineingesetzt wurden, häufig nicht harmonierten. Außerdem nahmen sie beträchtlichen Platz ein. Deshalb kam die Zeit, in der sie systematisch abgeschafft wurden. Man mußte jedoch einen etwas erhöhten Platz für den Prediger schaffen. Die Erweiterung der Galerie wurde dann vom Lettner getrennt und in die Mitte einer Wand oder auf die halbe Höhe einer Säule versetzt; sie wurde zur Kanzel*.

LEUCHTER

Er ist ein Gerät, das eine Lichtquelle halten und erhöhen soll. Man nennt es auch Wandleuchter, Fackel, Fackelhalter, Kerzenhalter usw.

Wenn man den Gottesdienst in den Katakomben abhielt, mußte man wohl etwas Licht haben. Es wurde auf ganz natürliche Weise zum Symbol des Christentums: ein Licht in der Finsternis der Welt. Dieses Symbol wurde aber vor allem in einem ganz anderen Sinn benutzt: Es bezeichnet das Jenseits, eine Bedeutung, die es schon bei den Heiden hatte. Bei diesen umgab derjenige, der einen hohen kaiserlichen Beamten ehren wollte, ihn mit viel Licht. Um Verstorbenen die gleiche Ehrfurcht entgegenzubringen, stellte man brennende Kerzen auf ihre Gräber. So sah man schließlich im Kerzenleuchter ein Zeichen des ewigen Lebens.

Dieses Symbol kommt auf den sehr alten christlichen Gräbern häufig vor, wo es links oder rechts des Totenbildes gemalt oder ausgemeißelt ist. Es war zweifelsohne ein Zeichen der Ehrfurcht, das aber mit der ganzen Mystik des Lichts in der Bibel verbunden war: dem Sinnbild des Glücks, dann dem der göttlichen Erleuchtung in Jesus Christus, schließlich einer Versinnbildlichung Gottes selbst. Die erste christliche Bedeutung des Leuchters war ein einfacher Hinweis darauf, daß die gezeichnete oder gemalte Szene sich im Rahmen des ewigen Lebens abspielte; dann sprach der Leuchter von dem Fest, dem Glück im Paradies. Daher machte man daraus das Zeichen der irdischen Freuden und folglich des ganzen christlichen Lebens, für welches man nur danken kann. Die Offenbarung des Johannes (1,20; 2,1.5) benutzt wohl das Symbol des Leuchters mit einem zweifachen Sinn: eines irdischen Lebens und eines ewigen Lebens. So machte man aus ihm das Zeichen des Glaubens.

Die ersten Leuchter waren kurz, stämmig und oft gedrungen. Sehr früh aber machte man daraus Kunstgegenstände aus Silber, aus vergoldetem Silber, aus versilbertem oder vergoldetem Kupfer, aus Kristall und aus Holz.

Ursprünglich standen sie um den Altar*, und erst im 10. Jahrhundert stellte man sie auf den Altar, zu beiden Seiten des Kruzifixes. Gewöhnlich bestehen die Altarleuchter aus fünf Teilen: dem Fuß, dem Stiel, einer Kugel – oft in Form eines Apfels – (an welcher man den Leuchter leicht greifen kann), dem Teller (der, die Wachstropfen auffängt) und dem Dorn, welcher die Kerze hält. Obwohl diese fünf Grundelemente immer vorhanden sind, entstanden keine gleich aussehenden Leuchter; im Gegenteil! Es gibt eine große Mannigfaltigkeit unter den Leuchtern: Die einen sind manchmal großartig, aus edlem Metall, sehr ausgeschmückt und oft elegant, die anderen ganz im Gegensatz dazu sehr einfach und schlicht.

Siebenarmiger Leuchter

Das zweite Buch Mose (25, 31–32) erzählt, daß Mose den Befehl erhielt, einen großen siebenarmigen Leuchter aus Gold zu machen. Derjenige, der sich im Tempel von Herodes befand, ist durch das berühmte Relief des Triumphbogens von Titus in Rom bekannt. Da dieses Instrument des Gottesdienstes für die Israeliten sehr wichtig war, wurde es zum Symbol des jüdischen Glaubens.

Man findet aber auch sehr alte christliche Urkunden, die mit diesem Symbol versehen sind. Das Christentum verstand sich nämlich als die Erfüllung des mosaischen Glaubens, einige Kirchenväter (Clemens, Gregor der Große) haben sogar behauptet, es sei das wahre Israel, und es ist verständlich, daß die Christen nun den Sinn dieses Zeichens für sich beanspruchten. Dieser Anspruch wurde aber nicht aufrechterhalten, so daß die Zeugnisse eines solchen Leuchters als christliches Symbol sehr selten geworden sind. Im 16. Jahrhundert jedoch schmückten einige Kirchen den Hauptaltar wieder mit einem Leuchter dieser Art.

LEUCHTTURM

Die Seevölker haben selbstverständlich das menschliche Leben mit einer Reise auf See verglichen: Die Geburt wurde durch das Einschiffen und der Tod durch das Ankommen im Hafen dargestellt.

Die Christen übernahmen dieses Bild, um damit auszudrücken, daß das Lebensboot nicht den sicheren Hafen erreichen kann, solange Christus, göttlicher Steuermann, nicht an Bord gestiegen ist. Christus als Steuermann glich aber zu sehr Charon, dem Fährmann der Unterwelt; außerdem schien er zu sagen, daß der Christ nach seiner Taufe keine Entscheidungen mehr zu treffen habe, was die Führung seines Lebens betrifft, da der Herr alles lenkt. Deshalb behielten die Christen vom Symbol des antiken Vergleichs meist nur das Bild des Leuchtturms; es ist ein Licht, das man von Ferne erblickt, auf welches man zusteuert und durch dessen Orientierungshilfe man Widerwärtigkeiten überwinden und sicher im Hafen ankommen kann. So wurde der Leuchtturm zum Symbol der Hoffnung, einer Realität, die man sehen kann, die man jedoch noch nicht erreicht hat. Mehrmals machte man daraus sogar das Symbol Christi.

Schon im 2. Jahrhundert findet man Darstellungen des Leuchtturms, insbesondere auf Grabsteinen oder Sarkophagen; damit wollte man ausdrücken, daß der Verstorbene im Hafen der ewigen Seligkeit gelandet war.

LIEBE

Die Liebe Gottes zu den Menschen wird durch ein Buch, das Buch der vier Evangelien, versinnbildlicht, das der Welt, zusammen mit dem Heil, auch den Beweis für die Güte Gottes bringt; oder durch den Regenbogen*, der an den Bund erinnert, der nach der Sintflut ab-geschlossen wurde.

Die Liebe des Menschen zu Gott wird durch Pfeile dargestellt, die das Gebet symbolisieren, das bis zum Himmel – bis zum Thron Gottes emporsteigt. Auch eine Lampe, eine Fackel oder einfach eine Flamme drücken diese Liebe aus, weil sie das Leben des Gläubigen erleuchtet und erwärmt.

Die eheliche Liebe entnimmt ihre Symbole der Literatur und den Gebräuchen aller Völker. Es sind die Myrthe, die den Tempel der Venus in Rom umgab, vor allem aber die Rose. Sie wird jedoch auch als Geranie mit Efeublüten dargestellt, aber reicher blühend als Efeu, wie die Liebe reicher ist als die Freundschaft. Weitere Symbole sind noch die Linde, in Erinnerung an Philemon und Baucis, Vorbilder der ehelichen Treue, die in eine Linde verwandelt wurden; die Margerite, weil die Verliebten durch sie das Blumenorakel befragen; der Diamant, der kostbarste und härteste Stein, und schließlich eine nackte Gestalt, ein Herz, sowie Blumen in Hülle und Fülle.

LILIE

Solange die Klassifizierung der Pflanzen poetisch, volkstümlich und durch örtliche Gewohnheiten bedingt blieb, bezog sich der Name Lilie (*lilium* im Lateinischen, das aus dem Griechischen *leirion* stammt) auf viele Blumen, die durch ihre Pracht auffielen. Man bezeichnete damit mehrere Amaryllissorten: die Lilie Jakobi (9) ist die Amaryllis superbia; die japanische Lilie die Amaryllis von Guernesay; die mexikanische Lilie die Palmlilie (Yucca); die Lilie Johannis schließlich die gewöhnliche Gladiole, die in der Natur eben um den Johannis-Tag (24. Juni) blüht. Die Lilie des Hl. Bruno* ist das anmutige gezweigte Phalangium (8), das in den kahlen Felsen gedeiht, in denen der Hl. Bruno gern Klöster baute.

Zu bemerken ist die Tatsache, daß eine seltene Art des Phalangium den wissenschaftlichen Namen „Phalangium mit Lilienblüten" führt. Die persische Lilie ist die Kaiserkrone (Fritillaria) der sumpfigen Gegenden. Bis zum Ende des 19. Jahrhunderts wurde das Maiglöckchen (2) Maililie oder Lilie der Täler genannt. Die Lilie der Teiche ist die weiße Seerose (3), die Lilie der Sümpfe die Iris (6), was den Namen „Lilie Frankreichs" rechtfertigt, der einer Stilisierung der Iris verliehen wurde. Die dornige Lilie heißt Datura Stramonium (7); diese Blume ist so übelriechend, daß ihre Pflanze, vor allem in Vergleich zur weißen Lilie, diesen edlen Namen nicht lange tragen konnte; die volkstümliche Sprache hat sich mehr der Frucht zugewandt, die so dornig wie die einer Kastanie ist, und nennt sie Stechapfel. Die gegenwärtige Botanik gestattet diese Bezeichnung auch für Pflanzen, die zwar gewisse Ähnlichkeiten mit der Lilie aufweisen, jedoch streng genommen keine sind: so verzeichnet sie die Feuerlilie (Amaryllis), eine Alpenpflanze, die kein Knollengewächs ist, deren Blütenkelch aber dem der Lilie ähnelt.

Die weiße Lilie, *liliumcroceum* (4) hat jedoch die Ehre, den wissenschaftlichen Namen Lilie zu führen. Sie hat seit jeher die Blumenbeete, aber auch die Literatur und die Dichtung geschmückt, die aus ihr das Zeichen der Unschuld und der Reinheit gemacht haben. Eine so schöne Blume konnte nun keinen natürlichen Ursprung haben. Die Griechen nennen sie „Rose Junos" und erzählen, daß ein Tropfen Milch dieser Gottheit zu Boden gefallen war und daß diese wunderbare Blume daraus entstanden sei. Andere behaupten, daß Venus, ein schönes junges Mädchen, auf das sie eifersüchtig war, in eine weiße Lilie verwandelt hätte. Die lateinische Dichtung singt unaufhörlich das Lob dieser Blume und scheint aus ihr das Symbol der jungfräu-

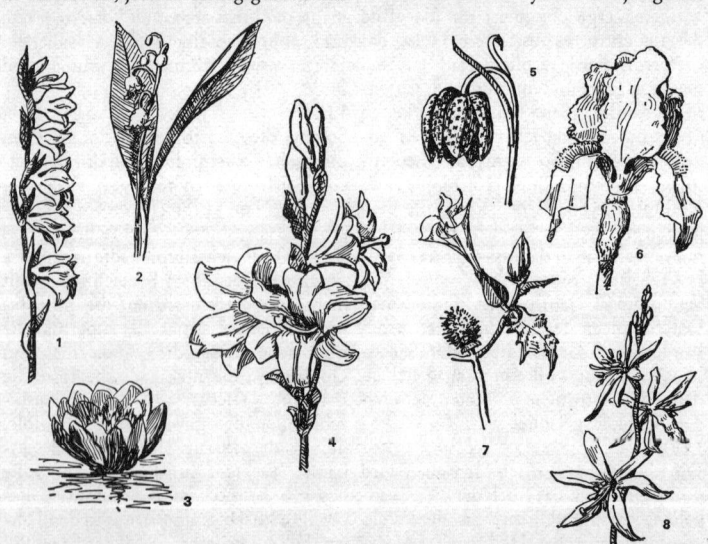

1. Gladiole. 2. Maiglöckchen. 3. Seerose. 4. Weiße Lilie. 5. Kaiserkrone (Fritillaria). 6. Iris. 7. Datura Stramonium. 8. Verzweigtes Phalangium. 9. Amaryllis superbia. 10. Feuerlilie.

lichen Reinheit gemacht zu haben. Im Mittelalter wurde ferner erzählt, daß ein junger Franzose namens Loys in eine Sumpflilie verwandelt worden sei und daraus sei die Nationalblume Frankreichs entstanden; so kam die Lilie in die Wappen der königlichen Familie und auch in die zahlreicher französischer Städte, Provinzen und Familien. Die Sumpflilie (Iris) wurde verschiedenartig stilisiert und findet sich auf unzähligen Verzierungen von Steinen, edlen Metallen, Elfenbeinplatten, Stoffen, Juwelen und Münzen, in der Malerei, auf Kirchenfenstern usw.

Ein Echo dieser Bewunderung für die

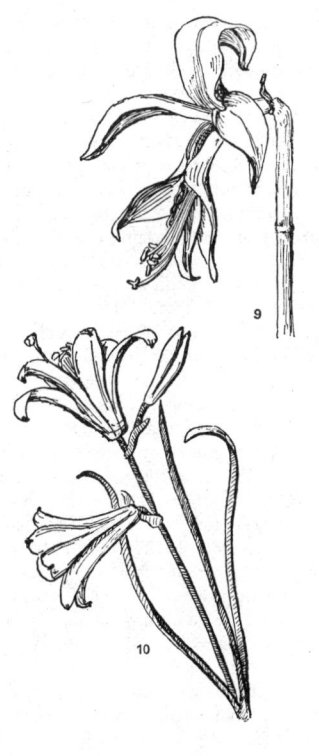

9

10

Lilie ist auch im Christentum vorhanden. Die Bibel erwähnt sie ungefähr zwölfmal, auch wenn es sich nicht immer um die weiße Lilie handelt. Die große Mannigfaltigkeit der Blumen, die man hinter denjenigen zu erkennen glaubte, die Jesus der Bewunderung preisgab, als er sagte: „Schaut die Lilien auf dem Felde…" (Matt 6, 28) beweist es zur Genüge: Man sah darin die rote Anemone (was am wahrscheinlichsten ist), die Amaryllissorten, die Kaiserkrone, die Iris und den Jasmin, das Maiglöckchen und die Narzisse, die Gladiole und die Rose.

Als Symbol hat die weiße Lilie eine so majestätische Form und eine so prunkvolle Farbe, daß sie ganz selbstverständlich die Hoheit, die Erhabenheit, das Königliche bezeichnet. Deshalb wurde sie zum Symbol Christi.

Die Christen entlehnten jedoch aus der heidnischen Antike die Idee der durch diese Blume symbolisierten jungfräulichen Reinheit. Erst im 12. Jahrhundert schien man dies zu merken. Damals gab es in der Kirche heftige Auseinandersetzungen über das Fest der unbefleckten Empfängnis Mariae; einige Kirchenmänner versuchten, es offiziell in der Kirche einzuführen, weil es sich großer Beliebtheit erfreute. Vom theologischen Standpunkt aus war die Frage der immerwährenden Jungfräulichkeit der Mutter Jesu gestellt; wenn man es näher betrachtet, ist sie biblisch nicht fundiert. Viele Theologen, unter anderen der Hl. Bernhard, waren dagegen. Andere Gelehrte fanden zugunsten dieses Festes Argumente, die so ebenso überzeugend wie trügerisch erschienen und die immer wieder verwendet wurden, um die Volksmeinung zu manipulieren. Diese Manöver erreichten ihr Ziel, denn das Fest wurde de facto und viel später auch de jure anerkannt. – Die ikonographische Entwicklung der weißen Lilie spiegelt diese Geschichte in den Gemälden, die die Verkündigung darstellen, wider.

Bis zum 11. Jahrhundert hat Maria in dieser Szene kein Zeichen. Doch von jenem Augenblick an bringt ein Engel Maria die symbolische Lilie. Es scheint, daß selbst Maria es nicht wagt, an diese Jungfräulichkeit zu glauben. Dann halten beide Figuren der Verkündigung einen blühenden Zweig dieser Pflanze; Maria nimmt dieses Rätsel an. Schließlich und später noch befindet sich dieses traditionell gewordene Zeichen neben Maria oder in ihrer Hand: Die Lehre der immerwährenden Jungfräulichkeit ist angenommen worden.

Wie als Reaktion gegen diese besondere Entwicklung begann man schon im 13. Jahrhundert, einigen biblischen Figuren oder Christen, die gerade heiliggesprochen worden waren, eine Lilie der Reinheit zu verleihen: dem Erzengel Gabriel*, dann Joseph*, dem Vater Jesu, und Johannes dem Täufer*. Dasselbe gilt für Dominikus von Guzmann († 1221), Franz von Assisi*, Antonius von Padua* († 1231), die Hl. Klara († 1253), Albrecht den Großen († 1280) und seinen Schüler Thomas von Aquin († 1274) sowie für Franz-Xaver* († 1552).

Wenn die Lilie manchmal auch das Zeichen der Lüge ist, dann wahrscheinlich, weil dieser Name manchmal den übelriechenden Stechapfel verliehen wurde (vgl. oben); man hielt diese Pflanze für eine kleine, duftende Lilie, und um über seine Enttäuschung wegzukommen, klagte sie der Mensch der Lüge an.

LORBEER

Es ist ein Strauch, dessen immergrünes Laub seit jeher für seine belebenden Eigenschaften und seinen angenehmen Duft bekannt ist. Seine Beeren wurden sogar in der Antike zur Bekämpfung bestimmter Fieber benutzt. Die jungen Zweige waren lang und geschmeidig genug, so daß man daraus Kränze machen konnte, die zum Symbol aller Arten von Triumphen wurden. Die antike Mythologie erzählt, daß Daphne (dieses Wort bedeutet auf griechisch Lorbeer) in einen Lorbeerbaum verwandelt worden sei, als sie vor der Leidenschaft Apollos floh, dem dieser Baum dann gewidmet wurde.

Der Gebrauch von Lorbeerkränzen war so verbreitet, daß die Christen ihn, ohne zu zögern, zur Verehrung ihrer Martyrer benutzten. Der Lorbeer gehörte zum konstantinischen Christusmonogramm. Der Lorbeerkranz wurde zum Zeichen der Tugend, der christlichen Wahrheit und Dichtung.

LOS

Seit die Kreuzigung* unter dem Aspekt des geschichtlichen Ereignisses betrachtet wurde, wurde der Bericht über die römischen Soldaten, die die Kleider Jesu unter sich teilten, oft dargestellt. Die vier Evangelien messen diesem Randgeschehen eine gewisse Bedeutung bei (Matt 27, 35–36 u. Parallelst.), da sie keinem der in einem messianischen Psalm benutzten Bilder entspricht (Ps 22, 19), aber nichts weist auf die Art „Los" hin, die unter dem Kreuz benutzt wurde. Die Römer kannten Verfahren mit Knöchelchen oder mit Stäbchen, die auf einer Schnur aufgereiht waren und deren Zusammenstellung auf das Schicksal des Fragestellers deutete. Wenn es sich um eine Wahl zwischen mehreren Personen oder den Gewinn von Gegenständen handelt, zog man „Hälmchen" oder würfelte, und derjenige, der den kürzesten Halm zog oder am meisten Punkte geknobelt hatte, hatte gewonnen. Am häufigsten wird den Soldaten auf Golgatha das Würfelspiel zugeschrieben. Ob jedoch das gleiche Verfahren benutzt wurde, um den Nachfolger Judas in der Gemeinde der Apostel zu bestimmen (Apg 1, 26), darauf weist nichts hin; diese letztere Szene ist sehr selten dargestellt worden.

In der griechisch-lateinischen Antike zog man manchmal poetische Werke, insbesondere die *Ilias* und die *Odyssee* dazu heran, die Zukunft zu erforschen;

man öffnete das Buch irgendwo, und der erste gelesene Text sollte im Hinblick auf das, was man suchte, interpretiert werden. Als auch im Christentum die Neigung zum Aberglauben aufkam, wurde dieses Verfahren rasch wieder aufgenommen und dazu die Bibel benutzt. Wenn man dazu die ganze Bibel benutzte, sagte man, „man befrage die Heiligen", wenn man sich jedoch auf die Apostelgeschichte beschränkte, sprach man vom „Los der Apostel". Durch solche Verfahren wurden zwischen dem 5. und dem 10. Jahrhundert manchmal Domherren und sogar Bischöfe gewählt. Mehrere Konzilien (z.B. das von Orléans im Jahre 511) bis zum 11. Jahrhundert reagierten darauf scharf und untersagten streng, das Los der Heiligen oder das Los der Apostel zu befragen. Noch im 19. Jahrhundert berief sich die Volksfrömmigkeit auf dieses Verfahren, dann aber meist ironisch und um seine Haltlosigkeit zu zeigen.

LOTHRINGER KREUZ →Kreuz

LÖWE

Schon in der frühen Antike sind die Darstellungen von Löwen mit der Vorstellung von Kraft, Grausamkeit und Macht verbunden. Als Zeichen der Herrschaft wird der König der Tiere gezeigt, wie er seine Pfote auf eine Weltkugel legt. Die Szenen von Löwenjagden der Herrscher früherer Zeiten bestätigten die Überlegenheit dieser über jede andere Macht.

Der Löwe erscheint oft in den Fabeln des Heidentums oder auch in den biblischen Texten und den mehr oder weniger legendären Erzählungen der Kirchengeschichte. Er ist das Symbol von Juda (1 Mose 49, 9), dem Stamm, der zur Zeit Davids der stärkste in Israel war. Der Titel „der Löwe von Juda" wird David und dann Jesus als Nachkomme

Löwe des Markus-Evangeliums. Miniatur. 1285.

Kampf von Löwen mit Schlangen. Kapitelle. Genfer Dom. 12. Jahrhundert.

dieses großen Königs (Offb 4, 5) und sogar mehreren Herrschern verliehen, die anscheinend dem Hause Davids entstammen. Für den Psalmdichter (Ps 7, 3; 10, 9; 22, 14) und für die Propheten (Jer 5, 6; Hos 5, 14) ist der Löwe vor allem das Symbol der Kraft und der Grausamkeit. Die Angst vor dem Löwen finden wir auch im Neuen Testament (2 Tim 4, 7; 1 Petr 5, 18). Die Allmacht wird durch eine gewisse Herrschaft des Löwen ausgedrückt (Richt 14, 5; 1 Sam 17, 37; Ps 91, 13).

In der christlichen Ikonographie wurde der Löwe Markus (siehe Evangelistensymbole*) vorbehalten, als man den Verfassern der vier Evangelien die rätselhaften Tiere der Vision Hesekiels zuwies, die von der Offenbarung des Johannes wiederaufgenommen wurden. Jesaja nennt Jerusalem „den Löwen Gottes" (Ari-el), weil es eine unbezwingliche Festung ist (Jes 129, 1). Der gleiche Name wird allerdings mit einer anderen Bedeutung, von Hesekiel dem

Opferaltar (43, 15) verliehen, weil er wie der Löwe viele Opfer verzehrte. Für Amos bedeutet das Brüllen des Löwen die Stimme Gottes (Amos 1, 2), so wie der Donner es für den Psalmdichter (Ps 29) ist. Im ursprünglichen Christentum wurden diese Bilder nicht beachtet. Dagegen drückt die Darstellung des Löwen die Angst der Menschen vor der Kraft und der Grausamkeit dieses Tieres aus; er wurde zum Sinnbild der Macht des Bösen; er bezeichnet Satan selbst. Er ist der Feind des geistigen Menschen, und als solcher ist der Löwe auf manchen Kapitellen romanischer Kathedralen zu sehen. Manchmal reiten Adam und Eva auf Löwen: Dies bedeutet, daß sie nach der Verführung durch die Schlange geglaubt haben, „sie wären wie die Götter" und jetzt ebenso mächtig wie sie; sie meinten, die Macht des Löwen zu besitzen, es war aber die Macht des Bösen. Was die Kämpfe von Löwen gegen Schlangen betrifft, die auch so dargestellt sind, stellen sie nicht den Kampf des Guten gegen das Böse dar, so wie er im Herzen des Menschen vorhanden ist, sondern eher den Kampf der verschiedenen dämonischen Mächte untereinander, die des Menschen habhaft werden wollen. Er sollte den Gläubigen, die der Kirche beitraten, klarmachen, daß sie von Dämonen, die noch untereinander kämpfen, bis zu dem Augenblick hin und her gerissen und geschüttelt werden, in dem sie den Weg zum Altar finden, wo das Licht Christi scheint.

Außerdem ist der Löwe das Zeichen von Simson*, Salomo*, Daniel*, Paulus*, Hieronymus*, Adrian*.

In der Wappenkunde schließlich wird der Löwe kriechend, still stehend, sich fortbewegend, kauernd oder aufgerichtet dargestellt; stets ist er das Symbol der Kraft und der wirklichen oder vorgetäuschten Herrschaft. Sein häufiger Gebrauch ist zum Sprichwort geworden: „Wer keine Waffen hat, trägt einen Löwen."

LUCIA (Heilige)

Sie gehörte zum Adel von Syrakus und lehnte aus Treue zu einem heimlich abgelegten Keuschheitsgelübde eine von ihren Verwandten vorgesehene Heirat ab. So wurde sie von dem, der ihr Mann werden sollte, als Christin angezeigt. Dies geschah zur Zeit der Verfolgungen unter Diokletian, um 310. Die „Goldene Legende" erzählt, der Statthalter der Stadt habe sie zur Unzucht ausliefern wollen, aber durch ein Wunder sei sie so schwer geworden, daß keiner von denen, die sich ihr näherten, sie fortbewegen konnte; selbst Ochsen hätten sie nicht von der Stelle bringen können. Man habe ihr sodann die Augen ausgerissen, sie mit Urin, Pech und heißem Öl begossen, doch sei sie ihrem Gelübde treu geblieben und hätte das Ende der Regierung von Diokletian und den baldigen Frieden für die Kirche vorausgesagt. Durch einen Dolchstich in den Hals sei sie dann getorben.

Ihre Zeichen beziehen sich auf diese Legenden. Es sind der Scheiterhaufen, auf den sie stieg, die Seile, die sie festbanden, oder die Ochsen, die versuchten, sie wegzuschaffen; und es ist der Dolch, der sie erstach. Manchmal werden drei Kronen hinzugefügt, die an ihre Geburt, ihre Jungfräulichkeit und ihre Marter erinnern.

LUDWIG (Heiliger)

1. Dies ist zunächst der Name eines französischen Königs, Ludwig IX., der am 25. April 1215 geboren wurde. Er war für seine Frömmigkeit, seine Kreuzzüge und seine religiösen Stiftungen bekannt und ist zum Inbegriff des Christen seines Jahrhunderts geworden. Man sagt, daß er dem Kaiser von Konstantinopel die Dornenkrone Christi (vgl. Kranz*) abkaufte, die dieser orientalische Herrscher bei den Venitiern verpfändet hatte. Er erwarb andere Reliquien, für die er die „Heilige Kapelle" bauen ließ. Er beschäftigte sich intensiv mit der Staatsorganisation: Er verbot die Fehden und führte einige Verordnungen ein, aus denen tiefe Veränderungen im Justiz- und Schulwesen entstanden. Als ergebenster Sohn der Kirche verfolgte er grausam die Juden, die Waadter und die Albigenser. Er nahm am siebten und am achten Kreuzzug teil und starb auf letzterem im Jahre 1270.

Ludwig wird mit der Krone auf dem Haupt, manchmal unter einer Eiche dargestellt, wo er, wie die Legende behauptet, Gericht hielt. In der Hand hält er ein Banner, das an seine Beteiligung an den Kreuzzügen erinnert, oder ein Schild mit den Wappen Frankreichs. Er zeigt vor allem die Sainte Chapelle oder eine der Reliquien, die er dort aufbewahren ließ: die Nägel des Kreuzes, das Kreuz selbst, die Dornenkrone usw.

2. Der Heilige Ludwig de Gonzague (1568-1591) fiel schon in seiner Jugend durch seine Sittenstrenge und seine mystische Andacht auf. Gegen den Willen seines Vaters trat er in den Jesuitenorden ein und starb in Rom bei einer Pestepidemie, weil er sich selbst nicht schonte. Als Zeichen hat er eine Lilie, die an die Reinheit seiner Sitten erinnert; eine Krone (→Kranz*) oder eine Erdkugel*, die neben ihm liegen und seine Verachtung der Reichtümer und der Ehren versinnbildlichen; schließlich eine Rute oder ein Chorhemd, die an seinen strengen Gehorsam gegenüber der kirchlichen Obrigkeit erinnern.

LÜGE

Die Lüge, eigens durch das 8. Gebot verboten (2 Mose 20, 16), wurde von christlichen Künstlern erst dann dargestellt, als die Kirche die individuelle Moral in den Vordergrund ihrer religiösen Betrachtungen schob. Man erstellte Listen von Lastern und Tugenden. Die Sünden wurden nach Schweregraden aufgeteilt. Unter ihnen gab es die fröhliche Lüge, die als läßliche, und die bösartige Lüge, die als Todsünde galt. Tugenden und Laster wurden auf Miniaturen und später auf Skulpturen dargestellt, die ihren Platz auf dem Portal der Kathedralen (13. und 14. Jahrhundert) fanden. Die Lüge wird durch eine Frau gekennzeichnet, die den Kopf wendet. Sie wird oft von einem Maulwurf begleitet; oder sie hat auf einem Tisch alle damals üblichen Schminkfarben und -utensilien vor sich.

Später berief man sich auf die antike Legende, nach welcher der Rabe, der bis dahin weiß gewesen war, schwarz wurde, weil er Apollo angelogen hatte; dieser Vogel wurde zum Zeichen der Lüge. Aus bestimmten Pflanzen schuf man andere Symbole der Lüge: die gelbe Lilie, die die Reinheit der weißen Lilie als Lüge erscheinen läßt; bestimmte fleischfressende Pflanzen, die die Fliegen anlocken und sie töten, und andere Pflanzen, deren Saft sehr wohlschmeckend aber giftig ist.

LUKAS (Evangelist)

Als Evangelist wird er von einem geflügelten Ochsen (oder Stier) symbolisiert, der zu den Evangelistensymbolen* gehört.

Die Heilige Schrift berichtet uns, daß er Arzt war (Kol 4, 14), und deswegen wurde sein Zeichen ein Salbenkasten, den die Ärzte im Mittelalter benutzten.

Eine Legende, die wahrscheinlich bis zu Theodor dem Leser (gest. in der Mitte des 6. Jahrhunderts) zurückgreift, behauptet, er sei Maler gewesen und hätte mehrere Bildnisse von Jesus und der Jungfrau Maria gemalt; um 250 sei eines zur religiösen Erbauung der Kaiserin Pulcheria von Jerusalem nach Konstantinopel gebracht worden. Heute noch kann man in Rom, in der Kapelle Borghese von Santa Maria Maggiore ein Gemälde der Jungfrau Maria sehen, das dem Hl. Lukas zugeschrieben wird.

Diese Tradition machte aus ihm den Schutzpatron der Maler. Mosaikarbeiten, Altargemälde und Miniaturen, vor allem byzantinischen Ursprungs, stellen ihn ziemlich häufig vor einer Staffelei beim Malen der Mutter Jesu dar.

LYRA

Die Lyra ist sehr wahrscheinlich die Mutter aller Streichinstrumente. Da sie von Anfang an den Gesang begleitete, stellt sie metaphorisch sowohl die Dichtkunst als auch die Musik dar.

Schon bei den Juden und später für die Christen wurde die Lyra ganz selbstverständlich zum Symbol Davids, der die meisten Psalmen der Bibel verfaßt hat. Dieses Zeichen wurde oft benutzt, nachdem die Psalmen im christlichen Gottesdienst gesungen wurden und man die Texte dieser Gesänge mit ihren bebilderten Anfangsbuchstaben niederschrieb und später druckte. In zahlreichen Miniaturen wurden alle Formen von Lyren in die Hände dieses Dichterkönigs gegeben.

Die Lyra bezeichnete eine Zeitlang aber auch sehr feinsinnig die christliche Anbetung als Gesang und Musik des Glaubens. In diesem Sinne wurde sie sogar von Clemens von Alexandrien († 217) genehmigt. Obwohl er ein strenger Moralist war, erlaubte er den Christen, einen Siegelring zu tragen (aber auch nur dann, wenn er zu seinem Gebrauchszweck benutzt wurde), und er präzisierte, welche Bilder der Christ eingravieren lassen darf; er schreibt folgende Reihenfolge vor: die Taube*, den Fisch*, das Schiff*, die Lyra und den Anker*. – Diese Bedeutung des Symbols der Lyra hat sich jedoch nie durchgesetzt, und die Urkunden, die wir da von besitzen, sind ziemlich selten.

M

MACHT
Der Begriff der Macht ist an verschiedene Bereiche des Denkens gebunden. Sie kann zunächst Selbstbeherrschung bedeuten; der Nimbus* und die anderen Zeichen der Heiligkeit symbolisieren sie. Sie deutet auf die Rechte des Papsttums über die Kirche und die Gläubigen; dann wird als Sinnbild der Schlüssel* benutzt. Wenn es sich um die Macht der Könige über ihre Untertanen handelt, werden das Zepter* oder die Krone* verwendet. Wenn man auf die militärische vielleicht übertriebene Macht hinweisen will, wird sie durch den Elefanten*, den Adler*, den Löwen* oder auch die Pflanze symbolisiert, die wegen ihrer steifen und eitlen Haltung Kaiserkrone genannt wird.

MAGDALENA (Heilige)
Das Wort Magdalena bezeichnet die Einwohner des kleinen Dorfs Magdala in Galiläa. Man sagte, „magdalenisch" und am Schluß „Magdalena".
Die Hl. Magdalena war eine der Frauen, „die Handreichungen taten von ihrer Habe" (Luk 8, 3; Mk 15, 40–41). Nachdem Magadalena dem Tod Jesu Christi beigewohnt hatte, ist sie die erste gewesen, die seine Wiederauferstehung feststellte (Joh 20, 1 und 20, 11–18).
Die lateinische Tradition hat sie mit der Sünderin, die die Füße Jesu salbte (Luk 7, 31–49) und mit Maria von Bethanien (Joh 11, 2) verwechselt; sie nennt sie Maria Magdalena.
Die griechische Tradition macht aus ihr die Tochter der Frau aus Kanaan (Matt 15, 22). Sie habe zu der jüdischen Abordnung gehört, die Pilatus beim Kaiser anklagte, und sei in Ephesus gestorben, als sie der Mutter Jesu beim Apostel Johannes einen Besuch abstattete.
Der Sinn für fabelhafte Phantastereien, der sich besonders seit dem 6. Jahrhundert in der Kirche entwickelte, bemächtigte sich Maria Magdalenas und behauptet, sie sei mit einigen anderen Christen in einem Boot auf hoher See sich selbst überlassen worden. Mit ihren Gefährten sei sie durch ein Wunder in Marseille gelandet und hätte dort angefangen, das Evangelium zu verbreiten. Sie habe großen Erfolg gehabt, denn – so berichtet später die „Goldene Legende", „ihre Redekunst war im Munde eines Menschen, der die Füße des Herrn berührt hatte, nicht verwunderlich". Man erzählt auch, daß sie in eine Grotte in der Nähe von Aix-en-Provence geflüchtet und dort von Engeln bedient worden sei, die sie jeden Tag bis zum Himmel emporgehoben hätten, damit sie die himmlische Musik der Auserwählten hören konnte. Eine ganz andere Legende sagt, daß sie mit Johannes, dem Evangelisten, verlobt gewesen sei; Christus sei aber am Tag der Hochzeit gekommen und habe erreicht, daß Johannes ihm auf der Stelle folgte. Magdalena sei so empört gewesen, daß sie sich der Unzucht hingegeben hätte und bis ins hohe Alter, allein von ihrem langen Haar bekleidet, gelebt hätte.
Diese verschiedenen Legenden liefern die Erklärung für die ihr zuteil gewordenen Symbole. Es ist eine Kette oder ein Spiegel oder auch ihr Haar, die an ihr wüstes Leben erinnern. Es sind die Tränen, die sie als Zeichen der Reue weint, oder ein Meditationsbuch, ein Totenkopf oder auch ein großes Kreuz, die auf ihr neues Leben hindeuten. Es ist auch der Kahn, auf welchem sie allein blieb. Es sind die Engel, die sie zum Himmel tragen.
Man sieht sie in den verschiedenen biblischen Szenen, in denen die Theologen

sie zu erkennen glaubten: Sie beugt sich über die Füße Jesu, fällt am Fuß des Kreuzes in Ohnmacht und wundert sich über die Wiederauferstehung. Sie wird als Frau dargestellt, die ein liederliches Leben führt oder als reuige Sünderin. Sie ist Gegenstand sehr zahlreicher, sehr unterschiedlicher und häufig nicht gerade gelungener Kunstwerke.

MAJESTÄT
Majestät →Lilie
Majestät Christi →Herrlichkeit und Heiligenschein
königliche Majestät →Kranz, Zepter

MANDEL
Sie ist das Zeichen Christi, weil ihre Form an die Linie oder an die eiförmige Figur erinnert, die die Miniaturenmaler und die Bildhauer der Kathedralen benutzten, um auf ihn, als wichtigste Person des Gemäldes hinzuweisen; damit umgaben sie die Person Christi. Man nannte es „Lichtkranz" oder *Mandorla*, im 19. Jahrhundert „Heiligenschein".

MANNA
Im Gegensatz zu der früheren Annahme ist Manna keine Ausscheidung bestimmter Bäume, die durch Insektenstiche verursacht wurde, sondern eine honigartige Masse, die von einer Schildlaus sekretiert wird, die sich sehr schnell auf Tamarisken vermehrt.
Die Israeliten ernährten sich damit in der Wüste. In 4 Mose 11, 7–8 heißt es, daß es gemahlen oder zerstoßen und dann gekocht wurde oder zu Kuchen gebacken wurde. Das Buch der Weisheit des Salomon, ein Pseudoepigraph aus dem 1. Jahrhundert v. Chr., spricht davon wie von einer wundertätigen Nahrung; es nennt das Manna „die Nahrung der Engel", beteuert, es sei „weiß wie der Schnee" und „durchsichtig wie das Eis" und, was noch außergewöhnlicher ist, „es folgte dem Willen der Israeliten, und sie verwandelten es in alles, was ihnen gefiel" (Buch der Weisheit 16, 20). Im Gegensatz zu dieser Form der Andacht, die auf die Magie zurückgriff,

spricht Jesus einfach davon wie von einer Nahrung, die Gott den Hebräern einst gab. Als er seinen Jüngern erklären wollte, seine Botschaft sei eine Nahrung der Seele, stellte er sie dem Manna gegenüber, womit er das Ungenügen leiblicher Speise als geistiges Nahrungsmittel unterstreicht: Es war wohl eine Gabe Gottes, aber die Israeliten, die es zu sich genommen haben, sind trotzdem gestorben; dagegen ist die Gabe Gottes, die ich – Jesus – euch bringe, ein Brot des Lebens, da es euch ins ewige Leben führt. Manna und die Botschaft Christi stehen nebeneinander, um die Überlegenheit des zweiten um so mehr hervorzuheben, ohne jedoch einen Zusammenhang zwischen den beiden herzustellen (Joh 6, 35.41. 47–51).
Die christliche Theologie stellt diesen Zusammenhang her, indem sie das Manna als eine Vorwegnahme des Brots im heiligen Abendmahl versteht. Man hat in zwei Fresken auf dem Friedhof von Priscilla eine Darstellung dessen sehen wollen; sie zeigen Mose vor einem Felsen, aus dem Wasser quillt, und hinter Körben voller Manna. Man hat darin eine Veranschaulichung von Brot und Wein des Abendmahls erblickt. Es scheint jedoch, daß es sich in diesen Fresken mehr um eine einfache und kategorische Behauptung der Macht Gottes handelt; so wie er früher solche Wunder tun konnte, so kann er auch heute noch einen Toten wieder zum Leben erwecken – dies wollen die Fresken ausdrücken. Die gleiche Bedeutung muß einem ähnlichen Fresko in den Katakomben von Cyriak beigemessen werden, wo das Manna als schöne kleine blaue Flocke aus dem Himmel herunterfällt, wie in der Metaphorik des Buchs der Weisheit Salomons. Das Wunder des Mannas wurde hauptsächlich vom 14. bis 17. Jahrhundert dargestellt. Von Raffael bis Poussin über Tintoretto und Veronese bekamen fast alle großen Künstler diesen Auftrag. Die einen be-

zogen sich dabei auf die biblische Überlieferung, andere auf die Legende. Was
aber alle darstellen mußten, war nicht so
sehr das ehemalige Wunder und das
Staunen der Israeliten vor diesem
„himmlischen Brot", als vielmehr die
Anbetung der Gläubigen vor der Hostie*, die durch die Lehre der Transsubstantiation „das wahre Brot des Himmels" und „das Brot der Engel"
geworden war. Man weiß, daß diese
Lehre schon in der Mitte des 11. Jahrhunderts eingeführt wurde. Seit die
Vorreformatoren und die Reformatoren
der calvinistischen Richtung sie jedoch
streng bestritten, hat die katholische
Kirche um so stärkeres Gewicht auf
diese Lehre gelegt und verlangt, die
Künstler sollten sie in ihren Werken
verherrlichen.

MANTEL

In der griechisch-lateinischen Kultur
scheint der Mantel zunächst den Gottheiten, dann ihren Stellvertretern und
schließlich später den Philosophen vorbehalten gewesen zu sein. Er war das
Zeichen eines Amtes. Dies erklärt, daß
Elia, als er Elisa zu seinem Nachfolger
ernennt, diesem seinen Mantel zuwirft
(1 Kön 19,19). Das Gewand war aber
auch ein Teil der übernatürlichen Macht
seines Besitzers; nachdem Elia von ihm
gegangen war, nahm Elisa den Mantel
seines Vorgängers (2 Kön 2, 13–14) und
benutzte ihn, um Wunder zu tun.
Einige Jahrhunderte vor Christus jedoch hatte sich der Gebrauch des Mantels im Volk bereits mehr verbreitet. Er
bestand bei den Griechen aus einem
rechteckigen Stück Stoff, das über der
linken Schulter lag; ein Teil des Gewan-
des lief über den Rücken bis unter den
rechten Arm und wurde schließlich auf
die linke Schulter zurückgeworfen. Sehr
oft wurde er durch eine Spange, eine
Nadel oder eine Fibula festgehalten. Die
Römer übernahmen ihn. Er machte alle
modischen Abwandlungen durch: Er
wurde länger, dann kürzer; seine Win-

kel wurden abgerundet, eine Seite wurde
mit mehr oder weniger langen Fransen
versehen. Es gab ihn in allen Farben.
Gewöhnlich aus Stoff, verfertigte man
ihn jedoch manchmal auch aus Fell.
Im ausgehenden Mittelalter diente er als
Überrock und war zu einem Hofkleid
geworden. Oft mit Pelz gefüttert, wurde
er an den Herzogshöfen als Bedienste-
tenkleidung betrachtet. Er war ein Eh-
ren- und Belohnungszeichen. Zur Zeit
des Rittertums war die Verleihung des
roten Mantels den ehrwürdigen Ämtern
vorbehalten. Dieses Recht wurde jedoch
später durch Geld erworben.
Da der Mantel ein Luxusgegenstand
war, wurde er von verschiedenen Konzilien für Priester verboten. Bald wurden Ausnahmen zugelassen: Das Konzil
von Straßburg (1274) erlaubte ihn den
reitenden Bischöfen ... bald aber durfte
schon die ganze Weltgeistlichkeit dieses
Gewand tragen. Im Jahre 1324 verurteilte jedoch das Konzil von Toledo den
Schleppmantel der Geistlichen. Im Jahre
1365 verbot das Konzil von Angers den
Geistlichen, kurze Mäntel zu tragen; es
untersagte ihnen „oben offene oder zu
kurze Kleider" anzuziehen: „sie müssen
mindestens bis zu den Knien hinunter-
gehen". Im 16. Jahrhundert war der
Mantel zu einem unentbehrlichen Teil
der Kleidung eines jeden Menschen geworden.
In der Metaphorik spricht der Mantel
von Herrschaft, weil er auf den königlichen Mantel anspielt. Vergleichshalber
wurden die Jünger manchmal mit einem
Mantel bekleidet, um auf ihre Autorität
als Zeugen des Glaubens hinzuweisen.
Im allgemeinen jedoch wurde dieses
Kleid von den christlichen Künstlern
kaum benutzt. Es bezeichnet höchstens
die Anbetung der Jünger, die ihn anstatt
eines Sattels und eines Teppichs am
Palmsonntag gebrauchten. Fast immer
wird er in bezug auf diese Szene dargestellt. Dagegen ist er das Zeichen des
heiligen Martin*.

MARGARETE (Heilige)

Im Kalender der katholischen Kirche zählt man zwölf Margareten, die heilig- oder seliggesprochen wurden. Mehrere unter ihnen wurden dargestellt:

1. Margarete von Antiochia von Pisidien. Sie war die Tochter eines heidnischen Priesters, der sie gegen Ende des 3. Jahrhunderts dem Richter auslieferte. Als Zeichen hat sie: einen Drachen, der sie in ihrem Gefängnis verschlungen haben soll; ein Kreuz, das sie bei sich hatte und mit dem sie die Eingeweide des Drachens öffnen konnte, um ihm zu entkommen; einen Bottich, in den sie getaucht worden sein soll, der aber in diesem Augenblick zersprang; eine Fackel, die darauf hinweist, daß sie auf dem Scheiterhaufen starb. Sie wurde von schwangeren Frauen angefleht, weil man erzählt, daß sie vor ihrem Tod um die Erlaubnis zum Gebet verlangt hätte und daß sie insbesondere für alle schwangeren Frauen um eine glückliche Entbindung gebetet habe. Ihr Tag, der am 20. Juli gefeiert wurde, wurde 1970 offiziell abgeschafft, weil man die Existenz dieser Heiligen nicht beweisen konnte.

2. Margarete von Schottland (1046 bis 1093). Diese fromme Königin von Schottland, die 1251 heiliggesprochen wurde, wird oft beim Besuch der Armen und bei der Pflege der Kranken dargestellt.

3. Margarete von Cortone (1248–1297). Sie bekehrte sich nach einem sehr losen Leben, trat in den Orden der Klarissinnen ein und wurde zu einem Vorbild der Andacht. Sie wird oft beim Beten – vor Christus kniend – dargestellt.

MARIA (die Mutter Jesu)

Die Heilige Schrift – Quelle unseres Glaubens und historische Urkunde ersten Ranges – spricht weder von der wunderbaren Geburt Marias noch von ihrer Vorstellung im Tempel, noch von ihrer Höllenfahrt, noch von ihrem Tod, noch von ihrer Himmelfahrt, noch von irgendeiner erlösenden Handlung ihrerseits. Apokryphe Schriften, die fünf oder sechs Jahrhunderte später geschrieben wurden, bilden die ersten Urkunden dieser Erzählungen, deren Zweck mehr religiös als historisch war. Die Andacht des Volkes hat aber daraus Geschehnisse gemacht, die später durch dogmatische Beweisführungen verschiedenen Wertes bestätigt wurden. Wenn man die Entwicklung näher betrachtet, staunt man vor den Ausarbeitungen und den Veränderungen, die sie durchmachten. Nennen wir zum Beispiel die verschiedenen Fassungen der Erzählungen, die die Heirat der Eltern Marias betreffen. Nach dem Protoevangelium von Jakobus klagten Anna und Joachim in ihrem Haus von Jerusalem, daß sie keine Kinder hatten, und dies um so mehr, als Anna gerade deswegen im Tempel gedemütigt worden war; ein Engel erschien ihnen und kündigte das Kommen von Maria an, die tatsächlich neun Monate später auf die Welt kam. Im 5. Jahrhundert „entdeckte" Papst Innozenz I. die Werke dieses Jakobus. Ein gewisser Matthäus (Pseudo-Matthäus genannt) korrigierte die erwähnten Bücher, und diese neue Erzählung bestätigt, daß die Ankündigung durch den Engel vor dem goldenen Tor des Tempels von Jerusalem stattfand. Im 9. Jahrhundert verändert das Evangelium der Geburt Christi diese Angaben: in Nazareth sei Maria auf die Welt gekommen, sie sei aber nach Jerusalem gebracht worden, um im Tempel erzogen zu werden. Zur Zeit der Kreuzzüge war Nazareth als Geburtsstätte Marias so im Bewußtsein der Pilger verwurzelt, daß dort eine Kirche in Erinnerung an dieses Ereignis gebaut wurde; ein kleines Kreuz auf dem Boden des Schiffs deutet auf die genaue Stelle, wo sie durch ein Wunder gezeugt worden sei.

All diese Erzählungen wurden von den christlichen Künstlern dargestellt, die ihnen diese oder jene Einzelheit entnommen haben. Die biblischen Tatsachen wurden ebenfalls abgebildet. Schon in der frühen Antike sieht man die Verkündigung, die Heimsuchung und die Anwesenheit Marias am Fuß des Kreuzes. Später erscheinen die Szenen der Geburt Christi, der Flucht nach Ägypten, der Diskussion Jesu mit den Schriftgelehrten im Tempel von Jerusalem und des Wunders der Hochzeit von Kanaan. Trotz der großen Zahl von Darstellungen Marias, die man vergleichen kann, muß man zugeben, daß sie selten den Edelmut und die Demut der Mutter Jesu beinhalten, so wie man sie durch die biblischen Texte erahnen kann. Der Grund für die zahlreichen Darstellungen liegt in der Tatsache, daß die Lehre über die Rolle und die Wichtigkeit Marias sich immer mehr entwickelte; folglich hob die Kirche in Wort und Schrift so sehr das Leben und den Einfluß Marias, daß die Künstler und deren Modelle nicht anders konnten, als Schwulst hineinzumalen; dies erklärt die fast immer theatralische Haltung der Maria, die sie geschaffen haben.

Keine biblische Figur wurde mehr dargestellt als sie. Man sieht sie auf Sarkophagskulpturen, Kapitellen, oft bewundernswerten Miniaturen; man findet sie auf Fresken und Altargemälden; sie ist auf Elfenbeinplatten herausgemeißelt oder auf Siegeln eingraviert; sie ist in Stoffen eingewebt oder darauf gemalt; man kennt unzählige Statuen aller Größen und Stile.

Der Platz, den die Darstellungen Marias einnahmen, war zunächst und sehr lange Zeit der gleiche wie der der Jünger. Allmählich wurde dann ein Kult um Maria geschaffen; die großen religiösen Orden haben dazu sehr beigetragen. „Bis zum 12. Jahrhundert waren die Tympana der Kathedralenportale Christus vorbehalten; in der Frauenkirche von Chartres erscheint Maria zum ersten Mal an diesem Ehrenplatz." Zunächst wird sie ausschließlich in biblischen Szenen dar-

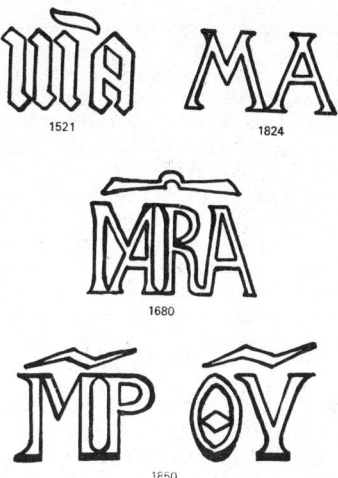

Einige Monogramme Mariae.

gestellt: der Verkündigung, der Geburt Christi, der Ankündigung an die Hirten und der Anbetung der Weisen. Erst einige Generationen später werden die Himmelfahrt und die Krönung der Jungfrau Maria hinzugefügt.

Die Zeichen Marias sind sehr zahlreich. Wenn man an ihre Jungfräulichkeit erinnern will, wird sie von einem Einhorn oder einem Salamander begleitet; oder sie trägt einen engen Gürtel. Ihre Keuschheit wird durch einen Elephanten oder einen Panther bezeichnet. Ihre Reinheit ist sehr oft durch eine große weiße Lilie* oder ein Lamm* oder eine Taube*, manchmal durch einen Stern* symbolisiert.

Als Mutter Jesu und folglich „Mutter Gottes" (eine Bezeichnung, die erst nach langen Diskussionen im Konzil von Ephesus 431 angenommen wurde) wird sie, auf einem Thron priesterlich sitzend, von sechs Engeln umgeben und mit ihrem Kind auf den Knien dargestellt: Sie zeigt Christus, den Retter der

Menschen. Fünf oder sechs Jahrhunderte lang hat man sich auf diese traditionelle, byzantinisch genannte Haltung beschränkt. Sie ist so verbreitet, daß die Künstler sie in den ersten dargestellten Szenen der Geburt Christi nicht wegdenken können. Als Künstler sich von den Kategorien der Philosophie und der Dogmatik frei machten und zur natürlichen Wirklichkeit vordrangen, wurde Maria zu einer anmutigen frommen Bürgerin, die ihren Sohn das Lesen lehrt, oder im Hintergrund des Gemäldes ihr Garn spinnt; oder sie kündigt ihrem Sohn sein schmerzvolles Schicksal an, indem sie ihm ein Kreuz darbietet.

Die theologische Bedeutung Marias ist manchmal durch einen Regenbogen gekennzeichnet, der den Himmel und die Erde verbindet; eine Schlange* zu ihren Füßen oder ein ganzer Apfel erinnert an die Versuchung und den Fall von Adam* und Eva, aber auch an die Befreiung von der Erbsünde durch den Retter, den sie auf die Welt gebracht hat. Manchmal zertritt ihre Ferse den Kopf einer Schlange*, gemäß der Prophezeiung (1 Mose 3, 15). Sie hält auch einen Ölzweig; das bedeutet, daß sie durch ihre Mitwirkung im Erlösungswerk Christi den Frieden in die Herzen bringt.

Ihre Herrlichkeit wird auf verschiedene Weisen dargestellt: Maria steht neben einer Zeder* oder einer Platane, diesen sehr hohen Bäumen, die über den ganzen Wald zu herrschen scheinen. Die Engel schwingen Rauchfässer um ihren Kopf. Zu ihren Füßen steigen aus Vasen Weihrauchdünste empor, die den guten Geruch ihres Rufes verbreiten. Man hat ihr auch gelegentlich einen besonderen Nimbus* aus glänzenden Sternen vorbehalten. Sie hält eine Palme* in der Hand, wie die Auserwählten, die in die ewige Herrlichkeit eintreten (Offb 7, 9); nach der „Goldenen Legende" ist es ein Zweig von einer Palme des Paradieses, den ihr ein Engel einige Tage vor ihrem Tod gebracht haben soll.

Wenn sie ein Schiff lenkt, bedeutet dies, daß sie die Kirche führt. Wenn eine Mondsichel* ihren Kopf schmückt, will man damit sagen, daß sie ein Licht in der Nacht dieser Welt ist. Wenn man ausdrücken will, daß sie alle Schritte der Kirche verfolgt und beaufsichtigt, stellt man einen Delphin* an ihre Seite, diesen merkwürdigen Fisch, der oft den Schiffen folgt.

Der Name „Maria" wurde in den alten Texten und auf Gemälden, Skulpturen und Kirchenfenstern verkürzt, als man die Dargestellten mit ihren Namen bezeichnete. Man findet ihn auch, ausgeschrieben oder abgekürzt, auf einfachen Zierrahmen; manchmal steht er allein, er kann aber auch vom Namen Christi begleitet werden, und wir haben dann das Stoßgebet: „Jesus – Maria". Die Abkürzung ihres Namens erfolgte in verschiedener Weise: Im allgemeinen nimmt man die zwei ersten Buchstaben, über denen dann das Zeichen für eine Abkürzung steht. Man findet auch die drei ersten Buchstaben oder sogar eine zusammengefaßte Verbindung aller Buchstaben (s. Abb.). In der Ostkirche wird immer der wichtigste Titel Marias gebraucht: Mater Theou, als MR ΩV (s. Abb.) abgekürzt, das heißt: Mutter Gottes. Die Form der Buchstaben folgte allen Moden in der Graphik, aber auch allen Einfällen der Künstler.

Die Farbe schließlich, die ihr im allgemeinen vorbehalten ist, ist ein helles Azurblau; es sollte aber eher das Weiß der Reinheit sein.

MARKUS (Evangelist)

Außer dem in der Regel geflügelten und oft mit einem Nimbus* versehenen Löwen*, der ihn im Tetramorph als Evangelisten darstellt, hat Markus als Zeichen nur Gegenstände, die sich eher auf seine Legende als auf seine Geschichte beziehen. Sohn einer reichen Frau aus Jerusalem namens Maria, in deren Haus sich die Jünger und später die ersten Chri-

sten versammelten, wurde Markus zunächst mit dem Wirken von Paulus in Verbindun gebracht, den er nur zum Teil auf die erste seiner missionarischen Reisen begleitete. Er wurde dann hauptsächlich zum Mitarbeiter von Petrus, aus dessen Erinnerungen und Reden er das Evangelium zusammenstellte, das seinen Namen trägt. Es ist möglich, jedoch nicht sicher, daß Markus, der „Mensch mit dem Krug", der die Jünger zu dem Gemach führte, wo Jesus das letzte Osterfest hielt (MK 14, 13–15), oder auch der Jünger ist, der geflohen war, als Jesus festgenommen wurde, und dabei den ihn umhüllenden Mantel in den Händen der Tempelwache ließ. Um 323 n. Chr. erzählte man, daß „Markus das Evangelium in Ägypten verbreitete und Kirchen in Alexandrien gründete" (Eusebius II, XVI). „Alle, die er bekehrte", sagt später die „Goldene Legende", „nahmen sofort fast mönchsartige Vollkommenheit ihrer Sitten an!" Der Evangelist hätte sich den Daumen abgeschnitten, „damit er nicht zum Priester geweiht werden konnte"! Durch eine wundertätige Heilung erhielt Markus einen solchen Ruf, daß seine Feinde mit Gewalt reagierten: Sie bemächtigten sich seiner, legten ihn in Ketten und banden ihn an ein wildes Pferd, das ihn durch die ganze Stadt schleifte. Die einen sagen, er sei daran gestorben, andere behaupten, er sei noch mit Stöcken und Knüppeln erschlagen worden. Seine Überreste seien in der Nähe von Alexandrien bestattet worden; an dieser im Jahre 310 wiedergefundenen Stelle wurde eine Kirche gebaut, aber „die Reliquien des heiligen Markus" wurden im Jahre 815 nach Venedig gebracht. Diese Stadt habe deswegen Markus als obersten Schutzpatron gewählt.
Das alles erklärt, daß Markus oft in einem venezianischen Rahmen, durch ein Pferd oder Knüppel, Zeichen seiner Marter, dargestellt wird.

MARTIN (Heiliger)
„Der Heilige Martin war Jahrhunderte lang der Nationalheilige Frankreichs, der von allen – sowohl von Königen als auch von Bauern – angebetet und sehr hochgeschätzt wurde; die Erinnerung an ihn ist überall lebendig: in Denkmälern wie in Gebräuchen und in Sprichwörtern, in der Namengebung bei Menschen wie bei Straßen, Brunnen, Grenzsteinen, Dörfern und Städtchen."
Es gibt wenige Heilige, deren Geschichte von einer derartig fabelhaften und posthumen Legende umrankt wurde. Bereits zu Lebzeiten (316–397) schmückte man seine Taten aus und machte sich ein glanzvolles Bild von seiner Person, was auf die Phantasie seiner Bewunderer zurückzuführen ist. Sicher ist, daß er in Pannonien das Licht der Welt erblickte; in Pavia erzogen, interessierte er sich sehr früh für das Evangelium. Er wurde jedoch gezwungen, ins römische Heer einzutreten, blieb eine Zeitlang in Amiens, wo er mitten in einem kalten Winter einen kaum bekleideten Armen vor dem Tor der Stadt traf, mit dem er sofort seinen Mantel teilte. In der folgenden Nacht träumte er von Christus, der mit dieser Hälfte seines Kleids gekleidet war; hatte er nicht gesagt: „Was ihr getan habt einem unter diesen meinen geringsten Brüdern, das habt ihr mir getan"? (Matt 25, 40). Dieser Traum bewog ihn, die Armee zu verlassen und sich der Religion zuzuwenden. Einige Jahre später, als er in einer schlichten Zelle in einem Klostergarten ein frommes Leben führte, holte man ihn, um ihn zum Bischof zu machen; er wollte sich verbergen, aber Gänse, die ihn umgaben, fingen an, zu schreien und verrieten seine Anwesenheit; man bemächtigte sich seiner, und er wurde in einem Triumphzug zum Bistum von Tours geführt. – In der Kirche stieß er mit den Ariern zusammen, die er eher zu bekehren, als zu vernichten versuchte. Dies war fast immer seine Hal-

tung denjenigen gegenüber, die die offizielle Lehre nicht teilten. Das ist sein größtes Verdienst, um so mehr, als Augustinus, kaum 50 Jahre später, die Kirche überredete, die Ketzer aus der Kirche auszustoßen und auszurotten. Zum Bischof von Tours ernannt, behielt er ein einfaches Leben bei und bemühte sich mehr darum, die lebendige Frömmigkeit seiner Gemeinde zu stärken, als abergläubische oder heidnische Sitten zu verfolgen, die noch allzu bekannt waren.

Unter den Wundern, die ihm zugeschrieben werden, seien hier geheilte Gelähmte und Besessene, gezähmte wilde Tiere, enthüllte Lügner, auferstandene Tote, aufgehaltene Überflutungen genannt. Es wird versichert, der Teufel habe ihn auf seinem Sterbebett gequält, es sei ihm aber gelungen, ihn in die Flucht zu schlagen.

Das ganze Leben dieses großen Christen und auch seine Legende wurden dargestellt. Man findet sie auf zahlreichen Kirchenfenstern, Gemälden, Stichen, Miniaturen; viele Kirchen sind ihm gewidmet. Im 19. Jahrhundert trifft man die Geschichte des geteilten Mantels auf Münzen des Kantons Uri und im 20. auf den schweizerischen Hundertfrankenscheinen wieder.

Er wird mit einigen Gänsen dargestellt, die seine Anwesenheit verraten haben und die auf seine bescheidenen Haltung vor der Bischofswürde hinweisen. Ein Teufel, der vor ihm flieht, erinnert an seine Versuchung auf dem Sterbelager. Manchmal wird er als Bischof, mit Mitra und dem Krummstab dargestellt; er steht auch vor einem Altar, zwischen brennenden Kerzen, oder vor aufgeschlagenen Büchern. Was aber in den Erinnerungen haftengeblieben ist, ist die Handlung der Nächstenliebe, dem fast nackten Bettler vor dem Tor von Amiens gegenüber. Sie wurde auf tausenderlei Arten gezeichnet, gemeißelt und gemalt. Martin reitet fast immer und hat

eine Soldatenuniform an; diese ist selten die eines römischen Legionärs, sondern viel eher die der Soldaten aus der Epoche des jeweiligen Künstlers. Auch im 18. Jahrhundert wird diese Szene noch dargestellt, dann aber oft mit merkwürdiger Geringschätzung der geschichtlichen Wahrheit; Martin erscheint dort bei der Mantelteilung als alter Bischof mit Mitra (er war bei dieser Tat 18 Jahre alt und gehörte noch nicht der Kirche an) und teilt ein goldenes Kleid, das ganz bestimmt nicht das der römischen Soldaten aus dem 4. Jahrhundert war.

MÄRTYRER, MÄRTYRERINNEN

Die christlichen Märtyrer wurden mit den besonderen Geräten dargestellt, die zu ihrer Pein dienten: dem Schwert, dem Beil, dem Knüppel, dem Messer, den Pfeilen usw. Wenn man den Lohn ihrer Treue zeigen wollte, wurden sie mit einer Krone (→Kranz*) bekränzt und halten in der Hand die Palme* der Auserwählten. Manchmal symbolisiert ein Lamm* neben ihnen ihre sanfte Standhaftigkeit im Leiden. – Die Farbe Karminrot ist ihnen gewidmet.

MATTHÄUS (Evangelist)

Dieser Evangelist wird hauptsächlich durch den Menschen aus der Vision Hesekiels und der Offenbarung des Johannes dargestellt, einen Menschen, der bald schon die Gestalt eines weiblichen Engels annahm, als die Evangelistensymbole* mit Flügeln versehen wurden. Seine Geschichte und vor allem seine Legende teilten ihm aber andere Zeichen zu.

Die Historiker versichern, daß er auch Levi hieß (Mark 2, 14 und Parallelstellen) und daß er den Beruf eines Zöllners ausübte, ehe er Apostel wurde. Er verfaßte auf aramäisch eine Sammlung der Reden Jesu, die wahrscheinlich die Grundlage zum ersten Evangelium ist. – Er wird mit Taschen, einer Börse oder einfach mit Geld dargestellt, was seinen Reichtum symbolisieren soll, oder auch mit einer Schreibtafel bzw. einem Buch:

Es ist das Evangelium, das seinen Namen führt.

Als man in der Kirche das Bedürfnis verspürte, zu erklären, was aus den Aposteln geworden war, und jedem von ihnen eine wichtige missionarische Rolle in der Welt zuzuschreiben begann, erzählte man, Matthäus sei nach Äthiopien gezogen, um dort das Evangelium zu verbreiten: er habe dort den Sohn des Königs wieder zum Leben erweckt, nachdem er Drachen besänftigt und ausgewiesen habe, die schreckenerregende Magier begleitet hätten; er habe sich in Äthiopien niedergelassen und dort die ersten Kirchen gebaut; weil er eines Tages einem Wunsch des Königs widerstanden hätte, sei er am Ende des Gottesdienstes von hinten erschlagen und auf der Stelle enthauptet worden. – Die Zeichen Matthäus', die von diesen Legenden herstammen, sind: die Drachen, von denen er das Land befreite, das Beil, das Schwert oder die Lanze, Instrumente seiner Marter. Er wird gewöhnlich vor einem Altar stehend dargestellt.

MAULTIER

Das Maultier, aus der Kreuzung eines Eselhengstes mit einer Pferdestute, und der Maulesel, aus der Kreuzung eines Pferdehengstes mit einer Eselin stammend, sind gewöhnlich unfruchtbar. Dieser Eigenschaft verdankt man wahrscheinlich die Legende, nach welcher sich ein Maultier und kein Esel* in der Christnacht im Stall von Bethlehem befand. Er habe das Stroh gefressen, mit dem Maria die Krippe gefüllt hatte und wegen dieser frevelhaften Tat sei es der Nachkommenschaft beraubt worden. Bei den alten Hebräern war die Paarung verschiedener Tierarten verboten (3 Mose 19,19), und Maultiere wurden nicht gezüchtet. Die Könige Israels importierten jedoch manchmal welche (1 Kön 1,33; 2 Sam 18,9 u.a.m.). In einigen Darstellungen der Geburt Christi ersetzt das Maultier den Esel.

Gewöhnlich aber ist es das Symbol des Eigensinns.

MESSER

Das Messer ist in seinen verschiedenen Formen eines der ersten Produkte menschlicher Arbeit. Die ältesten Messer sind aus Feuerstein, Obsidian, Knochen oder Stoßzähnen; es folgen Metalle wie: Bronze, Eisen usw.

Der Sinn für Tradition ist im religiösen Leben immer so mächtig gewesen, daß zur Zeit der Römer die Klinge des liturgischen Messers, das für die Opfer bestimmt war, immer noch aus Bronze war. Ferner liest man in der Bibel, daß man sich zur Zeit der Erzväter und sogar noch Josuas eines steinernen Messers für die Beschneidung bediente, obwohl man schon lange metallene, ja sogar eiserne Geräte benutzte (2 Mose 4,25; Jos 5,2).

Die Heilige Schrift gab aber den Christen keinen Anlaß, in der Liturgie ein Messer zu benutzen. Höchstens ist hier das zeitweilige Vorhandensein eines „liturgischen Messers" zu erwähnen, das eine lanzenartige Klinge hatte und dessen Griff in der Form eines lateinischen Kreuzes gestaltet war. Dieses Messer benutzte man, um aus einem Brot das zum Abendmahl zu weihende Stück abzuschneiden. Da aber Abendmahlsbrot im 9. Jahrhundert abgeschafft und durch Hostien ersetzt wurde, bediente man sich dieses Instruments nur vor diesem Zeitpunkt.

Das Messer zur Beschneidung ist manchmal das Symbol Israels und der Synogoge. – Weiterhin ist das Messer das Zeichen Abrahams*, der Hl. Katharina* und Jakobs des Älteren*.

MICHAEL (Heiliger)

Er ist der oder einer der Engelführer (siehe Engel); das ist die Bedeutung des Wortes Erzengel, mit dem er bezeichnet wird.

Sein Ursprung liegt in der Geschichte des alten Israel. Der Talmud erzählt, daß die Juden „die Namen einer bestimmten

Zahl von Engeln aus Babylonien (wo sie von 585 bis 538 v. Chr. in Gefangenschaft waren) zurückbrachten". Auch in diesem Land nahmen sie zweifellos neue Vorstellungen über sie an. Schon lange hatten sie anerkannt, daß die Götter der fremden Völker reale Wesen waren (Richt 11, 24; 2 Kön 3, 27), die wie die Könige Boten haben konnten und mußten. Das alles wies auf das Vorhandensein eines ganzen Volkes von mehr oder weniger organisierten Vermittlern zwischen Gott und den Menschen hin. Der Monotheismus der Israeliten gestattete ihnen jedoch nicht, dieses ganze Volk mit Jahve gleichzustellen. Die fremden Götter und deren Boten blieben ihm unterworfen und leisteten ihm Gehorsam; deshalb konnten Propheten sagen, daß Gott fremde Völker rief, um Israel zu bestrafen. Diese Gottheiten waren nämlich zu geistigen Führern ihrer Völker, und damit zu Mitinhabern des Heers und zu nationalen Beschützern geworden. Zu diesem Zeitpunkt wandten die Israeliten diese Auffassung auf sich selbst an und erkannten zwischen Gott und ihnen selbst eine geheimnisvolle Figur an. Ihre Tradition kannte schon einen Führer des Gottesheeres, vor dem Josua gekniet hatte (Jos 5, 13–15). Zur Zeit der Makkabäer (in der Mitte des 2. Jahrhunderts vor Christus) wurde diese Figur zum himmlischen Führer der frommen Israeliten, die sich gegen die Macht der Sassaniden aufgelehnt hatten; man gab ihr den Namen Michael, auf hebräisch Micaël, was bedeutet „der Gott gleicht?"; was folgt: Es gibt keinen wie Gott (Dan 10, 13.21; 12, 1). Nach den damaligen Auffassungen, führten diese verschiedenen himmlischen Führer gelegentlich Fehden untereinander, so wie die Satrapen des Kaiserreichs, auch wenn sie im Prinzip einem einzigen Herrscher unterworfen waren, was die Ungewißheiten des Krieges erklärte. Michael aber, der zum ständigen Schutzengel Israels geworden war, hatte den Ruf, immer zu siegen, da er der Führer des Volkes Gottes und daher allen geistigen Führern der übrigen Völker überlegen war; seine Anwesenheit neben den aufsässigen Makabäern konnte ihnen nur eine Ermutigung sein.

Zur Zeit Jesu Christi schrieb ein unbekannter Schriftsteller ein kleines Werk mit dem Titel: *Die Himmelfahrt Moses.* Er erzählt darin zunächst von einem merkwürdigen Gespräch, das der Gesetzgeber Israels mit Gott vor seinem Tod geführt hätte; es ist eher eine Art Verhandeln, wobei Mose alle Beweisführungen und Vorschläge, auch die ungereimtesten, probiert, um das gelobte Land betreten zu dürfen, obwohl Gott ihm verkündet hatte, er würde es nicht tun (5 Mose 4, 21); schließlich gibt Gott zum Teil nach, indem er Mose erlaubt, dieses wunderbare Land von der Ferne aus zu sehen. Im zweiten Teil dieses kleinen Buchs versucht Asmode, einer der Namen Satans, sich des Körpers von Mose zu bemächtigen, damit die Israeliten ihn einbalsamieren und ihn zu einem Kultgegenstand machen; in diesem Augenblick tritt der Erzengel Michael auf, der als Beschützer Israels den Satan besiegt und dadurch die Einheit des Kultes, welcher Gott gebührt, rettet.

Die ersten christlichen Generationen interessierten sich sehr wenig für diese Figur der israelischen Tradition; es wurde in einigen Konzilien darüber disputiert, die christliche Ikonographie aber zeigt keine Nachwirkung davon. Die älteste bekannte Darstellung ist ein Mosaik aus dem ausgehenden 6. Jahrhundert, das unter den christlichen Symbolen sehr isoliert zu sein scheint. Es zeigt eine stehende Figur, die ein Banner, vielleicht ein Labarum*, in der Hand hält. Man weiß, daß es von diesem Augenblick an, besonders in Italien und in Frankreich, große Verehrung fand. Dies war zur Zeit der Zersplitterung der römischen Kultur, an welcher die Kirche zu hängen schien, und die Volksfrömmigkeit brauchte neue geistige Stützpunkte; als Antwort auf dieses Bedürfnis entstand eine beträchtliche Zahl von Legenden. Was den Hl. Michael betrifft, so erzählte man von seinen verschiedenen Erscheinungen, in welchen man Charakterzüge des Beschützers Israels wieder erkennt. Man sagte auch, daß ihm die Aufgabe zugeteilt worden sei, die Seelen der Verstorbenen vor das Gericht Gottes zu führen; daraus zog man den Schluß, daß er über die Guten und die Bösen urteilen konnte, was durch eine Waage, die er in der Hand hält, symbolisiert wird. Im Jahre 1469 wurde der militärische Orden St. Michael gegründet, dessen Hochmeister der König von Frankreich war. Dieser Orden bestand bis 1830 fort und bestätigte sozusagen den Glauben, daß der Hl. Michael der Schutzengel Frankreichs war.

Da ein Text des Neuen Testaments von Michael als Erzengel (Jud 9) und die Offenbarung des Johannes (12, 7) „von Michael und seinen Engeln" spricht, schließt man heute noch in der katholischen Kirche daraus, daß Michael der Führer der himmlischen Heerscharen ist und daß er als solcher Recht auf eine besondere Verehrung hat. Diese Beweisführung ist allerdings nicht zwingend, vor allem weil sie sich auch auf Juda, eine apokryphe Schrift, stützt.

Der Hl. Michael wird immer mit einer mehr oder weniger vollständigen Rüstung dargestellt. In der Hand hält er eine Lanze oder eine Fahne, machmal beides, oder auch ein großes Schwert, gelegentlich aber auch einen einfachen kreuzförmigen Stab. Oft schützt er sich mit einem Schild. Sein Gesicht ist immer jung und zeigt den Ausdruck fester Entschlossenheit und Güte. Zu seinen Füßen versinnbildlicht ein besiegter, oft beflügelter Drache oder ein Dämon den Teufel.

MOND

Der Mond ist das Gegenstück zur Sonne und das Symbol der Nacht, die dem Tag gegenübersteht, der Finsternis im Gegensatz zum Licht. Diese beiden Gestirne waren Gegenstand eines Kultes, der noch im 8. Jahrhundert in Gallien praktiziert wurde. Sie gehörten ferner zur antiken Symbolik, und rechts und links einiger Personen wiesen sie auf deren Würde hin, weil sie die Götter darstellten, die durch diese Gestirne bezeichnet wurden.

Erst im 7. Jahrhundert benutzte man den Mond und die Sonne, um auf die Göttlichkeit Jesu Christi hinzuweisen (→Kreuz*). Gerade in der Mitte jenes Jahrhunderts endete der Streit der Arianer und der Athanasianer über die Göttlichkeit Jesu Christi; der Sieg der Strenggläubigen schien vollkommen zu sein. Erstaunlicherweise haben die Künstler ein so offensichtlich heidnisches Zeichen benutzt, um diese Orthodoxie graphisch auszudrücken; und die Tradition dieses Symbols hielt sich durch mehrere Jahrhunderte.

MORGENRÖTE

Der Psalm 139 (Vers 9) spricht von den „Flügeln der Morgenröte". Der Begriff einer unwahrscheinlich schnell fliegenden Göttin der Morgenröte war in der ganzen Antike sehr verbreitet. Bei den Griechen war sie die Schwester der Sonne und öffnete die Pforte des Tages. Sie wird mit einem großen gelben Mantel, der Farbe der Morgenröte, und manchmal mit Vasen dargestellt, aus denen sie den Tau für die Erde schöpft.

MOSE

Für die Christen war das herausragende Ereignis im Leben Moses der Empfang der Gesetzestafeln. Jesus hatte erklärt, er sei nicht erschienen, das Gesetz aufzulösen, und hinzugefügt, daß er es vollenden werde (Matt 5, 17); deshalb konnte die berühmte Szene auf dem Sinai den Jüngern als erstes Einschreiten Gottes erscheinen, nicht nur in die Geschichte der Israeliten, sondern auch die der ganzen Menschheit. Als solches

Mose von J. B. Babel. Kathedrale von Soleure. 1772.

wurde dieses Ereignis sehr früh und sehr oft dargestellt. Es wurde auf Fresken gemalt, aus dem Marmor der Sarkophage herausgemeißelt und sogar in Glas graviert: In der Ausschmückung sehr alter gläserner Schalen erkennt man dieses Geschehnis.

Gleich danach wurden die Berichte der von Mose mit seinem Stab vollbrachten Wunder hinzugefügt (2 Mose 4, 2–5): die Geschichte der ehernen Schlange (4 Mose 21, 4–9), der Speisung mit Manna und Wachteln (2 Mose 16, 1–36) und vor allem die wunderbare Tat vom Wasser, das aus dem Felsen quillt (2 Mose 17, 2–7). Über 200 Beispiele von Wundern Moses wurden in den Katakomben dargestellt. Man verlieh diesen Erzählungen nämlich einen politischen Inhalt: Dadurch, daß sie als Vorläufer des Christentums vorgestellt wurden, wollte man beweisen, daß die neue Religion, die im römischen Reich noch gesetzwidrig war, nichts anderes als eine Form des Judentums meinte, das rechtmäßig und überall zugelassen war. So versuchte die christliche Kirche, als Sekte des Judentums zu gelten.

Von der Politik ging man zur Theologie über. Durch die ständigen Vergleiche des Gesetzgebers für Israel mit dem Begründer des neuen Glaubens machte man schließlich Mose zum Bild und bald zum Vorgänger von Christus. Die Wunder des Mannas* und der Wachteln kündigten die Speisung der Fünftausend (Matt. 14, 17) an, und das aus dem Felsen hervorsprudelnde Wasser konnte nur denjenigen prophezeien, der sagte: „Wen da dürstet, der komme zu mir und trinke …" (Joh 7,37).

Erst später und vom 6. Jahrhundert an wurde der Parallelismus zwischen Mose und Jesus weitergeführt, indem man sich für die Episoden der Geburt und der Kindheit Moses interessierte. Zu dieser Zeit erschienen einige Evangelien der Kindheit Jesu, was die Meditationen der christlichen Denker in diese Richtung lenkte. Die Grausamkeit des Pharaos dem kleinen Mose gegenüber erinnerte an die des Herodes dem Jesuskind gegenüber; aber beide entkamen der Bosheit des Herrschers, beide sind sanftmütig (4 Mose 12,3; Matt 11,29), beide befreien das Volk – der eine von der Gefangenschaft in Ägypten, der andere von der der Sünde; beide sind Gesetzgeber und vor allem Vermittler zwischen Gott und den Menschen. Es muß jedoch betont werden, daß es sich keineswegs um rednerische Vergleiche oder um eine Tarnung des Christentums durch das Judentum handelte; wenn eine Szene aus dem Leben Moses dargestellt wurde, wollte man wohl von Jesus sprechen; der erste war wirklich ein Vorgänger des zweiten, sozusagen die Prophezeiung und vor allem das Versprechen für Christus.

Die Zeichen, die Mose versinnbildlichen, erinnern an die Geschehnisse, auf die man anspielt: der brennende Busch, sein mehr oder weniger magischer Stab, der oft zu einem Zepter wird, ein Nimbus*, die Gesetzestafeln*, eine Säule oder ein Pfahl, worauf eine metallene Schlange* steht, die Wiege unter Wasser am Nil, das Manna*, die Wachtel.

Vom Ende des 5. Jahrhunderts an erscheint ein Mose, dessen Stirn mit zwei Hörnern geschmückt ist. Da dieses merkwürdige Zeichen damals seit zwei Jahrhunderten nicht mehr benutzt wurde, fragt man sich, wie eine solche Tradition entstehen und so lange fortbestehen konnte. Es war die Folge eines Übersetzungsfehlers im 2. Buch Moses 34,29, wo man liest: „die Haut seines Gesichts glänzte". Das hebräische Zeitwort für glänzen ist *qaran;* von ihm ist das Wort *qérén* abgeleitet, das *Horn* heißt, weil ein Fächer kleiner Hörner als Glanz erscheinen kann. Die Lateiner dachten an Haare, wenn sie von Glanz sprechen wollten; für sie kommt *jubar* (= Glanz) von *juba* (= Pferdemähne). Als Hieronymus († 420) diesen Text ins Lateinische übersetzte, hätte er das Bild wiedergeben können und schreiben: „Mose ... ignorat quod jubata esset facies sua", aber im Lateinischen hätte es bedeuten können:" er wußte nicht, daß sein Gesicht behaart war"; aus diesem Grund, aber auch aus Treue zu den heiligen Worten der Bibel, behielt er das Bild bei, das bei den Semiten den konkreten Hintergrund des abstrakten Begriffs „Glanz" bildete und übersetzte: „ignorat quod cornuta esset facies sua", was wortwörtlich bedeutet: „... wußte nicht, daß sein Gesicht behörnt war". Dieser Übersetzer, der die hebräische Sprache gut beherrschte, dachte an einen Glanz in Form von kleinen Hörnern. Die Theologen aber, die Maler und Bildhauer faßten diese Übersetzung in ihrem geläufigsten Sinn auf und dachten selbstverständlich an Hörner, die denjenigen der Tiere gleichen; die Stirn Moses wurde damit versehen, und dies dauerte Jahrhunderte an, bis zum Ende des 17. Jahrhunderts und darüber hinaus. Diese lateinische Übersetzung wurde außerdem in der Vulgata, dem offiziellen biblischen Text der katholischen Kirche, bis zum Ende des 17. Jahrhunderts beibehalten. Heute aber haben alle biblischen Übersetzungen diesen Irrtum korrigiert.

Eine sehr große Zahl von Künstlern hat sich bemüht, das Leben und den Charakter Moses nach dem kulturellen Geschmack ihrer Zeit zu schildern; sie taten es auf Fresken, Gemälden und Skulpturen in allen Stilformen und Größen. Davon haben wir Miniaturen, Schnitz- und Elfenbeinwerke, Kupferstiche, Zeichnungen auf Stoffen und Wandbehängen. Man sieht ihn auf Reliquiaren und Kirchenfenstern.

MÜNZE

Bisweilen wird dieser oder jener Heilige mit Münzen in der Hand dargestellt; es bedeutet, daß er besonders wohltätig war.

Judas* hat eine volle Börse oder einige Geldstücke aus Silber als Zeichen; es sind diejenigen, die er von den Priestern zum Preis seines Verrats bekam.

Im allgemeinen sind jedoch silberne oder goldene* Münzen das Zeichen des Reichtums, wenn nicht des Geizes.

Ein Unkraut aus der Familie der Kreuzblütler führt den Namen „Hirtentäschelkraut" (Capsella – bursa pastoris). Ihre Körner in Form einer früheren Börse sind merkwürdig flach – wie der Geldbeutel des Pfarrers, der sein Vermögen in Form von Almosen verteilt.

Eine andere Pflanze aus derselben Familie heißt *rundfrüchtige Mondviole* oder *Papstmünze*. Es ist die Lunara anna, deren Körner in einer flachen und runden Hülse eingeschlossen sind, die zu einer gegebenen Zeit birst, am Stiel jedoch hängenbleibt; sie wird trocken, ganz weiß und erinnert dann zweifels-ohne an Hostien. Daher kommt ihr Name.

MUSCHEL

Um christliche Grabstätten zu kenn-zeichnen, benutzte man Seemuscheln oder Muscheln überhaupt; die einen waren naturbelassen, andere durchlö-chert, als hätte man sie zur Kette aufrei-hen oder auf einen Stoff aufnähen wollen. Was ist ihr symbolischer Sinn? Man hat gedacht, daß der Christ durch den Tod das ewige Leben erreicht, ebenso wie der Einsiedlerkrebs einer leeren Muschelschale neues Leben zu geben scheint.

MYRRHE

Es ist das Harz eines kleinen Baums, des Balsambaums (Balsamodendron), der aus Südarabien und Ostafrika stammt. Dieses Harz gehört seit eh und je zur Grundsubstanz verschiedener Parfüms. Es genügt, die Myrrhe etwas zu erhitzen oder zu brennen, um ihren charakteri-stischen Duft riechen zu können.

Die Bibel spricht von ihr als wertvollem Gegenstand: die Weisen schenken sie Maria in Bethlehem, und nach Johannes (19,39) brachte Nikodemus eine große Menge davon zum Grab, in das die Jün-ger Jesus am Abend seines Todes legten. Folglich scheinen die Christen aus den ersten Jahrhunderten einen ausgiebigen Gebrauch davon gemacht zu haben; Tertullian sieht darin eine Maßlosigkeit: „Wir verwenden zur Beisetzung der Christen mehr Duftöle und in größerer Menge, als man braucht, um die Götter zu parfümieren." (Apolog. XLI)

Wenn man nun auch weder diesen noch jenen Duft graphisch darstellen kann, so ist es doch möglich, die Gefäße zu zei-gen, die sie enthalten: Die Künstler be-nutzten alle erdenklichen Behälter, vor allem aber die gewöhnliche kleine, spitze, langhalsige Vase aus Alabaster, die die Frau in der griechisch-lateini-schen Antike bei der Schönheitspflege oft in der Hand hält. Sehr häufig werden auch die manchmal prunkvollen Schatz-truhen der Weisen dargestellt. Erst sehr spät tauchen die Rauchfässer* auf.

N

NÄCHSTENLIEBE →Herz
NADEL

In den Ausgrabungen, die in christlichen Friedhöfen durchgeführt wurden, hat man eine große Zahl von Nadeln gefun-den, die dazu dienten, die Frisur oder die auf der Brust übereinanderliegenden Zipfel eines Tuchs zu befestigen. Es ist verständlich, daß Handwerker ihrer christlichen Kundschaft dadurch ge-schmeichelt haben, daß sie Symbole ih-res Glaubens geformt haben. Die Man-nigfaltigkeit der Muster ist unbegrenzt: das Christusmonogramm*, das Kreuz*, die Palme*, die Taube*, der Adler*, der Ring*, die Lanze*, das Herz* usw. Man benutzte edle Stoffe, Elfenbein und harte Holzarten. Einige unter ihnen sind schöne Goldschmiedekunstwerke. Manchmal standen Inschriften auf den Seiten der im Querschnitt sehr häufig achteckig erscheinenden Nadeln.

NAHUM

Das biblische Buch Nahums wurde sehr lange für eine Prophezeiung der Zerstö-rung von Ninive (612 vor Christus) ge-halten. Heute gilt es eher als die Liturgie einer kultischen Danksagung, die gleich

nach dieser Zerstörung in Jerusalem gehalten wurde, um sie Gott und seiner
Gerechtigkeit zuzuschreiben.

In der Tradition der altherkömmlichen
Interpretation wird Nahum durch die
Symbole bezeichnet, die gewöhnlich
den Propheten* vorbehalten sind, ohne
daß ihm ein besonderes Zeichen zugeteilt wurde.

NARRHEIT

Für die Christen besteht die Narrheit
aus einem Leben, das man führt, als ob
Gott nicht existieren würde (Ps 14,1;
Matt 7,26; Luk 12,10).

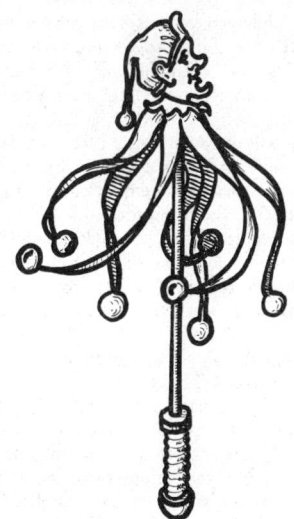

Symbol des Narren.

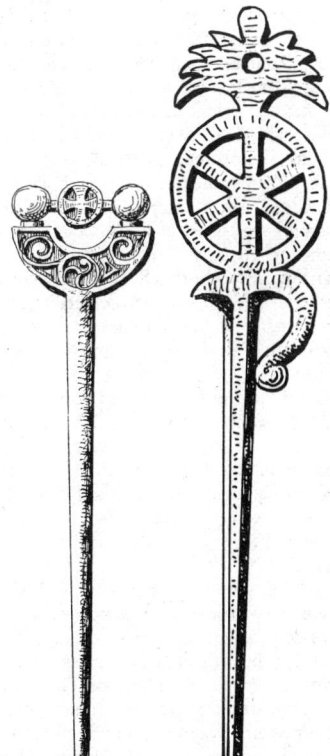

Nadeln. 2. Jahrhundert.

Das häufigste Zeichen der Narrheit ist
die Narrenpritsche, eine Art Zepter,
über dem sich ein Kopf befindet, der
grotesk sein will und von Bändern umgeben ist, die in Schellen auslaufen.
Die Akelei, deren Sporen an diese Bänder erinnern, der Hanf, der sinnestäu-
schend ist, aber auch die Schneerose, die
man früher als Mittel gegen die Narrheit
verschrieb, waren weitere Zeichen. Man
kennt aber auch noch andere Symbole:
das hölzerne Pferd, auf dem die Hexen
reiten, die Elster, die sinnlos daherzure-
den scheint, der Strauß und der Affe,
von denen man behauptet, die Torheit
sei ihr Hauptmerkmal.

NEID

Wenn man die sieben Todessünden darstellen wollte, wurde der Neid durch
eine ganze Schar von Tieren versinnbildlicht, denen dieser Makel mehr oder
weniger anhaftet. Es sind: die Fledermaus, weil sie sich, wie der Neid, nicht
am Tageslicht zeigt; die Kreuzotter und

alle Schlangen, weil sie kriechen; der Sperber, der Milan sowie andere Raubvögel, weil sie versuchen, sich den Besitz anderer anzueignen; der Fuchs, dessen List mit der des Neids verwandt ist.

Man stellt ihn auch durch Flammen dar, denn der leidenschaftliche Neid wird rasch brennend; wie ein Brand um sich greift, so stachelt außerdem der Neid die Zwistigkeiten an. Ein Geldbeutel ist manchmal sein Symbol, weil eben das Geld das hauptsächliche Objekt des Neids ist; es sind auch Brombeersträucher, deren dornige Zweige sich an allem festhaken, was sie berühren.

NIKOLAUS (Heiliger)

Dieser Name ist durch mehrere Päpste und durch 15 historische oder märchenhafte Figuren berühmt geworden, die selig- oder sogar heiliggesprochen wurden. Der am häufigsten Dargestellte ist Nikolaus von Myra, der Schutzpatron Rußlands, der Seeleute und der kleinen Kinder. Geschichtlich weiß man allerdings nichts Sicheres, weder über sein Leben noch über seinen Tod. Er soll am Anfang des 4. Jahrhunderts oder in der Mitte des 5. Jahrhunderts gelebt haben; die einen sagen, er sei Bischof von Myra (in Lykien) die anderen sagen von Pinara (Lydien) gewesen. Er wird als sehr freigiebiger und selbstloser Mensch vorgestellt. Man erzählt z.B., daß er dem schwerkranken und sehr armen Vater von drei jungen Mädchen geholfen habe, indem er ihm heimlich in ein Tuch eingewickelte Goldmünzen (andere sagen drei Börsen) durch das Fenster warf. Auf diese Erzählung wird gewöhnlich hingewiesen, wenn man von St. Nikolaus spricht oder ihn darstellt. Es gibt jedoch eine große Zahl von Zeichnungen, Gemälden und Skulpturen, die auf die ihm zugeschriebenen Wunder anspielen: So soll er seine Stadt von der Hungersnot gerettet, Matrosen, die auf hoher See in Gefahr waren, befreit, Götzenbilder ungestraft zerstört, zum Tode Verurteilte im letzten Augenblick gerettet, Besessene geheilt, durch sein Einschreiten beim Kaiser Kriege verhindert haben. Wenn man aus ihm den Schutzpatron der kleinen Kinder gemacht hat, dann weil er eine musterhafte Jugend geführt oder drei kleine Kinder wieder zum Leben erweckt haben soll, die unter scheußlichen Umständen ermordet worden waren. Sogar die Reliquien vom Hl. Nikolaus sollen Wunder getan haben.

Als Symbol seiner Freigiebigkeit trägt er eine oder mehrere Börsen. Anderswo hält er ein Brot in der Hand, das an sein Einschreiten während der Hungersnot erinnert. Viele byzantinische Gemälde zeigen ihn als Bischof mit der Mitra auf dem Kopf und mit dem „Chorhemd" bekleidet. Auf anderen Darstellungen hält er den Bischofsstab in der Hand. Es gibt zahlreiche Miniaturen, Gemälde, einige Skulpturen, Kirchenfenster und sogar Stickarbeiten auf kirchlichen Kleidern, die verschiedene Episoden seines Lebens, sowie die Wunder veranschaulichen, die seine Reliquien bewirkten. Er gehört schließlich zu einer großen Zahl von Zusammenstellungen, in denen man ihn durch die eben erwähnten Zeichen leicht unterscheiden kann.

Es sei darauf hingewiesen, daß diese Darstellungen erst vom 12. Jahrhundert an festzustellen sind. Damals nämlich erfuhr man, daß die sterbliche Hülle von Nikolaus nach Bari (Apulien) gebracht worden war und daß diese Reliquien schon mehrere Wunder bewirkt hatten.

Der Tag von St. Nikolaus (am 6. Dezember) wurde sehr schnell zum Tag der Kinder, die mit Spielzeugen beschenkt werden und vor denen die klassisch gewordene Figur erscheint: ein Greis mit langem, weißem Bart, mit einem roten Mantel, mit Kapuze und Hermelinbesatz bekleidet. Im 19. Jahrhundert wurde diese Figur in Deutschland, mit dem sogenannten Weihnachtsmann

Der Hl. Nikolaus. Ikone. 1294.

gleichgestellt, der anläßlich der Weihnachtsfeier erschien.

NIMBUS

Den Ursprung des Nimbus darf man nicht im Christentum suchen. Man findet ihn nämlich schon in zahlreichen heidnischen Werken, vor allem auf antiken Mosaikarbeiten. Die meisten Gottheiten des Olymps sind mit Lichtkronen bekränzt. In der griechischen Epoche umfaßt der Nimbus den Kopf von Figuren, die auf Grabsteine graviert wurden. Er drückt die Ehrfurcht aus, die man allem, was das Jenseits betraf, erwies. Die Farbe, die er gewöhnlich trägt, bestätigt dies: Wenn die Figur in einer Kammer dargestellt ist, ist der Nimbus blau, das Blau des Himmels, des Aufenthaltes der

Christus und der Hl. Petrus. Kapitelle.
Payerne. 12. Jahrhundert.

Götter, ein Blau, das vom Rand des Kreises zur Mitte hin weiß wird, um eine Ausstrahlung anzudeuten. Durch diese Ausstrahlung wollten also die Künstler das göttliche Wesen dieser Figuren zeigen. Später, als sie versuchten, es auf Münzen zu veranschaulichen, begnügten sie sich mit einem um den Kopf deutlich gravierten Kreis. Der Verkehr dieser Geldstücke verbreitete dieses Zeichen, das so gebräuchlich wurde, daß die Maler, die später die gleiche Vorstel-

lung ausdrücken wollten, ganz selbstverständlich einen Kreis um den Kopf ihrer Figuren zeichneten, auch wenn sie dem Innern dieses Kreises eine beliebige Farbe gaben. So kam es, daß man sich an diese Art Scheibe gewöhnte, die hinter einem Kopf bedeutete, daß es sich um eine Gottheit oder um jemanden handelte, der die Ehre genoß, mit den Göttern in Verbindung zu sein.

Der Sinn dieses Zeichens war so bekannt, daß die Christen es wie ein internationales Wort der Bildsprache benutzten. Zahlreiche Zeugnisse davon (mehrere Hunderte) finden sich in den Katakomben. Es erscheint bald auf Skulpturen, Mosaikarbeiten, Gemälden, Holzschnitten und Elfenbeinplatten, Ikonen, Grabsteinen, in Stickereien auf Kleidern oder Wandbehängen; es wird auf Amuletten, Ringen, Lampen usw. graviert.

Man hat jedoch den Eindruck, daß die christlichen Künstler die Form und den Gebrauch dieses Zeichens neu durchdacht haben, um ihm allmählich eine

Nimbus von Christus. Katakomben. 4.
Jahrhundert.

Nimbus vom Hl. Georg. Gemälde.
1522.

178

neue Tragweite zu verleihen. Sie benutzten es zunächst nur, um eine der Figuren, die sie zeichneten, besonders hervorzuheben. Im 2. und im 3. Jahrhundert bedeutet eine mehr oder weniger klare Linie um die ganze Person, um ihren Oberkörper oder einfach um ihren Kopf keineswegs, daß sie eine besondere moralische oder lehrmäßige Reinheit erreicht hat, und sie schreibt ihr auch keine spezifische Heiligkeit zu. Es ist lediglich ein Ausdruck der Ehrfurcht, die der Künstler ihr gegenüber empfindet. Diese Ehrfurcht hat nicht in den Anweisungen, die die Kirche den Künstlern gab, festen Bestand; diesem oder jenem Apostel wird sie einmal erwiesen, ein andermal aber auch wieder nicht. Das bedeutet, daß man diese oder jene unter seinen Taten, nicht jedoch sein Wesen oder seinen Charakter bewunderte.

Schon im 4. Jahrhundert wird Christus immer mehr Gegenstand dieser Ehrung. Im 5. Jahrhundert wird dieses Zeichen zur Regel, zunächst für ihn, dann für die Jünger, da auch sie die Aufmerksamkeit und die Hochachtung der Christen verdienten. Daraufhin empfand man das Bedürfnis, zwischen der Ehre zu unterscheiden, die auf Christus gerichtet war, und der, die den Jüngern galt: der Nimbus des ersten wurde mit eigenen Symbolen versehen. Auch dieser Nimbus charakterisiert jedoch noch keine Heiligkeit, sondern mehr den Respekt und die Andacht der Christen. In dieser Zeit der Verweltlichung der Kirche hatte dieses Zeichen der Götter nämlich den Sinn, den die Antike ihm verliehen hatte, wiedergefunden; es bedeutete einfach, daß es sich um Gottheiten oder um von den Göttern besonders geliebte Menschen handelte. Im 6. Jahrhundert unseres Zeitalters stellt man noch ein Zögern im Gebrauch dieses Zeichens fest. So sind, in St. Vitale in Ravenna, die Engel und die biblischen Schriftsteller, aber weder Abel noch Abraham, noch Mose, mit einem Nimbus versehen: Schon im 10. Jahrhundert bekommt dann der letztere regelmäßig einen Nimbus, ebenso wie der Pharao, der ihn bis zum Roten Meer verfolgt.

Es kam jedoch ein Augenblick, wo die antike Tradition vollkommen in Vergessenheit geriet, und die Miniaturenmaler der biblischen und kirchlichen Motive schlugen von Anfang an den normalen Weg der allgemeinen künstlerischen Entwicklung ein: Sie gehen immer von den einfachsten Themen und Mustern zu den am meisten entwickelten und komplizierten Stilarten vor – mit Rückschlägen und Sprüngen. Am

Nimbus des Engels der Verkündigung. Schmelzarbeit. 15. Jahrhundert.

Nimbus von Christus. Münze von Michael III., byzantinischem Kaiser (842–867).

Nimbus von Christus. St. Vitales in Ravenna. Mosaik. 548.

Das Heilige Gesicht. Ikone. 17. Jahrhundert.

Anfang maßen die Maler der Zierbuchstaben gewissen Figuren Wichtigkeit bei, indem sie sie auf einem goldenen Hintergrund zeichneten. Wenn mehrere Figuren dargestellt werden mußten, wurde die wichtigste unter ihnen auf einen gleichen Hintergrund gemalt, dessen Gold aber von einer schwarzen oder eiförmigen Linie begrenzt war, deren Umrisse mehr oder weniger regelmäßig waren. Es war so verständlich, daß dieses Verfahren zur Gewohnheit wurde und einen Namen führte: es war ein „Lichtkranz", weil er das Lob einer Person sang, oder eine „Mandorla" (ein Wort, das aus dem Italienischen „mandorla" stammt und „Mandel" bedeutet), weil diese Zeichnung mandelförmig war. Diese Form wurde aus dem Stein herausgemeißelt, denn die gleichen Künstler verzierten die Manuskripte und verfertigten die Kapitelle der Kathedralen. Dann wenn sie das Lob mehrerer Personen singen sollten, schmückten sie die „Mandorla" des wichtigsten unter ihnen, indem sie darin Strahlen oder Laub ausmeißelten. Mit künstleri-

scher Einfühlung bestimmte man diese „Lichtkränze" für die Köpfe der Personen, die man ehren wollte. Zu diesem Zeitpunkt, d. h. im 14. Jahrhundert, reagierte die Kirche ihrerseits gegen die Vielfalt der Kulte, die Christen gewidmet waren, deren Heiligkeit nicht von ihr anerkannt worden war, und sie setzte das sehr komplizierte Protokoll der Heiligsprechung ein. Der Sinn des Nimbus konzentrierte sich auf eine bestimmte Personengruppe: Er wurde zum typischen Zeichen der Heiligen; er bedeutete, daß sie offiziell heiliggesprochen worden waren. Man muß dem noch hinzufügen, daß die Künstler (wie das einfache Volk) unter verschiedenen Typen der Heiligkeit immer unterschieden und versucht haben, dies graphisch auszudrücken. Man gestaltete weiße oder elfenbeinfarbige Nimbusse; manchmal wurden sie mit mehr oder weniger komplizierten, normalerweise braunen, roten oder goldenen Arabesken geschmückt; es wurden Tupfen aus Perlmutt, Edelsteinen oder Perlen hinzugefügt. Der höchste Grad der Heiligkeit war entweder durch Linien mehr oder weniger dunkler grüner Farbe oder durch eine besondere Tönung der Vergoldung versinnbildlicht. Die Phantasie der Künstler und der besondere Stempel ihres Sinnes für die Verzierung führten sie zum Schaffen von Nimbussen mit den verschiedensten Strahlenkronen.

Es kam ein Augenblick, wo sich die Maler, die die Gesetze der Perspektive erforschten, darum bemühten, realistisch zu sein. Der massive Nimbus, den sie hinter den Kopf der Heiligen malen sollten, wurde ihnen zu plump. Sie sahen darin eine geheimnisvolle Schale aus Gold, die hinter einem Gesicht im Profil sehr merkwürdig und vor dem Gesicht einer Figur, die sie von hinten darstellten, vollkommen unsinnig wirkte! Zwischen dem 14. und dem 15. Jahrhundert verzichtete man auf den Nimbus. Einige Künstler hatten jedoch versucht, ihm eine leichtere Gestalt zu verleihen, indem sie ihn sechseckig malten. Dadurch wurde er jedoch noch plumper. Außerdem waren die Betrachter so sehr an den Kreis gewöhnt, daß diese neue Form eine beschränkte Heiligkeit oder sogar eine Ketzerei auszudrücken schien. Andere und vor allem Bildhauer schufen einen muschelförmigen Nimbus, ein Verfahren, das aus der Antike stammte, dem aber zu sehr die heidnische Herkunft anhaftete. Es muß daran erinnert werden, daß dies um die Zeit der Renaissance war und daß man bei jeder Übergangsepoche immer wieder auf einfache Formen zurückkommt: das Dreieck, das Viereck, den Kreis. Unter diesen Einflüssen gingen die Künstler vom Nimbus zum Heiligenschein über, einer einfachen, goldenen, kreisförmigen Linie, die sich in die Gesetze der Perspektive einfügen ließ.

Da es die Zeit kurz nach der Entdeckung des Buchdrucks war, wollten alle etwas gebildeten Leute lesen lernen und suchten überall Texte dazu; man fing also an, den Namen des Heiligen mit goldenen Buchstaben um seinen Kopf zu schreiben; sie waren zunächst auf dem Nimbus geschrieben worden, dann wurden sie an den Heiligenschein angehängt. Später versuchte man, diese Heiligkeit durch ein Flammenspiel auszudrücken, das aus dem Kopf zu kommen schien. Öfters begnügte man sich mit einem Lichtkranz um einen heiligen Kopf. Man hat sogar versucht, diesem Lichtkranz einen engelhaften Ausdruck zu geben, was jedoch sehr selten gelang. Ein charakteristisches Zeichen begleitet fast immer den Kopf Christi. Es sind

Verschiedene Nimbusse: 1. bunt. Ikone 1250. 2. Rote Lilien auf goldenem Hintergrund. Schnitzwerk. 1450. 3. Aus Messing und Zinn. Deutsches Kruzifix. 1657.

Viereckige Nimbusse der Freunde des Demetrius. Mosaik. Saloniki. 7. Jahrhundert.

zuerst ein oder mehrere konzentrische Kreise. Das Innere wurde bald gefärbt und wurde zum Nimbus. Wenn man ihn gegen denjenigen absetzen wollte, der den Jüngern verliehen war, fügte man dem Nimbus Christi ein Kreuz hinzu. Sehr oft hob man den Nimbus auf und behielt allein das Kreuz, ein Symbol, das sehr lange fortbestand. Es befindet sich auf Münzen aus dem 8. Jahrhundert und sogar auf Ikonen aus dem 14. Jahrhundert. Zugleich wurde schon zur Zeit der Katakomben ein anderes System der Differenzierung benutzt; es war ein Verfahren, das in der Antike von den griechischen Töpfern sehr verbreitet wurde: Es bestand darin, einen Namen neben die gezeichnete Figur zu schreiben. Die Christen waren aber ihres Glaubens halber noch zu sehr verfolgt, sie konnten nirgends den Namen Christi wortwörtlich schreiben. Sie gebrauchten daher seine Symbole und zwar zunächst das A und Ω*. Diese beiden Buchstaben befanden sich entweder innerhalb oder außerhalb des Nimbus, links und rechts des Kopfes. – Im Orient, wo Nimbus und Kreuz in ein einziges, von der Tradition bestätigtes Zeichen zusammengeschmolzen waren, benutzte man erst spät die Buchstaben, und die, die man wählte wurden OΩN (= derjenige, der ist). Das Ganze bildet die byzantinische Tradition des Nimbus Christi. – Im Abendland dagegen wurde dem ursprünglichen A und Ω das Christusmonogramm hinzugefügt und mit

ihm kombiniert. Den Griechen erschien diese Doppelung unmäßig, den lateinischen Geistern erschien es reich. Das Endergebnis war ein in vier gleiche Teile geteilter Nimbus, von denen der eine hinter dem Hals verschwand, während die anderen die Buchstaben APΩ trugen. Die Vierteilung bildete das X vom Christusmonogramm, das P war das griechische *rho*, der zweite Buchstabe des gleichen Symbols. Später wurden die Arme des X breiter, weil die römischen Buchstaben damals mit Seriphen versehen wurden, vor allem aber weil diese Ausbreitung eleganter wirkte. Man findet es in dieser Form auch auf Töpfereisiegeln. Dieses X mit ausgebreiteten Endungen wurde rot gefärbt, um daran zu erinnern, daß ,,das Blut Jesu Christi uns rein von aller Sünde macht" (1 Joh 1–7). Warum sollte man von nun an das A und Ω behalten, die das zu wiederholen schienen, was das Christusmonogramm bedeutete? Es wurde abgeschafft. Dies führte auch zum Wegfall des P, und dies um so leichter, als die Lateiner ein griechisches P schlecht verstanden, das als R ausgesprochen werden sollte. So wurde der traditionelle, abendländische Nimbus gebildet. Aus diesem kreuzförmigen Nimbus stammen das Malteser

Viereckiger Nimbus von Gregor dem Großen. Miniatur. 6. Jahrhundert.

Kreuz* und das Hugenottenkreuz*. Das persönliche Genie einiger Künstler veränderte ihn in seiner Ausschmückung manchmal auf sehr elegante Weise, so z.B. als die Arme des Kreuzes in Lilien Frankreichs verwandelt wurden.

Die Entwicklung des Nimbus Christi ist also bei den Lateinern von Intellektualismus geprägt: Er bedeutet, daß derjenige, der ihn trägt, wohl Christus, der erwartete Messias, ist. Die morgenländischen Orthodoxen haben daraus ein Zeichen ihrer Andacht gemacht, da er eher das Symbol des erlösenden Werkes des Sohnes Gottes ist.

Ein besonderer Nimbus wurde oft Maria, der Mutter Jesu, zuerkannt. Im 10. Jahrhundert, als der Marien-Kult sich beträchtlich ausbreitete, fingen die Künstler an, den Kopf der Jungfrau Maria mit einem besonders reich verzierten Nimbus zu umgeben. Auf dem goldenen Hintergrund des kreisförmigen Nimbus zeichneten sie zunächst einen, dann mehrere rote Kreise ein. Dann benutzten oder ahmten sie verschiedene Goldsorten nach, um ein Strahlen um den Kopf Marias zu erzielen. Bald fügten sie eine oder mehrere Reihen Perlen oder Edelsteine dazu. Nachdem der steif aussehende Nimbus verschwunden war, stellten sie einen mit vielen Strahlen versehenen Stein dar, um ihre Verehrung ihr gegenüber auszudrücken.

Ein viereckiger Nimbus wurde Gregor dem Großen zugeteilt, der in den ersten Jahren des 7. Jahrhunderts Papst war. Das älteste Werk, das ihn darstellt und vielleicht in seinem Todesjahr angefertigt wurde, zeigt ihn mit diesem besonderen Zeichen, das zu einem traditionellen Brauch wurde. Man kann sich allerdings fragen, ob der Papst nicht einfach vor einer gebrochenen Säule, Symbol des Todes bei den Alten, steht. Es wäre das Pendant zu Mosaikarbeiten aus dieser Zeit, wie die mit den Gefährten des Demetrius in der ihm gewidmeten Kirche in Saloniki. Da man ein Mosaik kennt, das einen anderen Papst (Johannes VII., † 707) dargestellt, dessen Kopf von einem wirklich viereckigen Nimbus umgeben ist (man sieht die vier Winkel), kann man behaupten, daß man in der Zwischenzeit den charakteristischen Nimbus der Päpste daraus gemacht hatte.

Es war schwierig, Judas einen Nimbus zu verleihen. Da er einer der Jünger Jesu Christi gewesen war, konnte man nicht darauf verzichten. Man fand eine Lösung, indem er mit einem schwarzen Nimbus versehen wurde.

Auch Tieren wurden Nimbusse verliehen. Wenn das Lamm Christus darstellte, hat es einen Nimbus hinter dem Kopf, ebenso die Taube als Symbol des Heiligen Geistes. Die vier Tiere des Tetramorph*, die entweder die Evangelisten* symbolisieren oder den Geist, der sie inspiriert, trugen ebenfalls manchmal einen Nimbus oder einen Heiligenschein.

NOAH

Der historische Bericht einer Sintflut und eines übernatürlichen Heils, das einem einzigen Menschen und seiner Familie vorbehalten wurde, findet sich schon in kananäischen und mesopotamischen Texten, die der Bibel vorausgehen. Wenn das Alte Testament aber vom außergewöhnlichen Abenteuer Noahs erzählt, verleiht es ihm eine theologische Bedeutung: Es macht daraus eine Beweisführung der Gerechtigkeit Gottes, der die Missetaten der Menschen bestraft und den Gerechten rettet. Das Neue Testament erwähnt es nur zweimal, zunächst in einer Rede Jesu (Matt 24, 37–39; Luk 17, 26–27), der die Plötzlichkeit seiner Rückkehr auf die Erde mit der Sintflut vergleicht, die die Zeitgenossen Noahs überraschte; dann in den Briefen, die das theologische Denken des Alten Testamentes über die Gerechtigkeit Gottes wiederaufnehmen (1 Petr 25, 3.6), aber hinzufügen, daß die Rechtfertigung Noahs auf seinen Glau-

ben zurückzuführen ist (Hebr 11,7).
Die christliche Theologie schmückte mit ihrem eigenen Denken dieses ursprüngliche biblische Thema aus. Aus der Sintflut machte sie ein Symbol der Taufe, weil es darin von Wasser und von einem neuen Leben die Rede war, das Noah gefunden hatte. Sie ging so weit, aus ihm einen Vorläufer Christi zu machen, weil er ein „Gerechter" war und seine Familie rettete, wie Jesus die Seinigen rettet. In anderen Fassungen wurde die Arche Noahs eine Vorwegnahme der Kirche, die die Stürme rütteln, aber nie zum Untergang bringen können usw.

Das alles erklärt, daß man christliche Darstellungen der Sintflut und verschiedener Szenen aus Noahs Leben ziemlich häufig findet. Einige sind schon auf alten Sarkophagen vorhanden, wo sie von der Taufe und dem Glauben des Verstorbenen zeugen; andere sind auf Medaillen, Stichen, Kirchenfenstern und Altargemälden zu sehen. Die Arche wird auf die verschiedensten Weisen dargestellt. Die Taube*, die einen Ölzweig zurückbringt (1 Mose 8, 8–12), ist ein sehr genaues Zeichen Noahs; sie wird aber zugleich zu einem Symbol der Hoffnung; ein Rabe begleitet manchmal den Seefahrer und seine Familie: es ist der, der als erster ausgeschickt wurde, aber kein festes Land fand (1 Mose 8,7).

Da Noah schließlich als erster Weinbauer (1 Mose 9, 20) dargestellt wird, finden sich manchmal auch Rebstöcke als Symbol des Erzvaters.

Noah läßt die Taube los. Mosaik. Venedig. 13. Jahrhundert.

O

OBADJA

1. Ein Verwalter am Hofe von Ahab führte diesen Namen. Sein Zeichen ist ein Brot, weil die Heilige Schrift uns berichtet, er habe hundert Propheten heimlich ernährt, zu der Zeit, wo die frommen Israeliten von der Königin Jezabel verfolgt wurden.

2. Einer der „kleinen Propheten" des Alten Testaments heißt auch Obadja. Er hat keine anderen Zeichen als die, die den Propheten* vorbehalten sind.

3. Im sechsten Jahrhundert nach Christus wurde ein apokryphes Buch unter dem Namen Obadja geschrieben. Es wird darin erzählt, Christus sei diesem Propheten in einer Nacht erschienen und hätte ihm Anweisungen für seine Jünger gegeben. Dieses Werk, das wahrscheinlich einen israelischen und biblischen Ursprung hat, faßte die im Mittelalter üblichen Gebräuche zusammen; daher haben die Kirchen- und Buchmaler diesen Obadja mit dem anderen verwechselt. Er wird sehr oft auf einem Bett dargestellt, hinter welchem Christus selbst erscheint und die Hand hebt, um auf seine Lehre hinzuweisen.

OBRIGKEIT

Wie hätte man die Obrigkeit anders darstellen können als mit den Zeichen der Befehlsgewalt oder des Königtums? Dies sind die Weltkugel*, die Krone (→Kranz*), das Zepter*, aber auch der Marschallsstab.

OCHSE

Die Evangelien erwähnen kein Tier im Stall von Bethlehem, und lange Zeit kam niemand auf den Gedanken, es könne dort welche gegeben haben. Der erste Text, der davon spricht, findet sich in einer Bibelauslegung von Origenes († 254) (Homilie VII. über das Lukas-Evangelium), in der er die Juden zur Zeit der Geburt Jesu mit dem „Ochsen und dem Esel, die (nach Jes 1,3) die Krippe ihres Herrn nicht kennen", verglich. Hieronymus († 420) benutzt die gleichen Worte, wenn er erzählt, daß Paula († 404), als sie die Geburtsgrotte in Bethlehem betrat, die Stelle sah, „wo der Ochse seinen Herrn erkannte und der Esel die Krippe seines Herrn"; dieser dichterische Ausdruck stammt aus dem gleichen prophetischen Text; das sollte aussagen, daß die Hirten, die Weisen und nach ihnen viele Christen, im Gegensatz zu den Israeliten, im Kind von Bethlehem den Messias erkannt hatten. Dies wird durch die ältesten Darstellun-

Stier von Lukas. Detail aus einer Kapitelle. Genf. 13. Jahrhundert.

gen dieser beiden Tiere neben der Krippe bestätigt, die alle zeigen, wie der Esel und der Ochse sich von dem Neugeborenen abwenden; sie stehen wohl für die Israeliten, die sich von Jesus abgewandt haben. Als aber zwei Jahrhunderte später die Evangelien der Kindheit Jesu geschrieben und verbreitet wurden, wurde der literarische Vergleich zum realen Bild, und man bildete sich ein, die beiden Tiere wären tatsächlich in der Krippe von Bethlehem gewesen. Deshalb findet man von dem 6. Jahrhundert an in allen Darstellungen der Geburt Christi „den Ochsen und den Esel, die mit ihrem Atem das Heilige Kind erwärmen".

In den symbolischen Darstellungen der Evangelien steht der Ochse (oder der Stier) für Lukas. →Evangelistensymbole*.

OLIVENBAUM

Das Anbauen von Oliven und die Herstellung von Öl waren mit die wichtigsten Agrarprodukte der Athener; es ist folglich selbstverständlich, daß sie Minerva, der Beschützerin ihrer Stadt, den Olivenbaum gewidmet haben. Die sehr einfache Form der Zweige und der Blätter dieses Baumes bot den Künstlern zu allen Zeiten Anlaß zu zahlreichen Verzierungsvariationen.

Im Christentum wurde ein Ölzweig das Symbol des *Friedens,* in Erinnerung an den Ölzweig, den eine Taube* am Ende der Sintflut (→Noah*) zurückbrachte (1 Mose 8, 11); er verkündete ihm, daß der Zorn Gottes beschwichtigt war und daß das Zeitalter des Neuen Bundes anfing. Dieses Symbol hat sich um so leichter durchgesetzt, als es schon bei den Griechen das spezifische Zeichen der Gottheit des Friedens, Tochter von Jupiter, war.

Der Olivenbaum nimmt oft an der Herrlichkeit des triumphalen Einzugs Jesu in Jerusalem teil. Die Evangelien von Matthäus (21, 8) und Markus (11, 8) sprechen von Zweigen, die die Jünger „von den Bäumen hieben und sie auf den Weg streuten"; da sie dieses Ereignis vom Ölberg berichten, hat man daraus geschlossen, daß es sich um diesen Baum handelte.

Die Christen haben die griechischen Symbolgehalte des Olivenbaumes z. T. übernommen, indem sie aus ihm das Symbol gewisser Tugenden machten: der Weisheit und der Vernunft sowie der Vorsehung, der weisen Jungfrauen im berühmten Gleichnis. – Man muß schließlich noch hinzufügen, daß der Gebrauch des Ölzweiges mit dem der Palme* manchmal verwechselt wurde.

P

PALME

Die Eleganz der Linien einer jungen Palme, aber auch die Lebenskraft und die Geschmeidigkeit dieses Baumes sind den Menschen immer aufgefallen. Die Griechen vor allem bewunderten ihn sehr. Warum sie die Palme aber als Symbol des Erfolges und der Triumphe gewählt haben? Wahrscheinlich, weil sie

die Oasen füllt und den in der Wüste lauernden Tod zu verspotten und zu besiegen scheint, oder auch weil sie immer grün ist, während der Olivenbaum, der griechische Baum überhaupt, jedes Jahr sein Laub verliert. Die Palme ist in erster Linie das Symbol des Triumphes. Dem Sieger der Spiele wurde eine einfache Palme geschenkt. Die Gottheit des Sieges war fast immer mit diesem Zeichen versehen. Eine goldene Palme schützte Äneas beim Besuch der Unterwelt. Dieser Gebrauch der Palme war so geläufig geworden, daß er sozusagen zu einem Wort der internationalen Bildersprache geworden ist.

Das Alte Testament macht aus ihrem geraden und geschmeidigen Stamm das Bild der Gerechten (Ps 92, 13), aber auch das der Anmut der jungen Frau (Hoh 7, 8). Die Offenbarung des Johannes (7, 9) nimmt die griechische Bedeutung wieder auf, wenn sie ankündigt, daß die mit weißen Gewändern bekleideten Auserwählten vor dem Thron des Lamms Palmen in der Hand halten. Das griechische Wort, das die Palme bezeichnet, ist dasselbe, das den Phoenix benennt, dieses fabelhafte Tier, das seiner Asche zu neuem Leben entsteigt, und es behauptet dadurch den Sieg über den Tod. Es ist nicht unmöglich, daß Johannes, der auf hebräisch dachte, was er auf griechisch schrieb, in dieser Gleichheit der Wörter eine Ähnlichkeit der Bedeutung oder sogar eine Prophezeiung der christlichen Wiederauferstehung erblickte. Jedenfalls ist es für ihn ein zusätzlicher Grund, aus der Palme ein Symbol ewigen Lebens zu machen. Auf christlichen Gräbern aus den ersten Jahrhunderten n. Chr. findet man oft eine mehr oder weniger stilisierte Palme. Sie war zum geläufigen Symbol des ewigen Lebens geworden. Die Palme, die immer in den Trauerzeremonien vorkommt, hat diese Bedeutung ständig beibehalten. Von den Zeichen begleitet, die Christus darstellen, bezeugt sie den Sieg des Glaubens an den Sohn Gottes. Nach dem 4. Jahrhundert nimmt sie einen spezifischen Sinn an: Sie versinnbildlicht den Sieg der Märtyrer über diejenigen, die sie gepeinigt hatten. Ein Palmbaum wird aber häufiger gezeichnet als ein Palmzweig. Man findet ihn auf Grabinschriften und Sarkophagen, aber auch auf Fresken, Mosaikarbeiten und später auf Gemälden und sogar Medaillen. Auf Ikonen aus dem 15. Jahrhundert sind ganz kleine Palmen um den Sarkophag herum gewachsen, in dem Christus am Abend des Karfreitags gelegt worden war.

Man sieht oft große Palmen in der Hand der Jünger, die Christus am Palmsonntag zujubeln. Es ist ein Irrtum. Wahrscheinlicher haben sie Ölzweige* benutzt. Vom 6. Jahrhundert ab, als die Kirche das Bedürfnis empfand, den Eifer der Gläubigen neu zu beleben, organisierte sie Prozessionen, die die ehemaligen Jünger nachahmen sollten und in denen ihre Gebärden und Jubelschreie wiederholt wurden; dabei wurden Palmen geschwungen, deren symbolischer Sinn da besser paßte als die Ölzweige. Daher rührt wahrscheinlich die Tradition, nach welcher die Jünger selbst welche benutzt hatten.

Später wurde der Begriff des Sieges mit der Darstellung von Palmen und Palmbäumen ständig verbunden. Auch Rembrandt gebrauchte sie in seinem berühmten Gemälde der Himmelfahrt Christi (Münchener Pinakothek). Er hatte sehr genau den Sinn dieses christlichen Festes begriffen, das den endgültigen Sieg über das Böse und den Tod bedeutet. Kennt derjenige, der heute einer trauernden Familie eine Palme bringt, den Sinn seiner Gebärde? Sie ist ein Zeichen des Glaubens an das ewige Leben, Zeichen des Triumphes allen Lebens in Gott über den Tod.

Als Symbol des ewigen Lebens wurde die Palme zu einem der Zeichen der Engel* und später der Hoffnung. Als Sinnbild des Sieges ist es auch das der Mäßigung und der Keuschheit, die die Leidenschaften bewältigen und auch das der Herrlichkeit, wenn sie verkörpert wird.

Dieses christliche Symbol ist vielleicht das einzige, das in der Entwicklung des christlichen Denkens seinen Sinn beibehalten hat.

PARADIES

Das Paradies, ein schöner Garten, mit einer reichhaltigen Quelle versehen, aus der vier Flüsse entspringen, ist ein Begriff, der zu mehreren Religionen gehört. Die Chaldäer und die Hindus kannten ihn vor den Christen und den Mohammedanern. Während es für die Buddhisten mehr einen Zustand als einen Ort darstellt, ist es für die Christen das Herkunftsland von Adam* und Eva*, aber auch der ewige Aufenthaltsort der Seligen und der Märtyrer. Gewöhnlich wird das erste „das verlorene oder irdische Paradies" und das zweite „wiedergefundenes oder himmlisches Paradies" genannt. Die Bibel kennt beide, spricht aber kaum davon. Das Alte Testament nennt das erste *partès*, ein chaldäisches Wort, das einen Obstgarten oder einen Park bezeichnet; hier nahm das erste menschliche Paar sein eigenes Dasein und das der Tiere wahr, die die Erde füllten. Da eine gewisse Ähnlichkeit zwischen dem Anfang und dem Ende der Welt besteht, benutzt das Neue Testament das gleiche Wort, um den Ort der Seligkeit der Auserwählten zu bezeichnen. Es ist das *Paradeitos*, das Jesus dem reuigen Übeltäter am Kreuz verspricht (Luk 23, 43). Die nachträglich geschriebene jüdische Literatur (Buch der Jubiläen, 4. Estras, Henoch usw.) entwickelte aber ursprünglich ganz einfache Themen, in denen die Quelle des christlichen Glaubens über das Paradies zu suchen ist. Das Buch Zohar spricht sogar von einem zweifachen Paradies, in welchem das erste eine Vorbereitung zum Eintreten ins zweite ist.

Die Darstellung des Paradieses folgte der Entwicklung des christlichen Denkens. Die ältesten Bilder des „verlorenen Paradieses" dücken mehr die Lehre der Schöpfung und des Sündenfalls aus, als daß sie die Orte beschreiben, wo er stattfand. Die Pflanzen sind dort fabelhaft, weil sie himmlisch sein sollen, und die Tiere aus demselben Grund oft aus der Phantasie entstanden. Am Ende des Mittelalters, als man anfing, die Natur zu beobachten und als man ihre Schönheit entdeckte, erkannte man darin die Hand Gottes; die Künstler schufen daher schöne Landschaften, in die sie die Szenen der Entstehung der Menschen einbetteten. Die Bäume und die Tiere werden immer naturalistischer. Der Mann und die Frau selbst sind kein beliebiger Mensch mehr, sie richten sich in ihrer Anmut und Schönheit nach den jeweiligen Auffassungen der Zeit und des Landes.

Dem „wiedergefundenen Paradies" geht es nicht anders. Die ersten christlichen Künstler scheinen sich bei der Darstellung der Heiligen Seelen, die die Orte aller Seligkeiten erreicht hatten, für dieses Paradies nicht interessiert zu haben. Zunächst empfängt Christus irgendwo den Verstorbenen, der eine einzige Gebärde, die des Betens*, macht. Um sie herum gibt es nichts, als wären sie nicht mehr auf Erden; sie sind „im Himmel", aber die Künstler können sich nicht vorstellen, wie er ist. Die Theologen bestimmten ihr Denken über das Jenseits, besonders im Abendland, oft durch zweifelhafte Beweisführungen anhand einiger biblischer Texte. Die Künstler folgten ihnen; der Ort, wo die ewige Übereinstimmung mit Jesus Christus stattfindet, fängt an, sie zu interessieren. Es ist der Himmel; aber ist er über den Menschen. Folglich ist es ähnlich, als ob man am Fuß eines Baumes liegend den Zenit anschaut; es gibt so viele künstlerische Formen, so viel Poesie in einem solchen Bild, daß diejenigen, die das Paradies mit dem Himmel gleichstellen, es selbstverständlich als Rahmen der ewigen Seligkeit dargestellt haben. So kam es im 6. Jahrhundert zu wunderbaren Mosaikarbeiten und später zu zahlreichen Miniaturen, die „das himmlische Paradies" mit Vögeln* und vor allem mit Tauben* und Pfauen* füllen, die, auf dem Hintergrund eines heiteren Himmels in komplizierten Arabesken gezeichnet, auf Ölzweigen* oder Palmen* sitzen. Als die Kirche sich mit dem Reich Gottes gleichstellte und die Prediger behaupteten, in die Kirche einzutreten bedeute, ins ewige Leben einzutreten, malten die christlichen Künstler ihre paradiesischen Verzierungen auf den Gewölben der Basiliken, der Kathedralen und der bescheidensten Kirchen. Der Entwicklung der künstlerischen Mode folgend, wurden manchmal die Äste und die Vögel stilisiert; manchmal jedoch bemühte man sich, sie naturgetreu zu zeichnen; dann wurden, wofür die Geschichte zahlreiche Beispiele liefert, „aus Protest" die Äste und die Vögel abgeschafft, und nur der blaue Himmel blieb übrig. Da die Kirche sich als ein Licht in der Finsternis dieser Welt darstellte, wurde der Himmel sehr dunkel, füllte sich aber mit Sternen. Diese modernisierende Vereinfachung erschien aber bald als Armseligkeit, und so fing man im 13. Jahrhundert an, zum Vergleich oder in Verwechslung mit dem „verlorenen Paradies" die Auserwählten in einem schönen Garten darzustellen, wo die schönsten Blumen der Erde wachsen und Prozessionen von Engelchen tanzen. Am Ende des 14. Jahrhunderts kam eine neue Reaktion zustande: Beide Paradiese zu verwechseln ist ein Irrtum! Wenn man das „verlorene Paradies" etwas kennt, weiß man nichts vom „himmlischen Paradies"! Man muß darauf verzichten, es darzustellen. Man weiß jedoch, daß dieser unsichtbare Ort existiert, und man weiß, daß die Gläubigen ihn nach dem „Jüngsten Gericht"* betreten werden können. Dann muß also auch ein Eingangstor gezeichnet werden! Das machten die Künstler um so leichter, als die Kirche für den Apostel Petrus die Schlüsselgewalt in Anspruch nahm! Am Anfang des 16. Jahrhunderts hatte das religiöse Leben viel an Tiefe verloren; charakteristisch waren die Riten, und die Künstler

Eingang zum Paradies. Portal des Berner Münsters 1511.

lächelten über die Anmaßung der Kirche, die Tore dieses Paradieses öffnen oder schließen zu wollen. Auf dem Tympanon des Tores einer damaligen Kathedrale wurde sogar die Kirche als wohlbeleibter Prälat dargestellt, der beim Eintreten in den Aufenthaltsort des ewigen Friedens den Pförtner drängelt und königlich ins Unbekannte geht; hinter ihm, fast an seinen Fersen, scheinen ein Bischof, zwei Pfarrer und ein Mönch, alle mit Karpfenmäulchen, die Bewegung des Betens zu machen, in Wirklichkeit aber drängeln sie einander und bemühen sich, als erster einzutreten.

Später wurde viel diskutiert, ohne daß es zu neuen künstlerischen Schöpfungen führte. Es sind höchstens einige Werke zu erwähnen, die die Vision des neuen Jerusalems darstellen, das als himmlisches Paradies betrachtet wurde (Off 21, 2–4; 10–27): Christus erwartet die Gläubigen auf den Stufen einer Treppe in einem Palast oder auf einem glänzenden Thron, von durchsichtigen und geheimnisvollen Engeln umgeben.

PAULUS

Die Bibel gibt uns keine Beschreibung der äußeren Erscheinung des Apostels Paulus. Aus einigen Anspielungen geht jedoch hervor, daß er eine schwache Konstitution hatte (2 Kor 10, 10) und möglicherweise akuten Anfällen einer unbekannten Krankheit ausgesetzt war (Gal 4, 13). Nichtsdestoweniger besaß er einen unbändigen Mut und große Zähigkeit und schuf ein riesiges Lebenswerk. „Seine begeisterte Seele ist wie ein außerordentlich breites Tastenfeld, aus dem alle Akkorde eines geistlichen Lebens klingen." Die Apostelgeschichte (14, 8–18) erzählt, daß Paulus in Lystra für den Gott Hermes (Merkur) und sein Gefährte Barnabas für Zeus (Jupiter) gehalten wurde; daraus hat man geschlossen, daß Paulus klein gewachsen war. Chrysostomus behauptet, „er war nur drei Ellen hoch".

Die wichtigsten Momente seines Lebens sind: sein Studium in Jerusalem, seine Bekehrung auf dem Weg nach Damaskus und seine abenteuerlichen Erlebnisse auf Missionsreisen: Wunderheilungen, Predigt in Athen, Verfolgungen, Verhaftungen, Steinigungen usw. Sein Todesjahr datieren einige Historiker auf das Jahr 62 oder 64, also in die Zeit der Christenverfolgungen unter Nero, während andere versichern, daß der Apostel noch eine Reise nach Spanien unternommen habe, wo er auf rätselhafte Weise verschwunden sei. Eine Legende über sein Sterben wurde oft dargestellt: Als er enthauptet wurde, quoll kein Blut aus seinem Hals, sondern Milch; damit wollte man sagen, daß er noch im Sterben den als geistliche Kinder betrachteten Heiden die Nahrung

Der Hl. Paulus: 1. Miniatur. 9. Jahrhundert. 2. Gemälde. 16. Jahrhundert.

Der Hl. Paulus. Detail aus einem Relief. Kathedrale von Maguelone. 11. Jahrhundert.

gab, die ihre Seelen ernähren konnte. Eine andere Legende behauptet, die Heilige Thekla habe nach seinem Aufenthalt in Rom seine Abschiebung in den Orient zustande gebracht.

Da er große Überzeugungskraft und hervorragende Führungseigenschaften besaß, wurde er ein sehr wirksamer Missionar. Es war ihm nicht immer möglich, die von ihm gegründeten Gemeinden zu besuchen, wenn er von ih-

nen schlechte Nachrichten erhielt; deshalb schrieb er ihnen höchst lebendige Briefe zur Ermahnung und Unterweisung. Sie wurden sorgfältig aufbewahrt und oft abgeschrieben. Diese Briefe waren im geistigen Stil des jüdischen Rabbinats durchdacht und abgefaßt, einem Stil, in den Paulus bei seinem Studium in Jerusalem hineingewachsen war und den er nie wieder aufgegeben hat. Schon ein Jahrhundert später wurden sie auf einem ganz neuen geistigen Hintergrund neu und von diesem Augenblick an sehr oft durchdacht. Je nachdem, ob von griechischen, slawischen oder römischen Denkgewohnheiten her interpretiert, gaben sie Anlaß zu dogmatischen Diskussionen, die das Christentum teilten.

In den ersten Jahrhunderten des christlichen Zeitalters genoß der Apostel Paulus einen so großen Ruf wie Petrus. Sehr oft sind sie in den Darstellungen, die wir von ihnen besitzen, oder auf Vasen, die in den Katakomben entdeckt wurden, nebeneinander zu sehen. Man kennt auch Gemälde, später dann Mosaiken, Skulpturen auf Sarkophagen und sogar Bronzemedaillen. Wird Paulus als ganze Figur dargestellt, dann ist er mit dem Pallium bekleidet. Sehr oft macht er mit einer Hand die Bewegung des Redners, der zum Horchen einlädt, während die

„Die Mühle des Hl. Paulus". Kapitelle. Vezelay. 12. Jahrhundert.

andere ein Buch oder eine Pergament-rolle hält – Symbole seiner Briefe. Sein Kopf ist kräftig, die Stirn hoch; der Vorderteil des Kopfes ist kahl, und er trägt einen manchmal kurzen und lockigen, öfter aber spitzen und zweigeteilten Bart. Erst vom 6. Jahrhundert an umgibt seinen Kopf ein Nimbus*. Um ihn herum liest man die Worte: Paulus pastor, oder Apostolus, es sei denn, daß sein alter israelischer Namen wieder aufgenommen wurde: Saulus.

Gegen Ende des 7. Jahrhunderts scheint die Beliebtheit des Apostels plötzlich zu schwinden. Nur noch selten wird er dargestellt. Man muß bis zum Ende des Mittelalters und sogar bis zur Renaissance warten, ehe wieder Bilder erscheinen, die ihn zeigen. Alle großen Maler bekamen den Auftrag, die Herrlichkeit des Apostels der Heiden hervorzuheben. Dürer, Holbein, Carraci, van Dyck, Poussin, Rembrandt..., um nur einige zu erwähnen, schilderten großartig die verschiedenen Szenen seines Lebens und seiner Legende. Die Tradition seines Aussehens hat sich aber verändert. Er ist nicht mehr kahl; gewöhnlich hat er dichtes, oft schwarzes Haar. Der Blick ist nicht mehr der eines mystischen Denkers, sondern der eines Kriegers, der in den Kampf eilt. Der Bart ist oft kurz und sehr dicht. Sein Hauptkennzeichen ist nicht mehr das Buch, obwohl es noch gelegentlich vorkommt; es ist jetzt vor allem das Schwert. Dieses ist nicht nur eine Erinnerung an die Enthauptung des Apostels; es ist vor allem das Symbol der Art, wie er seine Feinde schlug, die er allerdings nicht gerade schonte. Manchmal wird eine Säule hinzugefügt, da er eine Säule der jungen christlichen Kirche war. Wenn er mit einer Palme*, einem Kreuz* oder einer Krone (→Kranz*) zu sehen ist, sind es Anspielungen auf seine Marter. Schließlich bedeuten ein Palmbaum oder einfacher eine Palme* seinen Sieg über den Tod durch die Wiederauferstehung.

Die historische Rolle von Paulus wurde bloß im Mittelalter auf eine besondere Weise dargestellt. Ein Abt von St. Dyonisius, der 1151 starb, schreibt, daß er ein heute verschwundenes Kirchenfenster hatte anfertigen lassen, auf dem man sah, wie die Propheten Weizen zu einer „Mühle des Hl. Paulus“ brachten, der daraus das Mehl des Neuen Testaments machte. Man findet die gleiche Vorstellung auf einem Kapitell der Kathedrale von Vezelay: Eine Figur ist damit beschäftigt, Weizen zu mahlen, eine zweite, das gewonnene Mehl zu empfangen. Der einzige Unterschied zwischen ihnen ist, daß der eine Schuhe anhat und der andere nicht; das genügt allerdings nicht, um zu bestimmen, welcher von den beiden Paulus ist. Dieses Kapitell, „Mühle des Hl. Paulus“ genannt, drückt die theologische Bedeutung des Apostels der Heiden aus: Die neutestamentlichen Erleuchtungen werden durch ihn zu Beweisen der ewigen Wahrheit des Evangeliums.

PELIKAN

Der Pelikan ist ein großer Schwimmvogel, der heute noch vom Schwarzen Meer bis Ägypten und von Griechenland bis Indien verbreitet ist. Unter dem Schnabel trägt er eine charakteristische Tasche, in der er die Fische sammelt, die er gerade aus dem Wasser geholt hat. Ins Nest zurückgekehrt, drückt er seinen Schnabel so stark an seine Brust, daß es diesen Nahrungsvorrat wieder herauspreßt, den er dann unter seinen Jungen verteilt. Weil sie dies nicht richtig beobachtet hatten, stellten sich die Alten vor, er verletze sich selbst, um kleinen hungrigen Pelikanen sein eigenes Fleisch zum Fraß zu geben und machten aus ihm das Urbild der menschlichen Aufopferung, die bis zum Selbstopfer geht.

Eusebius († 340) schildert in seinem Kommentar zum Psalm 101 (es ist der heutige Psalm 102, dessen 7. Vers von einem Vogel erzählt, der der Pelikan sein könnte) die besonderen Eigenschaften dieses Vogels auf folgende Weise: Wenn eine Schlange seine Jungen tötet, so sagt er, fliegt der Pelikan über dem Nest hoch, schlägt seine Flanken, bis er sich verletzt und läßt sein Blut auf die toten Vöglein tropfen; dann erwachen diese wieder zum Leben. St. Augustin († 430) bringt zum selben Text in etwa den gleichen Bericht. Diese Art, die Gewohnheiten des Pelikans zu erklären, hätte aus ihm gleich ein Symbol der Wiederauferstehung machen können, nachdem er bis dahin ein Zeichen der Moral gewesen war. Das Moralsymbol war aber zu bekannt, und so vernachlässigten die Christen den Pelikan jahrhundertelang. Erst im 13. Jahrhundert erscheint er auf einigen Kirchenfenstern, wo er Christus symbolisiert, der sein Blut für das Heil der Welt vergossen hat. Durch die Interpretation der Kirchenväter wurde er jedoch in Gedanken häufig mit dem Phoenix in Verbindung gebracht und verwechselt, indem man versicherte, auch er schöpfe aus seiner Asche neues Leben.

Hauptsächlich gegen Ende des 17. Jahrhunderts und bis ins 19. Jahrhundert hinein wurde der Pelikan als Zeichen der Aufopferung von Eltern ihren Kindern gegenüber und dann als Symbol des Todes Christi wieder aufgenommen. Aus dieser Epoche sind zahlreiche Werke bekannt, Zeichnungen, Gemälde, Kirchenfenster und Skulpturen, die von den antiken Erzählungen ausgehen und sich bemühen, ihnen eine christliche Interpretation zu verleihen.

PERPETUA (Heilige)

Bei einer Verschärfung der Christenverfolgungen im 2. Jahrhundert wurde eine junge Frau aus Karthago ins Gefängnis der Stadt geworfen. Ihr alter Vater flehte sie an, den Göttern Roms ein Opfer zu bringen und brachte sogar ihre Tochter mit, um sie zum Mitleid zu bewegen; sie lehnte es beiden entschlossen ab und wurde im Jahre 202 oder 286 den wilden Tieren ausgeliefert. Viel später veröffentlichten die Montanisten, eine jüdisch-christliche Sekte, zu der Perpetua gehörte, die stolzen Antworten dieser Märtyrerin auf die Fragen ihres Vaters oder ihres Richters. Ihre Tapferkeit und ihr Ausharren im Glauben wurden immer bewundert, und man versteht, daß die verschiedenen Umstände ihres Lebens oft auf Mosaikarbeiten, Kirchenfenstern, Schnitzereien und Gemälden dargestellt wurden. Man sieht sie mit ihrem Kind im Gefängnis von Karthago oder wie sie mit ihrem Vater oder einem Richter spricht. Man zeigt sie vor allem unter den Klauen eines Löwen oder vor den Hörnern einer wilden Kuh.

PETRUS

Dieser Name ist selbst ein Symbol. Der Apostel, der ihn führte, hieß ursprünglich Simon. Eines Tages aber, nachdem er gerade seine Gewißheit ausgedrückt hatte, daß Jesus der erwartete Messias war, sprach Christus zu ihm: „Selig bist du, Simon, Jonas Sohn; denn Fleisch und Blut (= der Mensch, das Menschliche an dir) hat dir das nicht offenbart, sondern mein Vater im Himmel. Und ich sage dir auch: Du bist Petrus, und auf diesen Felsen will ich meine Gemeinde bauen" (Matt 16, 17–18).

Was sind der Sinn und die Tragweite dieses Wortspiels?

Auf dem intellektuellen Hintergrund der griechisch-römischen Kultur hat man diese beiden Sätze getrennt, da ein Zusammenhang, der sie miteinander verbinden könnte, nicht ausgedrückt sei. Dies ist aber ein Irrtum, denn genau dies ist die Ausdrucksweise der Semiten: Der Stil der aramäischen Verfasser der Bibel scheint ständige Dinge zu zerhacken, wo ihr Denken offensichtlich Zusammenhänge erkennen läßt. In diesem besonderen Fall bezieht sich das Wort Jesu nicht auf Simon-Petrus, im zweiten Satz, sondern auf die Entdeckung, die er gerade im ersten Satz gemacht hat. – Ferner, wenn man jemandem einen Spitznamen verleiht, dann in bezug auf ein Ereignis, das gerade stattgefunden hat oder auf eine eben vollbrachte Handlung. Deshalb betrifft das Wortspiel Jesu über seinen Apostel vielmehr die Erleuchtung, die Gott ihm gegeben hat, als Simon selbst, der Petrus genannt wird. Es bedeutet daher: Was du gerade gesagt hast, ist eine Erleuchtung Gottes, deretwegen du Petrus heißen wirst, weil aus solchen Steinen, d. h. mit Menschen, die wie du eher die Erleuchtungen Gottes als die der Menschen annehmen werden, die Kirche erwachen wird.

Das Symbol des Steins findet sich auch an anderen Stellen der Bibel. Der Psalm 118 (Vers 22) sagt: „Der Stein, den die Bauleute verworfen haben, ist zum Eckstein geworden." Die Rabbiner sahen darin eine Prophezeiung der Leiden des Messias. Jesus hat sie auf sich bezogen (Matt 21, 42 u. a.). Unter den ersten Christen war es üblich, von Jesus als Eckstein zu sprechen. Der Apostel Petrus selbst sagt es deutlich: „Jesus ist der Stein, von euch Bauleuten verworfen, der zum Eckstein geworden ist" (Apg 4, 11).

So haben es auch die ersten Kichenväter aufgefaßt, als sie das Wortspiel Jesu erläutert haben. Augustinus († 430) vertritt auch diese Meinung in seinen Widerrufen (I, XX). Für diese früheren Bibelausleger ist immer Christus als Offenbarung Gottes der „Grundstein" der Kirche (1 Petr 2, 4–8; Eph 2, 20; 1 Kor 3, 11). Kein Führer der Kirche kann sein Vertreter, sein Vikar sein.

Viel später entstand eine neue Erklärung des Zunamens, den Jesus seinem Jünger verlieh: das Wort Petrus betreffe das Wortspiel, und folglich sei die Kirche auf ihm gegründet. Da die Bischöfe von Rom für sich nicht nur in Anspruch nahmen, Nachfolger, sondern auch und besonders Erben seiner Macht zu sein, schien damit die ganze Kirche auf ihnen zu ruhen.

Die ikonographische Geschichte des Apostels Petrus zeigt diese Entwicklung

Der Hl. Petrus. Elfenbein. 10. Jahrhundert.

des theologischen Denkens und teilt sich in mehrere Stufen.

Zunächst findet man ihn ständig mit dem Apostel Paulus*. Die erste Tradition stellte sie auf gleiche Stufe, da beide Missionare, Begründer und Führer von Gemeinden gewesen waren. Aus dieser Zeit stammt der Peter- und Paulstag, der heute noch am 29. Juni gefeiert wird. Sie unterscheiden sich jedoch voneinander durch ihre Zeichen: ein Schwert, das gewöhnlich Paulus verliehen wird, und ein Buch oder eine Pergamentrolle, öfters das Zeichen von Petrus. Dieses Buch erinnert an die kanonischen Briefe Petri, bald aber auch an zwei apokryphe Bücher: das Evangelium Petri, das ungefähr aus dem Jahre 120 stammt und den biblischen Berichten des Todes und der Auferstehung Jesu einige Einzelheiten hinzufügt, und die Apostelgeschichte Petri, die im 3. Jahrhundert entstanden ist und behauptet, die Aussagen der Bibel über die Geschichte unseres Apo-

Der Hl. Petrus. Elfenbein. Um das Jahr 1000.

stels zu vervollständigen. Im Laufe der Zeit wurden beide Apostel jedoch voneinander getrennt; aber Petrus behält als Zeichen das Buch und manchmal ein Kreuz, das an seinen Tod erinnert. Die Ikonen der orthodoxen Kirche verleihen ihm diese Zeichen bis zum 15. Jahrhundert und oft noch später.

In all diesen Darstellungen ist der Kopf Petri durch struppiges Haar, einen kurzen und buschigen Bart, gutmütiges Aussehen und ein oft zur Seite geneigtes Haupt gekennzeichnet. Dieses Bild der ältesten Darstellungen des Apostels ist das Muster für unzählige Denkmäler gewesen, die ihn zeigen.

Das Symbol des Schlüssels* als spezifisches Zeichen Petri erscheint erst im 8. Jahrhundert, in dem Augenblick, in dem sich die Herrschaft des Papsttums über die ganze Kirche herausbildet. Es ist eine neue Stufe in der Entwicklung der Zeichen, die dem sogenannten Fürsten der Apostel vorbehalten sind. In den letzten Jahren des 5. Jahrhunderts nahm der Bischof von Rom den Namen Papst als Titel an (Sirinus, † 398), aber erst im 11.

Jahrhundert (Gregor VII., † 1085) wurde dieser Name dem Führer der katholischen Kirche vorbehalten.

Zunächst trägt Petrus einen einzigen Schlüssel, der die Herrschaft des Apostels über die Kirche versinnbildlicht. Aber der Sinn dieses Zeichens verändert sich. Die Gleichstellung der Kirche mit dem Reich Gottes, die die Theologen der katholischen Kirche immer vertreten haben, verleiht dem Führer dieser Kirche fast göttliche Rechte über die Gläubigen – während ihres irdischen Lebens, aber auch darüber hinaus während ihres ewigen Lebens; in dieser Auffassung wird der von ihm getragene Schlüssel derjenige, der das Tor zum Ort der Seligen öffnet oder verschließt. Die offizielle Einführung des Fegefeuers führte dazu, Petrus einen Schlüssel mit zwei Schlüsselbärten, dann zwei ganze Schlüssel zu geben: einen goldenen und einen silbernen.

Schon gegen Ende des 11. Jahrhunderts zeichnet sich eine dritte Etappe in der Entwicklung der Zeichen Petri ab. Mehr als je tritt die historische Wirklichkeit des Apostels in den Hintergrund. Wichtig ist jetzt nur noch die Herrschaft derjenigen, die für sich in Anspruch nehmen, seine Nachfolger zu sein, eine Herrschaft, die, wie es in der Geschichte des Denkens oft passiert, in die Vergangenheit projiziert wird, damit sie sich in der Gegenwart besser behaupten kann. Nicht mehr der begeisterte Jünger Jesu, sondern die Verleihung des Papsttums, die man in ihm zu finden glaubt, wird dargestellt. Aus Petrus macht man das Zeichen des Papsttums, und so verleiht man ihm dessen Sinnbilder. Er wird mit der Stola und dem Meßgewand, dem Pallium und der Albe bekleidet. Gelegentlich hat man ihm sogar die päpstliche Tiara aufgesetzt. Auf anderen Darstellungen hat er eine Tonsur. In der Hand hält er den oder die Schlüssel des gegenwärtigen und ewigen Lebens der Gläubigen. Als Herr über das Denken

Der Hl. Petrus. Skulptur. Arles. 12. Jahrhundert.

der Kirche zeigt er das Buch der offiziellen Lehre; es erinnert nicht mehr an die biblischen Briefe Petri; dafür ist es ein viel zu dickes Buch, das mit zu großem Aufwand gezeigt wird. Wenn man daran erinnern will, daß er zum Vikar Christi, d.h. zu seinem Stellvertreter, zwischen dem ersten und zweiten Kommen des Sohns Gottes auf Erden, geworden ist, verleiht man ihm die Zeichen Christi: das Lamm*, die Taube*, das Kreuz*. Manchmal kommt man auf die Geschichte des Apostels zurück, ohne sich aber deshalb von der Darstellung der zukünftigen Herrscher der Kirche vollkommen trennen zu können. Er zeigt die Ketten, von denen er in Jerusalem befreit wurde (Apg 12, 7), aber er ist wie ein Priester angezogen, der den Gottesdienst abhält. Er wird vom Hahn* begleitet, der an sein Leugnen erinnert; Palmen* deuten auf sein Märtyrertum. Am Finger trägt er den Ring* des Fischers, der fast 1000 Jahre nach Petrus erfunden wurde.

Die Themen, die am meisten behandelt wurden, wenn man das Leben des Apostels schildern wollte, sind: das Leugnen (Matt 26, 33–35; 69–75), sein Schlaf in Gethsemane (Matt 26, 37), seine Verblendung bei der Verklärung (Luk 9, 28). Jedesmal wenn Jesus von mehreren Jüngern umgeben ist, ist er dabei. Sehr häufig wird er anläßlich bestimmter Wunder dargestellt: das Gehen auf dem Wasser (Matt 15, 28–31), seine Befreiung aus dem Gefängnis (Apg 5, 19–21). Weniger geläufig sind seine Pfingstpredigt (Apg 2, 14), das Gesicht der unreinen Tiere (Apg 10, 13) oder sein Streit und seine Versöhnung mit Paulus (Gal 2, 7). Diese historischen Darstellungen sind viel seltener als die theologischen.

PFAU

Die heidnische Antike hat den Pfau und den Phoenix oft verwechselt, und ihre Künstler haben dem ersteren die Charakterzüge des letzteren oft verliehen. Beide hatten den Ruf, ihre Kräfte durch ein Wunder zu erneuern: Die einen sagen, sie seien bis zur Sonne geflogen, die andern behaupten, sie hätten sich ins Feuer geworfen, um danach ihrer Asche zu neuem Leben zu entsteigen und mit völlig neuer Jugend begabt zu werden. Plinius der Ältere bezieht diesen Glauben auf die jährliche Mauser des Pfaus. Augustinus († 430) *(De civ. Dei* XXI, IV) behauptet, daß das Fleisch des Pfaus nicht verwesen könne, was für seinen Begriff den Gebrauch dieses Vogels als Symbol der Unsterblichkeit rechtfertigt, ohne sich auf heidnische Mythen berufen zu müssen.

Ein Pfau. Katakomben. Rom. 2. Jahrhundert.

Die ersten Christen, deren Denken über das Jenseits unauflöslich mit der Auferstehung verknüpft war, machten aus dem Pfau das Symbol des ewigen Lebens. Schon im 2. Jahrhundert findet man ihn in den Katakomben, manchmal von vorne, gewöhnlich im Profil. Zunächst stehen zwei Pfauen einander gegenüber, die aus derselben Vase trinken oder sich von beiden Seiten einem Christusmonogramm nähern; die erwähnte Vase stellt vermutlich einen Kelch dar, der das Brot oder den Wein des Heiligen Abendmahls enthält; das Ganze bildet also ein Glaubensbekenntnis an die Unsterblichkeit in Christus. Später findet man den Pfau auf Mosaiken, Kirchenfenstern, dem Türsturz eines Friedhoftores, einigen Miniaturen und sogar Lampen, auf denen er dem Symbol der Flammen zugesellt wird, um auf das ewige Leben hinzuweisen. Wenn man das ursprüngliche oder zukünftige Paradies darstellen wollte (z. B. auf dem Gewölbe einiger Basiliken), füllte man es mit Vögeln, besonders aber mit Pfauen.

Lange Zeit genoß dieses Symbol eine große Beliebtheit. Dann kam jedoch der Augenblick, indem der Pfau ein Luxustier wurde. Dem Beispiel der alten Römer folgend, nährten sich die Feinschmecker mit seinem Fleisch; aber es war eine sehr teure Kost. Aus seinen Federn machte man Fächer und Kronen. Es wird behauptet, daß Papst Paul III. dem König Pippin einen Mantel aus Pfauenfedern geschenkt habe. Das alles bewirkte, daß der antike Sinn und das christliche Symbol des Pfaus in Vergessenheit gerieten. Schon im 13. Jahrhundert sieht man ihn im Abendland und zwei Jahrhunderte später auch im Orient nicht mehr.

PFEILE

Es ist verständlich, daß man Pfeile in Kunstwerken findet, die Krieger darstellen, und zwar so lange, wie der Ge-

Der Pfau. Mosaik. Ravenna. 6. Jahrhundert.

brauch dieser Waffe erhalten wurde. Pfeile dienten aber auch als Folterungsinstrument: Man kennt Gemälde und Skulpturen von Märtyrern (Christine*, Sebastian usw.), die, von Pfeilen durchbohrt, starben.

Vor allem aber ist der Pfeil ein Symbol. In der Literatur der Antike war er die Waffe der Diana oder der Cupido, und er zeigt die Liebe als manchmal sehr plötzliche Wunde („Liebe auf den ersten Blick"). Auf ähnliche Weise benutzten die Christen die Pfeile zunächst als Symbol der Schlagartigkeit, mit der die Liebe zu Gott in ein Herz eindringt, dann als Versinnbildlichung dieser Liebe selbst: Wie ein Pfeil in die Höhe steigt, so erhebt sich die Liebe zu Gott über die irdischen Umstände. Aus demselben Grund wurde dann das Gebet auch durch Pfeile dargestellt.

Da der Pfeil verletzt, wurde er auch als Symbol des Zorns benutzt, der ebenfalls verletzt.

PFERD

Es ist verständlich, daß man ein Pferd auf das Grab von Christen dargestellt hat, die Kutscher, Mauleseltreiber oder Postboten gewesen waren; es war eine Anspielung auf ihren Beruf.

Der Heilige Paulus vergleicht aber das Leben eines Christen mit einem Wettrennen im Stadion (1 Kor 9, 24; 2 Tim 4, 7–8, usw.). Dieser Vergleich führte die Gläubigen ganz natürlich dazu, das Pferd als Versinnbildlichung dieses Rennens anzusehen. Deshalb findet man es auf Grabfresken, Mosaikarbeiten und Lampen. Das Bild des Pferds wird zusammen mit dem Christusmonogramm dargestellt; dieses letzte ist sogar manchmal auf dem Schenkel des Pferdes eingebrannt. – Es ist das Symbol für den Sieg eines Menschen als Christ.

Die Pferde werden manchmal den Engeln zugeordnet – in Erinnerung an diejenigen, die die Boten Gottes vom Himmel brachten, um die Leiden des auserwählten Volkes zu erkunden (Sach 1, 8–17). Einigen Visionen der Offenbarung des Johannes weisen auch darauf hin, daß die Boten Gottes (*Engel** kommt von *angelos* = Boten) reiten (Offb 6, 2–8).

Das Pferd ist manchmal das Zeichen von Markus, weil die „Goldene Legende" erzählt, ein wildes Roß hätte ihn zu Tode geschleift. Oft begleitet es in der Kunst den Heiligen Martin und den Heiligen Georg, die ihre bekanntesten Heldentaten zu Pferd vollbrachten. Der Heilige Viktor reitet, weil er ein römischer Ritter war.

Nach einer Vision der Offenbarung des Johannes reitet der Tod oft (als Skelett) auf einem Pferd.

PHILIPPUS

Die Bibel erwähnt zwei Personen, die diesen Namen führen:

1. Den Apostel Philippus. Das Johannes-Evangelium berichtet nur wenige Einzelheiten aus seinem Leben (1, 43–44; 6, 5–7) hauptsächlich jedoch seine Berufung. Mehrere Jahrhunderte nach seinem Tod erzählte man, er sei gekreuzigt worden. Er wird durch die allgemeinen, den Aposteln* vorbehaltenen Sinnbilder gekennzeichnet; das Symbol, das ihm zu eigen ist, ist jedoch ein großes Kreuz, das an sein Märtyrertum erinnert.

2. Den Diakon Philippus. Zu diesem Amt gleichzeitig mit Stephanus* ernannt (Apg 6, 5), ist er vor allem bekannt, weil er auf dem Weg nach Gaza zur Bekehrung eines Ministers der Königin von Äthiopien beitrug (Apg 8, 26–39). Diese Erzählung wurde ziemlich häufig dargestellt; Philippus wird in dem Augenblick gemalt, in dem er den Reisenden anspricht; öfters zeigt man die Taufe der letzteren. Man weiß, daß er mehrere Töchter hatte (Apg 21, 8–9), mit denen zusammen er manchmal, aber relativ spät (17. Jahrhundert), dargestellt ist.

PHÖNIX

Er ist ein mythologischer Vogel, der in

der Antike sehr bekannt war. Sein Kopf ist mit einem prangenden und immer aufgerichteten Schopf verziert. Er ist so groß wie ein Adler. Seine Federn sind purpurfarben (das griechische Wort *phönix* bedeutet Purpur und gab den Phöniziern ihren Namen), mit goldenen Schattierungen um den Hals und weißen Flecken auf dem Schwanz. Ihm wird eine Lebensdauer von 500 Jahren, 540 oder 654 oder gar 1461 zugeschrieben. Wenn er spürt, daß sein Ende naht, verläßt er Indien (oder Arabien), sein Herkunftsland, und begibt sich auf den Weg nach Heliopolis, der Stadt der Sonne in Ägypten, über den Libanon hinweg, wo er sich mit Duftstoffen parfümiert. Wenn er seinen Bestimmungsort erreicht hat, wirft er sich, nach der einen Version, ins Feuer auf dem Opferaltar des berühmtesten Tempels der Stadt, oder er fliegt, nach der anderen Version, so hoch, so nah an die Sonne, daß er sich versengt. Aus seiner Asche entsteht dann ein Wurm oder ein Ei, aus dem ein junger, ganz neuer Phönix schlüpft, der denselben Lebenszyklus von neuem beginnt. Einige griechische und lateinische Autoren verbinden ihn mit Merkur. Man kann sich fragen, ob die Geschichte dieses fabelhaften Vogels nicht in Zusammenhang mit bestimmten astronomischen Beobachtungen steht, vor allem womöglich mit der Überschneidung der Bahnen Merkurs und der Sonne.

In den Zeiten des frühen Christentums lebten die Menschen fast ohne Fragen nach dem ewigen Leben. Erst die christlichen Prediger bewegten die Gläubigen dazu, ihr irdisches Leben im Hinblick auf das Jenseits zu verbringen. Sie beriefen sich natürlich auf die Geschichte des Phönix, der aus seiner Asche zu neuem Leben heraufsteigt; daraus machten sie das Symbol und sogar eine Prophezeiung, wenn nicht gar eine Vorwegnahme der Auferstehung Christi. So wurde dieser geheimnisvolle Vogel zu einem christlichen Symbol und wurde als sol-

ches auf Münzen Constantin des Großen und dessen Sohn geprägt. Damit wollte man wahrscheinlich auch das neu erstarkte Kaisertum dokumentieren, dessen Sieg auf dieses eben angenommene Christentum zurückzuführen war.

Schon im 4. Jahrhundert findet man Darstellungen des Phoenix auf Sarkophagen, Mosaikarbeiten, Reliefs; er verkündet eine Auferstehung. Man hat sogar Bilder des Phönix mit einem Nimbus gefunden, muß sich aber fragen, ob der Kreis, den der Kopf des Vogels umgibt, nicht eher die Sonne versinnbildlicht, was einen Rückgriff auf den astronomischen Mythos des Phönix bedeuten würde.

Schon im 6. Jahrhundert verliehen die Christen dem Adler* und dem Pfau* die Überlebensfähigkeit des Phönix. Der Grund dieser Übertragung liegt wahrscheinlich in dem Bestreben, die Kirche von der antiken Mythologie zu trennen.

Als christliches Symbol ist der Phönix wirklich ohne Bedeutung. Im Mittelalter ist er unbekannt und erscheint später nur noch selten.

PILATUS

Dieser römische Statthalter Judäas hat bei den Juden, besonders aber bei den Christen die schlimmsten Erinnerungen hinterlassen. Er war zwar ein guter Verwalter des Landes, hatte aber einen schroffen Charakter und war hart. Er bestätigte die Verurteilung, die der Sanhedrin gegen Jesus gesprochen hatte. Er hatte Jesu Unschuld ausdrücklich anerkannt, aus Furcht vor den Juden aber, „diese auf Theologie versessenen Wirrköpfe", deren Klagen bei Cäsar ihm schon Schwierigkeiten bereitet hatten, hatte er ihren Einflüsterungen nachgegeben, Christus am Kreuz sterben zu lassen. Weil er meinte, sich seiner Verantwortung durch eine bildliche Aussage entziehen zu können, wusch er sich in der Öffentlichkeit die Hände und sagte: „ich bin unschuldig am Blut dieses Gerechten" (Matt 27, 24). Diese Gebärde ist zum Symbol geworden und wurde häufig dargestellt. Daraus ist sogar ein Sprichwort entstanden.

Im Jahre 37 seines Amtes enthoben, starb er wahrscheinlich in Vienne. Das Evangelium von Nikodemus, eine apokryphe Schrift aus dem 7. Jahrhundert, erzählt, sein Körper sei in die Rhone geworfen worden, weshalb eine große Zahl von Meteoren in der Gegend niederfiel. Der Körper sei herausgefischt und in den Genfer See geworfen worden, wo die Natur sich jedoch auf die gleiche Weise gegen die Überreste desjenigen aufgelehnt habe, den man mit Judas gleichstellte. Von neuem herausgefischt, sei er auf einen Berg transportiert worden, in dessen Gipfelnähe ein immer von Nebel umgebener kleiner See liegt: Es ist der Pilatus, in der Nähe von Luzern. Am Ende des Mittelalters bemächtigten sich neue Legenden des Gespenstes von Pilatus; er stritt sich mit allen, erschreckte die Hirten, stiftete Verwirrung unter den Herden, bis zu dem Augenblick, wo ein Rosenkreuzritter ihn zwang, in seinem Grab zu bleiben, aus dem er nur am Karfreitag herauskommen darf.

In der „göttlichen Komödie" sieht Dante Pilatus ganz hinten in der Hölle, zusammen mit Judas. Er verhängt über sie die schreckliche Marter, ihren Kopf in Luzifers Rachen stecken zu müssen, der mit seinen Kiefern ständig darauf herumkaut, weil sie die Verpöntesten unter den Schuldigen sind. Sehr viele Darstellungen der Hölle zeigen diese furchtbare Szene.

All diese Geschichten wurden dargestellt, um über die Folgen übler Handlungen zu belehren; aber das Erscheinen Jesu vor Pilatus ist das Ereignis im Leben des Statthalters, das am häufigsten veranschaulicht wurde. Man sieht es auf Fresken, Mosaiken oder Gemälden in Kirchen. Es wurde auf vielen Miniaturen gemalt, auf Elfenbeinplatten oder Sarkophagen herausgemeißelt. Pilatus hat einen dicken runden Kopf; ist mit einer Toga umhüllt, sitzt auf einem Thron und ist von einer ganzen Schar Soldaten umgeben – Jesus jedoch lenkt die ganze Aufmerksamkeit auf sich.

PILGER

Alle Christen haben eines Tages das Bedürfnis empfunden, die Orte zu sehen, wo Jesus Christus gelebt hat. Es ist keine einfache Neugier, sondern der ernsthafte Wunsch, sich die Landschaften, die den Rahmen seines Lebens bildeten und einige seiner Aussprüche inspiriert haben, ins Gedächtnis einzuprägen. Dies ist der Ursprung der Pilgerfahrten nach den Heiligen Stätten von Jerusalem und Palästina. Die ältesten Zeugnisse, die wir davon haben, greifen auf das 3. Jahrhundert zurück.

Als die Kirche vom Staat anerkannt wurde, machte Rom die in seinem Besitz befindlichen Erinnerungsstücke an das Urchristentum bekannt und lenkte die Pilgerfahren damit z. T. auf sich. Zahllose Schriften aus allen Epochen erwähnen es oft. Die Entdeckung der Gräber von Petrus und Paulus lockten noch andere Christen an und dies um so mehr, als die Schwierigkeiten, nach Palästina zu reisen, immer größer wurden.

Die wirtschaftlichen Folgen dieser Pilgerfahrten waren nicht unbeträchtlich; Wirtsleute, Werkstätten und Händler mit heiligen Bildern fanden dort viele Vorteile. Das veranlaßt andere Städte dazu, bei ihnen vorhandene Erinnerungsstücke und später Reliquien dieses oder jenes Heiligen bekannt zu machen. So wurden sie zu Wallfahrtsorten.

Die Pilger weckten überall die Sympathie der Bevölkerung. Ihre Treue und Beständigkeit wurden bewundert. Man half ihnen auf der Reise. Schließlich machte man aus ihnen nicht nur Heilige, sondern man schrieb ihren Reisen sogar einen „Verdienst" zu. Sie zwangen Gott dazu, ihnen einige besondere Gnaden zu geben. In der Kirche gewöhnte man sich daran, in den Wallfahrten Bußhandlungen zu sehen.

Die ersten Darstellungen von Pilgern unterscheiden sich kaum von denen der einfachen Gläubigen der Kirche. Bald wurden sie mit dem Reisestab versehen, ein überall bekanntes Symbol, das in der Bibel häufig gebraucht wird (2 Mose 12, 11; Richt 6, 21; 2 Sam 23, 21; Jes 10, 15; Luk 16, 21usw.). Es war ein einfacher Stab, der jedoch stark genug war, um als Knüppel benutzt zu werden; man konnte sich mit ihm vor Feinden oder wilden Tieren schützen. Im Mittelalter nahm derjenige, der für einige Tage fortging, nicht nur eine Geldbörse, sondern auch eine Flasche und eine kleine Tasche mit, die gewöhnlich etwas Weizen enthielt, von dem man sich unterwegs ernährte. Man findet diese Pilgerflasche und diese Tasche in den Darstellungen von Pilgern.

Als man dann den Pilgern eine besondere Heiligkeit zuschrieb, muß man sie von den einfachen Reisenden unterscheiden. Der Stab wurde länger, doppelt so lang sogar. Die Pilgerflasche und die Tasche wurden daran gehängt, statt am Gürtel zu hängen. Bald wurden sie an das obere Ende des Stabes gebunden. Dieser lange, auf diese Art bekränzte Stab wurde „Pilgerstab" genannt. Selten erkennt man die Pilgerflasche; die kleine Tasche wurde sehr schnell stilisiert, dann durch eine mehr oder weniger geschnitzte Kugel ersetzt, die jedoch im großen Ganzen die Form der ursprünglichen Tasche behält. Später wurde diese Form der Verzierung des Stabes zum Krummstab vereinfacht und glich dadurch dem Stock des Hirten. Dieses Zeichen erschien religiöser als die Provianttasche. Es wurde im allgemeinen benutzt, um den Pilger vom einfachen Touristen zu unterscheiden.

PINIE

Wie die meisten Nadelbäume ist dieser Baum durch seine immergrünen Nadeln den Menschen aufgefallen. In der klassischen Antike war er Kybele, der Göttin der Fruchtbarkeit, gewidmet. Der Grund ist verständlich: Die Nadeln der Pinie, die trotz der tödlichen Macht des Winters fortbestehen, konnten wohl das Geheimnis der Verewigung des Lebens symbolisieren. Im Fernen Osten war dieser Baum schon lange ein Symbol der Ewigkeit.

Die Christen haben sie wenig benutzt. Erst im Mittelalter wurde die Pinie als Baum des Paradieses gebraucht. Sie wurde sogar verändert, indem ein Tannenzapfen auf die Spitze eines Stammes gesetzt und farblich deutlich davon abgehoben wurde. So wurde sie zu einem Symbol der Ewigkeit.

PREDIGER

Die Gebärde des antiken Redners, der seine Zuhörer fortschickt, ist bei den Christen zur Gebärde des Segens* geworden. Aber wenn man einen christlichen Redner darstellen wollte, geriet man in Verlegenheit, für ihn ein spezifisches Zeichen zu finden; man begnügte sich damit, ihm eine Rolle oder ein Buch in die Hand zu geben, auch wenn er dadurch mit einem Doktor der Theologie

Löwen und Sirenen mit Mönchsköpfen: Zerrbild von Predigern. Kapitelle. Genf. 14. Jahrhundert.

verwechselt werden konnte, der seine Lehre von der Bibel ausgehen läßt.

Zu den Zeiten, in denen es den Künstlern erlaubt war, der Geistlichkeit gegenüber in ihren Werken einen Hauch von Ironie auszudrücken, wurden die Redner als Sirenen oder Löwen mit Mönchsköpfen dargestellt. Dadurch wollte man ihnen klarmachen, daß sie sich auf der Kanzel für Löwen oder Sirenen halten mochten, daß sie aber nur Menschen waren.

PROPHETEN

Die Figuren, die aus dem Portal der Kathedralen herausgemeißelt, den Besucher erwarten, wollen ihn belehren. Die Art, wie sie gruppiert sind, oder die Zeichen, die für sie gewählt wurden, machen es uns deutlich.

Im 11. Jahrhundert tragen sie für gewöhnlich ein Symbol, das auf Jesus Christus deutet. Z. B. hält Mose eine eherne Schlange*, Johannes der Täufer ein Lamm*.

Später wurden die Propheten nach einer chronologischen Reihenfolge gruppiert, die aber mehr dogmatisch als historisch

ist. Es gibt zunächst diejenigen, die in die Zeit der Beschneidung gehören: Melchisedek, Abraham, Isaak, Jakob. Dann kommt die Zeit des geschriebenen Gesetzes: Mose und David. Die Zeit der eigentlichen Prophezeiung geht von Jesaja bis zu Johannes dem Täufer und umfaßt alle Propheten. Schließlich kommt „die Herrschaft der Kirche" mit den im Laufe der Geschichte selig- oder heiliggesprochenen Christen, die oft von Petrus angeführt werden, der mit der päpstlichen Tiara gekrönt ist und Schlüssel und Kelch trägt.

Im Spätmittelalters verlassen die Propheten die Pfeiler des Portals und sind dann manchmal auf den Bogenrundungen zu sehen. Bald aber verschwinden sie von diesen Plätzen, und man sieht auf diesen Ehrenplätzen nur noch denjenigen, dem die Kirche geweiht ist, und manchmal, zu seinen Füßen, das Bildnis ihres Stifters.

Im allgemeinen haben die Propheten einen Nimbus. Wenn ihnen kein besonderes Zeichen vorbehalten ist, tragen sie Amulette oder begleitet sie eine Taube*.

R

RABE

Noah schickte zunächst einen Raben aus, als die Arche sich nach der Sintflut noch auf hoher See befand. Die Bibel sagt nur, daß dieser Vogel nicht zurückkam. Mehrere Kirchenväter haben darin das Bild der Heiden gesehen, die, weit von Gott entfernt, zu Grunde gehen, oder des Sünders, der den Vergnügungen der Welt preisgegeben wird, oder auch desjenigen, der seine Bekehrung immer wieder aufschiebt (Augustin, Predigten 83 IX. 14 und 225. IV. 4). Da

sie sich eingebildet haben, der Rabe habe überleben können, indem er schwimmende Leichen gefressen hätte, wurde er zum Bild des Schamlosen und des Sinnlichen, die sich den Vergnügungen hingeben. Dies erklärt die Abbildung dieses Vogels besonders in den Mosaikarbeiten des 12. Jahrhunderts.
Siehe auch Benediktus und Paulus.

RAFFAEL

Dieser Erzengel ist in der kanonischen Bibel unbekannt. Dagegen wird er in der apokryphen Schrift von Tobias erwähnt; er habe, so heißt es, den jungen Mann auf seinen Reisen geführt. Eines Tages habe er ihn gebeten, die Galle eines großen Fisches zu nehmen, mit deren Hilfe er die Blindheit seines Vaters heilte.

Die Darstellungen von Raffael verändern sich mit den Wandlungen in der theologischen Auffassungen über die Engel*. Er wird als Mann gezeigt oder mit einem langen weißen Kleid bekleidet und von mannigfaltigen und bunten Flügeln getragen; schließlich erscheint er als Soldat, dessen Rüstung oft phantasievoll und außergewöhnlich ist. Oft hält er einen Stab in der Hand; manchmal wird er von einem großen Fisch begleitet; beide Symbole erinnern an die Reise, die er mit Tobias macte, und an die Heilung von dessen Vater.

RAUCHFASS

Der Weihrauch ist ein Harz, das man durch einen Schnitt im Stamm verschiedener Bäume von der Art *boswellia* erhält. Wenn der Weihrauch angezündet wird und selbst brennt, entwickelt er nur schwarzen und unangenehmen Rauch. Man muß ihn auf eine Glut legen, dann entwickelt sich ein weißer Rauch mit seinem typischen angenehmen Geruch. Deshalb sagt man nicht „Weihrauch anzünden", sondern ihn „erhitzen".

Der Weihrauch war in Ägypten schon 2500 vor Christus bekannt und benutzt. Bei den Babyloniern und Kanaäern war sein ritueller Gebrauch sehr verbreitet. Er symbolisierte das Gebet der Trauernden und auch die Seele der Toten, die zum Himmel emporsteigen. Die Griechen und die Römer, aber auch die Buddhisten, die Juden und die Mohammedaner verwendeten diesen Duft in sehr verschiedenen kultischen Zeremonien und manchmal sogar im Haushalt. In den Ländern und Kulturen, wo man sich wenig wäscht, braucht man um so mehr Parfüm.

Welche religiöse Zeremonie es auch war, der Weihrauch war den Christen streng verboten worden. Dieser Geruch erinnerte sie an den Kult der Abgötter und

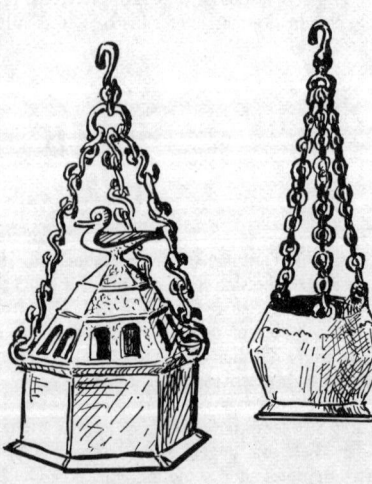

Rauchfässer vom 6. bis zum 9. Jahrhundert.

vor allem den Kaiserkult, zu dem man sie mehr als zwei Jahrhunderte lang hatte zwingen wollen.

Schon in der zweiten Hälfte des 4. Jahrhunderts jedoch erscheint er in den Begräbnisbräuchen der Kirche und wurde später in den Gottesdienst eingeführt. Im 7. Jahrhundert, zunächst im Morgenland, erhitzte man Weihrauch als wohlriechendes Opfer, das man Gott bringt; man machte daraus aber vor allem das Zeichen einer geheimnisvollen Anwesenheit Gottes in der Kirche. Im Abendland wurde der Gebrauch des Weihrauchs im 9. Jahrhundert noch auf den Gottesdienst beschränkt, dann aber in den meisten religiösen Zeremonien benutzt.

Ursprünglich begnügte man sich damit, einige Weihrauchstücke auf die Glut des Feuers zu streuen, das auf dem Altar brannte; dann bediente man sich kleiner, kesselförmiger Rauchfässer, die später an Ketten gehängt und auch bei den Prozessionen benutzt wurden; sie wurden mit mehr oder weniger verzierten Deckeln versehen. Schließlich nahmen sie die Form von Kugeln an, die an drei Ketten hingen, und wurden zu Goldwaren, die mit fast allen christlichen Symbolen ausgeschmückt wurden.

Vom Symbol des Betens ging das Rauchfaß zu dem des Glaubens und der Hoffnung*, dann zu dem der Frömmigkeit und schließlich sogar zu dem der Kirche und der christlichen Religion über, als ob die ganze christliche Lehre nur in der Anbetung enthalten sei.

REBSTOCK →Trauben

REICHTUM

Es gibt kein christliches Zeichen des Reichtums. Im frühen Mittelalter wurden der reiche junge Mann oder der reiche Mann der biblischen Berichte (Matt 19, 16–24; Luk 10, 19–31) gekennzeichnet, indem man neben sie eine runde, volle Geldbörse hinstellte; der Materialist im Gleichnis vom reichen Mann hat vor sich einen Haufen goldener und silberner Münzen. Manchmal ringelt sich eine Schlange* auf diesen Schätzen.

Wenn man später eine biblische Figur darstellen wollte, die durch ihren Reichtum zu den Gottlosen zählte, oder auch wenn man versucht hat, den Reichtum selbst zu symbolisieren, hat man eine Person (Mann oder Frau) mit viel Schmuck gezeigt: goldene oder silberne Kronen, glitzernde Edelsteine, Perlenketten, Stirnreifen, Broschen, Ringe, goldene Gürtel usw.

Mit der Renaissance wandte man sich der Antike zu und erinnerte sich an den Mythos von Ceres, die Triptolemus die Kunst der Landwirtschaft beibrachte und ihm dadurch reiche Güter gab. Man schloß daraus, daß der Reichtum durch eine Weizenähre, Zeichen der Landerzeugnisse, symbolisiert werden konnte, ebenso wie durch ein Füllhorn, Symbol der Wohltaten, die das Glück vermitteln kann.

REINHEIT

Die Reinheit wird von Plato mit einem interessanten Bild definiert: „Etwas Weiß, das vollkommen weiß ist, ist reiner als viel Weiß, das mit fremden Elementen gemischt ist, selbst wenn es nur Spuren von ihnen enthält." Die weiße Farbe ist übrigens im allgemeinen der Reinheit vorbehalten. Das Hermelin symbolisiert sie wegen des Weiß seines winterlichen Fells. Die Blumen, die ihre Zeichen sind, sind ebenfalls weiß, und mehrere unter ihnen erhöhen es noch durch die Reinheit der Linien ihrer Blüten: es sind die Lilie*, die Seerose, die Parnassia oder Herzblatt und das Ornithogalum, dessen eine Art „Ähre der Jungfrau Maria" genannt wird.

Da die Lehre der Kirche die Erbsünde mit der Intimität der Ehe verglichen hat, wurde die Reinheit oft mit der Jungfräulichkeit gleichgestellt. So wurde sie durch eine Lampe* oder einen Samen* dargestellt, Symbole der Wachsamkeit und des Sieges über die Sünde; sie wird

Symbole der Reinheit: 1. Ornithogalum. 2. Parnassia.

hauptsächlich durch einen Schleier versinnbildlicht, unter dem sie verborgen bleibt.

RELIGION

In der Regel stellt selbstverständlich Christus* die christliche Religion dar. Manchmal jedoch zeigt man sie als Frau, die diese oder jene Gebärde des Betens* macht. Befindet sich nicht das Wesentliche im Christentum in Übereinstimmung mit Gott? – Diese Frau wird in der Darstellung manchmal von Kultstätten* und -gegenständen umgeben: Kirche, Bibel, Altar, Abendmahlskelch, Leuchter, Prozessionsbanner; ein Rauchfaß wird von Engeln oder Ministranten hin und her geschwenkt. Auf anderen Gemälden benutzte man die „Passionsblume", die so genannt wurde, weil man in ihrem Griffel und ihren Staubgefäßen Formen findet, die an den Schwamm, die Nägel und den Dornenkranz Christi auf Golgatha erinnern. – Der Drache* und die Schlange* stellen auch die Religion dar, weil sie die Dämonen symbolisieren, die sie bekämpfen.

RELIQUIEN, RELIQUIARE

In der Antike war es Brauch, einige Erinnerungsstücke an große Helden nach ihrem Tod aufzubewahren. Religiöse Bräuche umgaben einige Gegenstände, vor allem die Waffen, die ihnen gehört hatten.

In diesem Sinne verehrten die ersten Christen die sterblichen Überreste ihrer geistlichen Führer, hauptsächlich derjenigen, die einen großen Einfluß ausgeübt hatten. Auch der Körper der Märtyrer wurde gesucht und sorgfältig beigesetzt. Der Ort ihres Begräbnisses bildete dann eine Kultstätte. Auf den Gräbern derjenigen, deren verehrte Reliquien viele Menschen anlockten, wurden dann häufig Kirchen gebaut.

Vom 6. Jahrhundert an setzte sich die Gewohnheit durch, dem Altar* die Form eines Grabes zu geben, in Erinnerung an die glorreiche Zeit der Verfolgungen und an die Verehrungen der Märtyrergräber; selbstverständlich führte dies dazu, in, unter oder auf diesen Altar Reliquien von Märtyrern zu legen.

Im Mittelalter entwickelte sich der Reliquienkult am stärksten. Seit jener Zeit kann man in den Sakristeien und kirchlichen Schatzkammern außerordentlich reichhaltige Reliquiensammlungen sehen. Heute noch besucht man diese Museen von Reliquiaren. Einige unter ihnen sind wirkliche Meisterwerke. Sie haben die verschiedensten Formen und Größen: Da gibt es einfache Gräber, Kelche, Schreine in Form von viereckigen, länglichen, runden oder tubenartigen Schachteln, von denen einige aus Glas sind, so daß der Betrachter ein Stückchen Knochen von diesem oder jenem Märtyrer sehen kann. Sie wurden in den Formen einer menschlichen Figur, eines

Engels, Sterns oder einer Kapelle verfertigt. Die kirchliche Kunst hat keine Kosten und Mühen gescheut, die kostbarsten Stoffe auszusuchen, um die Reliquiare aus den edelsten Materialien anzufertigen und auszuschmücken. Die meisten sind aus Gold oder aus Silber mit eingefaßten Edelsteinen. Man kennt solche aus Stein, aus mit Metall verkleidetem Holz, aus Elfenbein; ihre verschiedenen Teile sind durch Klammern oder Gelenke aus Edelmetall miteinander verbunden.

Eine Zeitlang war Konstantinopel ein richtiges Reliquien-Depot, denn eine Kirche oder auch nur eine bescheidene Kapelle, unter deren Altar keine Reliquie lag, war dort undenkbar. Die Reliquien waren zum Symbol der Gegenwart wahrhaftigen Christentums geworden. Man begann, die Leichen der Heiligen auszugraben und Stücke von diesen Körpern zu verteilen oder zu verkaufen. Man kennt außergewöhnliche Geschichten von gestohlenen Reliquien und von Anfertigungen falscher Reliquien, was die Anwesenheit desselben menschlichen Überrestes in fünf oder sechs kirchlichen Schatzkammern erklärt. „Die Reliquien wurden zum Gegenstand eines schändlichen Handels und der verblüffendsten Abenteuer", schreibt ein katholischer Schriftsteller.

REUE

Es gibt kein spezifisch christliches Zeichen der Reue. Zu moralisierenden Zeiten hat man aus dem Geier, der die Seite von Prometheus zerfrißt, ein Sinnbild des Gewissens gemacht. Man suchte auch Symbole unter den Pflanzen, und man benutzte den Himbeerstrauch und den Brombeerstrauch, deren Früchte angenehm sind (wie die Sünde es anscheinend sein kann), deren Stiele aber von rächenden Stacheln gespickt sind.

RING

Einen Ring am Finger zu tragen war bei den Römern ein gesetzlich geschütztes Recht und eine Ehre! Der Staat verlieh dieses Recht als Belohnung für Kriegstaten. Später wurde er zum Erkennungszeichen eines Botschafters, dann Kennzeichen einer politischen Macht, schließlich einer Klasse. Allmählich wurde sein Gebrauch zum Zeichen des Besitztums, besonders nach der Einführung der Siegelringe. Der Fingerreif, der den verlorenen Sohn wieder zu Ehre bringt (Luk 15, 22), ist bestimmt ein Ring von dieser Art gewesen. Er wurde dann zum Symbol des Reichtums, der Freiheit oder einfach eines Versprechens, an welches man sich erinnern wollte (Verlobung oder Trauung*). Am Schluß war er nur noch ein Schmuck. Diese Gewohnheiten fanden Eingang in die Kirche.

Der Gebrauch, dem Bischof einen Ring zu geben, reicht bis ins siebte Jahrhundert zurück; wahrscheinlich handelte es sich zunächst um den Ring, mit dem der Bischof die offiziellen Urkunden siegelte. Im neunten Jahrhundert war dieser Ring zum Zeichen der Bischofswürde geworden. Einige Klöster bekamen das Privileg, einen Abt „mit Bischofsring" zu haben. Im zwölften Jahrhundert schenkte man den christlichen Jungfrauen am Tag ihrer Weihe einen Ring. Erst seit dem 15. Jahrhundert spricht man von „dem Ring des Fischers", jenem Siegel, das der Papst für seine Briefe verwendet, weil man dachte, der Apostel Petrus*, der Fischer war, habe ihn als erster verwendet.

Für die kostbare Gestaltung der Ringe bediente man sich aller edlen und seltenen Werkstoffe.

Oft wurden christliche Symbole, zum Beispiel: der Anker*, das A und Ω*, das Christusmonogramm*, das Kreuz*, die Taube*, die Palme*, den Fisch* oder ein Schiff* usw. hineingraviert.

ROCHUS (Heiliger)

In den letzten Jahren des 13. Jahrhunderts in der Stadt Montpellier geboren, soll er, sobald er volljährig geworden war, all seine Güter für die Ernährung der Armen ausgeteilt haben. Dann habe er eine Pilgerfahrt nach Rom unternommen. Der mittelalterliche Sinn für das Wunderbare bemächtigte sich seiner Reiseabenteuer. Man erzählte, daß eine Pestepidemie damals Italien heimsuchte, daß er viele Kranke gepflegt und einige unter ihnen geheilt habe, ehe er selbst von der schrecklichen Seuche angesteckt worden sei. Er sei dann in die Einsamkeit eines großen Waldes geflohen, wo ein treuer Hund ihm jeden Tag genügend Brot gebracht hätte. Ein Engel habe ihm die Gesundheit zurückgegeben und er sei in seine Heimatstadt zurückgekehrt, wo er nicht wiedererkannt worden und als Spion ins Gefängnis geworfen worden sei. Dort habe er heilig gelebt und sei einige Jahre später gestorben. Seine Reliquien wurden in alle Welt verteilt und sollen Wunder gewirkt haben.

Man erkennt ihn am Hund, der ihn auf den Zeichnungen, Gemälden und Skulpturen begleitet, die ihn darstellen. Im allgemeinen trägt er die Kleidung des Pilgers; meist hielt er auch den Pilgerstab. Der Engel, der ihn rätselhaft heilte, erscheint im Hintergrund mancher Gemälde.

ROSE

Seit jeher und überall hat die Rose die Künstler durch die Schönheit ihrer Form, durch ihren angenehmen Duft, aber auch durch ihre Dornen angeregt. Sie ist zum universalen Symbol der Liebe geworden.

Die Christen wandten sie zuerst in Verzierungswerken, dann in der Baukunst an; jeder kennt die gotischen Fensterrosen in den Fassaden der französischen Kathedralen. Als man begann, die Szenen der Kreuzigung darzustellen, hat man natürlich gedacht, die schmerzenbringende Dornenkrone Christi habe aus Heckenrosenzweigen bestanden, um so mehr, als sie sich zu einem künstlerischen Flechtwerk sehr gut eignen.

Die rote, stark duftende Rose erinnerte an das Blut Christi, dessen Duft ein Geruch des Heils für die Gläubigen ist. Dieser Denkart verdankt man das Vorhandensein dieser Blume auf Darstellungen der Kreuzigungsszenen. So ist die Rose sogar zu einem der Symbole Christi geworden. – Es scheint wohl, daß die Rosenkreuzritter ursprünglich ihr Zeichen in diesem Sinne zusammenstellten: eine Rose in der Mitte eines Kreuzes.

Eine Rose oder ein Rosenstrauch, ein Rosengebüsch oder Spalierrosen begleiten manchmal die Jungfrau Maria*. Es ist zunächst eine Ehre, die ihr gegeben wird. Dann ist e manchmal eine Veranschaulichung des Ausdrucks „mystische Rose", die in den ihr gewidmeten Litaneien oft enthalten ist.

Rosen werden einigen wenigen Bischöfen zugeteilt oder kommen aus dem Mund eines glänzenden Predigers. Dies ist ein Versuch, die Schönheit und den guten Klang ihrer Sprache darzustellen.

ROST

In der Geschichte der Verfolgungen ist der Rost eine der Qualen, die den größten Greuel hervorruft. Sein Andenken bleibt vor allem an den Namen von Laurentius* gebunden, obwohl dieser nicht allein auf jene Weise gefoltert wurde. – Der Rost konnte die Form eines Stuhls oder eines metallenen Gestells annehmen, worauf der Verurteilte sich setzen oder legen mußte; es konnte ein einfaches Gitterwerk auf vier mehr oder weniger hohen Füßen sein, an welches der Martyrer mit Ketten gebunden war.

RUSSISCH-ORTHODOXES KREUZ →Kreuz

S

SACHARJA

Zwei biblische Personen führen diesen Namen: Es ist zunächst der Verfasser des vorletzten biblischen Buches der kleinen Propheten. Er lebte um die Mitte des 6. Jahrhunderts vor Christus. Man weiß fast nichts von seinem Leben und überhaupt nichts von seinem Tod. Er wurde gelegentlich mit dem Zacharias verwechselt, von dem Jesus sprach und der „zwischen Tempel und Altar" getötet wurde (Matt 23, 35). Die Visionen dieses Propheten verkündeten den Messias und neue Zeiten. – Um ihn zu bezeichnen, umgibt man ihn mit den normalerweise den Propheten* zugeordneten Zeichen; manchmal ist ihm ein mit sieben Augen geschmückter Stein beigegeben, von dem eine seiner Visionen spricht (Sach 3,9), anderswo reitet er wie die göttlichen Boten, die er beschreibt (1,8).

Die Christen haben dann oft Zacharias, den Vater Johannes des Täufers, dargestellt, der den Offenbarungen, die ihm im Tempel von Jerusalem zuteil wurden, eine sehr menschliche Skepsis gegenüberstellte (Luk 1,5-25). Dargestellt wird er häufig in oder vor einem Tempel oder dem Teil eines Tempels; manchmal auch zu Hause, in dem Augenblick, wo er seinem Sohn den ihm vorgeschriebenen Namen gibt. Sein Platz ist natürlich im Zug derjenigen, die unmittelbar oder indirekt die Geburt Christi bezeugen.

SALOMO

Mehrere Menschen namens Salomo wurden heiliggesprochen: ein mesopotamischer Priester, der im 5. Jahrhundert lebte, ein Christ aus Córdoba, der, nachdem er seine Angehörigkeit zum Christentum verleugnet hatte, zum Glauben zurückgekehrt und im Jahre 857 hingerichtet wurde, ein König der Bretagne, der 874 starb, oder auch ein König von Ungarn, der gegen Ende des 11. Jahrhunderts lebte.

Mit ihnen wurde manchmal Salomo, der Sohn Davids, verwechselt und in den Katalog der Heiligen eingetragen. Der Bibel ist dieser Herrscher Israels für seinen Reichtum (Jesus spielt darauf in Matt 6, 29 an) und seine Weisheit bekannt. Den ersten stellte er vor der Königin von Saba zur Schau (1 Kön 10, 1–9) und bewies die letztere, als er über zwei Frauen ein Urteil fällte, die sich um ein Kind stritten (1 Kön 3, 16–28). Diese Weisheit scheint sehr groß gewesen zu sein (1 Kön 4, 29–34), so groß sogar, daß es ihm gelungen war, Satan ein Siegel (oder einen Edelstein) zu stehlen, der es ihm ermöglichte, allen Geistern, die den Himmel und die Erde füllen, seinen Willen aufzuzwingen – den guten wie den bösen. Im Koran findet man einen Nachklang dieser Legenden.

Merkwürdigerweise entlehnten die ersten Christen aus diesen märchenhaften Erzählungen die ersten graphischen Zeichen, die sich auf Salomo beziehen. Man hat zahlreiche Amulette, Medaillen, Talismane und Broschen gefunden, die den Namen und manchmal ein Bild des Königs tragen und die ihren Besitzern einen magischen Schutz gewähren solleen. Diese Gegenstände waren auch benutzt worden, um die bösen Geister bei Fall- und Tollwutkranken zu vertreiben. Schon Origenes († 253) rügte die Christen, die sich gegen die Dämonen auf Salomo beriefen. Dies hinderte

Salomonssiegel (Polygonatum vulgare).

nicht die Herstellung und Verbreitung von „Salomos Siegeln", die lange als Glücksbringer und magische Beschützer gebraucht wurden. Sie bestanden aus zwei gleichseitigen Dreiecken, die ineinander verschlungen waren und einen regelmäßigen, sechsspitzigen Stern bildeten. Zu den Zeiten, in denen man Wert auf die Mystik der kabbalistischen Phantastereien legte, machte man daraus „die Summe des hermetischen Denkens": die obere Spitze stellte das Feuer dar und die untere Spitze das Wasser; die Überschneidung der Dreiecke entsprach links der Luft und rechts der Erde. Wenn man hinzufügt, daß die übrigen vier Spitzen die Wärme, die Kälte, die Trockenheit und die Feuchtigkeit bezeichneten, wird man wohl verstehen, daß das Sechseck, das das Ganze umgab, „das Ganze Weltall zu enthalten" schien! – Dieses Symbol wird manchmal als Schild Davids bezeichnet, weil es eine schützende Macht besitzt. – Man hat einer Pflanze, die mit dem Maiglöckchen verwandt ist, der Weißwurz (polygonatum vulgare), den Namen Salomonssiegel verliehen; an einem kaum gebeugten Stiel hängen drei bis zehn hellgrüne längliche Glöckchen. Diese Blüten bestehen aus sechs Blütenblättern, die wie ein Rohr aneinandergebunden sind, deren Endungen aber in einen sechsspitzigen Stern auslaufen. Außerdem muß man eine Blüte umdrehen, um dies sehen zu können, was schon wie ein Geheimnis wirkt; die Blätter sind gegen den Himmel gerichtet, als ob sie vor der geheimnisvollen Blüte fliehen wollten.

Der Sinn und der historische Wert Salomos wurden erst im Hochmittelalter und mehr noch nach der Erfindung der Buchdruckerkunst wiederentdeckt, die die biblischen Kenntnisse sehr verbreitete. Seitdem trägt dieser König eine Krone und hält ein Zepter in der Hand. Er wird mit prachtvollen, oft mit Edelsteinen verzierten Kleidern dargestellt. Man sieht ihn von Löwen begleitet, manchmal zwei, manchmal zwölf, dieselben, die den königlichen Thron stützten oder ihm vorausgingen (1 Kön 10, 19–20). Neben ihm wird ein kleiner Tempel gezeichnet oder herausgemeißelt, eine Verkleinerung desjenigen, den er in Jerusalem bauen ließ. Da ihm häufig das Hohelied, das Buch des Predigers und die Sapientia (ein apokryphes Werk) zugeschrieben wurden, befindet sich das eine oder das andere dieser Bücher in seiner Hand oder auf einem Tisch nebenan. Die am häufigsten dargestellten Szenen sind: die Ankunft der Königin von Saba in Jerusalem und „das Urteil Salomonis".

SCHALE

Das alte Testament spricht oft von einem bestimmten Gefäß, das zum gottesdienstlichen Trankopfer diente. Es war so bekannt und so sehr an den Mittelpunkt des israelischen Lebens, den Tempel, gebunden, daß man aus ihm eines der Symbole Israels machte – ein Zeichen, das auf den Münzen dieses Landes, besonders im 2. Jahrhundert vor Christi Geburt (1), geprägt war.

Die griechisch-römische Kultur kannte eine große Zahl von Gefäßen sehr verschiedener Form. Unter den Trinkbechern, von denen man entweder Bruchstücke oder das Muster wiedergefunden hat, gibt es zweifelsohne eine große Mannigfaltigkeit, besonders in der Ausschmückung; alle jedoch nicht sehr tief, der Fuß ist mehr oder weniger hoch, die Henkel selten senkrecht, sondern im allgemeinen waagerecht, so daß man den leeren Becher aufhängen konnte (2). Jesus bediente sich wahrscheinlich eines solchen Gefäßes, als er das Heilige Abendmahl einführte. Man nimmt jedoch an, daß die ersten Schalen, die in der christlichen Kirche für das Abendmahl benutzt wurden, aus Holz waren, ein Brauch, der sich neun Jahrhunderte lang als Tradition hielt. Dieses Material war jedoch stets mehr oder weniger porös, und man lief Gefahr, immer ein wenig Wein zu verlieren, was Geistliche und Laien alarmierte, sobald man, der Transsubstantiationslehre folgend, glaubte, der Wein hätte sich in das materielle Blut Jesu verwandelt; deshalb wurde schließlich verboten, für die Herstellung solcher Schalen Holz zu benutzen; dieser Beschluß wurde vom Konzil zu Reims (803) getroffen, dann 847 und auch 895 nochmals bestätigt, was zeigt, daß der alte Brauch immer noch lebendig war. Seit langer Zeit hatte man allerlei Schalen aus allen möglichen Materialien verfertigt: aus Gold, aus Silber, aus Kupfer, aus Bronze, aus Zinn und aus Blei. Man kennt sehr alte, die aus Halbedelsteinen, Bergkristall oder Alabaster herausgemeißelt sind; man stellte sie auch aus Glas und aus Ton her. Aber die kupfernen und bronzenen Kelche wurden verboten, weil diese Werkstoffe leicht oxydieren und den Wein verderben können oder sogar

mehr oder weniger gefährliche Gifte enthalten.

Bis auf die hölzernen (3) ruhen die meisten christlichen Schalen auf einem mehr oder weniger geschmückten Fuß und sind mit zwei Henkeln versehen (5). Dann wurden diese abgeschafft, auch wenn sie einige Generationen später, mehr als traditionelle Zier als aus nützlichen Gründen, ab und zu wieder auftauchten.

Oft sehr einfach und ohne Verzierungen haben die christlichen Schalen jedoch schon sehr früh besondere Zeichen bekommen: das Kreuz*, das Christusmonogramm* und alle Symbole Jesu Christi. Immer wenn die Frömmigkeit nachließ, wenn das Äußere am Christentum das Wichtigste wurde, bekamen diese Schalen rein verzierende Elemente ohne religiöse Bedeutung, sogar Edelsteine als „Bereicherung".

Wenn man in der jungen Kirche das

Verschiedene alte Schalen: auf makkabäischen Münzen geprägt (1), Trinkbecher (2), aus Holz (3), in Form einer Hand geschnitzt — Kirche von Straßburg — (4), verschiedener Formen (5, 6).

Abendmahlsschalen aus dem 15. bis zum 17. Jahrhundert.

Heilige Abendmahl abhalten wollte, standen ursprünglich nur Schalen zur Verfügung. Da aber auch verschiedene andere liturgische Bräuche Gefäße dieser Art benutzten, begann man, sie nach ihrem Gebrauch zu unterscheiden: Man sprach von nun an von Kelch, Becher, Patene, Vase usw...., alles Wörter, die man ursprünglich ohne Unterschied verwendet hatte, bei denen man aber schließlich genau differenzierte.

Man kennt sehr große Schalen, die sogenannten ministerialen Schalen, die zum Abendmahl einer großen Gemeinde dienten; es bedeutet, daß in einer bestimmten Epoche alle Gläubigen aus derselben Schale trinken wollten, die vom Priester geweiht worden war.

Da die geweihten Oblaten in Schalen aufgehoben wurden, mußte man sie schützen; man erfand eine Art Deckel, um den Becher zu schließen. Das Ganze nahm manchmal das Aussehen einer Erdkugel an.

Im bildlichen Sinne stellt eine angebotene Schale die Zukunft dar: Mit einem angenehmen Trunk gefüllt, enthüllt sie eine günstige Zukunft; mit einer bitteren Flüssigkeit symbolisiert sie schmerzbringende Tage (Ps 75, 9; Mark 10, 38;

Matt 26, 39–42).

Die Bedeutung, die die Kirche dem Abendmahl immer beigemessen hat, erklärt, daß die Schale oft nicht nur dargestellt wurde, um das Abendmahl zu veranschaulichen, sondern daß sie die Kirche selbst symbolisiert hat. Man betrachte nur die sehr berühmte Skulptur im Straßburger Münster, links des romanischen Tores (4).

Der Becher ist das Zeichen von Johannes*, Benediktus*, aber auch von Jakob de la Marche (1389–1479), einem franziskanischen Prediger, von dem man erzählt, er sei mehrmals durch einen ihm angebotenen Trunk beinahe vergiftet worden.

SCHAM

Es gibt kein spezifisch christliches Zeichen der Scham. Sie wird, auf kindische Weise, durch einen Schleier angedeutet. Öfters haben die Christen die antike Legende der Nymphe aufgegriffen, die, von einem Hirten verfolgt, in eine Mimose verwandelt wurde, jene merkwürdige Pflanze, deren Blätter sich von selbst schließen, wenn man sie berührt.

SCHIFF

Alle Seefahrervölker haben das menschliche Leben mit einer Seereise verglichen, deren Gefahren wohl die Schwierigkeiten ihres Daseins darstellen konnten. Da dieses Bild sich auf keine bestimmte heidnische Gottheit bezog, haben es die Christen selbstverständlich übernommen. Sie fügten ihm natürlich ihre religiösen Auffassungen hinzu: den Tod, der für sie den Eintritt ins ewige Leben versinnbildlicht, wurde als das Einlaufen eines Schiffs in den Hafen dargestellt, von dem aus man in ein neues Land gelangt. In diesem Sinn wurden Kähne und Schiffe aller Größen sehr oft auf großen oder kleinen Grabsteinen in den Katakomben dargestellt. Bald wurden Schiffe auch als Reliefs auf den Seiten christlicher Sarkophage ausgehauen. Das Symbol des Leuchtturms* begleitet das Schiff sehr früh und spielt noch deutlicher auf das ewige Leben an. Dadurch wollte man sagen, daß der Verstorbene von Jesus Christus geführt worden war, um im sicheren Hafen, das heißt in der Seligkeit des Jenseits, zu landen.

Um diese Anwesenheit Jesu Christi als Lotse im Leben der Christen zu versinnbildlichen, wurde das Christusmonogramm* auf die Seiten des Schiffs eingeschrieben, welches später zum Symbol Christi selbst wurde. Dieser stieg dann in den Kahn ein, in dem man ihn zusammen mit den vier Evangelisten sieht; das Schiff wurde daher zum Symbol der Lehre Jesu Christi.

Von da aus ging man zum Schiff als Symbol der Kirche* über, da *sie* die Lehre ihres Herrn von Generation zu Generation übermittelt. Das Schiff wird von Christus gelenkt, da *er* die Kirche zu ihrem wirklichen Zweck führt: Er wird entweder als Steuermann dargestellt, der das Rad hält, oder durch das Christusmonogramm*, das in diesem Fall über dem Schiff steht.

Als Symbol der Kirche wird das Schiff manchmal von einem Anker* begleitet; es bedeutet, daß man glauben (und hoffen) muß, um mit der Kirche in andere Gegenden und zum neuen Land zu segeln. Auf Grabsteinen und Sarkophagen findet man auch eine Taube*, die in ihrem Schnabel einen Ölzweig hält – neben oder über dem Schiff der Kirche. Man hat darin nur das Symbol einer friedlichen Seele erblicken wollen. Das mag *auch* mitspielen, ist nicht unmöglich, weitaus eher aber und in stärkerem Maße ist eine Anspielung auf die biblischen Geschehnisse der Sintflut, die hier die Taufe symbolisieren, durch welche der Verstorbene, wie Noah, ein neues Leben fand, als dieser die Arche verließ.

Man hat Schiffe gefunden, die (mit christlichen Zeichen) in Edelsteine, Karneol oder Jaspis, eingraviert oder herausgeschnitten waren. Sie müssen sich auch auf Ringen oder Broschen befunden haben, um ihre Besitzer an die neue Richtung ihres Lebens zu erinnern.

Das Boot als Symbol der Kirche wird sehr oft auf Gemälden und Fresken dargestellt. Es wurde sogar in der Baukunst verwirklicht, indem man versuchte, einer modernen Kirche (Ronchamps) die Form eines Schiffbugs zu geben.

Viele Schiffe stellen natürlich noch Ereignisse der biblischen oder hagiographischen Geschichte dar. Sie gehören zu Bildkompositionen, die die Überfahrt auf dem See Genezareth darstellen, das Gehen Jesu auf dem Wasser, als er seinen Jüngern entgegenkam, oder verschiedene Episoden aus dem Leben des Apostels Paulus, der das Mittelmeer durchquert hatte. Man findet das Schiff als Symbol des Hl. Julian* Hospitator, Bertinus, Josse, der Hl. Magdalena*, usw.

SCHILD

Die Bibel unterscheidet zwei Arten von Schilden: 1. den kleinen runden Schild aus Holz – oft mit Leder ausgekleidet –, der ein nützlicher Schutz gegen die normalen Pfeile war; als dann aber Brandpfeile und vor allem als Speere aus Metall

Prachtschild. Mosaik. Ravenna. 5. Jahrhundert.

aufkamen, mußte man die Verteidigungswaffe ändern. Deshalb stellte man 2. den großen Schild aus Metall her, hinter dem die Soldaten lange ein Gefühl der absoluten Sicherheit empfanden.

Wenn der Psalmdichter sein Vertrauen zu Gott ausdrücken will, benutzt er dieses Bild und sagt, daß Gott sein Schild ist (Ps 5, 13; 91, 4 usw.), und verwendet mit Absicht das Wort vom „Schirm und Schild".

Aus diesem großen Schild und aus der Erfahrung des hinter ihm vollkommen geschützten Soldaten macht der Apostel Paulus das Symbol des Glaubens: Denjenigen, der an Gott glaubt, können „alle feurigen Pfeile des Bösen" nicht erreichen (Eph 6, 16).

Das alles erklärt, warum eine Engelgruppe, „die Soldaten Gottes", mit einem großen Schild gerüstet war.

In bestimmten Epochen schmückte man die Schilde mit christlichen Symbolen,

vor allem mit dem Christusmonogramm*. Es ist nicht ausgeschlossen, daß man diese Symbole auch als Schutzamulette verwendet hat. Es ist aber sicher, daß sie manchmal zu einfachen Mustern auf Prachtschilden wurden.

SCHLANGE

Graphisch ist die Schlange eine Linie; aber sie ist eine lebende Linie, die alle Formen ihrer Umgebung annehmen kann und deren Geschmeidigkeit die unerwartetsten Haltungen hervorruft. Dies erklärt, daß die natürliche Symbolik der Schlange einen doppelten Sinn hat: Sie bezeichnet die Liebkosung und die Überraschung. Mit diesen Bedeutungen gehört sie zur ikonographischen Sprache aller Völker der Welt: Sie drückt einerseits die Begriffe der Sexualität und der Bezauberung aus, andererseits auch die Begriffe der Gewandtheit und der List, zu denen ihrer Giftzähne wegen die Begriffe der Boshaftigkeit und der Perversität hinzutraten. Diese zweifache Bedeutung (lebenserzeugende Sinnlichkeit und teuflisch zerstörerische Boshaftigkeit) findet sich in allen Kulturen, von den primitivsten bis zu den höchstentwickelten.

Zudem hatte man in der Antike den heilenden Wert des Giftes entdeckt, was der Symbolik der Schlange einen neuen Widerspruch hinzufügte und die Künstler dazu veranlaßte, zwei Schlangen, die eine als Trägerin des Lebens, die andere des Todes (z. B. der Merkurstab), nebeneinander oder ineinander verschlungen darzustellen.

Im Rahmen des Christentums hat man vor allem die zweite Bedeutung der Symbolik der Schlange ins Auge gefaßt und daraus das typische Zeichen Satans gemacht (viel mehr als den Drachen* oder die Dämonen*). Diese Bezeichnung bezieht sich auf den biblischen Bericht des Gartens Eden, in welchem der Mann und die Frau auf Betreiben der Schlange gegen das Gesetz Gottes verstießen. Die Beziehungen zwischen

Tod des törichten Reichen. Kapitelle. Vézelay. 12. Jahrhundert.

Gott und den Menschen wurden darauf sehr schwierig und bildeten das religiöse Hauptproblem, das nur Christus lösen konnte; das christliche theologische Denken erklärt, daß das einstige Versprechen sich auf diese Weise verwirklichte: „Der Nachkomme soll dir den Kopf zertreten" (1 Mose 3, 15). Um diesen Sieg Christi über die Sünde auszudrücken und um zugleich die Gewißheit des Heils zu behaupten, stellten die ersten Christen sehr häufig auf den Grabsteinen der Katakomben eine Schlange dar. Damals existierten aber jüdisch-christliche Sekten, die den Namen Ophiten hatten (ophis bedeutet auf griechisch Schlange) und in der Schlange eine Vermittlerin der Weisheit sahen; hatte nicht eine von ihnen am Morgen der Zeiten den Menschen die Erkenntnis des Guten und des Bösen gegeben, indem sie sie dazu brachte, die verbotene

Frucht zu essen? Deshalb bestimmen schon im 5. Jahrhundert die christlichen Künstler, die den Sieg Christi über die Sünde ausdrücken wollen, ihr Symbol näher und zeigen, wie Jesus selbst mit seiner Lanze eine zu seinen Füßen kriechende Schlange durchbohrt. Diese Lanze wird dann zum Labarum*; aber nicht mehr Christus, sondern ein Heiliger benutzt es. Mehrere Jahrhunderte später, als die Dogmatik vorherrschte, befindet sich die Schlange am Fuß des Kreuzes, wo sie bedeutet, daß Christus durch seinen Tod die Sünde besiegt hat; um den Tod der Schlange eindeutig zu zeigen, sperrt man sie in einen kleinen aber Sarkophag ein. Ein Begriff wird ausgedrückt, die Kunst ist nur noch eine Schrift.

Als Symbol des Teufels liegt oft eine tote Schlange zu Füßen der Jungfrau Maria oder des Heiligen Michael. Sie wird schließlich mit dem Teufel gleichgestellt, wenn man in ihr Mammon sieht, die Verkörperung des Geldes und dessen Macht; als solche thront sie auf runden Geldbörsen oder kriecht zwischen Haufen von Goldstücken umher.

Auf ihrer Wanderung durch die Wüste wurden die Israeliten eines Tages von brennenden oder geflügelten Schlangen (je nach der Interpretation – vgl. 4 Mose 21, 4–9) angegriffen. Mose verfertigte eine eherne Schlange und steckte sie auf einen Stock; diejenigen, die sie anschauten, wurden gerettet. – Jesus benutzte diese Erzählung als Gleichnis, um seinen Tod am Kreuz anzukündigen (Joh 3, 14) und denjenigen, die ihn „anschauen", d. h. die seiner Botschaft vollkommen vertrauen würden, das ewige Leben zu versprechen. Daß er dies Bild aufgriff, sollte absolut keinen ursächlichen Zusammenhang zwischen den beiden darin verglichenen Ereignissen herstellen. Das theologische Denken der Kirche sah aber, im Gegensatz dazu, in der Geschichte der ehernen Schlange eine Andeutung, ja sogar eine Prophezeiung des Kreuzes. Wegen dieser theologischen Veranschaulichung eines einfachen Vergleichs wurde die Erzählung aus der Wüste oft dargestellt. Für die Künstler war es jedoch schwierig, den Unterschied zwischen dem Blick der Israeliten, der an die Magie des Berührens heiliger Gegenstände grenzt, und dem Blick des christlichen Glaubens zu verdeutlichen. Sie versuchten nichtsdestoweniger, die Christen anstelle der Israeliten zu malen, was dazu führte, eine Schlange an die Stelle Jesu Christi zu setzen; so wurde aus diesem Tier eines der Symbole Jesu Christi! Es überlebte die Zeit des Dogmatismus aber nicht. Die Andacht eines Volkes, das gewohnt ist, in der Schlange das geläufigste Symbol des Teufels selbst zu erblicken, konnte sich nicht lange damit abfinden, es auf seinen Herrn anzuwenden.

Schlangen sind schließlich die Zeichen zahlreicher Heiligen und erinnern an dieses oder jenes Ereignis ihres Lebens, entweder weil sie von diesen Heiligen unterworfen, vertrieben oder gar getötet wurden, oder weil sie eine bösartige Macht darstellen, die vom christlichen Glauben und Gebet besiegt wurde.

SCHLÜSSEL

Den Schlüssel zu einem Schatz oder einem Haus zu haben, bedeutet im übertragenen Sinne, Verwalter eines Vermögens oder Leiter eines Gutes zu sein. In diesem Sinne schreibt Jesaja (22, 22): „Und ich will die Schlüssel des Hauses Davids auf seine Schulter legen (es handelt sich um Eljakim, auf den der Prophet als zukünftigen „Statthalter des königlichen Palastes" zeigt), daß er auftue und niemand zuschließe, daß er zuschließe und niemand auftue." Ein Schlüssel, den man auf seine Schulter legen soll?; es ist ein Hausschlüssel, wie man ihn viel später auf den Platten römischer Urnengräber eingemeißelt sieht. Er bestand aus einem metallenen Stiel, der zweimal gebogen war und den man von außen her in ein Loch der Tür einführte, um innen in das überhöhte Ende eines waagerechten Riegels zu haken (1). – Obwohl dieser Jesaja-Text für eine Prophezeiung über Jesus gehalten wurde und die Offenbarung des Johannes ihn in diesem Sinne benutzt (3, 7), wurde der Schlüssel sehr selten als Zeichen Christi* gebraucht.

In der Antike war der Schlüssel das Zeichen von Pluto, dem Gott der Unterwelt; es bedeutete, daß diejenigen, die die Höhle dieses Gottes betraten, sie nicht mehr verlassen würden. Es war für sie das Symbol eines neuen Lebens, aber auch des absoluten Herrschaftsrechts dieses Gottes.

In einem ähnlichen Sinn benutzt Jesus den Schlüssel, als er die berühmten Worte zu Petrus spricht: „Ich will dir des Himmelreichs Schlüssel geben, und alles, was du auf Erden binden wirst, soll auch im Himmel gebunden sein, und alles, was du auf Erden lösen wirst, soll auch im Himmel los sein" (Matt 16, 19). Dasselbe Recht wird mit denselben Worten den anderen Aposteln gegeben (Matt 18, 18). Das Bild des Schlüssels ist jedoch nur mit dem Namen Petri in Verbindung gesetzt worden, und daraus zog man (übertrieben) den Schluß, ihm sei ein zusätzliches Recht gegeben worden. Deshalb dachte man, als man damit anfing, das Himmelreich mit der Kirche zu vergleichen, daß Petrus das Recht erhalten hätte, die Kirche allein zu regieren; man dachte daher, dieses Recht könnte und müßte sogar all seinen Nachfolgern im Bistum Rom weitergegeben werden. So wurde der Schlüssel, nachdem er zum

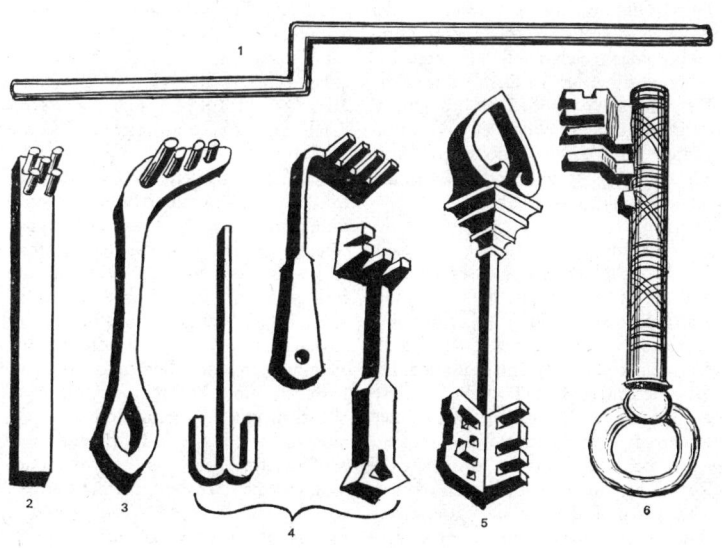

Antiker Schlüssel (1), orientalischer (2), griechischer (3), römische (4), sich drehender (5), merowingischer (6) Schlüssel.

persönlichen Zeichen Petri geworden war, zum Symbol der Bischöfe von Rom und schließlich des Papsttums. Dieser Gebrauch wurde relativ spät eingeführt; die ältesten Darstellungen des Apostels Petrus mit einem Schlüssel in der Hand stammen erst aus dem 7. Jahrhundert; in allen früheren wird lediglich der Name Petrus geschrieben, aber er hielt keine Schlüssel. Davon zeugen viele Mosaikarbeiten, Fresken und Standbilder.

Nachdem die Lehre vom Fegefeuer in der Kirche fest eingebürgert war, wurde der Schlüssel zum Symbol der Kirche, weil er, dieser Lehre nach, die Pforte dieses Ortes zwischen Himmel und Hölle öffnet und schließt. Manchmal findet man einen goldenen und einen silbernen Schlüssel in Form eines Kreuzes, die an einem roten Band hängen: Dies ist das Symbol des Sakraments der Buße, die den Weg entweder zum Himmel (goldener Schlüssel) oder zum Fegefeuer (silberner Schlüssel) öffnet.

Der Schlüssel ist schließlich das Symbol der Treue und vor allem der Verschwiegenheit, weil er die Vorstellung eines Kästchens weckt, in dem ein Geheimnis wohlverschlossen liegt.

Die Form des Schlüssels hat sich der Entwicklung des Schlosses angepaßt. Die ersten hölzernen Schlösser befanden sich auf der Außenseite der Türen und man führte den Schlüssel (2) in den Riegel selbst ein, um die beweglichen Stifte heben zu können, die ihn schlossen. Die Griechen fertigten auch solche Schlüssel an, jedoch aus Metall (3). Die Römer, mit ihrem in der Regel praktischen Sinn, legten das Schloß auf die Innenseite der Tür und hoben oder bewegten die verschiedenen Teile, die den Riegel zurückhielten, mit verschiedenen Gegenständen (4). Sie erfanden das Prinzip einer Drehbewegung, die man von außen her bewirkte, um den Riegel vor- oder nachzurücken (5). Zur Zeit der Merowinger entdeckte man das Prinzip

des modernen Schlosses (6), und im Mittelalter fertigte man immer kompliziertere Schlösser an.

SCHWERT

Man findet Schwerter in vielen christlichen und nicht-christlichen Gräbern. Gewöhnlich liegen sie neben dem Toten, mit der Spitze nach oben. Sie sind selten mit dem den fränkischen Soldaten eigenen Dolch (scramasaxe) auf der Brust des Verstorbenen gekreuzt. Manchmal wurde das Schwert absichtlich gebrochen, um zu sagen, daß es dem Krieger von nun an nichts mehr nützt.

In der christlichen Kunst ist das Schwert zunächst das Symbol der Seraphim. In der Heiligen Schrift steht nämlich, daß diese rätselhaften Wesen, die „das verlorene Paradies" (1 Mose 3, 24) bewachen, „mit flammenden" oder „kreisenden" Schwertern (nach anderen Übersetzungen) bewaffnet sind. Vergleichshalber, aber viel später, wurden Engel* damit versehen.

„Das Schwert des Herrn" (1 Chron 21, 1; Ps 7, 13; Jes 34, 5–6; 66, 16) ist das Zeichen der Übel, mit welchen Gott die Schuldigen für ihre Verbrechen bestraft. Im Neuen Testament aber wird dieses Bild genauer geschildert. Die Offenbarung des Johannes 19, 15 sagt, daß dieses Schwert aus dem Mund Gottes kommt: es ist also sein Wort, das heißt, die Heilige Schrift (was Eph 4, 17; Offb 1, 16; 2, 12 bestätigt). Die Bibel gleicht einem Schwert, weil sie die genaue Trennung zwischen Bösem und Gutem, Falschem und Wahrem, Irrtum und Wahrheit mit Scharfsinn und Kraft ermöglicht (Hebr 4, 12). In diesem Sinne hat Guillaume Farel, der Reformator der französischen Schweiz, ein Schwert als sein persönliches Siegel gewählt und es mit diesem Spruch umgeben: „Was verlange ich, außer daß es blitzt" (→Dolch*).

Das Schwert ist noch das Zeichen derjenigen, denen es zum Instrument ihrer Marter wurde: dem Apostel Jakob,

Juda, Matthäus und Martha, dann der Hl. Cäcilie († 230), Susanne († 295) und des Hl. Adrian († 303) und der Hl. Katharina von Alexandrien († 307).

Es ist auch das Zeichen derjenigen, für welche es an etwas Besonderes erinnert: des Hl. Martin († 397), der es benutzte, um seinen Mantel zu teilen, und des Hl. Friedrich († 838), der dadurch verletzt wurde.

Es ist das Zeichen der Kraft, der Obrigkeit, aber auch des Gesetzes (auf welches die Kraft hinweist), der Teilung (Matt 10,34), des Kriegs (3 Mose 26,6.25; 2 Sam 11,25; Jer 5,12; 46,16; Hes 7,15), folglich des Mordes und des Verbrechens sowie des Selbstmords und der Verzweiflung.

SEELE

Heidnische Erzählungen haben den christlichen Künstlern zunächst den Stoff dafür gegeben, wenn sie die Seele im Jenseits darstellen wollten. Psyche, deren Mythos bis zum zweiten Jahrhundert vor Christus zurückgeht, ist auf mehreren christlichen Sarkophagen zu sehen. Sie wurde aus Liebe zu Eros göttlich; diese Vergötterung bedeutete für die Christen die Wiederauferstehung. Das Abenteuer von Ikarus symbolisierte das Auffliegen der Seele nach den himmlischen Gegenden.

Die Taube* jedoch wurde sehr schnell zum beliebtesten Symbol für die Darstellung der Seele von Gläubigen, und zwar bis zum neunten Jahrhundert. Zu dieser Zeit aber übernahmen innerhalb des Christentums der Intellektualismus und die Forderung zur Strenggläubigkeit die Oberhand über Poesie und lebendige Frömmigkeit. Man ließ das Zeichen der Taube beiseite und bevorzugte ihr gegenüber ab dem elften Jahrhundert folgendes aus der heidnischen griechischen Antike entlehnte Verfahren: Die Seele wurde künftig als ganz kleines Kind in Windeln dargestellt; die Ankunft im Jenseits ist schließlich die Geburt zu einem neuen Leben! Später fügte man diesen Kindern, die aus dem Mund der Sterbenden emporzusteigen schienen, Flügel hinzu. Sie glichen aber kleinen Engeln, jenen Engelchen der griechisch-römischen Fresken; es ziemte sich also nicht, daß sie auch die Seelen der Bösen vertraten. Für sie wurden dann häßliche beflügelte Teufelchen mit fratzenhaften Gesichtern und Spaltklauen gemalt. In einer parallelen Bewegung, schon im zwölften Jahrhundert, stellte man die Auferstandenen mit dem Aussehen und sogar mit den Kleidern dar, die sie auf Erden angehabt hatten. Es war die Zeit, in der man ständig auf den Jüngsten Tag hinwies, um das Volk sittlich zu erneuern, und man mußte auf den Gemälden des Jüngsten Gerichts diese oder jene Person erkennen können; dies ist der Grund, weshalb man die früheren Symbole der Seele außer acht ließ und die Lebendigen im Jenseits mit ihren irdischen Körpern und Kleidern malte und herausmeißelte. Die Lehre der Auferstehung des Leibes bot sich als Grund dafür an.

In Ausnahmen wurde die Seele durch Weizen oder Hafer versinnbildlicht, in Anspielung auf das Wort Christi, wenn der Same nicht ersticke, dann bringe er auch keine Frucht. Der Schmetterling (in bezug auf die Schmetterlingsflügel von Psyche) oder der Sperling, für welchen Gott sorgt, auch wenn er auf den Boden fällt (Matt 10,29) symbolisieren auch die Seele, die nach dem Tod einem neuen Schicksal entgegenstrebt.

SEGEN

Die einfachste und natürlichste Haltung des Segnens ist die Auflegung der Hand auf den Gegenstand oder die Person, die man segnen will. Schon in den Katakomben findet man solche Darstellungen: Christus segnet auf diese Weise; manchmal streckt er nur die Hand über das aus, was er segnen will. Man kann daraus schließen, daß die ursprüngliche Gebärde des Segnens die Bewegung und den Sinn der Handauflegung hat.

Ursprünglich war die Hand bei dieser Handlung offen. In der heidnischen Antike bedeutete diese Gebärde das Ende einer Rede und die Verabschiedung einer Versammlung. Sie wurde von den Christen bei entsprechenden Anlässen wiederaufgenommen, nahm aber den Sinn einer Handauflegung für die Versammelten an.

Der Brauch, die zwei letzten Finger der segnenden Hand nach unten abzubeugen, während die drei ersten nach oben gestreckt sind, ist fast ausschließlich auf lateinischen Denkmälern und erst in verhältnismäßig späten Zeiten zu sehen. Man nennt diese Bewegung „lateinisches Segnen", und man sieht in ihr den Sinn der Dreifaltigkeit.

Bei der griechischen Gebärde des Segens, die in der orthodoxen Kirche häu-

Orthodoxe Segenshaltung. Ikonen. 13. und 15. Jahrhundert.

fig vorkommt, trifft der Daumen auf den Ringfinger, während die anderen Finger gestreckt bleiben; man will dadurch ein griechisches X, den ersten Buchstaben des Wortes „Christus", darstellen; es bedeutet: „der Herr sei mit euch!"

Manchmal trifft der Ringfinger und der kleine Finger der segnenden Hand auf den Daumen, während die zwei anderen Finger gestreckt bleiben. Es ist eine Befehlsbewegung, die bei den Römern schon üblich war und die man auf christlichen Fresken und Sarkophagen schon im 4. Jahrhundert findet. Sie drückt die Vorstellung eines Segens aus, der nur für eine bestimmte Handlung gegeben wurde.

Schließlich trifft man auch die Gebärde, bei der nur der kleine Finger den Daumen berührt, während die drei anderen Finger oder häufiger nur der Zeigefinger gestreckt bleiben. Es sind zwei Zeichen, die mit der Lehre verbunden sind; es lädt dazu ein, sehr aufmerksam zuzuhören, und meint oft einen Befehl. Diese Bewegung wird in vielen Darstellungen Christus zuteil.

SICHEL

Als christliches Symbol stellt die Sichel zunächst den Mond dar, der in der Astronomie der sechzehn ersten Jahrhunderte unseres Zeitalters genauso wichtig war wie die Sonne; man bezog sich auf den Glauben des Volkes und auf den biblischen Text (1 Mose 1, 16–19), der in der Sonne und im Mond die größten Gestirne sieht, während die Sterne eine Reihe kleiner unwichtiger Lichter sind. Folglich ist die Mondsichel das Symbol der Nacht.

In einigen christlichen Texten sieht man einen jungen Mann mit einer Mondsichel über dem Kopf; neben ihm steht eine andere Figur, über welcher eine Sonne scheint; diese Verkörperung des Mondes ist eine Erinnerung an Diana oder eine Nachahmung ihres Kultes. Auf den Mosaikarbeiten der Grabstätten findet man eine Mondsichel, deren zwei Spitzen nach unten gerichtet sind und die sich über einer langen Amphora befindet. Es scheint zu bedeuten, daß der Verstorbene in der Nacht, das heißt, in Schwierigkeiten, gelebt hat, daß er sich aber an der Quelle des ewigen Lebens gelabt hat. Das Ganze hat wiederum die Gestalt eines Ankers, und man kann annehmen, daß der Künstler, zu einer Zeit, in der die Christen verfolgt wurden, unter einer heidnischen Bedeutung, alle durch den christlichen Anker* hervorgerufenen Gedanken hat verbergen wollen.

Auf einer Darstellung der Geburt Christi aus dem 7. Jahrhundert bedeutet eine Mondsichel über dem Kopf Josephs einfach, daß es die Nacht war, in der Joseph den Befehl erhielt, aus Bethlehem zu fliehen (Matt 2, 13–14); dies hat keinerlei symbolischen Wert, es ist nur ein Wort, das man nachschlagen kann.

Aus der gleichen Zeit besitzt man Darstellungen von Kreuzigungen, auf welchen eine Sonne und eine Mondsichel über und unter den beiden Armen des Kreuzes zu sehen sind. Diese Symbole waren so leicht verständliche Zeichen des Tages und der Nacht geworden, daß man gar nicht bemerkte, daß die Mondsichel der Sonne fast immer verkehrt zugerichtet war. Man las diese Zeichen. Sie bedeuteten: tags und nachts, das heißt: immer. Es sollte ausdrücken, daß Christus immer noch am Kreuz hängt und für die Menschheit, für alle Generationen nacheinander, leidet. – Zu dieser dogmatischen Bedeutung kommt eine andere geschichtliche hinzu: In der letzten Stunde „wurde es eine Finsternis und die Sonne verlor ihren Schein" (Luk 23, 44–45).

Diese Symbolik kommt im Mittelalter sehr häufig vor, aber der Sinn der Renaissance für Realismus fand es merkwürdig, ja lächerlich, diese beiden Gestirne mehr oder weniger am Kreuz hängend zu sehen und so geriet dieses Symbol völlig in Vergessenheit.

Kreuz und Sichel. Russische Kirche. Genf.

Auf den Kuppeln einiger orthodoxer Kirchen sieht man oft ein großes lateinisches Kreuz, das auf der Mitte einer Sichel steht, deren Spitzen gegen den Himmel gerichtet sind. Dies meint den Sieg des Christentums über den Islam und zugleich den des Lichtes der Offenbarung über die Nacht der Gegenwart.

SICHELKREUZ →Kreuz

SIEBENARMIGER LEUCHTER →Leuchter

SIEG

In der griechisch-römischen Kultur war die Victoria, die Siegesgöttin, eine mächtige Gottheit, deren Tempel in der ganzen bekannten Welt zu finden waren. Sie wurde gewöhnlich mit Flügeln, einem Lorbeerkranz in einer Hand und in der anderen eine Palme dargestellt. Manchmal stand sie auf einer Erdkugel.

Die Christen veränderten nichts an dieser Symbolik, als sie wiederum den Sieg darstellen wollten. Höchstens haben sie seinen Zeichen einen Ölzweig* hinzugefügt, weil sie wohl dachten, daß der

Sieg Gottes über den Menschen ihm den Frieden brachte.

Gelegentlich benutzte man den jungen David*, den Sieger über Goliath, als Symbol des Siegs. Es gibt mehrere florentinische Statuen dieses Helden aus dem Alten Testament die daran erinnern, daß der Sieg der schwierigste Augenblick aller Kämpfe ist.

SIMON PETRUS →Petrus

SIMON VON KYRENE

Im Gegensatz zu unseren Erwartungen erscheint er ziemlich spät in der christlichen Kunst. Wahrscheinlich weil diejenigen, die den Künstlern die Themen stellten, sich für die historischen Ereignisse des Lebens und des Todes Jesu Christi nicht interessierten; allein ihre religiöse, dann theologische Bedeutung war wichtig. Deshalb wurde die rührende Geschichte desjenigen, der das Kreuz trug, das Jesus nicht mehr fortschaffen konnte, ungefähr 1000 Jahre lang vollkommen außer acht gelassen.

SIMSON

Er war einer der Führer der Israeliten zur Zeit der Richter. Er ist für seine legendäre physische Kraft berühmt, die es ihm ermöglichte, unglaubliche Taten zu vollbringen (Rich Kap. 13–16). Seine verschiedenen Abenteuer wurden manchmal dargestellt. Eines zeigt, wie er mit seinen eigenen Händen einen Löwen tötet. Obwohl diese Heldentat von der Bibel auch David (1 Sam 17, 34–35) und Benaja (2 Sam 23,20) zugeschrieben wird, ist sie typisch für Simson geblieben, so daß man sie auf Kathedralenkapitellen und Kirchenfenstern findet, um die Kraft zu zeigen, die Gott denjenigen gibt, die ihm vertrauen.

SINTFLUT →Noah

SONNE

Die Sonne (ob vom Mond begleitet oder nicht) ist auf christlichen Bildern der ersten Jahrhunderte unseres Zeitalters sehr selten zu sehen. Sie ist ein Symbol der klassischen heidnischen Kunst, das im allgemeinen die Vorstellung des Tri-

Simson. Kapitelle. Genfer Dom. 11. Jahrhundert.

umphes und des Ruhmes ausdrückt. Man findet sie in den ersten christlichen Werken ausschließlich um den Kopf Jesu Christi herum, wenn er als guter Hirte oder im Augenblick seiner Taufe dargestellt wird; es sind entweder Strahlen, die von einem Mittelpunkt hinter dem Kopf Christi ausgehen oder eine Scheibe, die von einer mehr oder weniger dichten Ausstrahlung umkränzt ist. Seltener sind es zwei Figuren, die auf beiden Seiten von Christus stehen und die eine glänzende Krone und eine Sichel tragen.

Beide Zeichen, das der Sonne und das des Mondes*, sind im Mittelalter (über oder unter den Armen des Gekreuzigten auf Golgatha), sehr häufig miteinander verbunden. Was bedeuten sie?

Ist es eine Anspielung auf die Finsternis, die sich über die Erde verbreitete (Matt 15, 33), als Jesus starb? Das Symbol des Mondes wäre gerechtfertigt, aber nicht das der Sonne, die ja Helligkeit und Licht bedeutet!

Soll es sich auf biblische Texte beziehen, die von Jerusalem sprechen, das wie durch eine aufgehende Sonne wieder zum Leben erweckt werden soll (Jes 60, 1–3)? Ist es ein Hinweis auf den Messias oder vor allem auf Jesus Christus, der als „aufgehende Sonne" bezeichnet wird (Matt 3, 20; Luk 1, 78)? Dann muß man sich aber über den Mond wundern; diese beiden Gestirne, die in einem so offensichtlichen Zusammenhang stehen, sollen doch etwas Gemeinsames und nichts Gegensätzliches haben.

Man hat es so zu erklären versucht, daß der Tag und die Nacht die zwei Atemzeiten der Welt (der irdischen als der in der Antike einzig bekannten Welt) sind und daß sie daher die Symbole der zwei Elemente Jesu sein könnten: seiner menschlichen und göttlichen Natur.

In diesem Zusammenhang hat man in diesen Gestirnen eine Anspielung auf den „Tag des Herrn", d. h. entweder auf die Auferstehung an Ostern, eher aber noch auf die Rückkehr Christi am Jüngsten Tag* sehen wollen. Man muß zugeben, daß diese theologischen Erklärungen von der natürlichen Symbol-Sprache sehr weit entfernt sind und mit Recht weit hergeholt zu sein scheinen!

In diesen Zeichen hat man einen Fortbestand oder eine Rückkehr der antiken heidnischen Symbolik gesehen, da sie damals die Herrlichkeit einer Gottheit ausdrückten; man hätte daher das Kreuz Christi mit ihnen geschmückt, um damit die Ehrung auszudrücken, die die zwei größten Gestirne des Himmels dem Sohn Gottes gebracht hätten. Das ist nicht unmöglich und würde auf jeden Fall die Tatsache erklären, daß dieses doppelte Symbol kaum noch benutzt, weil eben nicht mehr verstanden wurde, nachdem die Wissenschaft die verhältnismäßig geringe Bedeutung dieser beiden Gestirne entdeckt hatte (im 15. Jahrhundert). Diese Erklärung dürfte jedoch eher unter die zahllosen Kommentare eingeordnet werden, mit denen Kunstwerke so oft ausgedeutet werden, als unter eine Erklärung der Herkunft und des tiefen Sinnes dieser Zeichen.

Dieses doppelte Symbol erfreute sich einige Jahrhunderte lang einer außergewöhnlichen Beliebtheit; damals hatte es einen einfachen und leicht erfaßbaren religiösen Sinn. Wenn man bedenkt, daß die Zeichen der Monate und der Jahreszeiten am Portal vieler Kathedralen und in vielen Kirchenfenstern auf die Vergänglichkeit hinweisen und selbstverständlich bedeuten, daß das von ihnen umgebene Thema einen dauerhaften Wert hat, kommt man auf den Gedanken, daß das Paar Sonne – Mond ebenfalls einen Fortbestand ausdrückt. Als ob man sagen würde: Wie die Sonne und der Mond immer wieder zurückkommen, so wird das Werk Christi am Kreuz immerdar gelten; das glänzende, vom Kreuz gebrachte Heil wird die Nacht der Sünde immer vertreiben. In diesem Zusammenhang ist es verständlich, daß neuerworbene astronomische Kenntnisse über den Stellenwert der Sonne und des Mondes im Weltall die Tragweite und daher auch den Gebrauch dieses Symbols gemindert haben.

Die Ausstrahlung der Sonne hat aus ihr das Zeichen der Verkörperung mehrerer Tugenden gemacht, die auch auf die Umgebung derjenigen ausstrahlen, die diese Tugenden besitzen: die Nächstenliebe, die Hoffnung, die Reinheit, die Wahrheit. Gelegentlich ist es auch das Sinnbild der Jungfrau Maria* und sogar Thomas von Aquin*.

STEPHANUS (Heiliger)
Ungefähr dreißig Christen namens Ste-

phanus wurden heiliggesprochen; es sind Märtyrer, Begründer von Klöstern, Päpste, Patriarchen, Bischöfe. Derjenige, auf den ihr Name sich bezieht, ist jedoch Stephanus, der erste Märtyrer, von dem die Apostelgeschichte spricht (6, 5–8.1). Nach dieser Tradition war er Diakon genannt worden; Lukas stellt ihn aber vielmehr als Evangelisten dar. Weil er zu bestimmten jüdischen Gewohnheiten in Opposition stand und mit Israeliten darüber heftig diskutiert hatte, wurde er vor den Sanhedrin gefordert, der ihn trotz der eindrucksvollen Verteidigungsrede des Angeklagten zum Tode verurteilte (eine Rede, die außerdem mehr eine abgeschwächte Darlegung seiner Überzeugungen als eine richtige Verteidigung zu sein scheint); er wurde sofort gesteinigt.

Seine Symbole sind: die Dalmatika, jenes weiße Kleid, das viel später das spezifische Kleid des Diakons wurde; die Steine, die zu seiner Hinrichtung dienten; ein Buch oder gar ein Rauchfaß, die die Standhaftigkeit seines Glaubens und die Reinheit seiner Überzeugungen bescheinigen.

Die Szene der Steinigung wurde am häufigsten dargestellt. Man kennt davon sehr alte Mosaikarbeiten. Die größten Künstler bemühten sich um die Geschichte dieses ersten Märtyrers des Christentums.

STERN

Der Prophet Daniel versicherte, daß die Weisen „wie des Himmels Glanz leuchten werden" (Dan 12, 3); dabei sprach er einen geläufigen Begriff aus. Dieses leicht begreifbare Bild führte das Volk dazu, diesem oder jenem Weisen diesen oder jenen Stern zuzuordnen. In diesem Zusammenhang konnten die Christen Jesus nur den leuchtendsten Stern, den „Morgenstern" (Ofb 22, 16) zuteilen. – Auch ein anderer Grund führte dazu: Man liest im 4. Buch Mose (24, 17): „Es wird ein Stern aus Jakob aufgehen und ein Zepter aus Israel aufkommen."

Diese rätselhafte Prophezeiung Bileams verkündete, daß ein Nachkomme des Patriarchen König würde. Im ersten Jahrhundert vor Christus interpretierte man dieses Wort im Blick auf den Messias, so wie mehrere andere biblische Texte von Sternen sprechen. Da es den ersten Christen wichtig war, zu bezeugen, daß Jesus der erwartete Messias war, machten sie aus dem Stern sein Vorzeichen. Das ist seine Bedeutung in der Geschichte der Reise der Weisen nach Bethlehem. Ursprünglich ist dieser Weihnachtsstern kein aus der Religion der Chaldäer entlehntes Zeichen und daher keineswegs eine Ehrung des Heidentums für das eben entstandene Christentum. Der Stern war zunächst ein Beweis des messianischen Wesens Jesu, da seine Anwesenheit – neben seiner Geburt – ihn zum „Stern Jakobs" der alten Prophezeiung machte.

Auf der Stirn von Bruno*, von Dominikus* oder Franz von Assisi* bedeutet er Reinheit. Im gleichen Sinn ist er aber auch eins der Symbole Marias*, der Mutter Jesu.

Es ist fast immer ein Stern mit fünf Spitzen, während der Stern Davids, das Symbol des Judentums, sechs hat.

STIGMATA (Wundmale)

Der Apostel Paulus sagt: „ich trage die Male Jesu an meinem Leibe" (Gal 6, 17). Der lateinische Text der offiziellen Bibel des Katholizismus sagt: *stigmata Domini Jesu* – die Wundmale des Herrn Jesu. Diese wortwörtliche Übersetzung führt zu Irrungen. Man weiß, daß der Apostel geschlagen, verprügelt und sogar gesteinigt worden war; diese Schmählungen hatten Male auf seinem Körper hinterlassen, worüber er nicht klagte; er freute sich darüber, weil dies, so sagte er, beweist, daß ich meinem Herrn gehöre. Man brannte nämlich damals den Sklaven mit dem Brenneisen das Zeichen ihrer Herren ein, an dem erkannte man, wem sie gehörten; Menschen, die in gewisse Mysterien eingeweiht waren, oder neue Anhänger bestimmter Religionen ließen sich ein Zeichen auf den Arm tätowieren, um ihre Zugehörigkeit zu dieser Gruppe zu zeigen. Im Vergleich mit diesen Gewohnheiten betrachtet Paulus seine Narben als Zeichen der Zugehörigkeit zu Christus. Er mag darin sogar ein Malzeichen gesehen haben, das Gott durch die Situationen, in die er ihn geführt, eingezeichnet hatte, was ihm dieses Mal denn auch viel wichtiger erscheinen ließ als das seiner Zeitgenossen und sogar als das Zeichen der Beschneidung, von dem er in seinem Brief weiter oben gerade gesprochen hat und das die Zugehörigkeit zu Israel nur durch menschlichen Beschluß darstellt!

Die Christen haben diese Lektion nicht immer verstanden. Ein Theologe (Prokopus von Gaza) aus dem beginnenden 6. Jahrhundert erzählt, daß Christen sich ein Kreuz oder Christusmonogramm auf den Arm tätowieren ließen, um sich von den Heiden zu unterscheiden. Dieser Brauch bestand unter den Orthodoxen bis zum 19. Jahrhundert fort; für sie war es das Kennzeichen und sogar die Bescheinigung einer Pilgerfahrt zu den Heiligen Stätten von Jerusalem. Eine Zeitlang schließlich ließen die koptischen Christen mit einem heißen Eisen ein Kreuz auf die Stirn ihrer Kinder brennen, damit die Mohammedaner sie nicht stahlen, um aus ihnen ihre Sklaven zu machen.

Es gibt also noch eine andere Seite der Stigmata. Franz von Assisi, der sich bemühte, Jesus Christus zu ähneln, wünschte sich schließlich, die physischen Zeichen der Kreuzigung zu tragen: an der Handinnenfläche, an den Füßen und an der Seite. Dieser Wunsch sei während einer Ekstase des „poverello" auf dem Berg Alverno in Erfüllung gegangen. In der katholischen Kirche wird eine gewisse Zahl anderer Personen, hauptsächlich Frauen, erwähnt, die an den Händen und an den Füßen, manchmal auch an der Seite und am Kopf ähnliche Zeichen und Wunden tragen wie Jesus Christus sie erlitten hat. Nach den schriftlichen Zeugnissen oder den Darstellungen dieser „Stigmatisierten" handelt es sich gewöhnlich um offene, im allgemeinen blutende Wunden, es sei denn, sie bluten nur zu gegebenen Zeiten (Freitags oder am Karfreitag) oder in Verbindung mit bestimmten Ekstasen. Manchmal sind es einfach Narben. Einige Künstler haben sie als Kreuz gezeichnet. – Einige unter diesen Fällen spielten eine Rolle in Hexenprozessen.

Theologen glaubten, „Wunderstigmata", die auf das Werk Gottes zurückzuführen seien und „magische Stigmata", die vom Teufel herrührten, erkennen und unterscheiden zu können. Wissenschaftler haben vom Einfluß der Einbildungskraft gesprochen, die durch einen übertriebenen Mystizismus oder eine bis zu ihrem Höhepunkt zugespitzte Hysterie überspannt worden sei. – Es ist jedoch sicher, daß der Wert dieser Wunder, in der Apologetik, sehr gering ist.

STRAUSS

Die Ägypter meinten, die Federn des Strauß' seien alle gleich lang; darum machten sie aus diesem Vogel das Symbol der Gerechtigkeit; die Gleichheit unter den Menschen schien ihnen die Grundlage des Rechtes zu sein.

Weder die Israeliten noch die Christen nahmen diese Symbolik wieder auf; sie benutzten wenig Straußenfedern. Was ihnen in den Gewohnheiten dieses Vogels der Wüste, wie man ihn damals kannte, aufgefallen war, ist dies, daß er seine Eier in einer Sandmulde zu verlassen scheint und daß er sie von der Sonne ausbrüten läßt (Hiob 39, 17). Die Gläubigen, die den von ihnen geförderten Künstlern christliche Themen gaben, sahen in diesen Eiern Symbole von Christus: Ist er nicht unter der Wirkung der Sonne Gottes geboren und zu einem neuen Leben erweckt worden?

Außerdem haben sie den Strauß als Zeichen Israels verwendet, aus dem Christus und die Apostel hervorgegangen sind, Israel, das ihnen aber später keine Aufmerksamkeit schenkte. So wurde der Strauß zum Symbol der Synagoge, ein Sinnbild, das bis zum 18. Jahrhundert benutzt wurde.

STUNDENGLAS

Während das Stundenglas oder die Sanduhr für die meisten Völker ein Symbol der Dauer und sogar der Ewigkeit ist, war sie für die Christen zuerst das Zeichen der Kurzlebigkeit. In diesem Sinne findet man sie in den Katakomben. Später wurde sie häufig zum Symbol des Todes; wenn man ein Stundenglas anschaut, weiß man, daß der Sand zu einem bestimmten Zeitpunkt von einem Gefäß ins andere übergegangen sein wird, aber keiner kann genau sagen, wann; so ist es auch mit dem Tod, der für alle Menschen gewiß kommt, von dem aber niemand den Tag seines Kommens vorher weiß.

Gelegentlich haben christliche Künstler das Stundenglas benutzt, wie die Antike es anwendete: als Zeichen der Zeit*.

SÜNDE

Die Symbole werden durch eine materielle Wirklichkeit ausgedrückt, der Begriff der Sünde war sehr schwer darzustellen. Deshalb sind eher einzelne Sünden versinnbildlicht worden, vor allem diejenigen, die die Kirche unter „Todsünden" eingeordnet hat: der Geiz*, der Zorn*, der Neid*, usw.

Als das theologische Denken jedoch Sünde und geschlechtliche Beziehungen gleichstellte, wurde die Sünde durch einen Kuß dargestellt, den sich ein Mann und eine Frau in der Öffentlichkeit gaben; öfters wurde sie durch eine nackte Frau symbolisiert, die manchmal zusammen mit einem Einhorn* dargestellt ist.

SUSANNA (Heilige)

Die heilige Susanna, die Gattin Joachims, wurde von zwei Greisen, die versucht hatten, sie zu verführen, des Ehebruchs beschuldigt; sie wurde von Daniel gerettet. Dieser Bericht steht nicht in der Bibel, die Jesus kannte; er gehört zu den apokryphen Schriften. Theologen haben aus dieser Frau, die zwischen ihrem Mann und ihren Beschuldigern steht, ein Sinnbild der Kirche gemacht (als neues Israel und daher als Gattin Gottes betrachtet), die zwischen Gott und den Heiden steht. Wegen dieser Interpretation wurde diese Erzählung im 2. Jahrhundert in den alexandrinischen Kanon der Bibel eingeführt und bildet in einigen katholischen Bibelausgaben das 13. Kapitel des Buches Daniel.

Man findet Darstellungen dieser Geschichte in den Katakomben. später erscheint sie auf Sarkophagen, Kirchenfresken, auf Glas oder Juwelen graviert. Sie ist ein Symbol der Treue. Sehr oft jedoch sahen die Künstler darin nur einen Vorwand, eine damals sonst nicht erlaubte Aktdarstellung zu zeigen, deren Haltung aber nicht immer der Reinheit des Vorbildes entspricht. Schon im 16. Jahrhundert erscheint die Heilige Susanna auf Kirchenfenstern, Stichen, Gemälden; damals aber wird besonders der Augenblick dargestellt, in dem sie von Daniel gerechtfertigt wird, was von dem Segen zeugt, der denen zuteil wird, die sich moralisch betragen.

Unter den anderen Susannen, die heilig gesprochen wurden (es sind sieben), gibt es noch zwei andere, die manchmal dargestellt werden. Es ist zunächst die, die ihr Geschlecht unter dem Namen Johannes verbarg, die aber, des Ehebruches beschuldigt, ihren Eltern, die sie für tot hielten, die Täuschung enthüllen mußte. Es ist sodann die, die bei ihrer Bekehrung beschlossen hatte, sich Jesus zu weihen. Als sie eine gute Partie ablehnte, die man ihr vorschlug, wurde ihre Zugehörigkeit zum Christentum entdeckt, was ihr schreckliche Qualen und den Tod (um 295) brachte. In Rom wurde ihr im 5. Jahrhundert eine Kirche gewidmet. Ihr Tag wurde am 11. August gefeiert, aber 1970 abgeschafft, weil die historische Echtheit dieser Märtyrerin nicht belegt werden konnte.

SYNAGOGE

Das Wort Synagoge bedeutet „Versammlung"; sehr schnell bezeichnete es den Kultort der Juden* und wurde schließlich zum Symbol der Israeliten und besonders ihrer religiösen Haltung den Christen gegenüber. Sie wird im allgemeinen von den Zügen einer Frau mit einem Esel verkörpert, der die Dummheit Israels symbolisiert, das in Jesus Christus seinen Messias nicht erkannte. Manchmal hält sie ein Messer in der Hand und führt einen Ziegenbock, beides Symbole des Opfers in Jerusalem. Sehr oft trägt sie ein Band über den Augen, weil sie nicht erkannt hat, wer Jesus von Nazareth war. Sie stützt sich auf eine brechende Lanze und hält kaum noch die beiden Gesetzestafeln in der Hand. Als Zeichen gibt man ihr einen Skorpion, Symbol der jüdischen Christenverfolgungen.

T

TAFEL

Die Tafel, im gewöhnlichen Sinne des Wortes, wurde erst am Anfang des christlichen Zeitalters zum geläufigen Gebrauch. Die christlichen Künstler haben die Tafel der hohen Kammer, wo Jesus das Heilige Abendmahl einführte, in der Form gezeichnet, die sie zu ihrer Zeit entweder bei Familien- oder Landfesten oder in den Versammlungen von Priestern oder Mönchen sahen. Sehr oft haben sie merkwürdige Anachronismen begangen, indem sie vor den biblischen Figuren eine Tafel im Stil des 15. bis 17. Jahrhunderts malten; soweit sie aber zu einer Zeit lebten, in der man auf Archäologie erpicht war, begnügten sie sich im allgemeinen damit, die Tafel und das, was darauf stand, stark zu vereinfachen. Kein Zeichen sagt uns, ob sie in Wirklichkeit rund, viereckig, länglich, hufeisenförmig, hoch oder niedrig war.

TALAR

Ursprünglich war der Talar kein liturgisches Gewand. (Das Denken der Calvinisten wäre damit auch kaum zu vereinbaren gewesen, denn die Gnade des Gottesdienstes ist ja von einer Tracht völlig unabhängig.) Es war ganz einfach die gewöhnliche Kleidung der Priester; im Mittelalter trug jeder die Kleidung, die seinem Beruf am besten angepaßt war, und diese Kleidung war zu einem charakteristischen Zug dieses Berufs geworden. Da die meisten Pfarrer ehemalige Priester waren, behielten sie die Kleider, die sie vor ihrer Bekehrung trugen. Im Winter, wenn sie hinausgingen, zogen sie einen Mantel an, den sie während der Predigt anließen, da die Kirchen nicht geheizt waren.

Zu Beginn des 17. Jahrhunderts wurden überall neue Moden in der Kleidung eingeführt, und auch das Gewand der Pfarrer war dieser Entwicklung unterworfen. Erst damals eröffneten einige protestantische Synoden ernste Debatten darüber. Man bat die Pfarrer, ihre Familien und die Kandidaten der Theologie darum, „jede Bravade (= Prunk, neue Mode) in ihrer Kleidung zu vermeiden". Später wurde aufgezählt, was ihnen verboten war: langes Haar, seidener Besatz, Schärpe, Handschuhe aus

Atlas oder Samt, goldene oder silberne Sporen usw.

Auf indirekte Weise bahnte das Edikt von Nantes in Frankreich den Weg zu einem offiziellen kirchlichen Gewand, indem es den reformierten Glauben zuließ. Man stellt nämlich fest, daß die Pfarrer in der ersten Hälfte des 17. Jahrhunderts anfangen, ein Kleid zu tragen, um „die Predigt zu halten". Es war ein langes schwarzes Kleid, das mit einem weißen Beffchen und oft ebenfalls weißen Ärmelaufschlägen geschmückt war. Im Jahre 1664 aber verbot Ludwig XIV. den protestantischen Predigern, Priesterrock und Talar öffentlich zu tragen; wenn sie diese Kleider während ihres Gottesdienstes tragen wollten, sei es erlaubt; dieses offizielle Kleid aber sei den katholischen Geistlichen und den Justizbeamten vorbehalten. Die Pfarrer versuchten, ihren Titel als Magister der Theologie geltend zu machen – vergeblich. 20 Jahre später, als der Widerruf des berühmten Edikts stattfand (1685), hatte man die Gewohnheit schon angenommen; dieses liturgische Gewand hatte sich in den Bräuchen eingebürgert und schien so sehr notwendig, daß die Pfarrer der jetzt wieder verbotenen protestantischen Kirche es behielten, trotz der großen Gefahren, die sie damit auf sich nahmen. Der Talar war gewöhnlich schwarz, sehr selten weiß. Im 18. Jahrhundert wurde er von einem Mantel ergänzt; auf diesen Zusatz verzichtete man jedoch hundert Jahre später wieder. Von da an ist es ein Kleid, das immer schwarz und sehr weit ist und breite Ärmel hat, und das gewöhnlich mit Ärmelaufschlägen aus Atlas und manchmal einem Gürtel versehen ist. Sein Gebrauch setzte sich allgemein weit über die Grenzen Frankreichs hinaus durch. Die freien Kirchengemeinden verzichteten in der 2. Hälfte des 19. Jahrhunderts darauf, ersetzten es aber durch einen schwarzen Gehrock mit weißer Krawatte, was die zeremonielle Kleidung bei der Gründung dieser Kirchen gewesen war und, vollkommen aus der Mode gekommen, bis nach 1930 in diesem Gebrauch fortbestand.

Der Talar war zunächst nur das Zeichen einer Gerichtsbarkeit. Er wurde zum Symbol des Fortbestandes in den liturgischen Handlungen. Er bedeutete die Anwesenheit Gottes. Später machte man daraus das Merkmal der spezifischen Rolle des Verkündigungsamtes in der Kirche.

TANZ

Es wurde schon in der frühen Antike getanzt, und es scheint, daß der Tanz ursprünglich mit religiösen Feierlichkeiten verbunden war, mit oder ohne instrumentale Begleitung und Chöre. Der Tanz ging vom Theater ins Privatleben über. In den ersten Zeiten des christlichen Zeitalters tanzte man während des Kults von Apollo, Artemis und Demeter, aber auch bei den dionysischen Zeremonien. Auch wenn der Tanz eine einfache Zerstreuung war, ließ der Bann, in den er den Menschen zieht, eine religiöse Handlung in ihm erahnen; dies erklärt, warum die Christen ihn verdammten. Ferner konnte der Tanz von Salome vor Herodes, der Anlaß zum Tode Johannes des Täufers gewesen war (Matt 14,6), diese Ansicht nur bestätigen und rechtfertigen.

Die Synode von Laodicea (367), die von Toledo (589), die von Konstantinopel (In Trullo, 692) und andere noch später haben den Tanz, besonders an christlichen Feiertagen, verboten. In einer seiner Predigten rief Chrysostomus († 407) aus: „Da wo der Tanz ist, ist auch der Teufel."

Später jedoch verlor die Kirche etwas von ihrer Strenge. Man begann, den Tanz durch biblische Texte zu rechtfertigen. Man sah sogar darin eine Erscheinungsform des religiösen Lebens ... und man verfiel seltsamen Verwirrungen. Gegen Ende des 14. Jahrhunderts erschien in Metz, Köln und in anderen

Städten noch die Sekte der „Tänzer". Diejenigen, die dazu gehörten, fingen plötzlich an, auf offener Straße zu tanzen, und gingen in Kirchen, wobei sie ekstatische Schreie ausstießen. Die religiösen Behörden beschlossen, es handele sich dabei um eine Krankheit, deren Heilung durch eine bestimmte Pilgerfahrt erzielt werden konnte. Im Jahre 1418, in Straßburg, wurden diese Leute in die Kirche St. Vit gebracht, wo Beschwörer ihnen halfen. Daher kommt der Name „Vittanz" oder „Veitstanz" oder „Veittanz", mit dem man diese Krankheit bezeichnete.

Dies hinderte geistliche Schriftsteller nicht daran, immer neu zu versichern, daß die Auserwählten ihre Freude durch Tänze ausdrücken würden. Sie dachten wahrscheinlich an Mirjam, die Schwester Moses, die nach dem Durchzug durchs Schilfmeer (2 Mos 15,20) tanzte; David selbst tanzte vor der Bundeslade (2 Sam 6,14). Außerdem nahm der Tanz, als Ausdruck der Freude, im Leben der Israeliten einen wichtigen Platz ein, und Jesus selbst hat in seinen Gleichnissen davon gesprochen, ohne ihn zu tadeln.

Das alles erklärt, daß man Darstellungen des Tanzes in christlichen Urkunden erst spät findet; es sind vor allem Miniaturen und Kirchengemälde, die auf diesen oder jenen biblischen Tanz anspielen.

TAUBE

Die Taube stellt vor allem den Heiligen Geist* dar. Zwischen dem 12. und dem 16. Jahrhundert wurden die geweihten Oblaten oft in Hostiengefäßen aufbewahrt, die an diese Symbolik erinnerten: Sie hatten die Form einer goldenen oder silbernen Taube, hingen an Ketten über dem Altar, und auf dem Rücken des Vogels befand sich die Öffnung. Man wollte damit ausdrücken, daß der Heilige Geist diese Oblaten in den Körper Christi verwandeln würde.

Die Taube ist wegen ihres einfachen und gütigen Aussehens überall das Symbol

Grabstein. Mosaik. Keliba (Tunesien).

der Unschuld, daneben aber auch weil sie oft weiß ist, die natürliche Farbe dieser Tugend.

Im griechisch-römischen Götterkult war die Taube Venus gewidmet, weil diese Vögel gurren und sich ungeniert „schnäbeln". Die Christen machten

229

deshalb gelegentlich aus ihr das Symbol der Unzucht.

Es ist nicht die einzige Seite dieses heidnischen Symbols, die in die christliche Symbolik übergegangen ist. Man weiß, daß Reliefs auf griechischen Gräbern die Seele der Verstorbenen als Tauben darstellen, die aus einer Vase, dem Sinnbild der Quelle des Gedächtnisses, trinken. Es ist genau das gleiche Zeichen, das man auf christlichen Grabinschriften benutzte. – Man muß sich nun allerdings fragen, woher es kommt, daß Christen, die dem Heidentum so entgegengesetzt waren, daß sie für ihren Glauben sterben konnten, ein so eindeutig heidnisches Symbol übernehmen konnten. Im allgemeinen trug die Dichtung mit Ideenverbindungen zwischen Wort, Musik, Plastik zu dieser Entwicklung bei. Wenn man das Jenseits beschreiben wollte, dachte man selbstverständlich an das biblische Paradies*, wo Bäume wachsen; man hat diesen Garten wie einen Wald aufgefaßt, dessen Poesie besonders wahrnehmbar ist, wenn man zum Himmel hochblickt, dort, wo die Vögel von Ast zu Ast fliegen; warum sollte es in den himmlischen Gärten nicht die schönsten Vögel der Welt geben? (Siehe Grabmosaikarbeiten von Keliba in Tunesien oder das Gewölbe des Pfarrhauses von San Vitale in Ravenna, usw.). Dann aber hat der Gesang der Vögel an das Hallelujah der Auserwählten der Offenbarung des Johannes erinnert; deshalb hat man die Auferstandenen durch Vögel dargestellt, und dies um so leichter, als der eine, der Phönix* (oft mit dem Adler* oder dem Pfau* gleichgestellt) schon das heidnische Symbol der Auferstehung war. Diese Symbolik der Nichtchristen erschien einigen Theologen wie eine Vorwegnahme der christlichen Wahrheit! – Zum Schluß sei noch erwähnt, daß die Tauben die Seelen der Gläubigen im ewigen Leben darstellen; sie bekom-

Zwei Tauben laben sich im Paradies. Mosaik auf dem Grab von Galla Placidia. Ravenna. 5. Jahrhundert.

men ein unschuldiges und ganz reines Leben, indem sie diese neue Existenz erhalten.

In der Goldschmiedekunst hat die Taube verschiedenen Umfang und Stil. Sie ist manchmal sehr realistisch und mit großer Sorgfalt in den Details gearbeitet. Öfters aber ist sie kaum geformt, manchmal wegen des Materials, manchmal wegen der angewandten Methode (Stein, Filigran), bisweilen aber auch wegen einer modernen Stilisierung. In einigen Epochen wurde sie mit geschliffenen Edelsteinen in der Mitte des Körpers, auf den Flügeln oder auch als Anhängsel am Schnabel ausgeschmückt; dies sollte die Fülle und den Wert des Heiligen Geistes ausdrücken. Diese Mode ging so weit, daß man den Körper und die Flügel der Taube mit vielen Rubinen, Smaragden und Diamanten reich bestückte. – Gewöhnlich soll sie vom Himmel auf die Erde herabfliegen, den Kopf dann nach unten gerichtet, was das Wirken Gottes vermittels seines Heiligen Geistes bedeutet (→Heiliger Geist*). Diesen Sinn hat sie auch, wenn man sie am unteren Ende des Hugenottenkreuzes* erkennt.

Im 16. Jahrhundert sieht man auf Ikonen eine Taube mit einem menschlichen, manchmal von Glanz erleuchteten Kopf. Dies geschieht ohne Zusammenhang mit den Sirenen der romanische Kapitelle; dadurch hat diese Darstellung etwas vom Engel und vom Menschen zugleich und drückt den Gedanken aus, daß der Heilige Geist auf Erden Fleisch werden kann.

TAUFBECKEN →Taufkapelle
TAUFE

Die Darstellungen der Taufe kommen schon häufig am Ende des 2. Jahrhunderts vor, sei es die Taufe eines Katechumenen oder die von Jesus. Die Waschung gehörte zu mehreren Religionen, als daß ihre Darstellung in den Katakomben für die Christen kompromittierend hätte werden können. Ferner ist die Auffassung des Todes als Eintritt in ein neues Leben mit dem Grundgedanken der Taufe verwandt; das erklärt wohl, warum solche Darstellungen auf einem Friedhof zu sehen sind. Durch seine Taufe war der Verstorbene bereits in das ewige Leben eingetreten.

Das älteste Bild der Taufe eines Katechumenen stammt aus dem Ende des 2. Jahrhunderts und befindet sich auf dem Friedhof von Calixtus in Rom: Der Priester hat seine rechte Hand auf den Kopf des Täuflings gelegt, während er in der anderen vermutlich den Text der Evangelien hält. In den Taufdarstellungen der folgenden Jahrhunderte ist die Bewegung der rechten Hand des Priesters keine einfache Auflegung mehr, sondern das Benetzen des Täuflingskopfes mit dem Taufwasser. Das Wasser, das ursprünglich eine Läuterung symbolisierte, ist zu einem Element geworden, das eine überirdische Kraft vermittelt; man muß es sehen können. Einige von diesen Darstellungen zeigen daher den Katechumenen stehend in einem Wasser, das bis zu seinen Knien reicht, sehr selten und erst später wird er völlig unter Wasser getaucht dargestellt. Die Taufe durch Benetzen des Kopfes mit Wasser wird häufiger gebraucht als das Eintauchen des Körpers in ein Becken.

Auch auf dem Friedhof von Calixtus befindet sich die älteste Freske der Taufe Jesu; Johannes der Täufer zieht Jesus aus dem Wasser, während eine Taube aus der Ferne heranzufliegen scheint. Diese Darstellung steht der Bibel am nächsten und ist für die damalige Zeit am wenigsten konventionell. Sehr rasch aber bildet und setzt sich eine Tradition durch: Johannes der Täufer legt die Hand auf den Kopf von Jesus, der viel kleiner ist als der letzte Prophet; er wird sogar als Kind gemalt. Die Taube befindet sich über Jesus, ihr Kopf ist nach unten gerichtet.

Schon im 5. Jahrhundert werden die

notwendig gewordenen Taufgebräuche gezeichnet: die typische Gebärde des Priesters, der die Handballen und den Daumen auf der Stirn des Täuflings hält; das Wasser kommt aus einer Muschel, einem Wasserbecken oder manchmal einem Felsen, als ob man dieses Wunderwasser zeigen wollte, das einen Menschen in einen Christen verwandelt; der Täufling ist im allgemeinen nackt, und wenn es sich um Jesus selbst handelt, ist er immer als Kind dargestellt. Manchmal hält Johannes der Täufer ein Buch oder ein prophetisches Kreuz in der Hand; bald erscheint eine zweite Person neben Jesus: vielleicht eine Verkörperung des Jordans oder wahrscheinlicher die der messianischen Prophezeiungen; manchmal (schon im 6. Jahrhundert) ist es ein Engel, der Christus ein Kleid reicht. Manchmal auch scheint eine aus dem Himmel ragende Hand die Taube zu schicken.

Die gleiche Wandlung vollzieht sich in der Malerei und Bildhauerei auf Sarkophagen oder Elfenbeinplatten. Die Bewegung des Taufens scheint wohl von der Auflegung zu einem Benetzen übergegangen zu sein, das sich dann wiederum zu einem halben Eintauchen entwickeln wird. Diese Steigerung erfolgt zwar erst spät, wenn es sich um Gold- oder Gußeisenwaren handelt, ist aber nichtsdestoweniger unbedeutend.

Mit den Miniaturen, die schon im Frühmittelalter die Titel der biblischen Bücher und später der Kapitelanfänge schmückten, kommt man zumindest teilweise auf den historischen Christus zurück. Die Schreiber, die den Text der Evangelien gerade niedergeschrieben hatten, haben sehr oft diese Manuskripte auch mit Abbildungen versehen, und sie stellten das dar, woran sie sich erinnerten.

Die Farben der Taufe sind im Weiß der Unschuld bzw. der Reinheit und im Grün der Hoffnung gehalten.

TAUFKAPELLE

In den ersten Zeiten der christlichen Kirche wurde am Ufer eines Flusses getauft (Apg 8, 36–38; 16, 13). Daher kommt der Name „Taufbecken" (*fontes baptismi* = Taufquellen oder -bäche). In den Katakomben gab es Quellen und Becken, die nur hierzu dienten. Der Gebrauch der Taufe war auf das Symbol des Wassers beschränkt worden.

Schon im 4. und im 5. Jahrhundert fügte man das Salböl, die Beschwörungen und den Segen hinzu. Später verglich man die Kirche mit dem Gelobten Land, wo Milch und Honig fließen, und dadurch, daß man dem Getauften zusicherte, er sei durch die Taufe in dieses wunderbare Land eingetreten, gab man ihm Milch zu trinken und Honig zu essen; er wurde mit einem weißen Gewand bekleidet, das er acht Tage lang tragen sollte; er erhielt einen Palmen- oder Myrthenkranz usw. Diese neuen Bräuche veranlaßten die Geistlichen, neben der Kirche ein neues Gebäude, Taufkapelle genannt, bauen zu lassen, wo man das ganze Jahr über diese Feierlichkeiten begehen konnte. Lange Zeit durfte nur der Bischof taufen; es gab daher für jedes Bistum nur eine einzige Taufkapelle. Das Becken, das man dort fand, hatte verschiedene Formen: viereckig, rund, achteckig, in der Form eines griechischen Kreuzes, mal einfach und streng, mal prunkvoll geschmückt. Die Taufkapellen waren Johannes dem Täufer gewidmet, in Erinnerung an die Taufe Christi.

Schon im 11. Jahrhundert wurde in jeder Pfarrgemeinde getauft. Dieser Entschluß zwang die Geistlichen dazu, aus einer Kapelle der Kirche eine Taufkapelle zu machen. Man wählte diejenige, die sich gleich am Eingangstor befand, da die Taufe das Eintreten in die Kirche symbolisiert. Man bevorzugte die Kapelle, die am südlichen Eingangsportal war, weil der kalte Nordwind das Herz gegenüber der Liebe Gottes angeblich erstarren ließ, während die südliche Sonne es der Liebe Gottes näherbrachte. Zur gleichen Zeit ersetzte man die früheren Becken durch Bottiche, die zum Empfang der Taufe dienten. Der Täufling stand in dem mit Wasser gefüllten Bottich, und der Priester goß aus einer langen Vase Wasser auf seinen Kopf. Obwohl die Kirchenfenster Taufen durch Eintauchen bis zum 14. Jahrhunderte zeigen, war dieser Brauch schon dreihundert Jahre früher fast völlig in Vergessenheit geraten.

Zur Zeit der Frühgotik wurden die Bottiche immer kleiner; sie waren rund, sie wurden achteckig; man stellte sie auf einen oder mehrere Sockel. Mit der Abnahme der Wassermenge, veränderte sich auch seine Qualität: Aus gewöhnlichem Wasser wurde das Weihwasser. Um es so weit möglich zu erhalten, wurde es mit einem pyramidenförmigen Deckel abgedeckt. Man legte sogar ein geschlossenes Gefäß mit diesem Weihwasser auf den Grund des Bottichs.

Die Ausschmückung der alten Taufbecken zeigt oft die Taufe von Neubekehrten oder die von Jesus oder einen segnenden Christus, später Petrus, mit dem Schlüssel zum Paradies in der Hand. Der vielseitig interpretierte Rebstock nimmt als Rankenwerk, Spirale oder Palmblattverzierung einen wichtigen Platz in solchen Ausschmückungen ein; er stellt nämlich „das Blut Jesu Christi dar, das uns rein von aller Sünde macht" (1 Joh 1,7). Später findet man Szenen aus dem Alten Testament, in denen man die Vorwegnahme der christlichen Taufe sah: Moses wunderbare Errettung (2 Mose 1–10), den Sturz der Ägypter ins Meer (2 Mose 14, 26–29), Mose in Mara, wo er das Wasser genießbar machte (2 Mose 15, 22–25), die Bundeslade, die über den Jordan geht (Jos 3, 14–17), Gideons Wolle (Rich 6, 36–40), das Opfer auf dem Karmel (1 Kön 18) usw.

Die Verzierung, aber auch die Form der Taufbecken, wie die der Altäre, drücken die Idee eines wirksamen Sakraments der Kirche aus. Bei den Calvinisten wurden sie durch eine ganz einfache Sakramenttafel ersetzt, auf welcher das Brot und der Wein des Abendmahls, wenn es nötig war aber auch das Gefäß des Taufwassers lagen; diese Einfachheit unterstreicht die Tatsache, daß Gott und nicht die Kirche diese Sakramente verleiht. Deshalb wurden die Taufbecken der evangelisch-reformiert gewordenen Kirchen weitgehend abgeschafft, und erst im Namen eines unbewußten Archäologismus bemüht man sich seit der Mitte des 20. Jahrhunderts darum, sie wiederherzustellen.

TEMPEL

Die Baukunst und die Darstellung der christlichen Kultstätten sind der Entwicklung ihrer Auffassung gefolgt.

Die Tempel der Ägypter, der Griechen und der Römer waren die Häuser ihrer Götter; in ihrem Mittelpunkt (der *cella*) stand eine oft reiche Darstellung dieser Gottheiten, eine Darstellung, die praktisch zur Gottheit selbst wurde.

Denselben Gedanken findet man im ersten Tempel der Israeliten, der in Jerusalem zu Beginn des ersten Jahrtausends vor Christus gebaut wurde. Da Mose aber die Unkörperlichkeit Gottes erfahren hatte, war dieser dort nicht dargestellt; im Mittelpunkt des Tempels befand sich jedoch die Bundeslade, die ursprünglich als Thron aufgefaßt wurde, auf welchem Gott Platz nahm.

Der Begriff der Unkörperlichkeit Gottes ging seinen Weg. Zur Zeit Christi wirkt er sich noch nicht voll aus. Im Tempel wird er durch die Leere des Ortes, „Allerheiligstes" genannt, ausgedrückt; Gott beschränkt sich aber auf diesen Ort. Christus wird diesen Begriff von jeder Lokalisierung befreien, indem er sagt: „Gott ist Geist, und die ihn anbeten, die müssen ihn im Geist und in der Wahrheit anbeten" (Joh 4,24), d.h. „wirklich ein Geist", indem sie auf jede Lokalisierung oder räumliche Begrenzung verzichten. *Er* hat dem christlichen Tempel den Sinn gegeben, den die Synagogen besaßen: ein Ort des Betens (Mark 11,17 und dergl.). Es ist nicht mehr das Haus Gottes, es ist das der Menschen, derjenigen, die sich dort versammeln, um Gott zu treffen und unter Christen nachzudenken.

Solange das Christentum in der antiken Welt nicht zugelassen war, konnte dieser Begriff leicht erhalten werden: Die Christen konnten keine Tempel bauen. Sobald die Rechtmäßigkeit des Christentums anerkannt und zur offiziellen Religion des Kaisers, der Regierung und ihrer Vertreter wurde, führte dies die Kirche dazu, „ihr eigenes Haus haben zu wollen", um Erläuterungen zu geben und um sich zu behaupten. Sie nahm als Vorbild die großen Säle, in denen die damaligen politischen Auseinandersetzungen stattfanden, und baute rechteckige Basiliken. Eine Zeitlang behielt sie neben diesen Tempeln Taufkapellen* bei, deren Bedeutung in der Baukunst der ersten Auffassung eines christlichen Tempels näher war. Die Bevölkerung nahm zu. Die Städte entwickelten sich, und man mußte immer größere Bauten errichten. Man entdeckte neue Techniken, die romanische, dann die gotische Technik, die mehrere Jahrhunderte lang parallel benutzt wurden. Nachdem die Kirche sich allmählich dem Reich Gottes gleichgesetzt hatte, wurde der Tempel zunächst der Ort, den sich Gott auf Erden vorbehielt (es ist der Sinn des romanischen Stils), dann der Ort der religiösen Seligkeiten, was die Baumeister und die Maler dazu führte, daraus eine Art Paradies zu machen: Die Säulen werden in der Mitte der gotischen Epoche in Baumstämme verwandelt, deren Laub (es sind die Kapitelle) aus stilisierten Blättern besteht (damit sie himmlischer erscheinen); das Gewölbe wird azurblau angemalt und mit Sternen verziert (gleicht nicht die Kirche einem Paradies inmitten einer Welt voller Finsternis, dachte man); der Altar* mit dem Hostienschrank* wird mit Kerzenlicht bestrahlt, weil es der allerheiligste Ort der materiellen Anwesenheit Gottes ist, was natürlich eine Rückkehr zu der cella der antiken Tempel ist; Gemälde und Skulpturen stellen zuerst die wichtigsten Christen der biblischen, dann der kirchlichen Geschichte dar; sehr rasch aber wurde diese Darstellung zu einer Realität, und man fing an, vor diesen Kunstwerken zu beten, sogar zu den dargestellten Figuren zu beten, denn diese Menschen sind ja dort, in diesem Paradies.

Im 16. Jahrhundert kam das calvinistische Denken auf den ursprünglichen Begriff des christlichen Tempels zurück; es entstand ein protestantischer Stil, der runde, achteckige und bald eiförmige Kirchen errichtete; sie drückten die Vorstellung des Zusammenhaltes der Kirche vor Gott aus. Die Ausschmückung dieser Kultstätten war äußerst schlicht und beschränkte sich gewöhnlich auf die Grundlinien der Baukunst, damit die Christen bei ihrem Treffen mit Gott – und Gott allein – durch nichts abgelenkt werden können. Da die Kanzel die Linien des immer mehr oder weniger runden Baus zwangsläufig unterbrach, war der Blick zu ihr gelenkt und damit zum Wort Gottes, das von dort vorgelesen und ausgelegt wird; darin liegt die tiefe Bedeutung der reformierten Baukunst.

Manche der Gemälde und Skulpturen, die die katholischen Kirchen schmücken, zeigen einen König, einen Fürsten, einen reichen Herrn, die auf eine kleine Kirche deuten; es sind die Stifter, die das Geld für die Errichtung gaben. Diese Darstellungen sind selbstverständlich Tempel, die auf die wesentlichen Elemente beschränkt sind: Hauptfassade mit Eingangsportal, Fenster im Stil der Zeit und einen oder mehrere Türme, je nach der Zahl derjenigen, die die Kirche besaß.

TETRAMORPH →Evangelistensymbole

THEKLA (Heilige)

In ihr hat man lange die erste Märtyrerin des christlichen Glaubens gesehen. Sie lebte in Ikonion, als der Apostel Paulus dort ankam (Apg 14,1). Nachdem sie ihn gehört hatte (die Legende erzählt, daß es vier Tage und vier Nächte dauerte), bekehrte sie sich zum Christentum, verzichtete auf eine reiche Heirat und folgte dem Apostel nach Antiochus. Ihr früherer Verlobter ließ sie festnehmen. Zum Verbrennungstod verurteilt, löscht ein sintflutartiger Regen die Scheiterhaufen; sie flieht, um Paulus wiederzufinden und sich der Bekehrung der Heiden zu widmen. Sie wird jedoch von neuem festgenommen und den wilden Tieren ausgeliefert; diese zerreißen sich nach der einen Version gegenseitig, nach der anderen Version, knien sie vor ihr nieder. In männlicher Verkleidung kehrt sie zu Paulus zurück. Andere Wunder werden ihr in der Geschichte von Paulus, einer apokryphen Schrift aus dem 4. Jahrhundert, zugeschrieben, von der ein katholischer Historiker sagte: „es sei viel mehr ein Roman als Geschichte." Die Heilige Thekla solle ihr Leben in der Nähe von Bagdad friedlich beendet haben.

Zu gewissen Zeiten der Kirchengeschichte, wenn man das Bedürfnis spürte, den Volksglauben neu zu beleben, indem man von den Wundern des Evangeliums sprach, schrieb man Aufsätze und Kommentare über diese Legende von der Heiligen Thekla und über die Wunder, die neben ihrem Grab stattfanden. Zu unserer Zeit des „Ökumenismus" (1970) hat die katholische Kirche erkannt, daß diese Erzählungen und sogar die Existenz dieser Heiligen durchaus nicht sicher sind. Sie hat den Kult, der am 23. September für sie abgehalten wurde, abgeschafft, aber sie verzichtete nicht auf die Kanonisation, die sie ausgesprochen hatte.

Man findet viele Darstellungen der verschiedenen Elemente dieser Legende: Gemälde, Reliefs, Tonwaren, Skulpturen auf Marmor und Elfenbein: Oft ist die Heilige Thekla, jeglicher Kleidung entblößt, an den Scheiterhaufen gebunden oder den wilden Tieren ausgeliefert. Man findet sie, reich gekleidet, neben dem Apostel Paulus wieder, mit dem sie sich zu unterhalten scheint. Sie steht manchmal in einem Boot, das Paulus auf der Reise steuert; manchmal erscheint sie nicht selbst unter den Figuren dieser Szene, aber das Boot heißt Thekla. Das kann entweder eine mit dem Apostel unternommene Reise oder das Evangelisierungswerk symbolisieren, das er ihr anvertraut oder das sie unter seinem Einfluß getan haben soll.

THERESA (Heilige)

Sie ist eine merkwürdige Gestalt aus dem 16. Jahrhundert (1515–1582). In einer vornehmen Familie von Avila (Spanien) geboren, in welcher die größte Frömmigkeit herrschte, lebte sie lange zwischen der überschwenglichen Mystik und den weltlichen Erfahrungen hin und her gerissen; mehrmals wird sie von Nervenkrankheiten befallen, die zu Teillähmungen führen. Mit 44 Jahren verzichtet sie auf die Welt, geht zu den Karmeliterinnen, reformiert deren Kloster, gründet andere, die sie auf Grund der strengsten Regeln einrichtet. Sie stößt auf das Unverständnis vieler und sogar der Oberin ihres Ordens.

Sie schrieb zahlreiche Briefe, oft voller sehr schwer begreiflicher Visionen und Zeugnisse einer Mystik, die mit dem hinduistischen Pantheismus verwandt ist.

Sie hat erzählt, ein Engel habe ihr das Herz mit einer goldenen Lanze durchstochen, Jesus sei ihr leibhaftig erschienen, habe ihr eine wunderbare Kette überreicht, usw. Ihre häufigsten Zeichen beziehen sich auf diese Berichte: Es sind eine glühende Lanze, ein durchbohrtes Herz, ein Engel, der mit einem langen

Pfeil versehen ist, eine Kette, die sie in der Hand hält und bewundert. Auch andere Sinnbilder kennzeichnen sie: die Feder, mit der sie ihre zahlreichen Briefe schrieb, das Buch mit der Regel ihres Ordens und die Taube*, die den Einfluß des Heiligen Geistes* auf ihr Leben zeigt.

THOMAS (Apostel)

Die Bibel erwähnt ihn zweimal: zunächst, wenn er der Angst seiner Kollegen und seiner eigenen Angst Ausdruck gibt, mit Jesus nach Jerusalem gehen zu müssen, wo er wohl wußte, daß sie Feinde treffen würden (Joh 11, 16), und dann, wenn er, mehr aus Positivismus als aus Skepsis, seine Ungläubigkeit vor der Botschaft Jesu oder vor der Auferstehung ausspricht (Joh 14, 5; 20 24–28). Eine gewisse Tradition macht aus ihm den Apostel der Parther; ja er sei sogar nach Indien gegangen, wo er des Märtyrertods gestorben sei. Er soll in Edesse, oder in Portugal begraben sein. Die „Goldene Legende" macht aus ihm einen Baumeister, und deshalb hat er als Hauptzeichen einen Meßwinkel und eine Reißschiene. Manchmal wird eine Lanze, die ihn erstach, ein Finger, den er ausstrecken wollte, um die Wunden des auferstandenen Christus zu berühren, hinzugefügt, oder den Gürtel, den die Heilige Jungfrau Maria ihm bei ihrer Himmelfahrt hinterlassen hatte.

THOMAS VON AQUIN

Er ist einer der berühmtesten Theologen und Philosophen des Mittelalters. Sein Leben und seine Legende haben jedoch die ihm zugeteilten Zeichen wesentlich mehr beeinflußt. Höchstens gibt man ihm eine Feder in die Hand, um an die zahlreichen Werke zu erinnern, die er schrieb. Da das eine den Titel „Die goldene Kette" trägt, sieht man ihn manchmal mit einer goldenen Kette um den Hals. Diese Symbole sind aber Ausnahmen.

Dagegen verdankt er seinem sanften Charakter den Titel als „Doctor angelicus" und als Symbol zwei Flügel. Da er rein geblieben war, wurde er mit einem roten Stern oder einer weißen Lilie versehen. Hinter ihm sieht man oft ein Fenster, das daran erinnert, daß er aus dem Elternhaus geflüchtet ist. Seine Mitschüler hatten ihn den „stummen Ochsen" genannt, weil er viel überlegte, bevor er sprach; oft gibt man ihm dieses Tier als Sinnbild. Die Taube* des Heiligen Geistes*, der ihn inspirierte, eine Mitra* und ein Rauchfaß* werden ihm hinzugefügt, weil man ihm die Bischofswürde angeboten hatte. Da man schließlich behauptet, eine Sonne sei über seinem Kopf erschienen, als er starb, stellt ihn manchmal dieses Gestirn dar.

TIARA

Nachdem die Mitra zur offiziellen Kopfbedeckung der Bischöfe geworden war, suchte man für diejenigen, die ein höheres Amt innehatten, eine andere Form von Hut. Hiervon war jedoch vor dem 8. Jahrhundert keine Rede, erst zu diesem Zeitpunkt fingen einige Erzbischöfe an, die sogenannte Tiara zu tragen: Es war eine Art kegelförmige und ziemlich hohe Mütze, die mit einer, mit zwei oder drei goldenen Kronen geschmückt war. Später wurde ein Zusammenhang zwischen dieser Kopfbedeckung und der des israelischen Opferpriesters hergestellt (2 Mos 28, 36–37; 29, 6), aber die Archäologie kann seine Richtigkeit nicht beweisen, und die Etymologie des hebräischen Wortes vermag diese Hypothese auch nicht zu bestätigen. Wie auch immer dem sei, diese Kopfbedeckung wurde zum geläufigen Gebrauch und bedeutete, daß diejenigen, die sie trugen, nicht nur eine geistige, sondern auch eine weltliche Obrigkeit besaßen; dies symbolisieren die Kronen, wie auch die Umstände es zeigen, in denen die Mütze benutzt wurde. Die Päpste verboten ihre Verwendung durch die Erzbischöfe, und am Ende des 15. Jahrhunderts verbot ihnen

Papst Paul II. († 1471), sie zu tragen. Von nun an blieb sie dem Papst vorbehalten.

TIERKREIS
Die Tierkreiszeichen bezeichnen zwölf gleich wichtige Gegenden in einem himmlischen Streifen, der die Sonnenbahn umgibt und in dem die Planeten sich zu bewegen scheinen. Sie sind in der ganzen Welt bekannt. Ihre symbolische Bedeutung verändert sich jedoch je nach der Kultur und der Zeit, in denen sie verwendet werden.

Die Christen haben sie nur benutzt, um die Vorstellung der Dauer auszudrükken. Zum Beispiel, um zu sagen, daß das Werk des Heiligen Geistes ewig währt, umgibt man die Szene der ersten Pfingsten mit den Tierkreiszeichen, die manchmal durch sehr verschiedene Symbole der Jahresmonate ergänzt werden.

TOD
Die christliche Darstellung des Todes folgt der Entwicklung des Totenkults in der Kirche. Man findet keinen biblischen Anhalt für diesen Kult, außer in einem apokryphen Werk, dem 2. Buch der Makkabäer (12,43), das eine jüdische Sitte bescheinigt, die rituell die Vergebung Gottes für *die* erlangen will, die zur Zeit des Aufstands der Makkabäer gestorben waren, um ihren Glauben zu verteidigen. Im ursprünglichen Christentum empfahl man Gott die Seele der Verstorbenen. Erst im 8. Jahrhundert erscheint den Toten gegenüber ein wirklicher Kult. Am Ende des 10. Jahrhunderts wurde Allerseelen am 2. November zunächst in alle Klöster, die von Cluny abhingen, eingeführt, später überall in der ganzen Kirche. Im Tridentinum (1543–1505) schließlich wurde der Gedankenvorgang, der zu diesem Kult geführt hatte, als ein Recht und eine Macht der Kirche realisiert; man erklärte, daß die Leiden der Seelen im Fegefeuer durch Gebete, gute Werke der Lebenden und vor allem durch die Messe gelindert werden konnten, die als wirksamer Ritus (Opfer) den Toten gegenüber betrachtet wurde.

Für die ersten Generationen der Christen war der Glaube an die Wiederauferstehung Jesu eine solche Gewißheit, daß die Wiederauferstehung ihnen natürlicher erschien als der Tod. Es bestand also kein Grund, diesen darzustellen, während das Thema des ewigen Lebens sehr oft behandelt wurde. Als die Formulierung des Glaubens die Oberhand über den Glauben selbst erlangte und als sich vor allem das Jahr 1000 und dann das Jahr 1260 näherte, in denen man die Offenbarung des Johannes und die Lehre vom schrecklichen Fegefeuer für das Heil der Menschen aufbrachte, riß das Thema des Todes und seiner Schrecken die Theologen und die Künstler noch einmal mit sich fort. Sie stellten nicht nur die sterbliche Hülle, sondern auch die Zukunft dar, die sie im Fegefeuer, wenn nicht in der Hölle erwartete. Darstellungen des Jüngsten Tages* übernahmen den Platz der Offenbarung Christi auf den Tympana der Kathedralenportale: einige erschienen auf Friedhöfen; man stellte sie auf Altargemälden dar; und auch Gemälde, Fresken, Mosaikarbeiten mit diesem Thema sind erhalten geblieben. Man sieht zwar Auferstandene, aber auch Teufel und Dämonen, die den endgültigen Tod in der Hölle versinnbildlichen. Es sind manchmal ganz nackte oder kaum mit Haut bedeckte Skelette. Einige Künstler spezialisierten sich auf die Schilderung dieser Greuel. Der Tod hat oft Flügel wie eine Fledermaus, Köpfe von Raubvögeln anstatt Schultern oder Hals, Adlerbeine statt Füßen. Er ist gewöhnlich schwarz oder grau, wie die kalt gewordene Asche. Die Sense, die ihn in der griechisch-lateinischen Antike berühmt machte, wurde ihm zurückgegeben.

In den Darstellungen der Kreuzigung sieht man manchmal ein Skelett oder

237

einfach einen Schädel am Fuß des Kreuzes*. Es bedeutet, daß Christus den Tod besiegt hat. Dieses Symbol konnte sich aber nie richtig durchsetzen, weil es zu formal war; weder auf intellektuelle noch auf geistliche Weise zeigt es den Zusammenhang zwischen dem Sterben Christi und dem Tod; es ist bereits eine versteinerte Religion geworden.

TOR

Eine Tür ist eine Öffnung, durch die man einen geschlossenen Raum betreten kann: Haus, Hof, Garten, Burg, Stadt. Im Fall eines Angriffs ist es natürlich eine schwache Stelle, die man unbedingt beschützen muß; zu diesem Zwecke errichtete man umfangreiche Bauten, über die man den Segen der Götter anrief. Im Mittleren Orient legte man auf die Schwelle der Tür den Leichnam eines geopferten Kindes. Bei den Römern umgab die Schwelle der Häuser eine ganz besondere Verehrung, und in den Zeremonien der Hochzeit wurde dort ein eigentümlicher Ritus ausgeübt.

Von dem Augenblick an, in dem die Christen Kirchen bauen durften, maßen sie der Verzierung des Tores eine besondere Bedeutung bei. Sie machten daraus eine Einladung einzutreten, gemäß dem Wort Christi, der sich selbst mit einem Tor verglich (Joh 10,7); Jesus forderte auf, über ihn zu gehen, um ins Reich Gottes einzutreten. Die älteste bekannte Verzierung eines Kirchentors erinnert genau an dieses biblische Wort: In der Mitte des Türsturzes zeigt es ein Lamm*, das ein Kreuz trägt und von den Worten: *ego sum ostium* (= ich bin das Tor) begleitet ist. durch diese Verzierung sagte die Kirche auf indirekte Weise, was sie sein wollte, wie sie über sich dachte und forderte jeden auf, sich unter den Schutz und die Obrigkeit Jesu Christi zu stellen. Daher kam es, daß man im 13. Jahrhundert die Kirche durch ein Tor darstellte.

Man weiß, daß die Kirche sich allmählich verändert hat, sich schließlich dem Reich Gottes gleichstellte; und die Verzierung ihrer Heiligtümer zeigt einen genauen Widerhall dieser Entwicklung. Bemerkenswert ist die Tatsache, daß die Hauptfassade der Basiliken und später der Kathedralen oft an der Verzierung des Haupttores teilnahm. Zuerst wird Christus durch die Sinnbilder bezeichnet, die man dort sieht, als ob man den Vorbeigehenden sagen wollte: Kommt hier herein, ihr werdet Christus finden, der über die Seinigen herrscht. Dann wird näher bestimmt, wer Christus ist: Es ist der der Evangelien, weil er von den Zeichen des Tetramorph umgeben ist (Saintes); mal ist er von den Jüngern begleitet (Chartres), oder er ist derjenige, von dem die ganze Heilige Schrift spricht (Poitiers). Manchmal wurden zu dieser Zeit auf drei Toren nebeneinander die Szenen von Weihnachten, Himmelfahrt und Pfingsten dargestellt, um auszusagen, daß Christus auf die Erde gekommen ist (von Weihnachten zu Christi Himmelfahrt), um die Christen zur Evangelisierung der Welt zu senden (Pfingsten); damit wurde die wirkliche Richtung des Wirkens der christlichen Kirche gegeben, eine Richtung, die von Christus zu denjenigen ausgeht, die noch keine Christen sind (Vézelay). – Etwas später wird noch Jesus Christus dargestellt, aber als Richter der Menschen. Es ist eine Art, den Vorbeigehenden zu sagen: Gebt acht auf eure Lebensweise, denn am Ende, d.h. bei der Auferstehung werdet ihr von dem, der alles kennt, beurteilt werden (Amiens, Paris). – Später noch sucht die Kirche Zusicherungen in der Geschichte und schildert auf dem Haupttor ihrer Gotteshäuser alle Ereignisse des Lebens Christi und vor allem die seiner Passion (Straßburg). – Schließlich, als das Mittelalter und der gotische Stil zu Ende sind, leert sich das Tympanon dieses Tors, während die Pfeiler, die mit Statuen von historischen Figuren schon beladen waren, dessen Verzierungen noch behalten (Reims, Beauvais, Nantes).

So zeigt die Kirche durch die Verzierung des Tympanon der Haupttore ihrer Dome die wesentlichen Züge ihrer Entwicklung. Im Mittelpunkt ihrer Sorgen hatte sie zuerst eine lebendige Frömmigkeit, dann das religiöse Denken, dann die Moral und schließlich die Geschichte. Ein ähnlicher Rhythmus findet sich auch in anderen Religionen, aber auch in anderen Bereichen des Lebens und hauptsächlich in der Kunst.

Als die Kirchen größer wurden und als man mehrere Tore baute, erfand man für diese besondere Verzierungen. Man zeigte dort die Wunder Christi, verschiedene Szenen aus dem Alten oder dem Neuen Testament, oder Wunder, die der Jungfrau Maria und den Heiligen von der Geschichte und einer mehr oder weniger märchenhaften Tradition zugeschrieben waren. Durch all diese Kunstwerke versuchte man, die Aufmerksamkeit der Menschen auf Jesus Christus zu lenken, muß aber sehen, daß Christus durch all das ornamentale Rankenwerk nicht selten verdeckt wird. Das Wesentliche an der Kirche wird allmählich durch andere Sorgen verschleiert.

Die Torflügel waren ursprünglich aus Holz und äußerst einfach. Man fing an, sie mit Farbe anzustreichen, um Witterungsschäden zu bekämpfen. Dies brachte auf die Idee, dort biblische oder kirchliche Themen zu malen. Da diese Verzierungen schnell verdorben waren, wurden sie durch Holzschnitte ersetzt. Die hielten mehr aus, aber die Sonne und der Regen beschädigten auch sie ständig. Man verwendete Bronze; jede Türfüllung wurde in Tafeln aufgeteilt, auf denen Szenen der Passion und der Auferstehung Christi in Relief dargestellt wurden. Einige unter diesen Toren sind als Kunstwerke sehr berühmt, z.B. die von Ghiberti in der Taufkapelle von Florenz.

TRAUBEN

Wie ist es gekommen, daß Christus durch Trauben dargestellt wurde?

In der ursprünglichen Kirche nahm man sehr früh die Gewohnheit an, Gott während des Gottesdienstes Bodenerzeugnisse, „erste Früchte der Kelter, der Tenne und der Herden" (Didache 13, 3–4) darzubieten. Bei den Heiden tat man es in der Hoffnung, von den Gottheiten den Segen für ruhige und reichliche Ernten zu erhalten. Die ersten Christen machten daraus ein Werk der Nächstenliebe und schenkten „den Armen und den Propheten" diese ersten Früchte; dadurch führten sie das Werk der Wohltätigkeitssammlung weiter, das der Apostel Paulus zugunsten der „Gemeinde von Jerusalem" organisiert hatte (1 Kor 16, 1–2). Es wurde an die im alten Israel vorgeschriebenen Opfergaben angeschlossen (2 Mose 22, 29; 4 Mose 18, 12). Diese Güter wurden in die Kirche gebracht, wobei eine Formel gesprochen wurde, die entdeckt und auf das Ende des 3. Jahrhunderts datiert wurde: Laß diese Gaben zur Vergebung unserer Sünden dienen, uns, die wir sie schenken…". Man sieht, daß man sehr früh die Idee des Verdienstes daran knüpfte. Der Priester segnete diese Gaben.

Allmählich wurde der Brauch eingeführt, die dargebotenen Trauben und den Most zu benutzen, um den Wein des Abendmahls vorzubereiten. Im 7. Jahrhundert wurde der Segen der Kirche, allein den Opfergaben der Trauben (oder des Weins) und des Weizens (oder des Brots) vorbehalten. Seitdem stellen auch Weizen und Trauben das Heilige Abendmahl dar und symbolisieren Christus selbst.

Ferner deuten die Trauben selbstverständlich auf den Herbst, die Jahreszeit der Weinlese. Wenn die christlichen Künstler einen Begriff der Dauer und sogar der Ewigkeit auszudrücken hatten, benutzten sie die Tierkreiszeichen, fügten aber oft Symbole hinzu, die jedem Monat des Jahres eigen sind; die

Trauben wurden dann zum Symbol des Monats September.

Dies alles erklärt die Beliebtheit der Trauben in den christlich-kirchlichen Ausschmückungen. Manchmal ist es allerdings reine Verzierung, in der Weinblätter und -trauben zu leichten und angenehmen Effekten geeignet sind. Sehr häufig jedoch drückten die Trauben durch die Andeutungen auf das Heilige Abendmahl eine mystische Anwesenheit Christi aus. Davon gibt es Skulpturen, Fresken, sehr viele Miniaturen, Elfenbein- und Holzschnitzereien, Ausschmückungen von Lampen und von allen Gegenständen, die bei diesem oder jenem christlichen Kult benutzt wurden.

TRAUUNG – HEIRAT

Die Art, wie die Christen die Trauung dargestellt haben, ist selbstverständlich der Entwicklung der von der Kirche festgesetzten Regeln gefolgt.

Im 2. Jahrhundert, als die Christen heirateten, ohne sich um die Kirche zu kümmern, schrieb Ignaz († 1110) an Polykarp, „es wäre zu wünschen, daß keine Heirat ohne die Genehmigung des Bischofs abgeschlossen wird." Damals war noch keine kirchliche Regel festgelegt. Im Jahre 300 setzt das Konzil von Elvira die ersten christlichen Regeln für den Ehebruch, die Scheidung und die Abtreibung fest, sagt aber nichts über die Bräuche und Riten der Trauung. Nachdem die christliche Kirche im Römischen Reich anerkannt worden war, übernahm sie sehr schnell das kaiserliche Gesetz im Bereich der Heirat und versuchte, sich darüber hinaus Rechte herauszunehmen; sie erreichte dies um so leichter, als ihre Autorität zunahm, während die des Staats immer geringer wurde. In ähnlicher Weise wurden die meisten römischen Riten in die Kirche eingeführt und ihre Symbole von den Christen aufgenommen (und kaum angepaßt); kein Erlaß eines Konzils sprach dagegen. Man findet zahlreiche Zeugnisse dafür.

Die ersten Darstellungen der christlichen Trauung zeigen das Brautpaar vor Christus in der gleichen Haltung und von den gleichen Symbolen umgeben wie das römische Brautpaar vor *Juno pronuba*. Die einzige Neuheit betrifft das Buch (das der Evangelien), über welchem das Brautpaar schwört. Auf diesen Bildern hält Christus zwei Laubkränze in der Hand, die er auf den Kopf des Brautpaars legt. Jemanden zu bekränzen bedeutete, ihn der Gottheit zu weihen, der der Baum gewidmet war, dessen Äste zum Flechten des Kranzes dienten. Man kann daraus schließen, daß die Christen, die heirateten, sich Christus gegenüber verpflichteten. Für sie war die Heirat in erster Linie kein sozialer Vertrag, der zwei Menschen aneinander bindet oder sie der Gesellschaft gegenüber verpflichtet; es war hauptsächlich eine religiöse Handlung, eine Verpflichtung Christus gegenüber. An zweiter Stelle erinnerte der Kranz, der in der antiken Kultur ein Ehrenzeichen war, die Christen an die Ehre, die ihnen durch diesen Bund zugeteilt wurde: Sie erreichten damit die volle menschliche Reife, wie Gott sie gewollt hat.

Die Kirchenväter haben diesen Gebrauch des Kranzes* bestritten, und schon am Ende des 2. Jahrhunderts traten Tertullian († 220) und Cyprian von Alexandrien († 258) dem entgegen, weil er ein heidnisches Symbol war.

Chrysostomos († 407) sah im Gegenteil darin einen sehr echten christlichen Brauch; er sagte aber, daß es sich um einen einzigen Kranz handelte, der auf den Kopf der Braut gelegt wurde; dies kam daher, daß der Mann, von seiner Beschaffenheit her, schon als bekränzt galt, während die Frau erst durch die Heirat ihre Verwirklichung erreichte. Im 11. Jahrhundert hat sich der Gebrauch des Trauungskranzes von neuem verändert. Das Brautpaar trägt ihn während der religiösen Feier; er ist aus Gold, aus Silber oder einem weniger edlen Metall, aber der Priester legt ihn auf den Kopf des Brautpaars; da er der Kirche gehört, geben die Neuvermählten ihn nach der Trauung zurück. Diese Form des Ritus zeigt die Entwicklung des christlichen Begriffs der Heirat: Man verpflichtet sich der Kirche gegenüber; sie tritt an die Stelle Christi auf.

Das Symbol des Eheringes ist genauso alt und hat die gleiche Herkunft. Im Grunde genommen, war es im 2. Jahrhundert eher das Sinnbild der Verlobung als der Ehe, einer Verlobung, die schon eine rechtskräftige Verpflichtung darstellte: Für die Römer war die Gabe des Rings, sei er aus Eisen oder aus Gold, eine Anzahlung auf die Heirat. Es war eine Art, „sein Wort zu geben", ein erster Trauschein. Wenn die Kirchenväter diesen Ausdruck verwendeten, verliehen sie ihm einen religiösen Sinn, und zwar schon im 5. Jahrhundert. Bis zum 11. Jahrhundert handelt es sich um einen einzigen, vom Bräutigam geschenkten Ring. Papst Nikolaus I. († 867) bestimmt näher, daß er am Tag der Verlobung nach dem Festsetzen der Mitgift und deren Bedingungen gegeben werden soll; danach müssen die Brautleute in die Kirche gehen. Sehr schnell gingen in der Praxis diese religiöse Feier der Verlobung und die kirchliche Trauung ineinander über; der Ritus des Rings übertrug sich auf die kirchliche Trauung. Zur gleichen Zeit bekam er eine neue Bedeutung: Vom Zeichen der materiellen Verpflichtung der Heirat wurde er zum Symbol des gegebenen Wortes und der Treue. Da dieses Wort gegenseitig gegeben werden sollte, kam es zum Gebrauch von zwei Eheringen. Im allgemeinen ist diese aus edlem Metall; in den orientalischen Kirchen jedoch ist der eine aus Gold, der andere aus Silber. Im 12. Jahrhundert sind die Verlobungsringe allmählich verschwunden, und die Trauungsringe werden zum am meisten kennzeichnenden Symbol der Ehe, besonders seitdem der Priester diese Schmuckstücke segnete und dadurch der Ehe einen magischen Charakter zu geben schien. Im 15. Jahrhundert entdeckten Handwerk und Handel eine Geschäftsmöglichkeit neu: man machte gerne Geschenke... und man fand oder schuf den Unterschied zwischen Verlobungs- und Eheringen wieder; der erste wurde mit einem Edelstein, oft einem Diamanten, versehen. Die Form des Rings an und für sich ist sehr verschieden; es ist ein geflochtener oder gewundener, in Form eines Knotens verarbeiteter, manchmal emaillierter Ring. Der Ehering behält dagegen immer eine sehr einfache Form: Es ist eine Schleife, eine endlose Linie, die „immer", „ohne Anfang und Ende" bedeutet. Die modernen Bräuche haben die eine oder die andere Tradition beibehalten. Im allgemeinen jedoch wurden die Ringe bei der Verlobung, im Augenblick der geistigen Bindung, ausgetauscht: Sie sind ein Versprechen und ein Zeichen der Treue; es ist eine sehr intime Entscheidung, die jedoch schon soziale Folgen hat und „einen Ring" tragen drückt für die Öffentlichkeit den gebildeten Bund aus. – Als Symbol der Ehe gehen zwei Ringe ineinander über, wie zwei Glieder an einer Kette, was das Unlösbare an der Ehe bedeutet, obwohl sie trotz Vielseitigkeit eine Einheit ist.

Der Kuß wurde erst im 4. Jahrhundert zum Symbol der christlichen Trauung. Er war schon als Ritus der Trauung bei den Römern bekannt, wurde nach und nach in den kirchlichen Brauch übernommen und zu einem religiösen Ritus mit rechtmäßigen Folgen. Zur gleichen Zeit aber wurde der in der Öffentlichkeit gegebene und erhaltene Kuß im Laufe des Mittelalters zum Symbol der Liederlichkeit.

Bei den ersten Arianern, den Griechen wie den Römern weihte der Händedruck die Trauung. Die Kirche hat diesen Gebrauch sehr früh anerkannt (Tob

7, 15). Tertullian spricht davon. Der Bräutigam legt die rechte Hand der Braut in seine und sagt bestimmte liturgische Worte. Augustinus erklärt den Händedruck für nicht notwendig. Entgegen der Meinung des Bischofs von Hippone wurde diese Gebärde zum Hauptzeichen des Ehevertrags im Mittelalter. Daher kam die Gewohnheit, die Ehe durch zwei vereinigte Hände darzustellen: als Sinnbild der Treue und der Ehrlichkeit.

Einem alten Brauch des ursprünglichen germanischen Rechts gemäß, sollte man dem Vater oder dem Vormund der zukünftigen Braut eine gewisse Summe Geld geben, ein Brauch, der in vielen primitiven Kulturen vorkommt; derjenige, der heiraten will, kauft seine Braut. In Deutschland wurde diese Summe allmählich auf einen Heller und einen Silberling beschränkt. Zur merowingischen Zeit, in Frankreich, war es ein Groschen aus Gold und später aus Silber. Bei den Christen gab man 13 Silberlinge, was eine gunstbringende Ziffer ist, bezogen auf die Zahl der ersten kirchlichen Gemeinde, die aus Jesus und seinen Jüngern bestand. Diese Summe wurde der Frau oder ihren Eltern bei der Verlobung gegeben, dem Bräutigam aber nach der Trauung zurückgegeben. Im 9. Jahrhundert reichte der Bräutigam seiner Frau diese Summe Geld vor der Kirche, am Tag der Trauung. Bald wurden die 13 Heller dem Priester gegeben, der 10 oder 12 für sich behielt und dem Bräutigam 3 oder einen einzigen überreichte, der sie oder ihn dann seiner Frau in der Öffentlichkeit überreichen sollte. – Der Sinn dieses Symbols war also sehr abgewandelt. Es war zunächst der Preis für die Braut, die ihren Eltern abgekauft war (siehe 1 Mose 24, 53), dann der der Vorauszahlung, die sicherte, daß die Verlobung zur Hochzeit führen würde; schließlich bedeutete er, daß einige finanzielle Rechte der Frau anerkannt wurden; darin soll man die Herkunft der Brautgabe, dieser Einrichtung eines alten Gewohnheitsrechts suchen, das den Unterhalt der zu Witwen gewordenen Frauen zu sichern versuchte.

Schleier. Im 4. Jahrhundert breitete man einen großen, in der Regel weißen Schleier über das kniende Brautpaar, wenn der Priester den Trauungssegen sprach; man nannte ihn „den Hochzeitsschleier" oder „den Himmelsschleier". Während dieser Schleier, in der griechisch-lateinischen Antike, oft das Zeichen der Trauer war, wurde er für den Christen, der heiratet, zu einem Zeichen der Freude. Bei dieser Zeremonie war es das Symbol der Vertrautheit des Heims. Dieser Ritus hatte jedoch keinen leicht greifbaren Sinn, und das Lächerliche daran, wie manche Brautpaare ihn hielten, konnte wohl die Trauung stören. Dieser Brauch hielt sich nicht lange. – Dagegen war ein anderer Sinn des Schleiers in der Antike sehr bekannt: die Vestalinnen trugen ihn auch und besonders, wenn sie Opfer brachten. Diesem Brauch lag die Vorstellung zugrunde, daß der Schleier das Symbol der Jungfräulichkeit war. Die Christinnen, die diesen symbolischen Brauch kannten, trugen am Tag ihrer Hochzeit selbstverständlich einen Schleier als Zeichen der Reinheit. – Es wurde so zur Gewohnheit, daß Konzilien, schon im 9. Jahrhundert, diesen Gebrauch einschränkten: vor allem diejenigen, die zum zweiten Mal heirateten, durften ihn nicht mehr tragen.

Die Heirat wurde durch zwei *Herzen* dargestellt, die sich berühren oder wie zwei Ringe einer Kette aneinander gebunden sind; es sind auch zwei *Flammen*, die ineinander übergehen; oder auch eine „Liebesschlinge", ein Verzierungsstrick, der sich windet und dadurch eine liegende Acht bildet. Dieses letztere Sinnbild wurde stilisiert und zu einem Wappenzeichen: „gewundener Strick, dessen Endungen durch die Mitte gehen und links und rechts im unteren Teil des Schildes in Form einer Quaste herauskommen."

TREUE →Gläubiger

TROST

Der „Trost" war eine den Albigensern eigentümliche Feier, die dem Sakrament der letzten Ölung glich. Diese Bedeutung kam dem biblischen Sinne ziemlich nahe. Bei dieser Feier erhob der Priester das Buch der Heiligen Schrift über den Kopf des Gläubigen, und diese Bewegung war eines der Hauptmerkmale dieser Feier.

Einige Pflanzen wurden benutzt, um den Trost als Linderung des Leidens zu versinnbildlichen: der Klatschmohn, dessen Körner schlafbringende Eigenschaften besitzen und die Schmerzen mildern; der rote Fingerhut, aus dessen Blume man das Digitalis gewinnt, ein gefährliches Gift, das in schwacher Dosis das Herzklopfen mildert. Wenn man das Schneeglöckchen hinzufügt, dann nicht aus therapeutischen Gründen, sondern, weil es auch durch den Schnee hindurch gedeiht und sogar blüht und deshalb das natürliche Symbol des Trostes ist, den die christliche Hoffnung den Trauernden bringt.

TUGEND

Die griechisch-römische Religion hatte aus der Tugend eine Gottheit, die Tochter der Venus, gemacht. Sie war mit einem weißen Leinengewand dargestellt, das von Reinheit sprach, und saß auf einem würfelförmigen Block, der ihre Standhaftigkeit symbolisierte. Um die Macht zu beschreiben, die sie manchmal ausübt, wird sie gelegentlich mit einem Zepter versehen; und um ihre Herrlichkeit unter Menschen zu versinnbildlichen, trägt sie eine Palme* oder einen Lorbeerzweig*.

Die christlichen Künstler begnügten sich damit, diese Symbole wieder aufzunehmen, ohne neue zu schaffen; höchstens wird ihr Kleid zu einer Albe, die manchmal mit einer Stola oder einem goldenen Gürtel geschmückt ist; ihr Zepter wird mit einem Kreuz gekrönt, das daran erinnert, daß man nur durch Christus und den Schmerz eine gewisse Tugend erreicht. Dagegen haben die Christen oft weitergeforscht, wenn sie diese oder jene bestimmte Tugend darzustellen hatten: die Demut*, die Unschuld*, die Geduld*, die Scham*, usw.

TURM

Man hat behauptet, Glocken und Glockentürme stammten aus Süditalien, weil das Wort „Campanile" von *campane* herrührt, das bedeutet: bronzene Vase aus Campania. Das ist nicht sicher. Kleinasien beansprucht die Vaterschaft der ersten Glocken, die im ersten Jahrhundert nach Christus gegossen worden seien.

Was feststeht, ist die Tatsache, daß die christliche Frömmigkeit sich im 7. Jahrhundert in eine gewissen Zahl von Riten und besonders in Gebeten kristallisiert hatte, die bei Morgendämmerung und Sonnenuntergang gesprochen wurden. Um die Gläubigen dazu zu bewegen, diesen Brauch zu beachten, ließ die Kirche Glocken in aller Frühe und beim Einbruch der Nacht läuten. Da man die Glocken auch in der Ferne hörte, wenn ihr Ton von einer Höhe ausging, baute man Glockentürme. Einige Generationen später dachte das Volk ganz einfach, dies sei eine Art, die Vergänglichkeit zu zeigen, und zwar um so leichter, als das soziale Wohlwollen der Kirche ein 3. Läuten geschaffen hatte: das der Mittagsmahlzeit; in der Praxis waren die Glocken nichts anderes mehr als die Uhren der Armen.

Die Glockentürme standen neben den Kirchen, aber aus bautechnischen Gründen wurden sie näher an sie herangerückt. Man baute immer größere und höhere Kirchen, und das Gewicht der Steine, aus denen der Bau bestand, wurde immer schwerer und konnte wohl den Zusammenbruch des ganzen

Gebäudes verursachen. Dann wurde der Turm näher gerückt und unterstützte die Mauer; er war ein erster Strebepfeiler.

Erst viel später und in zweiter Linie suchte man eine theologische Bedeutung für die Türme der Kathedralen. So drükken die absteigenden Linien eines romanischen Turmes den Glauben an einen Gott aus, der zu den Menschen kommt, während die emporsteigenden Linien eines spätgotischen Turmes den Wunsch der Menschen zeigt, näher zu Gott zu kommen. Man muß feststellen, daß dies wohl die damaligen Hauptrichtungen der Frömmigkeit ausdrückt.

U

UNSCHULD

Sie ist die Eigenschaft desjenigen, der ohne Fehler ist. Auf den Grabsteinen der christlichen Antike wird sie meistens Kindern zugeteilt. Eine weiße Taube* ist ihr häufigstes Symbol. Aber auch das Schaf* und das weiße Veilchen sind ihre Zeichen, obwohl sie seltener vorkommen.

UNTERWELT – HÖLLE

In der heidnischen Mythologie war die Unterwelt der Aufenthaltsort aller Seelen nach dem Tod. Bei den Israeliten (aber erst seit der Mitte des 2. Jahrhunderts vor Christus) und vor allem bei den Christen bezeichnete dieses Wort den Ort, wo die Bösen nach diesem Leben die Strafe für ihre Verbrechen erleiden würden. Da Satan zum Herrscher dieser Unterwelt gemacht wurde und da er oft durch einen Drachen dargestellt ist, kennzeichnet zunächst ein solches Ungeheuer die Hölle.

Die Vorstellung von besonderen abgegrenzten Gefilden in der Hölle wurde von Augustinus († 430) eingeführt, als er vom Fegefeuer und vom Vorhof des Paradieses sprach, wohin die ungetauft gestorbenen Kinder gehen. Später haben Denker und Dichter (Dante) häufig behauptet, daß die Sünder nicht alle gleich schuldig seien, und sie behielten jedem Verbrechen Strafen vor, die im Verhältnis zu ihrer Schuld standen. So kamen sie dazu, von einer unterirdischen Hölle mit sieben Stockwerken zu sprechen, wo die Leiden und die Qualen immer schlimmer werden, je tiefer man in die Erde eindringt, bis zum äußersten Punkt, wo Luzifer selbst Pilatus und Judas, den größten Sündern der Welt, die scheußlichsten Folterungen verabreicht.

Diese Szenen wurden schon im 14. Jahrhundert oft auf Altargemälden, Friedhofsfresken oder auf den Tympana der Kathedralenportale dargestellt. Das Tor der Hölle wird durch ein Feuer* und häufiger noch durch das weitaufgerissene Maul eines riesigen Drachen versinnbildlicht, während kleine Dämonen diejenigen, die gerade vom Gericht des Jüngsten Tages* verurteilt wurden, begleiten und foltern.

V

VERONIKA (Heilige)

Im 18. Jahrhundert erzählte man, eine der heiligen Frauen, die auf dem Kreuzweg Jesu Christi klagten, habe sich dem Verurteilten, der sich, mit seinem Kreuz beladen, nach Golgatha begab, genähert und sein Gesicht, in einer weiblichen Gebärde des Erbarmens und der Anbetung, abgetupft. Ihre Überraschung war dann groß, als sie feststellte, daß das Gesicht des Retters sich auf dem Tuch eingeprägt hatte, das sie benutzt hatte. Diese Frau hieß Veronika.

Man hat leider gute Gründe, an der Wahrhaftigkeit dieser schönen Geschichte zu zweifeln. Es gibt zunächst in den kirchlichen Schatzkammern von Rom, Turin, Köln, Besançon und etlichen anderen Kirchen, eine ganze Serie Tücher, die das Gesicht Christi zeigen und jedes für sich die Ehre beanspruchen, das Schweißtuch der Heiligen Veronika zu sein; die Technik dieser manchmal eindrucksvollen Kunstwerke stammt zweifellos aus dem 10. bis 12. Jahrhundert. Andererseits gibt es zahlreiche wichtige Abweichungen in den Erzählungen, die über die Geschichte dieser rätselhaften Frau entdeckt wurden. Aufgrund angestellter Forschungen könnte man die ganze Geschichte dieser Legende neu entwerfen, denn es ist wohl eine.

Es begann damit, als die christliche Lehre zur offiziellen Religion wurde und sowohl die politischen als auch die religiösen Gegner die Christen verspotteten, weil sie nicht das geringste Bildnis oder die kleinste Beschreibung vom Aussehen ihres Herrn besaßen. Darauf sollte es nicht ankommen! Ein unbedeutender Mönch aus dem 5. Jahrhundert verfaßte einen Brief, um seiner Darstellung Christi Kredit zu verschaffen, in dem ein König von Edesse Jesus gebeten hätte, zu ihm zu kommen, um ihn zu heilen oder ihm sein Bildnis zu schicken, das bestimmt genügen würde, seine Schmerzen zu lindern.

Ein Jahrhundert später behauptete man, Jesus habe dieses Bildnis geschickt und Christen hätten es später entdeckt und sorgfältig bewahrt.

Zwei Jahrhunderte vergehen darüber, und man erfährt, daß dieses Bild Christi immer noch existiert und daß es „das wahre Bild Christi" genannt wird, um es nicht mit anderen Bildnissen zu verwechseln. Man sagt: es ist das *veron ikê*, die „Veronika", ein Wort, das aus einem lateinischen (verus = wahr) und einem griechischen (eikôn = Bild) Wort besteht. Aus dieser Wendung rührt die Heilige Veronika her, um so leichter, als die damaligen Maler immer zeigten, wie dieses Bildnis von einem Engel oder einer Frau unterstützt war. Der Name, der dieses Bild bezeichnete, ging vom Bild auf die tragende Figur über. Man unternahm Forschungen in der Bibel und bei den historischen Zeugnissen der Kirche. Die einen sahen die Heilige Veronika unter den Frauen auf dem Schmerzensweg (Luk 23, 27–31) und ihr abgesondert zusammengefaltetes Schweißtuch im leeren Grab (Joh 20, 7). Andere stellten sie, ohne jegliche Gründe, der blutflüssigen Frau von Mark 5, 25–34 gleich und behaupteten, daß sie, aus Dankbarkeit für das Wunder ihrer Heilung, dieses Bildnis hätte anfertigen lassen!

Im 12. Jahrhundert erinnerte man sich an den Brief des Königs von Edesse und verlieh der Heiligen Veronika die Rolle der Vermittlerin zwischen ihm und Jesus.

Am Ende des folgenden Jahrhunderts

erklärt die „Goldene Legende", wie dieses Bild nach Rom kam: Es sei von der Heiligen Veronika selbst für die Heilung des Kaisers Tiberius gebracht worden. Sie selbst erzählte, wie dieses Bild entstanden war: „Da die Anwesenheit Jesu mir sehr fehlte, trug ich ein Tuch zu einem Maler, damit er darauf ein Bildnis meines Herrn anfertigen konnte; nachdem mich aber Jesus getroffen hatte, preßte er sein Haupt an das Tuch und ich sah, wie sich sein Bild dort abgedruckt hatte." Einige Verfasser interessierten sich für das Ende ihres Lebens: Die einen lassen sie in Antiochien, andere in Rom, wieder andere in Gallien sterben.

Später löste sich diese Erzählung von ihrem Fabelhaften und nahm schließlich die oben erwähnte Form an. Einige behaupten, daß die Kirche die Heilige Veronika nie anerkannt hat; sie fehlt tatsächlich in den hagiographischen Listen. Ein Kult ist ihr jedoch bisweilen vorbehalten!

In den Zeiten, in denen diese Legende für eine historische Wahrheit gehalten worden war, verwandten sehr verschiedene Künstler ihr Talent darauf, die verschiedenen Momente des Lebens dieser Person zu beschreiben. Deshalb besitzen wir zahlreiche Stiche, Gemälde, Kirchenfenster und sogar Skulpturen, die diese märchenhafte Figur zum Leben erwecken.

VERSUCHUNG

Versuchen heißt zum Sündigen verführen, es heißt, eine Falle stellen. Alle christlichen Veranschaulichungen der Versuchung beziehen sich entweder auf den biblischen Bericht des Sündenfalls (1 Mose 3, 1–24) oder auf den der Versuchung Jesu in der Wüste (Matt 4, 1–11). Fast immer ist Satan der Versucher, der durch eine Schlange* dargestellt wird. Der eigentliche Begriff der Versuchung wird jedoch durch einen Apfel dargestellt, den, der angeblich die verbotene Frucht des irdischen Paradieses* gewesen ist. In Wirklichkeit erwähnt der biblische Text weder den Namen noch irgendeine Charakteristik jener Frucht. – Aus einem ganz anderen Grund dient manchmal die Quitte als Symbol der Versuchung: Sie gleicht einem Apfel oder einer Birne, und die Kinder täuschen sich; sie beißen tüchtig hinein – und bereuen es sofort!

VIKTOR (Heiliger)

55 Männer namens Viktor wurden heilig gesprochen. Einer unter ihnen soll am Tage des Massakers der thebanischen Legion in Agaune (Insel Mauritius) eingetroffen sein. Da er seinen Abscheu vor einem solchen Massenmord ausgesprochen habe, sei er als Christ erkannt und ebenfalls hingerichtet worden.

Der am häufigsten dargestellte ist jedoch der Heilige Viktor von Marseille. Er war einer der höchsten Offiziere der römischen Armee gegen Ende des 2. Jahrhunderts. Als man entdeckte, daß er Christ war, wurde er zum Kaiser geführt, der versuchte, ihn für eine andere Religion zu gewinnen. An ein Kreuz gebunden, wurde sein Mut durch eine Vision Christi gestärkt; es gelang ihm, seine Henker zu bekehren, die ihn befreiten. Er wurde von neuem verhaftet und ins Gefängnis geworfen. Man reichte ihm eine Schale voller Weihrauch, damit er ihn vor heidnischen Göttern verbrenne. Er warf sie mit dem Fuß um … aber dieser Fuß wurde ihm sofort abgehauen; es erging dann der Befehl, ihn zwischen die Mühlsteine einer Mühle zu werfen; der Mechanismus zerbrach aber, und so mußte er schließlich mit dem Schwert enthauptet werden. – Dieser Viktor wird oft mit einem einzigen Fuß und an einen Mühlstein gelehnt dargestellt. In der rechten Hand hält er das Schwert, das seine Marter beendete. Die Zunft der niederländischen Müller hatte den Heiligen Viktor als Schutzpatron gewählt und ein Bild von ihm auf ihrem Abzeichen eingravieren lassen.

VIKTORIA (Heilige)

Von den fünf Viktorias, die im Kalender der katholischen Kirche erwähnt sind, werden zwei manchmal dargestellt: Die erste war ein junges Mädchen aus Karthago, das gegen Ende des 4. Jahrhunderts zum Tode verurteilt wurde, nachdem sie sich zum Christentum bekannt hatte und sich weigerte, einen Heiden zu heiraten.

Die zweite lebte ein Jahrhundert später und wurde zum Opfer der theologischen Auseinandersetzung zwischen Arianern und Orthodoxen.

Beide haben als Zeichen Palmen* und manchmal einen Degen, der zu ihrer Marter diente.

VÖGEL

Man kann sich fragen, ob das Vorhandensein von Vögeln in einem christlichen Rahmen lediglich eine Verzierung ist oder ob sie eine besondere symbolische Bedeutung besitzen. Es handelt sich selbstverständlich um ein Symbol, wenn man die Taube*, den Hahn* oder den Pfau* erkennt, besonders wenn sie von Rebstöcken* oder Palmzweigen* umgeben sind. Was soll aber damit gesagt werden, wenn sehr alte Mosaikarbeiten mit zahlreichen, sehr verschiedenen und sogar merkwürdig gestalteten Vögeln erfüllt sind, die einen Teppich vorzutäuschen scheinen? – Es sei darauf hingewiesen, daß solche auf diese Art geschmückten Mosaikdecken entsprechen, die die gleichen charakteristischen Züge zeigen. Daraus schließt man, daß diese Vögel die Seelen der Christen im Paradies darstellen. Im frühen Mittelalter fing man nämlich an, die Kirche mit dem Reich Gottes gleichzustellen, und zog daraus den Schluß, daß die Kirchen auf dieser Erde als ein Teil des Reiches im Jenseits geschmückt werden sollten; zwischen solchen Pflastern und solchen Gewölben fühlten sich die Gläubigen in Übereinstimmung mit den Gläubigen aus allen Zeiten. Da es aber offensichtlich war, daß die Kirche die Vollkommenheit des Reichs Gottes nicht besaß, ging diese Bedeutung der Vögel schon im 9. Jahrhundert völlig verloren.

Man findet nur noch Ansammlungen von verschiedenen Vögeln in Darstellungen, in denen der Hl. Franz dem Vogelvölkchen predigt, eine Predigt, in der wahrscheinlich der Ursprung eines Gebetes und einer Meditation dieses bedeutenden Christen vor den Wundern der Schöpfung und besonders vor dem Vogelflug liegt.

VORSICHT

In der Antike schrieb man dem Hagedorn die Macht zu, die bösen Geister zu vertreiben; daher ist diese Pflanze zum Symbol der Vorsicht geworden.

Als christliche Tugend wird sie oft mit der Weisheit* gleichgestellt. Sie wird durch die Bibel versinnbildlicht, aus der sie ihre Lebensregel schöpft, aber auch durch einen einfachen Stab, auf den sich der Mensch stützt, durch einen Zirkel, der genau mißt, durch ein Sieb, das Gutes und Böses trennt, oder durch eine Lampe, die den Weg erleuchtet.

Die Vorsicht, die mit dem Vorsehen gleichgestellt wird, wird durch militärische Bilder symbolisiert: ein Panzerhemd, das den Christen beschützt, ein Schild oder sogar einen Degen, der ihm erlaubt, selbst anzugreifen, was oft die beste Verteidigung ist.

Wenn man deutlich machen will, daß die Vorsicht das menschliche Schicksal beeinflußt und es in ihren Entscheidungen berücksichtigt, wird sie als nachdenkliche junge Frau vor einer Uhr dargestellt, die ihr die genaue Zeit zwischen der Geburt und dem Tod anzeigt, oder vor einem Stundenglas, das einfach von Vergänglichkeit spricht, oder vor einem Sarg oder einem Totenkopf.

W

WAAGE

Dies war ein Gerät, dessen Gebrauch so allgemein verbreitet war, daß man sich nicht wundert, wenn es in der Literatur sehr häufig vorkommt oder auf Denkmälern dargestellt wird. Die Chaldäer und die Ägypter machten aus ihr ein Tierkreiszeichen.

Das Wort Waage findet sich ungefähr zwanzigmal in der Bibel. Es bezeichnet zunächst das Gerät selbst, das zum Wiegen diente, dann den Begriff „Abwiegen" oder Gleichgewicht; nachdem diese Bedeutungen kombiniert wurden, sah man schließlich darin den Begriff der Gerechtigkeit ausgedrückt, die die Handlungen der Menschen abwägt und doch jedem das Recht zur Selbstverteidigung vorbehält. So wurde die Waage zum Kennzeichen der Justiz.

Da die oberste Justiz für den Christen am Jüngsten Tag* ausgeübt wird, hat man Christus, dem höchsten Richter dieses Gerichts, und später dem Erzengel Michael, der ihn vertreten wird, dieses Zeichen verliehen.

Eine im Gleichgewicht stehende Waage ist manchmal das Symbol der Gerechtigkeit und einer ausgeglichenen Persönlichkeit; sie ist aber auch das Sinnbild des Zweifels, weil man nicht weiß, nach welcher Seite sie sich neigen wird.

WACHSAMKEIT

Sie wird durch verschiedene Stelzvögel dargestellt, die die merkwürdige Gewohnheit haben, auf einem Bein zu stehen, auch wenn sie schlafen. Man glaubte lange, daß sie diese Haltung annahmen, um wach zu bleiben. Der Strauß, der Kranich und der Reiher wurden deshalb zu Symbolen der Wachsamkeit. Man erzählte auch, daß der Storch einen Stein in seinem angehobenen Bein halte, um gegen den Schlaf zu kämpfen.

Auch andere Tiere sind Allegorien der Wachsamkeit: Die Christen symbolisierten sie hauptsächlich durch den Hahn*. Manchmal benutzten sie auch die Gänse, in Erinnerung an die des Kapitols.

Die Lampe*, deren Licht die erstarrende Finsternis vertreibt, und die Uhr, die dazu einlädt, mit der Vergänglichkeit zu rechnen, sprachen ebenfalls von Wachsamkeit.

WAHRHEIT

„Die Wahrheit liegt auf dem Grund eines Schachts", sagte Demokrit, ein Philosoph aus dem 5. Jahrhundert vor Christus; damit meinte er, daß gewisse Wahrheiten, die mit einer zu großen Offenheit gesprochen werden, von allen zurückgewiesen wurden. Die Griechen hatten aus der Wahrheit die Tochter des Herrschers der Götter und die Mutter der Gerechtigkeit gemacht. Sie ist nackt, weil die Kleider zum Teil dazu da sind, um die Fehler des menschlichen Körpers zu verbergen. In der Hand hält sie das Buch der menschlichen Handlungen oder einen Spiegel, in dem sie sich widerspiegelt und der mit Blumen geschmückt ist: weiße Chrysanthemen, die auf ihre Reinheit hinweisen, Lorbeerblätter, die ihren Sieg über die Lüge bedeuten, oder die Morelle, weil die Wahrheit manchmal bitter zu hören ist!

Die christlichen Künstler haben diese Bilder und diese Symbole wieder aufgenommen, auch wenn sie die Wahrheit des Evangeliums im Gegensatz zur Lüge des Heidentums zeigen wollten. Sie fügten das Symbol des Degens, mit dem sie den Irrtum durchhaut, und das der Sonne hinzu, weil die Aufgabe der christlichen Wahrheit ist, die ganze Welt zu erleuchten.

WEIHWASSER

Im alten Ägypten, bei den Griechen und den Römern war das kultische Bespritzen und Läutern häufig. Nachdem das Wasser zur Läuterung verwendet wurde, wurde es zu deren Symbol. Ebenso bei den Israeliten.

Die christliche Liturgie hat auch dieses Sinnbild, besonders für die Taufe*, benutzt.

Der Gebrauch eines reinigenden Wassers ist bei den Christen sehr alt. Eusebius sagt, Paulus habe (im 4. Jahrhundert) einen Brunnen am Eingang seiner Kirche bauen lassen, als „Symbol heiliger Buße". Chrysostomus († 407) spricht von denjenigen, die „beim Betreten einer Kirche ihre Hände waschen". Es war das Symbol der Läuterung, die an die Wirkung der Taufe erinnerte und sich als Reaktion gegen den heidnischen Aberglauben bildete; man dachte: Während das heidnische Läutern nur Magie und Hexerei ist, durch die jene meinen, sich selbst reinigen zu können, vollziehe *ich* beim Betreten einer Kirche eine Handlung, die mich daran erinnert, daß Gott bei meiner Taufe mein inneres Leben gereinigt hat; so kann ich mit einer gewissen geistigen Reinheit vor ihn treten.

Im Laufe der folgenden Jahrhunderte wandelte sich der Sinn dieses Symbols ab, und man hielt es schließlich für das, was es darstellte. Zunächst wurde das Wasser, in das ein Getaufter getaucht worden war, zum „Wasser, das den Getauften neugeboren machte", und man schrieb ihm die Macht eines Sakraments zu; mehr als Gott rettet das verwendete Wasser. Dasselbe geschah mit dem Wasser, das man zur Einweihung einer Kirche benutzt hatte, und schließlich für jedes Wasser, das diese oder jene heilige Person gesegnet hatte. Nach den Berichten Gregors von Tours († 507) gingen viele Legenden über diese wundertätigen Wasser um, und die Wunder, die es tat, wurden in der „Goldenen Legende" vervielfacht. Spezielle Segensformeln wurden erfunden. Man vermischte das Wasser mit Salz, manchmal auch mit Öl; man machte daraus eine Waffe gegen die Macht der Dämonen, gegen Feuergefahr, gegen einen jähen Tod usw. Heute noch bespritzt man mit Weihwasser das Haus der katholischen Gläubigen, und diese zahlen gern die Gebühr, die man von ihnen für diesen Segen verlangt, eine Gebühr, die, örtlich verschieden, im Verhältnis zur Größe des Hauses steht.

WETTERFAHNE

Die Wetterfahne stellt für den Christen diejenigen dar, die von allen Strömungen der öffentlichen Meinung getrieben oder vom Zusammenstoß der Philosophien und der Vorurteile hin und her gestoßen werden. Sie symbolisiert den Leichtsinn, wenn nicht gar die Dummheit.

WIDDER

Er ist seit der frühen christlichen Antike ein häufiges Symbol. Man zeichnete zunächst den Widder, der an Isaaks Stelle auf dem Berg als Opfer diente (1 Mose 22, 13), begnügte sich aber nicht damit, dieses Ereignis allein zu zeigen. Indem die Theologie oft Dinge verknüpfte, kam es zum Vergleich zwischen dieser Begebenheit und dem Tod Christi: Der an Isaaks Stelle geopferte Widder schien ein Vorgänger Christi zu sein, der an der Sünder Stelle starb. Auf diese Bedeutung des Todes Christi wollte man also deuten, wenn man einen Widder neben dem Kreuz auf dem Golgatha zeichnete. – Man machte einen weiteren Vergleich zwischen dem Widder und Christus: In der Regel läuft der Widder an der Spitze der Herde; nun, Christus ist das Haupt der Kirche, und als solcher reißt er seine Jünger zu allen Zeiten mit sich fort. – Diese Vergleiche finden sich schon in den Schriften der Kirchenväter: bei Tertullian (*Adv. judaeos.* c. XIII), Ambrosius (*de Abraham* I, VIII) und Augustin (*Contr. Maxim.* II, XXVI). Als Bild für

Christus ist der Widder, das Symbol der Kraft, des Muts und der Standhaftigkeit. Es ist also nicht verwunderlich, daß diese literarischen Vergleiche in verschiedenen plastischen Darstellungen ihre Verwirklichung erfahren.

Zunächst ganz einfach zusammen mit Schafen (die die frommen Christen symbolisieren) und mit Lämmern (den Neubekehrten) dargestellt, wird der Widder bald von erläuternden Zeichen begleitet (Christusmonogramm* oder Kreuz*), die ihn als den Christus versinnbildlichen, der seine Herde führt. Die Künstler aber verließen oder vergaßen diese Identifikation, vielleicht weil der Widder in einer Herde kein ruhiges Tier ist! Sie malten dann Widder und Schafe als eine einzige Gruppe zusammen, die von Christus als Hirten geführt wird.

In bezug auf Hesekiel 34, I, 17 u. 20–22, wo Israel als die Herde betrachtet wird, über welche Gott urteilen wird, indem er die mageren von den fetten Schafen und die Widder von den Böcken trennt, haben die Bildhauer auf Sarkophagen dieses Tier links von Christus in den Szenen des Jüngsten Gerichts* dargestellt.

Als Führer der Herde ist der Widder selbstverständlich das Zeichen der Bischöfe und verschiedener Geistlicher. Die Form des Krummstabs ähnelt der der Hörner eines Widders und soll wohl auch daran erinnern.

WOLLUST

Die Wollust hatte ihren Tempel in Rom. Sie war dort, auf einem Thron sitzend, mit einer von den Ausschweifungen blaß gewordenen Gesichtsfarbe dargestellt. Schon zu Beginn der Renaissance und besonders im 18. Jahrhundert wurde sie in den Zügen einer schönen, nackten oder kaum verschleierten Frau mit schmachtendem Blick und wollüstiger Gebärde versinnbildlicht, die in der Hand eine Schale voll tödlichen Giftes hielt.

Die Christen haben sie um so weniger dargestellt, als die Kirche schon im 5. Jahrhundert geschlechtliche Beziehungen und Sünde gleichgestellt hatte. Man findet sie in einigen Bildern in den Aufzählungen der zu vermeidenden Laster.

Gelegentlich gab man ihr Kastanien oder Roßkastanien als Zeichen, mit denen die Verschiedenheit zwischen dem Äußeren und dem Inneren gezeigt werden soll, ein Gegensatz, den die Wollust, die verzaubert und enttäuscht, begeistert und zurückweist, ebenfalls aufweist.

WORFEL

Die Worfel als Symbol der Unterscheidung ist überall bekannt. Nach der Bibel haben sie die Christen als Zeichen des Jüngsten Gerichts* benutzt (Jes 41,16; Jer 4,11; Hes 5,2; Matt 3,12). Wenn man worfelt, bilden Stroh und Spreu Wirbel, die sich etwas weiter weg anhäufen; oft verbrennt man dann diese Haufen; daher kommen die Metaphern der „streuenden Wirbel" und der „vollkommenen Zerstörung durch das Feuer", die sehr oft die der Worfel begleiten. Diese letztere ist manchmal ein besonderes Zeichen Christi, der als oberster Richter der Menschen betrachtet wird.

Z

ZACHARIAS →Sacharja

ZANGEN

In der Antike waren die Instrumente, die unserer Schere gleichen und von zwei beweglichen Klingen um einen Drehzapfen gekennzeichnet sind, unbekannt. Man benutzte ein Werkzeug, das wie die Zangen aussieht, die man zum Scheren der Schafe heutzutage noch benutzt. Man fand solche in allen Größen bei der Freilegung christlicher Gräber oder auf vielen Grabinschriften. Als Symbol aber deutet es nur auf die Berufe, die dieses Werkzeug verwendeten: Viehscherer, Baumstutzer, Schneider, Zeltmacher, Winzer, Barbier usw. Es ist jedoch nicht ausgeschlossen, daß man manchmal daraus ein Mordinstrument gemacht hat: die Schere, die den Faden des Lebens zerschneidet.

ZEDER

Dieser immergrüne Baum, der sehr lange zu leben scheint, wurde manchmal zum Symbol der Unsterblichkeit. Obwohl er literarisch von der Bibel als Sinnbild eines festen und treuen Glaubens (Ps 92, 13–15) verwendet wird,

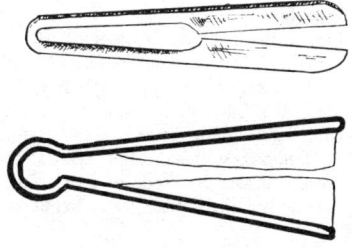

Antike Zangen. Details aus Grabinschriften.

wurde er von den christlichen Künstlern wenig benutzt; sehr selten wird er als Zeichen der Heiligen Jungfrau Maria gebraucht. →Baum*.

ZEIT

Es gibt kein spezifisch christliches Zeichen, das die Zeit bezeichnet, weil Gott ewig ist und daher außerhalb der Zeit steht. Wenn die Künstler der Kirche jedoch die Idee der Zeit darstellen sollten, haben sie einfach die Themen der griechisch-römischen Mythologie wiederaufgenommen.

Die Zeit (Chronos, Saturn) wird „der Jahre nicht satt"; sie kann also nur ein Greis sein. Er zerstört die Jugend und verzehrt hintereinander alle Jahre der Menschen, wie der Bauer jeden Sommer sein Kornfeld mäht; deshalb ist das Hauptzeichen der Zeit die Sense. Dieser Greis wurde manchmal mit zwei Flügeln versehen, weil die Zeit schnell vergeht; ein Rad, auf dem er reitet, drückt die gleiche Vorstellung aus. Diejenigen, die die Dauer des Tages, der Jahreszeiten und der Jahre erforscht haben, umgeben ihn mit den Tierkreiszeichen, was den von der Zeit zurückgelegten Weg zeigen will; eine Wasseruhr oder ein Stundenglas, später ein Zirkel oder eine Uhr haben dieselbe Bedeutung. Man hat manchmal den immergrünen Tannenbaum als Symbol der endlosen Zeit benutzt. Die weiße Pappel, deren Blätter unten eher blaß und oben dunkelgrün sind, hat oft einen ähnlichen Sinn, weil der Gegensatz ihrer Farben an den Wechsel des Tages und der Nacht erinnert.

ZEPTER

Das Zepter, das den Arm verlängert, bedeutet, daß derjenige, der es trägt, „einen langen Arm" hat, d.h., daß er Autorität und Macht besitzt. In der Antike war es ein Wort aus der visuellen Sprache, das den modernen Anweisungen der Verkehrsordnung ähnelt. Die Götter und die Pharaonen Ägyptens waren damit versehen. Jupiter auch. Bei den Römern war es das Zeichen der Autorität der Konsuln.

Die christliche Welt tadelte diese absolute und unbarmherzige Herrschaft; deshalb wurde dieses Symbol ziemlich spät eingeführt. Jesus wird nicht durch dieses Zeichen dargestellt, wenn man das Zepter aus Schilfrohr ausschließt, das die Soldaten des Pilatus ihm aus Spott in die Hand gaben (Matt 27,29); sein „Reich ist nicht von dieser Welt" (Joh 18,36). Bis zum 18. Jahrhundert tragen die Weisen*, die nach Bethlehem kommen, keine Zepter. Auch wenn sie den Herrscher einer absoluten Monarchie verkörpert haben sollten, scheinen die christlichen Künstler sich nicht getraut zu haben, dieses Zeichen zu benutzen.

Im Orient jedoch findet man ein Zepter in der Hand einiger Kaiser von Konstantinopel, so wie sie auf ihren Münzen graviert wurden: Es ist ein Stab, der in einer Erdkugel endet, der später ein kleines Kreuz hinzugefügt wurde: Es bedeutete, daß es sich um Herrscher aus göttlichem Recht handelte.

Im Abendland erscheint das Zepter erst im 10. Jahrhundert. Vorher trugen oder ließen die Könige vor sich eine Keule tragen, die dem Knüppel des Herkules ähnelte; es war das Zeichen ihrer in erster Linie militärischen Macht. Im gleichen Sinne nimmt das Zepter noch im 12. Jahrhundert die Form einer Lanze an, deren Stiel sehr kurz ist. In der Hand der beiden Erzengel Michael und Gabriel erscheint das eigentliche Zepter, Symbol einer königlichen Würde: Es

war ein Stock*, der mit einem stilisierten Laub oder einer viereckigen Goldplatte, mit einem riesigen Rubin geschmückt, verziert war. Im 12. Jahrhundert versehen die Miniaturmaler einige Könige mit einem anders aussehenden Zepter: Zuerst ist es ein einfacher Holzstab, der dann mit Samt oder Gold ausgeschmückt wird, er endet in einer Hand*, deren zwei letzte Finger gebogen sind; diese Hand wird rasch durch ein Kreuz, dann in Frankreich durch eine Lilie für die sogenannten legitimen Könige, oder durch einen (gallischen) Hahn unter der Julimonarchie ersetzt. In Deutschland wurde das kaiserliche Zepter zunächst mit einem Kranz versehen, dann durch einen zweiköpfigen Adler ersetzt. Später wurde schließlich dieses Symbol durch eine Erdkugel ergänzt, auf welcher der Stock ruht.

ZIRKEL

Er wurde als Zeichen folgender Zünfte benutzt: die der Baumeister, Zimmerleute, Maurer und Bildhauer. Er symbolisiert die Astronomie und die Zeit, da er zum Messen dient. Er hat aber keinen spezifisch christlichen Sinn.

Jedoch wurde er, zusammen mit einem Winkelmaß, benutzt, um die Frömmigkeit zu versinnbildlichen, zu einer Zeit, in der man dachte, ihre Hauptaufgabe bestehe darin, „ein Himmlisches Haus" zu errichten. Der Zirkel beinhaltet auch die Vorsicht und die Mäßigkeit, um weise Maßnahmen zu treffen.

ZORN

Das Aufbrausen des Zorns wird vor allem durch Tiere symbolisiert. Es sind zuerst der Löwe, der Tiger, der Bär, der Wolf, der Adler und der Sperber, aber auch der Stier, die Katze und der Hahn. Andererseits stellen das Beil, die Lanze, der Dolch und die Pfeile auch den Zorn dar; es sind die Waffen, die er benutzt.

Register